GUI...

MEX...QUE

Libre Expression

DIRECTION
Cécile Boyer-Runge

DIRECTION ÉDITORIALE
Catherine Marquet

ÉDITION
Catherine Laussucq

TRADUIT ET ADAPTÉ DE L'ANGLAIS PAR
Dominique Darbois-Clous
avec la collaboration de Paulina Nourissier

MISE EN PAGES (PAO)
Maogani

CE GUIDE VOIR A ÉTÉ ÉTABLI PAR
Antonio Benavidès, Nick Caistor, Maria Doulton, Petra Fischer,
Eduardo Gleason, Phil Gunson, Alan Knight, Felicity
Laughton, Simon Martin, Richard Nichols, Lourdes Nichols,
Chloë Sayer

Publié pour la première fois en Grande-Bretagne en 1999,
sous le titre : *Eyewitness Travel Guides : Mexico*
© Dorling Kindersley Limited, London 2003
© Hachette Livre (Hachette Tourisme) 2004
pour la traduction et l'adaptation française
Cartographie © Dorling Kindersley 2003

© Éditions Libre Expression, 2005,
pour l'édition française au Canada.

Aussi soigneusement qu'il ait été établi, ce guide
n'est pas à l'abri des changements de dernière heure.
Faites-nous part de vos remarques, informez-nous
de vos découvertes personnelles : nous accordons
la plus grande attention au courrier de nos lecteurs.

Imprimé et relié en Chine par South China Printing Company

Éditions Libre Expression
division de Éditions Quebecor Média inc.
7, chemin Bates
Outremont (Québec) H2V 4V7

DÉPÔT LÉGAL : 1er trimestre 2005
ISBN : 2-7648-0208-0

◁ **Le site maya de Tulum dans la péninsule du Yucatán**

Plaza Santo Domingo, Oaxaca

SOMMAIRE

Mural, Teatro de los Insurgentes,
Mexico

Village maya du parc à thèmes
Xcaret, côte du Yucatán

Un choix de produits de la mer
mexicains, aussi délicieux que variés

Artistes de rue sur la Plaza
Cívica, Tuxtla Gutiérrez

Statue de Tlaloc, musée
d'Anthropologie de Xalapa

Temple des Inscriptions, site
archéologique maya de Palenque

COMMENT UTILISER CE GUIDE

C e guide, plein de renseignements utiles et de conseils pratiques, vous aidera à profiter au mieux de votre séjour au Mexique. L'introduction *Présentation du Mexique* situe le pays dans son contexte géographique, historique et culturel. Dans *Mexico* et les six chapitres régionaux,

textes, cartes et illustrations présentent les principaux sites. Les *Bonnes adresses* fournissent des informations sur les hôtels et les restaurants. Les *Renseignements pratiques* regroupent toutes sortes de conseils utiles, par exemple pour téléphoner ou utiliser les transports locaux.

MEXICO
Nous avons divisé la ville en trois sections, traitées chacune dans un chapitre. Les sites des environs sont regroupés dans un dernier chapitre, *En dehors du centre*. Les sites sont indiqués sur le plan du chapitre, et numérotés. Les renseignements sur les sites suivent la numérotation du plan.

Une carte de situation permet de se repérer par rapport aux autres quartiers.

Un repère rouge signale toutes les pages concernant Mexico.

Le quartier d'un coup d'œil répertorie les sites du chapitre, par catégories : églises et cathédrales, musées et galeries, rues et places, monuments historiques, parcs et jardins.

1 Plan général du quartier
Pour un repérage facile, les sites sont signalés et numérotés sur cette carte. Les sites du centre-ville figurent aussi dans le répertoire des noms de rues de Mexico (p. 118-125).

2 Plan du quartier pas à pas
Il offre une vue aérienne du cœur de chaque quartier.

Les étoiles signalent les œuvres et monuments à ne pas manquer.

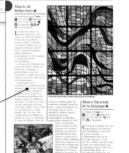

Notre itinéraire conseillé apparaît en rouge.

3 Renseignements détaillés
Les monuments de Mexico y sont décrits individuellement, avec une foule d'informations : adresse, numéro de téléphone, heures d'ouverture, tarifs, possibilité de photographier, visites guidées, accès pour handicapés, liaison par transports publics.

1 Introduction
Elle présente les paysages, l'histoire et le caractère de chaque région, montrant son évolution au cours du temps et ce qu'elle offre aujourd'hui au visiteur.

LE MEXIQUE RÉGION PAR RÉGION
Traitant Mexico à part, nous avons divisé le pays en six régions : Autour de Mexico, le nord du Mexique, le cœur colonial, le sud du Mexique, la côte du golfe, et la péninsule du Yucatán.

2 Carte touristique
Elle montre le réseau routier, et offre une vue d'ensemble illustrée de la région. Tous les sites intéressants sont numérotés. Elle fournit aussi des conseils utiles pour circuler dans la région, en voiture ou par les transports publics.

Chaque région
du Mexique est facilement repérable grâce aux codes de couleur présentés sur le rabat de couverture.

3 Renseignements détaillés
Chaque ville importante, chaque site à visiter est décrit individuellement, en suivant la numérotation de la carte touristique. Pour les villes, sites et monuments sont présentés en détail.

Les encadrés
donnent une information de culture générale sur la région.

Le mode d'emploi vous aide à organiser votre visite.

4 Principaux sites du Mexique
Des pleines pages leur sont réservées. Les coupes des bâtiments historiques en dévoilent l'intérieur. Les plus intéressants sont présentés en vue aérienne, et leurs richesses essentielles mises en évidence.

...uipo sus camaradas pintores: Amaya   Quintana   ana Luisa J. Beat. Mazatl Borrego...
...Diego M- José Perea - Piña V. M.- MQuevedo   C.Ramirez, Miguel Angel. Ramón Sanchez- E. Varsino E. Valderrama...

PRÉSENTATION DU MEXIQUE

Le Mexique dans son environnement

Au plan géographique, le Mexique appartient à l'Amérique du Nord plutôt qu'à l'Amérique centrale. Couvrant une superficie de presque 2 000 000 km² pour une population de 91 millions d'habitants, le pays se divise administrativement en 31 États, plus un district fédéral où se trouve l'immense métropole tentaculaire de Mexico.

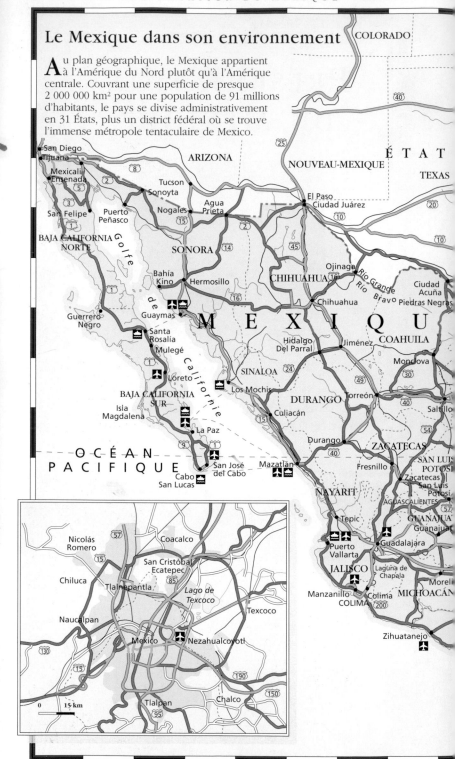

LÉGENDE

Aéroport international
Port de ferries
Autoroute
Route principale
Voie ferrée
Frontière internationale
Frontière d'État

UNE IMAGE DU MEXIQUE

À la fois organisé et chaotique, le Mexique submerge les sens avec les images, les sons, les saveurs et les odeurs de sa mosaïque de cultures et de paysages. Ici, plus qu'ailleurs en Amérique, histoire ancienne et rites magiques se mêlent inextricablement au quotidien de la vie moderne.

Le nord aride du Mexique longe les États-Unis sur 3 140 km. Cette frontière est le seul lieu de la planète où le monde occidental et le Tiers-Monde sont véritablement face à face. Au sud, la terre mexicaine s'arrête dans la forêt tropicale, au bord de la rivière de l'Usumacinta, frontière du Guatemala. Le nord et le sud du Mexique s'opposent violemment. Les États du Nord sont plus riches, plus « européens », plus urbanisés et industrialisés. On y trouve des communautés indigènes, mais c'est le Sud qui abrite la grande majorité des Indiens, pour la plupart paysans. Entre ces deux extrêmes se déploie tout un éventail de Mexiques : l'agrobusiness moderne coexiste avec des techniques agricoles précolombiennes ; les villages indiens conservent leurs rites ancestraux, tandis que les citadins des classes moyennes rêvent du consumérisme à l'occidentale.

Le Mexique est un pays très peuplé : presque 100 millions d'habitants, dont un cinquième s'entasse dans la vallée de Mexico, à environ 2 100 m d'altitude. Le pays est dominé par cette immense capitale tentaculaire, une des plus grandes villes du monde, dont la croissance ne donne aucun signe de fléchissement.

La Catrina, une figure du Jour des Morts

Sur une plage du Yucatán, des pêcheurs apprêtent leurs filets

◁ Le site élevé de Monte Albán, près d'Oaxaca

Carreaux de faïence, Puebla

LE MODE DE VIE MEXICAIN

La vie traditionnelle des Mexicains s'organise en cercles concentriques. D'abord vient la famille, groupée autour d'une mère puissante et respectée. La fête des Mères est l'une des dates importantes du calendrier mexicain, et on ne s'étonnera pas qu'ici les pires jurons et insultes comprennent le mot *madre*. Mais, comme partout ailleurs, la famille subit

La bicyclette, moyen de transport économique en ville

les assauts de la modernité, et le tissu social souffre aujourd'hui de tensions sans précédent. Après la famille viennent les amis proches, parfois *compadres* ou *comadres* (parrains, marraines des enfants), ou simples *cuates* (copains).

Le reste de la société ainsi que les représentants de l'autorité inspirent plutôt la méfiance. On évite en général les frottements, mais l'observance des règles n'est souvent qu'apparente. Les Mexicains, notamment dans le Sud, ont tendance à dire oui quand ils pensent non, et à prendre la loi pour une contrainte injustifiée. Mais la société mexicaine est loin d'être homogène. Malgré des siècles de métissage entre colons européens et indigènes, 20 % des Mexicains se disent toujours Indiens. Le fonds commun de culture, apparent dans la cuisine, les *fiestas*, l'art et l'artisanat, mêle les apports de tous ces horizons. Toutefois, de nombreuses traditions précolombiennes survivent, intactes.

RELIGION

Neuf Mexicains sur dix se disent catholiques, mais le catholicisme mexicain a intégré de nombreux éléments

Marché de San Cristóbal de las Casas

Le couvent de la Santa Cruz, Querétaro

en général pratiquent leur religion avec plus de constance et d'enthousiasme que beaucoup de catholiques, s'accroît rapidement au Mexique.

ARTS ET SPORTS

Le Mexique est riche d'une longue tradition artistique. Sa contribution aux domaines de la peinture, de l'architecture, de la littérature et du cinéma a été remarquable, notamment au XXe siècle.

Parmi les chefs-d'œuvre reconnus figurent nombre de *murals* de Diego Rivera, José Clemente Orozco et David Alfaro Siqueiros, et de toiles de Frida Kahlo et Rufino Tamayo. Octavio Paz, grand interprète contemporain de la *mexicanidad,* a reçu le prix Nobel de littérature. Le romancier Carlos Fuentes est mondialement connu. Le cinéma a connu ses beaux jours dans les années 1940 et 1950, mais le pays produit de temps à autre des films au succès international, comme *Les Épices de la Passion* (1992).

Masque traditionnel

païens. Sainte patronne du Mexique et l'une des trois institutions sacrées du pays avec l'armée et la présidence, la Vierge de Guadalupe est très vénérée, surtout chez les plus pauvres. Cette Vierge au teint bistre serait apparue en 1531 dans un lieu dédié autrefois à la déesse mère Tonantzin. On trouve des sanctuaires de la Vierge partout au Mexique, même dans les endroits les plus reculés.

L'État et l'Église catholique ont eu des relations difficiles, cette dernière ayant soutenu les autorités coloniales espagnoles, puis l'empereur Maximilien. Jusqu'aux réformes Salinas des années 1990, les prêtres n'avaient pas le droit de porter la soutane en public, et le Mexique n'avait pas de relations diplomatiques avec le Vatican. Paradoxalement, les deux héros de l'indépendance, Hidalgo et Morelos, étaient prêtres.

Par ailleurs, l'influence des évangélistes protestants, qui

Les produits de l'artisanat mexicain témoignent d'une extraordinaire créativité et d'une grande gaieté.

Les Mexicains sont fous de sport. Les plus populaires, football, boxe, tauro-

Fête de la Vierge de Guadalupe, le 12 décembre

La *charrería*, spectacle sportif populaire, surtout dans le Nord

machie, base-ball, ont été importés d'autres pays. La lutte ou *lucha libre* a aussi été adoptée par les Mexicains qui y ont ajouté leur marque particulière, le port de masques par les combattants.

La *charrería* est un sport exclusivement mexicain, qu'on pourrait comparer au rodéo : centrée sur des compétitions mettant en valeur les prouesses des cavaliers, elle est aussi entourée de toute une tradition de costumes chatoyants et de festivités.

Lutteurs masqués de lucha libre

POLITIQUE ET ÉCONOMIE

Depuis la révolution (1910-1920), le Mexique est le pays le plus stable d'Amérique latine au plan politique. Le gouvernement du Parti révolutionnaire institutionnel (PRI) est le plus ancien régime actuel depuis l'effondrement de l'Union soviétique.

L'écrivain péruvien Mario Vargas Llosa l'appelle « la dictature parfaite » pour sa capacité à changer de président, voire d'idéologie, tous les six ans, tout en détenant le pouvoir d'une poigne de fer. Le gouvernement de Carlos Salinas de Gortari (1988-1994) a abandonné l'essentiel du contrôle économique promu auparavant par le PRI. Son successeur Ernesto Zedillo a poursuivi avec le même enthousiasme ce programme néolibéral. Mais on voit depuis se creuser le fossé entre les riches et les pauvres. Les subventions de l'État s'amenuisent, alors que le marché échoue à améliorer le niveau de vie du plus grand nombre. Le régime est ainsi de plus en plus contesté, tant au sein du PRI que dans une opposition à la vitalité constamment grandissante qui aboutit à la défaite du PRI aux élections de 2 000, mettant fin à 71 ans de pouvoir ininterrompu. Des changements sont à prévoir sous le gouvernement de Vicente Fox et du parti d'action nationale (PAN). La compétition politique n'a hélas guère contribué à éliminer la corruption, plaie endémique patente du Mexique. Avec des racines remontant au moins à la colonisation espagnole, ce

Concert de *mariachis* à Zacatecas

fléau s'est épanoui sous le monopole bureaucratique du PRI, et s'est nourri du boom pétrolier des années 1970 et du développement de syndicats du crime, prêts à acheter protections politiques et policières.

En 1994, l'Armée nationale de libération zapatiste (EZLN) a fait l'événement en s'emparant de six villes du Chiapas. Les hostilités officielles ont duré moins de quinze jours, mais la négociation n'a toujours pas abouti, et la tension est encore vive. Depuis ont surgi d'autres petits groupes de guérilla affichant un programme plus révolutionnaire.

L'action de l'EZLN a coïncidé avec l'entrée du Mexique dans l'ALENA (Accord de libre-échange nord-américain, avec les USA et le Canada), ressentie par les guérilleros, pour l'essentiel des paysans mayas, comme contraire à leurs intérêts. L'ALENA représente un pari ambitieux en voulant surmonter deux siècles de méfiance entre le Mexique et son voisin du nord. En effet, si les économies américaine et mexicaine se lient de plus en plus, leurs relations restent délicates. Les milliers de sans-papiers qui passent la frontière chaque année en quête d'une vie meilleure, et les trafiquants de drogue qui empruntent les mêmes chemins, constituent une source majeure de frictions. Le passage rapide d'une économie agricole à une économie

Soldats mexicains à la parade

industrielle n'a pas résolu le problème du chômage pour la population grandissante du Mexique. Il faudrait un million d'emplois par an pour accueillir les nouveaux venus sur le marché. Ce déficit est partiellement compensé par une économie parallèle précaire.

Héritage des luttes pour l'indépendance, et conséquence de leur voisinage avec une superpuissance, le patriotisme des Mexicains est ardent. Le sentiment national atteint son sommet tous les 15 septembre. Ce jour-là, l'appel, le cri (*El Grito*) du *padre* Hidalgo pour l'indépendance retentit partout, du Palacio Nacional à Mexico au plus modeste hôtel de ville.

Mais la tradition, comme la famille, est menacée. La jeunesse mexicaine suivra avec autant d'enthousiasme la fête américano-européenne d'Halloween qu'elle honorera ses ancêtres à l'occasion du Jour des Morts, célébré à la même période de l'année.

Le bâtiment futuriste de la Bourse de Mexico

La fête de l'Indépendance dans la capitale

Paysages et faune du Mexique

Le volcan Pico de Orizaba, point culminant du Mexique

Menacé au plan écologique, le Mexique demeure l'un des trois pays les plus riches du monde pour la flore et la faune : plus de 30 000 variétés de plantes, près de 450 espèces de mammifères et plus de 1 000 sortes d'oiseaux, dont certains exclusivement mexicains, y vivent. C'est le paradis des naturalistes. La variété des biotopes explique cette diversité : volcans enneigés, mangrove, désert, forêt tropicale, sans oublier la deuxième barrière de corail du monde.

Chatoyant quetzal

DÉSERTS ET MAQUIS

Plus de 50 % du territoire mexicain est classé zone aride, et 30 % zone semi-aride. Le seul vrai désert, où le chiffre annuel des précipitations est inférieur à 250 mm, est le Desierto de Altar, au nord-ouest du Sonora. L'essentiel du nord du Mexique, surtout le Sonora, le Chihuaha et la Basse-Californie, est couvert d'un maquis semi-aride, surprenant par la richesse de sa faune.

La tortue du désert est menacée d'extinction à cause du trafic animalier. Un plan de sauvegarde a été lancé à Mapimi, au nord du Mexique (p. 173).

Les cactus (p. 171) *se sont adaptés aux rudes conditions de vie dans le désert.*

Plusieurs espèces *de serpents à sonnettes, typiques des zones arides, figurent parmi les nombreux reptiles mexicains.*

ZONES HUMIDES

Avec l'assèchement des terres, la pollution et l'urbanisation, ces biotopes, étangs, mangroves, lagunes côtières, sont en voie de disparition. Ils abritent des échassiers, aigrettes et hérons. Des colonies de flamants roses peuplent les lagunes saumâtres du Yucatán *(p. 272).*

La grenouille léopard *et ses innombrables cousines animent les marais de leurs coassements.*

Le sora, *de la famille des râles d'eau, vient nicher en hiver dans les roselières.*

La mangrove *pousse dans l'eau saumâtre le long des côtes tropicales ; c'est l'habitat des échassiers et d'autres animaux.*

LE LITTORAL

Le Mexique possède plus de 10 000 km de côtes :
littoral atlantique sablonneux, îlots et promontoires
sur la côte pacifique. Un splendide récif de corail longe
la côte du Quintana Roo. Plusieurs espèces de tortues
marines viennent pondre sur les plages isolées.

La gorgone-éventail, *un des
hôtes extraordinaires des
récifs coralliens (p. 283).*

Des baleines, *dont le rorqual,
évoluent au large de la Basse-
Californie (p. 164).*

MONTAGNES ET CANYONS

Sur plus de la moitié de ce pays de
montagnes, l'altitude dépasse 1 000 m. Des
pinèdes et des forêts de pins et de chênes
recouvrent les pentes, mais on trouve aussi,
au nord, des reliefs arides,
refuge du mouflon bighorn
mexicain, espèce
menacée ; et, au sud, la
« cloud-forest » et la forêt
tropicale d'altitude.

LA FORÊT TROPICALE

La jungle est le biotope le plus riche du
monde en variétés d'espèces. Elle occupe les
pentes au sud de l'isthme de Tehuantepec,
côté atlantique, et des poches isolées au
nord d'Oaxaca et au sud de Veracruz.
Jaguars, perroquets, et l'extraordinaire
quetzal, oiseau sacré des Mayas *(p. 46-47),*
figurent parmi sa faune abondante.

Le bighorn,
*animal
sacré des
Précolombiens,
vit dans
les montagnes désolées
du Nord-Ouest.*

*Le jaguar, le plus
grand félin du
Mexique, a souffert de
la raréfaction de son
habitat forestier dans
l'Ouest et le Sud.*

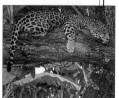

*Le toucan à bec
en carène se reconnaît
à son énorme bec
multicolore.*

*Le lynx, félin
de taille moyenne,
apparaît parfois
dans les maquis
d'épineux
du Nord.*

Le junco à œil jaune,
*habitant très courant des
montagnes mexicaines.*

*L'armadillo
se défend des
prédateurs en se
roulant en boule.*

Les Indiens du Mexique

Au Mexique, la population indigène est sans doute aujourd'hui plus nombreuse qu'au temps de la conquête espagnole. Encore faut-il s'entendre sur le sens précis du mot « indigène ». D'après les statistiques, sur 93 millions de Mexicains, plus d'un sur dix appartiennent à l'un des 56 groupes linguistiques indiens. Certains, comme les Tarahumaras, les Huicholes et les Lacandons *(p. 232)*, ont majoritairement gardé leur mode de vie précolombien. Mais la plupart ont abandonné leurs costumes et leurs coutumes traditionnels et se distinguent difficilement des métis.

Les Yaquis du Sonora
effectuent l'expressive
Danza del Venado
(danse du cerf) pour
la Semaine sainte
et le Jour des Morts.

Les Triques
de l'Oaxaca sont un
des plus petits groupes
indiens. Ici, une
femme tisse sur un
métier traditionnel,
dont une extrémité
est liée à un arbre,
l'autre dans son
dos pour le
maintenir tendu.

Une série de
paniers de
chaman forme la
queue du serpent.

Huit ancêtres,
dépourvus de jambes
et muets, occupent le
deuxième niveau
de la création.

La civilisation maya (p. 46-47)
a décliné avant l'arrivée des Espagnols.
Ses descendants habitent le Chiapas
et la péninsule du Yucatán, et parlent
de nombreuses langues très différentes.
Ces femmes appartiennent au groupe
maya tzotzile.

Le dieu
créateur,
en forme
de serpent, règne
au cœur
de la création.

L'oiseau moqueur
transporte les souvenirs
humains du passé au
présent.

Les Tarahumaras
(p. 174) *habitent autour*
du canyon du Cuivre dans
le Chihuahua. Ils pratiquent
un jeu assez rude, le
rarajipari : deux équipes se
disputent des balles en bois
sur un parcours improvisé
dans la montagne ; la partie
peut durer plusieurs jours.

Les Huicholes (p. 184)
sont renommés pour leur
artisanat aux couleurs
vives, notammant leur
travail des perles.
Attachés à la terre
de leurs ancêtres,
ils mènent une vie
précaire entre les États
du Jalisco et du Nayarit.

OÙ VIVENT LES INDIENS DU MEXIQUE ?

Sauf certains groupes importants comme les Yaquis, les Mayos et les Tarahumaras, la majorité des Indiens habite le Sud. On trouve la plus grande proportion d'indigènes dans l'Oaxaca et au Chiapas. Les cinq premières langues indiennes sont le nahuatl (celle des Aztèques), le maya péninsulaire, le zapotèque, le mixtèque et l'otomí.

Le troisième niveau, niveau extérieur de la création, est le domaine des plantes, animaux, et phénomènes naturels.

Une fleur épanouie symbolise la vie surgissant de la terre.

Le chaman, mi-prêtre, mi-guérisseur, connaît les plantes médicinales. Il est difficile d'établir une frontière entre les médecines magique, rituelle et traditionnelle dans la culture indienne, mais toutes sont en voie d'être supplantées par la médecine et la science occidentales.

TABLEAU EN FIL HUICHOLE

Les Indiens du Mexique produisent un artisanat extraordinairement varié *(p. 330-333)*, souvent de couleurs vives et avec des motifs symboliques audacieux. Cette peinture illustre la vision huichole de la création en trois phases ou niveaux, chacun peuplé d'êtres différents.

Le catholicisme mexicain mêle le christianisme, d'importation espagnole, aux survivances de croyances ancestrales. Les Indiens du Mexique ont simplement adapté leur religion à celle des conquérants, sans abandonner leurs dieux.

Le soleil apparaît au-dessus d'un serpent, symbole de sa course dans le ciel.

La mère terrestre porte en son sein un grain de maïs et s'entoure d'épis.

La tortilla, crêpe de maïs (p. 308), forme la base de l'alimentation des Indiens et métis du Mexique. Ici, une Indienne prépare des tortillas comme le faisaient ses ancêtres.

Le maïs était inconnu des Européens avant la conquête des Amériques. Avec le haricot, c'est la culture principale des Mexicains ; l'économie rurale est cependant très menacée par la mondialisation.

L'architecture mexicaine

Gargouille, Casa de los Muñecos, Puebla

Beaucoup de maisons coloniales du Mexique se caractérisent par leur fonctionnalité : patios à l'abri des regards, grilles en fer forgé protégeant les fenêtres. Le baroque a apporté sa flamboyance, l'artisanat local, comme la faïence de Puebla, a engendré des styles régionaux. En vogue après 1785, le néoclassicisme favorise l'austérité, mais les années 1800 voient un retour de l'ornementation avec le style français. Au XXe siècle, on adopte avec enthousiasme le modernisme.

Carreaux de faïence, Casa del Alfeñique, Puebla

LES DÉBUTS COLONIAUX (1521-ENV. 1620)

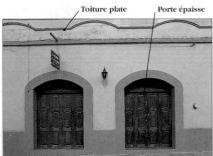
Toiture plate   Porte épaisse

Ces maisons de San Cristóbal de las Casas (p. 231) possèdent patios, toits plats et portes simples.

La Casa de Montejo *(1543-1549), à Mérida (p. 270), dispose d'une façade platéresque qui montre deux conquistadors en armure.*

LA *PLAZA MAYOR*

C'est la place principale mexicaine. Les Espagnols qui contrôlaient l'aménagement urbain et les petites villes prirent modèle sur la capitale : des rues rectilignes aboutissent à ce vaste espace, bordé de bâtiments officiels et religieux et de *portales* (arcades) pour les marchands. Le développement urbain de la fin du XIXe siècle l'enrichit de statues, de kiosques, de réverbères et de bancs.

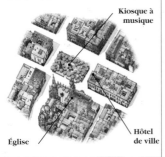

Kiosque à musique

Église   Hôtel de ville

LE BAROQUE (ENV. 1630-ENV. 1800)

Les ornementations sculptées dans le calcaire portent le blason du marquis de Jaral de Berrio.

Balcon en fer forgé

Le Palacio de Iturbide *à Mexico (p. 79), dû, vers 1780, à Francisco Guerrero y Torres. Cet ancien palais somptueux a une façade exubérante.*

Ces personnages représenteraient des habitants de Tlaxcala, ville voisine.

Figures de la mythologie classique

Mur extérieur en pierre rouge

Des pilastres sculptés flanquent la haute porte qui ouvre la cour aux attelages.

La Casa de los Muñecos (maison aux Personnages), fin du XVIIIe siècle, à Puebla (p. 150), et ses azulejos (carreaux de faïence vernissée).

LE NÉOCLASSIQUE (1785-ENV. 1880)

Des statues en pierre
figurent huit des neuf Muses.

Balustrade supérieure

Le portique aligne
deux rangs de
colonnes cannelées.

**Le Teatro Juárez
de Guanajuato** (p. 203),
*commandé en 1873,
est l'œuvre d'Antonio Rivas
Mercado. Il combine style
néoclassique et riche
ornementation à la française.*

LA PÉRIODE PORFIRIENNE (1876-1911)

Ce vitrail orné d'armes
*(fin du XIXᵉ siècle) appartient
au Museo Bello de Puebla* (p. 152).

**Décoration de pierre sculptée
d'influence française**

**Fenêtre
de style
arabe**

Cette demeure éclectique
*de Guadalajara est de 1908.
L'époque (p. 53) associait
librement rococo, néoclassique,
néobaroque et autres styles.*

ARCHITECTURE RURALE

Beaucoup d'Indiens utilisent les matériaux locaux pour construire leur habitat dans leur style régional. Suivant le climat et le lieu, les maisons sont carrées, rectangulaires, rondes ou à abside. Dans les régions pluvieuses, les toits sont pentus, couverts de palmes ou de chaume ; des avant-toits protègent les murs de pieux ou en clayonnages et torchis. Ailleurs, on utilise la pierre, la brique ou l'adobe (boue séchée) et, là où les arbres abondent, le bois.

Maison nahua en rondins, couverte de *zacate* (herbe), Hidalgo

Chaumière maya en maçonnerie rustique et plâtre, Yucatán

LE STYLE MODERNE (ENV. 1920 À NOS JOURS)

La structure
imite, à échelle
réduite, les gratte-
ciel new-yorkais.

***La Casa Gilardi de Luis
Barragán**, à Mexico, conçue
dans les années 1970,
a un rez-de-chaussée composé de
grands plans colorés.
L'eau devient ici un élément
d'architecture.*

**Fenêtres verticales
novatrices**

**Piscine
intérieure**

**Imposant
porche
géométrique**

**Les panneaux
vitrés jaunes**
diffusent des rais
de lumière.

La Loteria Nacional
(p. 85), *construite
vers 1936 par José A.
Cuevas. Formalisme
et symétrie lui donnent
une allure Arts déco.*

L'architecture religieuse

**Personnage,
Santo Domingo,
Oaxaca**

Après la Conquête, églises et cathédrales s'élèvent dans les villes. Tout au long du XVIᵉ siècle, les missionnaires s'improvisent architectes, reprenant les styles Renaissance, plateresque et mudéjar. Les sculpteurs indiens achèvent les détails, créant le *tequitqui*, fusion d'éléments européens et indigènes. Après 1750, le style baroque du XVIIᵉ siècle est remplacé par l'ultrabaroque et le churrigueresque, plus chargé encore.

**Dômes de l'église de
Mitla (p. 226-227)**

LES PREMIERS MONASTÈRES

Les moines espagnols vont évangéliser les terres reculées et établir un réseau de missions. Tous les monastères se suffisent à eux-mêmes : église, quartiers des moines, école, hôpital, bibliothèque, puits et vergers. Avec leurs murs en pierre crénelés et leurs contreforts, beaucoup ressemblent à des forteresses.

*Le portail plateresque
de San Agustín Acolman
(p. 138), terminé en 1560,
contraste avec la sévérité
du monastère. Autour
de la porte, des anges supportent
deux paires de colonnes ornées
de guirlandes, chacune
encadrant un saint.*

*L'église de mission
de Mulegé en
Basse-Californie
(p. 168), simple
et fonctionnelle,
est un exemple
des missions
éloignées bâties
au XVIIIᵉ siècle
par les jésuites.*

Atrium

*Le couvent franciscain San Antonio de Padua à Izamal
(p. 273) a été construit de 1553 à 1561 sur un ancien temple
maya. On a ajouté vers 1618 une colonnade autour du vaste
atrium et, vers 1800, le clocher.*

La façade,
*très travaillée,
montre, entre
saint Sébastien
et sainte Prisca,
le baptême
du Christ,
entouré
de chérubins,
volutes
et feuillages.*

Les **sompteux** **retablos** de la nef ajoutent à la splendeur du décor. *Putti*, épis de maïs, fruits et coquillages ornent celui-ci, dédié à saint Joseph.

Le dôme est couvert de céramique (sans doute de Puebla) et percé de huit fenêtres rectangulaires. Une frise proclame « Gloria a Dios en los alturas ». Ses nervures convergent vers un lanternon surmonté d'une croix.

La sacristie est proche du maître-autel.

Fleurons

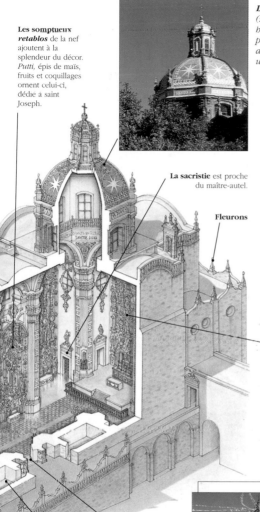

*Le **retable principal**, de style churrigueresque tardif, a été conçu par Isidoro Vicente de Balbás à la gloire de l'Église chrétienne, dont la splendeur s'exprime dans le bois sculpté couvert de riches dorures. Des pilastres estípite (inversés) (p. 143) remplacent les traditionnelles colonnes classiques.*

Entrée sud

Fonts baptismaux

ÉGLISE SANTA PRISCA, TAXCO

Commencée en 1751, bâtie en sept ans seulement, l'église paroissiale de Taxco *(p. 146-147)* illustre le style churrigueresque mexicain. Il se caractérise par d'extraordinaires façades ciselées, dont le dynamisme apparent masque la forme du bâtiment. Le magnat des mines d'argent José de la Borda a financé ce coûteux édifice.

San Francisco Acatepec *(p. 149)*

LE BAROQUE POPULAIRE

Les églises rurales du Baroque rivalisent en charme et en exubérance. On appelle *barroco popular* ce style créatif et éclectique. La passion des habitants de Puebla pour la décoration s'exprime dans la céramique vernissée qui ponctue les façades de motifs éclatants. Les intérieurs renferment une profusion de stucs : anges, *putti*, saints, animaux, fleurs et fruits, rehaussés de couleurs et dorures étincelantes.

Les muralistes mexicains

Emiliano Zapata, par Posada

L e mouvement muraliste mexicain (1920-1970) a produit certaines des plus grandes œuvres d'art révolutionnaire populaire du xxᵉ siècle. Le ministre de l'Éducation José Vasconcelos, qui souhaitait promouvoir l'art et l'identité culturelle mexicains, a initié ce mouvement en lançant des commandes officielles de *murals.* Parmi d'autres, Diego Rivera, David Alfaro Siqueiros et José Clemente Orozco, maîtres incontestés, ont illustré l'idéal socialiste d'un art accessible à tous en ornant de *murals* les bâtiments publics. Ils se sont aussi inspirés de José Guadalupe Posada (1852-1913), dont les gravures dépeignent une époque plus ancienne.

Ce décor en mosaïques *(1956) sur une maison d'Acapulco (p. 218) est de Rivera, qui y a résidé à la fin de sa vie.*

DAVID ALFARO SIQUEIROS (1898-1974)

La vie et l'œuvre de Siqueiros ont été façonnées par ses idées révolutionnaires, sources de l'esthétique novatrice de ses projets audacieux. Flamboyant, expérimental, son style dénote un sens impressionnant du mouvement.

Patriotes et Parricides *(1945) orne un escalier du Secretaría de Educación Pública à Mexico (p. 72). Ce détail montre la chute en enfer des hommes qui ont trahi le Mexique. Siqueiros inaugure avec ce mural une relation dynamique entre peinture et architecture.*

Travaux préparatoires *pour* Amérique tropicale *(1932), grande fresque peinte à Los Angeles. Siqueiros innove en utilisant projection photographique, aérographe et peinture industrielle.*

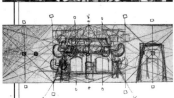

Les personnages tiennent les symboles de la Science et du Savoir.

Le Peuple pour l'Université, l'Université pour le Peuple *(1952-1956), est un bas-relief en mosaïque de la grande université de Mexico (p. 111). Siqueiros qualifie ce panneau puissant aux formes proéminentes de « peinture sculptée ». Il prône, avec le concept d'Intégration plastique, une synthèse de la peinture, de l'architecture et de la sculpture.*

DIEGO RIVERA (1886-1957)

Les fresques panoramiques de Rivera combinent critique sociale et foi dans le progrès humain. Pleines d'allégories et de symbolisme, ses complexes narrations visuelles s'inspirent des fresques italiennes primitives et de l'iconographie précolombienne.

La Civilisation zapotèque (1942), dans la série de murals du Palacio Nacional (p. 66-67), célèbre les réalisations des cultures précolombiennes.

Une histoire populaire du Mexique
(1953), mosaïque ornant la façade du Teatro de los Insurgentes (p. 110) [détail].

Diego Rivera à dix ans

Frida Kahlo en costume traditionnel

La Calavera Catrina, d'après une gravure de Posada

José Guadalupe Posada

RÊVE, DIMANCHE APRÈS-MIDI DANS LE PARC DE L'ALAMEDA CENTRAL (détail de la partie centrale) Cette grande peinture (1947-1948), aujourd'hui au Museo Mural Diego Rivera *(p. 81),* allie autobiographie, histoire et fantastique.

JOSÉ CLEMENTE OROZCO (1883-1949)

Ses *murals* expressionnistes s'opposent à la transformation de l'histoire mexicaine en mythes. Formes audacieuses et métaphores visuelles s'inspirent de sa première expérience de caricaturiste.

La Famille *(1926), Antiguo Colegio de San Ildefonso à Mexico (p. 71), appartient à une série de grands murals consacrés à la révolte agraire. Composition théâtrale, grands coups de pinceau et couleurs violentes rappellent la lutte tragique des opprimés.*

Omniscience *(1925), dans l'escalier principal de la Casa de los Azulejos (p. 75), est plus métaphysique que politique. Les figures représentent l'inspiration, la force et l'intelligence.*

Musique et danse

Partout au Mexique, les fêtes s'accompagnent de musiques variées, issues de la fusion de traditions différentes. Les musiciens préhispaniques utilisaient instruments à vent et percussions ; la flûte de roseau, la conque et le tambour *huehuetl* évoquent aujourd'hui les sons du Mexique ancien. Les Espagnols ont introduit les cordes. La musique mexicaine s'est développée en *sones* (chants) du Jalisco, du Veracruz et d'autres États. Elle a aussi été influencée par l'Europe, l'Afrique, Cuba et les États-Unis.

Accordéoniste

LES *MARIACHIS*

La musique *mariachi* naît au XIXᵉ siècle dans le Jalisco, où les *mariachis* (du français « mariage ») jouaient pour les noces et les bals. Les soupirants engagent souvent des *mariachis* pour donner la sérénade à leurs belles.

Un orchestre *mariachi* se compose de sept à quinze musiciens.

Le violon donne la mélodie du *mariachi*.

La trompette est une addition récente.

La guitare est un apport espagnol.

Mariachi **en costume traditionnel**

Des orchestres de mariachis, *place Garibaldi à Mexico, accompagnent des histoires d'amour, de trahison et de héros révolutionnaires.*

LES DANSES TRADITIONNELLES

Le Mexique présente un large éventail de danses traditionnelles, particulières à chaque région. Pour les fêtes religieuses, elles se tiennent sur les places et devant les églises. Les danseurs, en principe des hommes, narrent une histoire au moyen de pas, de gestes, parfois de paroles. Certaines danses remontent à l'époque précolombienne et à des rites anciens ; d'autres, d'influence européenne, ont été importées par les missionnaires.

Les danseurs du carnaval de Tlaxcala *portent des costumes sophistiqués ornés de sequins, et des masques en bois sculpté simulant un visage européen. Pendant les réjouissances du carnaval, les danseurs parodient leurs anciens oppresseurs.*

Les danseurs quetzals de Cuetzalan *portent des coiffures en roseau et papier coloré couronnées de plumes. Cette danse nahua évoque la course du soleil.*

LES *VOLADORES*

Dans ce rituel ancien nahua et totonaque, cinq hommes grimpent au sommet d'un mât, souvent haut de 30 m. L'un d'eux joue du tambour et de la flûte sur la petite plate-forme supérieure, tandis que les autres, attachés à des cordes, « volent » jusqu'au sol.

Chaque **volador** *tourne 13 fois autour du mât avant de toucher le sol, totalisant 52 tours, symbole du cycle de 52 années du calendrier méso-américain (p. 47). Le mât central représente un lien vertical entre terre, ciel et monde souterrain.*

Les *voladores* totonaques portent des sarraus de velours ornés de perles et sequins.

Les coiffures sont décorées de miroirs et de fleurs artificielles.

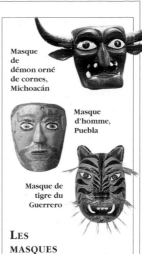

Masque de démon orné de cornes, Michoacán

Masque d'homme, Puebla

Masque de tigre du Guerrero

LES MASQUES

Les masques apparaissaient dans certaines danses primitives mexicaines et espagnoles. Réalistes ou stylisés, ils représentent aujourd'hui hommes, femmes, êtres surnaturels, oiseaux et animaux. Ils sont le plus souvent en bois, mais les façonniers préfèrent parfois le cuir, l'argile, le papier, le tissu, les coloquintes ou la cire.

*Les **voladores** se produisent régulièrement à El Tajín (p. 242-243) et devant le musée national d'Anthropologie de Mexico (p. 90-95).*

Les danseurs « tigres » se produisent dans le Guerrero à l'occasion des fêtes. Ces danses reflètent les préoccupations des paysans ; y figuraient autrefois jaguars et ocelots.

Un danseur conchero *honore la Vierge de Guadalupe à Mexico. La danse des concheros s'accompagne d'instruments traditionnels, et du bruit des cosses fixées aux chevilles.*

*Les **salles de danse** de la capitale et des autres grandes villes attirent les amateurs de danzón, merengue, mambo, cumbia, salsa, rock et autres styles musicaux. Des scènes de Salón México (1995), remake d'un classique, ont été filmées au célèbre dancing du même nom à Mexico (p. 117).*

LE MEXIQUE AU JOUR LE JOUR

L e poète Octavio Paz résume ainsi l'importance des fêtes au Mexique : « Les fêtes sont notre seul luxe.» Et c'est vrai, tous les jours quelque part au Mexique, on fête un saint ou autre chose à grand renfort de feux d'artifice, flonflons d'orchestre et danses populaires. Certaines festivités dérivent de fêtes indiennes ou datent des conquistadores, beaucoup mêlent les deux influences.

Radis sculptés pour la *Noche de los Rábanos*, Oaxaca

Les fêtes sont surtout locales, mais quelques-unes concernent tout le Mexique, notamment la fête de l'Indépendance, le Jour des Morts, la fête de la Vierge de Guadalupe *(p. 109)*.

En dehors des fêtes, vous devez également bien choisir votre saison pour effectuer votre voyage au Mexique. Ceux qui souhaitent combiner la plage à des visites de l'intérieur retiendront l'automne ; à cette saison, le temps est superbe, et le soleil, moins brûlant, permet de visiter les sites agréablement ; il y a aussi moins de touristes. L'hiver, en revanche, est plus indiqué pour observer la vie sauvage.

Traditions indiennes et chrétiennes se mêlent dans une procession pascale

LE PRINTEMPS

L a douceur précédant la saison des pluies en fait le moment idéal pour visiter la côte. Mais la semaine de Pâques est l'une des plus chargées, et les transports sont réservés longtemps à l'avance. À cette époque, jacarandas et flamboyants éclaboussent de couleur les places des villes. Vers la fin du printemps la chaleur augmente, et les marchés regorgent de mangues, abricots de Saint-Domingue, ananas et papayes. On voit des oiseaux migrateurs, notamment des rapaces, remonter la côte du golfe vers le nord, leur habitat estival.

La semaine de Pâques *(Semana Santa, mars-avr.)* se fête dans tout le pays, mais est plus spectaculaire dans les États du Sud et le cœur colonial. Dans la plupart des régions, on représente la Passion, comme à Taxco (Guerrero), Pátzcuaro (Michoacán), San Cristóbal de las Casas, Ixtapalapa dans le grand Mexico, et dans l'État d'Oaxaca.

Le dimanche des Rameaux, il y a des processions et on vend des croix de palmes devant les églises. Le vendredi saint, la procession des statues du Christ et de la Vierge est accompagnée de femmes chargées de fleurs et balançant des encensoirs, de porteurs de torches aux chants solennels, de pénitents en cagoule. On retrace le chemin de croix : des pénitents se flagellent, des enfants et des hommes défilent en costume d'époque. On assiste parfois à des scènes réalistes de flagellation et de crucifixion. Le soir du samedi de Pâques, on brûle des Judas en carton, parmi les feux d'artifice. Dans certaines villes, on a coutume ce jour-là d'arroser les passants.

Les Tarahumaras *(p. 20)* ont leur propre version de Pâques, avec leur course annuelle entre mauvais « pharisiens » et « soldats » gardiens de la Vierge.

Natalicio de Benito Juárez *(21 mars).* Pour son anniversaire, on dépose des couronnes aux monuments du président-réformateur, notamment à Guelatao, près d'Oaxaca, sa ville natale.

Régate Sol a Sol *(mi-avr.).* Feux d'artifice, match de

Parade du Cinco de Mayo, commémorant la bataille de Puebla

Un *volador* participant aux festivités de la Fête-Dieu

basket et soirée dansante concluent une course de bateaux entre St.Petersburg, en Floride, et Isla Mujeres (Quintana Roo).

Feria de San Marcos *(avr.-mai)*, Aguascalientes. Cette grande foire *(p. 185)* propose, entre autres, des événements culturels et sportifs.

Fête du Travail *(Día del Trabajo, 1er mai)*. Syndicats et partis politiques organisent des manifestations qui s'achèvent par des discours sur les places.

Cinco de Mayo *(5 mai)*. C'est dans l'État de Puebla qu'on commémore avec le plus d'enthousiasme la victoire des Mexicains sur l'armée d'invasion française en 1862 (bataille de Puebla) *[p. 153]*.

Fête des Mères *(Día de la Madre, 10 mai)*. On rend hommage à toutes les *mamacitas* du Mexique : si on le peut, on les invite au restaurant, on leur offre des fleurs ou une sérénade de *mariachis (p. 28)*.

Fête de saint Isidore *(15 mai)*. Dans les campagnes, on bénit les semences, les outils agricoles, les jougs et les animaux avant de commencer les semailles.

Corpus Christi *(Fête-Dieu, mai-juin)*. Messes et processions dans tout le Mexique. À Papantla (Veracruz), les *voladores (p. 29)* donnent un spectacle rituel invoquant la fertilité et honorant le soleil.

L'ÉTÉ

L'été, saison des pluies, est en principe la basse saison au Mexique. La pluie tombe souvent l'après-midi mais le matin reste ensoleillé. La nature est alors très verdoyante, et c'est un bon moment pour visiter l'intérieur des terres. L'air de Mexico est aussi moins pollué. Partout les marchés regorgent de fleurs, fruits et légumes. C'est la saison du *cuitlacoche* frais, champignon du maïs utilisé comme la truffe *(p. 311)*, et des *chiles en nogada* sophistiqués *(p. 309)*.

Fête de la Marine *(Día de la Marina, 1er juin)*. Les ports organisent des manifestations en l'honneur de la marine. À Guaymas (Sonora), les festivités officielles comprennent défilés en uniforme, régates et parade de la flotte.

Cavalier du Lienzo Charro

Lienzo Charro *(juin)*, Mexico. Presque tous les dimanches, des cavaliers en costumes et larges sombreros se mesurent *(charreria, p. 74)* au Lienzo Charro, dans la troisième section du parc de Chapultepec *(p. 88-89)*. En juin a lieu la fameuse manifestation nationale du *charro*.

Guelaguetza *(fin juil.)*, Oaxaca. Toutes sortes de costumes traditionnels et danses régionales animent superbement la grande fête de l'État d'Oaxaca *(p. 225)*.

Assomption *(Día de la Asunción, 15 août)*. Partout ont lieu messes et processions. Les rues se couvrent de fleurs pour le passage de la statue de la Vierge. À Huamantla (Tlaxcala), la Fiesta de la Virgen de la Caridad *(p. 139)* dure presque quinze jours et s'achève par un lâcher de taureaux dans la ville.

JOURS FÉRIÉS

Año Nuevo (1er janv.)
Día de la Constitución (fête de la Constitution, 5 fév.)
Natalicio de Benito Juárez (anniversaire de Benito Juárez, 21 mars)
Jueves Santo (jeudi saint)
Vernes Santo (vendredi saint)
Día del Trabajo (fête du Travail, 1er mai)
Cinco de Mayo (5 mai)
Día de la Independencia (fête de l'Indépendance, 16 sept.)
Descubrimiento de América (fête de C. Colomb, 12 oct.)
Día de la Revolución (fête de la révolution, 20 nov.)
Día de la Virgen de Guadalupe (fête de la vierge de Guadalupe), 12 déc.)
Noche Buena (veille de Noël)
Navidad (Noël)

Danseuse, fête de la Guelaguetza

Cavaliers en costumes traditionnels, fête de l'Indépendance

L'AUTOMNE

Quand la saison des pluies s'achève, la campagne est encore verte, les journées longues et tièdes. Les rivières sont pleines, la saison du raft commence dans les États du Veracruz et de San Luis Potosí. Le Festival international Cervantino ajoute une note culturelle. C'est en cette saison sans fortes pluies que la nature luxuriante du littoral du golfe et du Chiapas s'apprécie le mieux. Au début et à la fin de l'automne, le Mexique célèbre ses deux plus grandes fêtes, la fête de l'Indépendance et le Jour des Morts.

Discours présidentiel
(1er sept.). L'après-midi, les Mexicains écoutent le discours de leur Président à la télévision ou à la radio.
El Grito, Fête de l'Indépendance *(Día de la Independencia, 15-16 sept.).* On commémore dans tout le pays, mais surtout à Morelia, Hidalgo et Mexico, le *Grito*, « cri » ou appel aux armes du père Miguel Hidalgo, début 1810, de la libération du

Mexique de la domination espagnole *(p. 49).* Le soir du 15 septembre, toutes les places sont en liesse, avec feux d'artifice, musique, lancer de coquilles d'œufs remplies de confettis. Ensuite, les officiels reprennent l'appel d'Hidalgo, notamment le président du Mexique sur le balcon du Palacio Nacional de Mexico *(p. 66-67).* Le jour suivant est un jour de parade : les enfants s'habillent en costume national ou en héros de l'Indépendance.
Descubrimiento de América *(12 oct.).* Autrefois célébration de la découverte des Amériques, cette fête est devenue un hommage aux anciens peuples du Mexique.
Festival Internacional Cervantino *(oct.),* Guanajuato. Groupes de musiciens, de danseurs et d'acteurs du monde entier se réunissent à Guanajuato *(p. 202-205)* pour ce sommet du calendrier culturel mexicain. Dédié à l'écrivain espagnol Miguel Cervantès, l'auteur de *Don Quichotte,* le festival a débuté dans les années 1950. Les maisons coloniales servent de décor.
Tournoi international de pêche au marlin de Bisbee *(dernière*

Décoration pour le Jour des Morts

semaine d'oct.), Cabo San Lucas *(Baja California Sur).* La plus belle prise du tournoi rapporte une somme coquette.
Festival de surf de Tecate Mexicali *(oct.),* Ensenada *(Baja California Norte).* La communauté internationale des surfeurs se retrouve au Mexique.
Jours des Morts *(Días de Todos Santos, 31 oct.-2 nov.),* la fête la plus colorée du Mexique *(p. 34-35).*
Course off-road de Baja Mil *(1re semaine de nov.),* Baja California. D'Ensenada à La Paz ou l'inverse suivant l'année. Des centaines de motos, buggies et pick-ups venus du monde entier s'affrontent dans cette rude course tout-terrain.
Saison des courses de taureaux *(nov. à mars).* Mexico, Aguascalientes, San Luis Potosí et Zacatecas possèdent les plus grandes arènes.
Foire internationale de l'Argent *(Feria de la Plata, nov.-déc.),* Taxco *(p. 146-147).* Extraordinaires présentations d'objets en argent ; les meilleurs artisans remportent des prix.
Fête de la Révolution *(Día de la Revolución, 20 nov.).* Les filles revêtent jupes à volants et anneaux d'oreilles pour jouer les *lupitas* (femmes révolutionnaires), et les garçons portent moustaches peintes, foulards rouges et bottes.
Día de Santa Cecilia *(22 nov.).* La sainte patronne des musiciens est fêtée avec panache, surtout Plaza Garibaldi à Mexico, à Querétaro et à Pátzcuaro (Michoacán).
Tournoi international de surf de Puerto Escondido *(dernière semaine de nov.),* Puerto Escondido (Oaxaca). Des surfeurs de tout le Mexique et du monde entier affrontent les vagues.

Les arènes sont combles pour la corrida, Plaza México à Mexico *(p. 110)*

L'HIVER

En décembre, la température nocturne chute dans toutes les régions, mais, à l'exception du Nord, le temps reste assez beau pour des vacances à la plage. À Noël et au nouvel an, Mexicains et étrangers affluent dans les stations balnéaires. En décembre ont lieu les exubérantes célébrations de la Vierge de Guadalupe, sainte patronne du Mexique. C'est la saison où les premières baleines (p. 164) arrivent en Baja California, et où les papillons monarques (p. 211) rejoignent le Michoacán. Les agrumes abondent sur les marchés.

Día de la Virgen de Guadalupe
(12 déc.). On célèbre dans le moindre village l'apparition de la Vierge en 1531, sur le Cerro del Tepeyac. Des milliers de pèlerins se rendent à son sanctuaire à Mexico (p. 109) pour la contempler à partir d'un trottoir roulant bondé. Dans le reste du pays, au lever du jour on chante *las mañanitas* (chansons d'anniversaire) et on assiste à une messe spéciale. Les garçons se déguisent en Juan Diego, le paysan indien qui a vu la Vierge.

Piñata remplie de bonbons et de fruits

Posadas *(16-24 déc.).*
Partout au Mexique ces fêtes retracent en neuf nuits la quête d'un logis par Marie et Joseph avant la Nativité. Portant bougies et lanternes, les participants chantent les chants de *posadas* Chaque jour s'achève par une soirée devant une maison différente. Un élément essentiel des *posadas* est la *piñata*, pot en terre décoré de papier crépon, rempli de mandarines, de canne à sucre et de bonbons, parfois en forme de personnage comique ou d'animal. On la suspend à une corde, et les enfants, les yeux bandés, la frappent à tour de rôle avec un bâton. Quand elle casse, elle provoque une douche de fruits et de bonbons.

Fête des Saints innocents *(Día de los Inocentes, 28 déc.).* C'est le jour des farces.
Épiphanie *(Día de los Santos Reyes, 6 janv.).* Les petits Mexicains reçoivent leurs cadeaux de Noël le matin, de la part des Rois mages, et mangent la traditionnelle *rosca de reyes*, gâteau en forme d'anneau empli de fruits secs, cachant une fève de l'Enfant Jésus. Dans la plupart des villes ont lieu des processions des Rois ; les plus spectaculaires se déroulent sur Avenida Juárez et à Xochimilco à Mexico, à

Indien à coiffure de plumes, fête de la Vierge de Guadalupe

Querétaro, et à Campeche, Mérida et Tizimín (Yucatán).
La Nuit des Radis *(Noche de los Rábanos, 24 fév.),* Oaxaca.
Parmi les festivités sur le *zócalo (p. 222),* on vend des radis sculptés de formes fantastiques, dont les personnages de la Nativité.
Chandeleur *(Día de la Candelaria, 2 fév.).* L'Enfant Jésus est retiré de la crèche. On décore les rues de lampions. Certains villages organisent des corridas et des lâchers de taureaux. La plupart des villes donnent une fête en plein air sur la grand-place, avec musiciens, attractions, feux d'artifice et danses.
Feria Artesanal del Mundo Maya *(fév.),* Mérida (Yucatán). Cette foire est l'occasion d'admirer la diversité de l'artisanat maya.
Fête du Drapeau *(Día de la Bandera, 24 fév.).* Les écoliers paradent et saluent le drapeau. Cérémonies officielles sur les places de la plupart des villes.
Carnaval *(fév.-mars).* Les jours précédant le Carême se fêtent dans tout le pays : parades extravagantes, chars fleuris, confettis, danses, bûchers où l'on brûle des effigies. Les célébrations les plus spectaculaires ont lieu dans les ports, comme La Paz et Ensenada (Baja California), Acapulco et Mazatlán (Sinaloa), Campeche (Yucatán). Le plus célèbre se déroule à El Puerto de Veracruz, sur la côte du golfe.

Carnaval haut en couleurs, péninsule du Yucatán

La fête des Morts

Chandelier squelette

Suivant une croyance populaire, Dieu autorise les morts à retourner sur terre une fois l'an visiter famille et amis. Pendant les Jours des Morts, les vivants accueillent les âmes des défunts avec des offrandes de fleurs, de plats spéciaux, de bougies et d'encens. La fête n'est pas morbide, mais paisible et joyeuse. Les traditions varient d'une région à l'autre, mais, en général, on pense que les âmes des enfants rendent visite le 1er novembre et celles des adultes le 2 novembre, avant de repartir pour une autre année.

Des masques en forme de crâne et des vêtements figurant un squelette déguisent parfois les enfants des villes pendant la fête des Morts. Les danseurs de carnaval prennent parfois aussi les traits de la mort.

Une photo du défunt orne souvent l'autel du Jour des Morts.

Figurines en sucre et autres friandises décorent les étals. On pense que les morts se nourrissent de l'arôme des offrandes, consommées ensuite par les vivants.

Bougeoirs et brûle-parfum pour l'encens

DES AUTELS POUR LES MORTS

De nombreuses familles conservent sur une étagère ou une table images saintes et statues de saints. Pour la Toussaint et le Jour des Morts, ces autels familiaux portent des offrandes pour les défunts. Dans les villes, on installe aussi des autels dans les lieux publics. Ici l'autel, conservé au Museo del Anahuacalli *(p. 111)*, évoque la vie et l'œuvre de Diego Rivera *(p. 104)*.

La rose d'Inde (cempasúchil), *appelée souvent « fleur des morts » au Mexique, est largement utilisée. Ici, on a inscrit le nom de Diego au milieu des pétales.*

LES CÉLÉBRATIONS DE LA FÊTE DES MORTS

Elles ont lieu presque partout, dans le Centre et le Sud. Avant la fête, les étals des marchés croulent sous les figurines en sucre, poteries, fleurs et jouets en forme de squelette. La plupart des Mexicains se rendent au cimetière le matin du 2 novembre, mais les habitants purépechas des bords du lac de Pátzcuaro veillent la nuit du 1er *(p. 207)*. À Tzintzuntzán *(p. 206)*, les villageois dansent avec des masques très colorés.

À Isla Janitzio, île du lac Pátzcuaro, la fête est particulièrement haute en couleurs

Des autels personnalisés sont dressés dans les maisons, garnis des plats et boissons préférés des défunts et d'autres objets, par exemple des jouets.

ARTISANAT DE LA FÊTE DES MORTS

Artistes et artisans confectionnent crânes et squelettes en sucre, fer-blanc, bois, papier, argile et os. Des squelettes habillés en évêque ou en cireur de chaussures se côtoient dans des danses macabres. Octavio Paz a écrit : « Le Mexicain est un familier de la mort, il en plaisante, il la caresse, dort avec, la célèbre... » On fabrique beaucoup d'objets spécialement pour la fête des Morts, mais on en trouve toute l'année dans les galeries et boutiques d'artisanat.

Des découpages en papier fins comme de la dentelle, faits main, ornent de nombreux autels.

Des squelettes en papier mâché, *réalisant des tâches quotidiennes, décorent souvent les lieux publics.*

Ce crâne en papier mâché et fil de fer, orné d'anges et de squelettes, est l'œuvre de Saulo Moreno. Les pousses vertes du pommier représentent l'idée de régénération.

Portrait de José Guadalupe Posada, d'après un *mural* de Diego Rivera *(p. 181).*

Les crânes en sucre *peuvent porter inscriptions et noms de personnes, mortes ou vivantes, comme ici, « Amor Eterno ».*

De beaux tissus et des vêtements neufs sont parfois disposés sur les autels.

Des lys calla, souvent représentés dans les peintures de Rivera, figurent parmi les offrandes.

Des saynètes humoristiques, peuplées de figurines spéciales, sont réalisées pour l'occasion. Ici, des squelettes en argile peinte jouent au poker dans une pièce en bois tapissée de miroirs.

La tombe de cet enfant de San Pablito à Puebla est un bon exemple de la décoration mortuaire mexicaine : fleurs de couleurs vives et images peintes. Avant la fête des Morts, on nettoie dans tout le Mexique les cimetières et on repeint les tombes.

La Catrina, *du graveur José Guadalupe Posada (p. 80), est associée partout au Jour des Morts. Son image apparaît souvent dans le travail des artisans.*

Les climats du Mexique

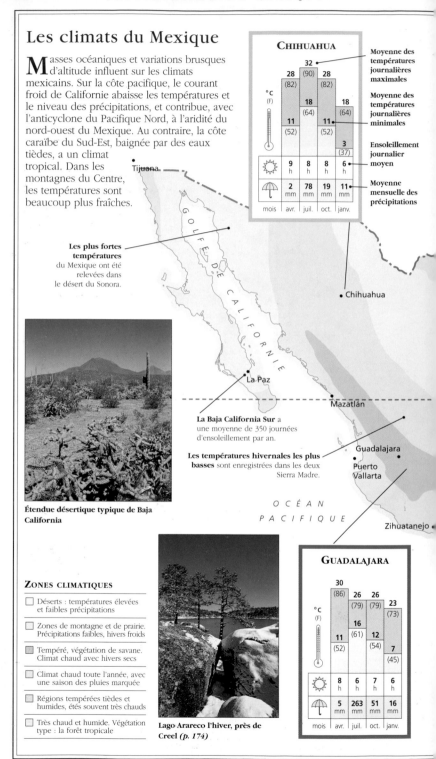

Masses océaniques et variations brusques d'altitude influent sur les climats mexicains. Sur la côte pacifique, le courant froid de Californie abaisse les températures et le niveau des précipitations, et contribue, avec l'anticyclone du Pacifique Nord, à l'aridité du nord-ouest du Mexique. Au contraire, la côte caraïbe du Sud-Est, baignée par des eaux tièdes, a un climat tropical. Dans les montagnes du Centre, les températures sont beaucoup plus fraîches.

CHIHUAHUA

mois	avr.	juil.	oct.	janv.
°C (F) max	28 (82)	32 (90)	28 (82)	
°C (F) min	11 (52)	18 (64)	18 (64)	
			11 (52)	3 (37)
☼	9 h	8 h	8 h	6 h
☂	2 mm	78 mm	19 mm	11 mm

Moyenne des températures journalières maximales

Moyenne des températures journalières minimales

Ensoleillement journalier moyen

Moyenne mensuelle des précipitations

Tijuana

GOLFE DE CALIFORNIE

Les plus fortes températures du Mexique ont été relevées dans le désert du Sonora.

• Chihuahua

La Paz

Mazatlán

La Baja California Sur a une moyenne de 350 journées d'ensoleillement par an.

Les températures hivernales les plus basses sont enregistrées dans les deux Sierra Madre.

Guadalajara

Puerto Vallarta

OCÉAN PACIFIQUE

Zihuatanejo

Étendue désertique typique de Baja California

ZONES CLIMATIQUES

☐ Déserts : températures élevées et faibles précipitations

☐ Zones de montagne et de prairie. Précipitations faibles, hivers froids

☐ Tempéré, végétation de savane. Climat chaud avec hivers secs

☐ Climat chaud toute l'année, avec une saison des pluies marquée

☐ Régions tempérées tièdes et humides, étés souvent très chauds

☐ Très chaud et humide. Végétation type : la forêt tropicale

Lago Arareco l'hiver, près de Creel *(p. 174)*

GUADALAJARA

mois	avr.	juil.	oct.	janv.
°C (F) max	30 (86)	26 (79)	26 (79)	23 (73)
°C (F) min	11 (52)	16 (61)	12 (54)	7 (45)
☼	8 h	6 h	7 h	6 h
☂	5 mm	263 mm	51 mm	16 mm

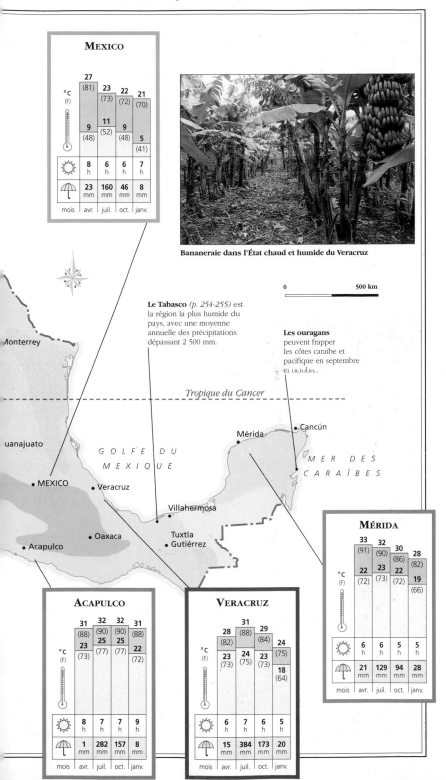

MEXICO

°C (F)				
	27 (81)	23 (73)	22 (72)	21 (70)
	9 (48)	11 (52)	9 (48)	5 (41)
☀	8 h	6 h	6 h	7 h
☂	23 mm	160 mm	46 mm	8 mm
mois	avr.	juil.	oct.	janv.

Bananeraie dans l'État chaud et humide du Veracruz

0   500 km

Le Tabasco *(p. 254-255)* est la région la plus humide du pays, avec une moyenne annuelle des précipitations dépassant 2 500 mm.

Les ouragans peuvent frapper les côtes caraïbe et pacifique en septembre et octobre.

Tropique du Cancer

Monterrey

uanajuato

• MEXICO   • Veracruz

GOLFE DU MEXIQUE

Mérida   • Cancún

MER DES CARAÏBES

Villahermosa

Tuxtla Gutiérrez

• Oaxaca

• Acapulco

MÉRIDA

°C (F)				
	33 (91)	32 (90)	30 (86)	28 (82)
	22 (72)	23 (73)	22 (72)	19 (66)
☀	6 h	6 h	5 h	5 h
☂	21 mm	129 mm	94 mm	28 mm
mois	avr.	juil.	oct.	janv.

ACAPULCO

°C (F)				
	31 (88)	32 (90)	32 (90)	31 (88)
	23 (73)	25 (77)	25 (77)	22 (72)
☀	8 h	7 h	7 h	9 h
☂	1 mm	282 mm	157 mm	8 mm
mois	avr.	juil.	oct.	janv.

VERACRUZ

°C (F)				
	28 (82)	31 (88)	29 (84)	24 (75)
	23 (73)	24 (75)	23 (73)	18 (64)
☀	6 h	7 h	6 h	5 h
☂	15 mm	384 mm	173 mm	20 mm
mois	avr.	juil.	oct.	janv.

HISTOIRE DU MEXIQUE

L e Mexique moderne est le résultat du choc des deux cultures qui s'est produit quand les conquistadores espagnols ont vaincu les Aztèques en 1521. Les anciennes civilisations mexicaines ont fusionné avec la culture européenne et catholique de l'Espagne. Après avoir gagné son indépendance, au XIXᵉ siècle, le Mexique a entrepris de se forger une identité, processus qui se poursuit aujourd'hui.

L'histoire de la Méso-Amérique, dont le Mexique ancien formait une grande partie, est vieille de 3 000 ans à l'arrivée des Espagnols. De grands empires s'y sont développés, notamment celui des Aztèques, mais ils ne purent rivaliser avec la supériorité en armes des conquistadores, qui envahirent la région imposant leur loi et leur religion.

Statue de Benito Juárez

Pendant 300 ans, le Mexique fut une colonie espagnole. À la recherche d'argent, les Espagnols poussèrent vers le Nord aride et fondèrent de nouvelles villes. Au Centre et au Sud, ils régnaient sur une population indienne asservie, qui travaillait sur les domaines espagnols, payait tribut à la Couronne et honorait le Dieu chrétien, sans pour autant abandonner complètement ses anciennes croyances et coutumes.

L'emprise de l'Espagne faiblit au XVIIIᵉ siècle, à cause des puissances coloniales rivales aux Amériques et du mécontentement des colonisés.

Les guerres napoléoniennes en Europe inspirèrent la lutte pour l'indépendance au Mexique, qui aboutit en 1821. Au milieu du XIXᵉ siècle, les États-Unis étendirent leur territoire vers le sud, limitant le Mexique à ses frontières modernes. Ce n'est qu'au milieu du XXᵉ siècle, après la révolution lancée en 1910, que le pays trouva une stabilité et une croissance économique durable. Mais les problèmes sociaux, dont certains remontent au passé colonial, demeurent encore aujourd'hui préoccupants.

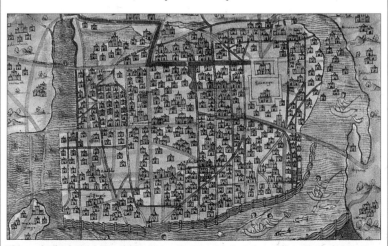

Bâtie sur des îles, la cité de Tenochtitlán (aujourd'hui Mexico), dessinée en 1560 par Alonso de Santa Cruz

◁ La civilisation totonaque vue par Diego Rivera, *mural* du Palacio Nacional (p. 66-67)

LES OLMÈQUES

Les premiers hommes arrivèrent au Mexique il y a environ 20 000 ans, après avoir traversé le détroit de Béring entre Asie et Alaska. Le IIᵉ millénaire av. J.-C. voit l'éclosion de nombreux villages d'agriculteurs. Vers 1500 av. J.-C., la première culture remarquable, celle des Olmèques, s'établit sur la côte chaude et humide du golfe, surtout à San Lorenzo (p. 253) et plus tard à La Venta (p. 254). Les Olmèques bâtirent des centres cérémoniels plutôt que des villes. Leurs pyramides de terre suggèrent qu'ils étaient gouvernés par une autorité centrale,

Figure olmèque en pierre

capable de mobiliser une main-d'œuvre considérable et de faire descendre le cours des rivières, sur des radeaux, à de lourds blocs de basalte qu'ils sculptaient en d'énormes têtes, ou bien en figures stylisées « d'hommes jaguars ». Ils produisaient aussi des céramiques et d'exquises figurines de jade. Au Iᵉʳ millénaire, les centres olmèques déclinèrent. Autour de 900, San Lorenzo fut systématiquement détruit et pillé, et la civilisation olmèque tomba dans l'oubli.

LA CIVILISATION MAYA CLASSIQUE

La « culture mère » des Olmèques engendra une suite de cultures secondes, dans les terres basses de l'Est, et les monts de l'Ouest. Vers 500 av. J.-C., d'importants peuplements mayas commencèrent à se former en plaine autour de grands centres cérémoniels, dans une région comprise entre le Mexique et le Guatemala. La civilisation maya atteignit son apogée à la période dite classique, entre 200 et 900. De nombreuses cités se développèrent : quartiers résidentiels nobles et champs cultivés entouraient des temples complexes . La vie des Mayas de cette période était fortement ritualisée. Pratiquant un art sophistiqué (p. 233), ils possédaient un savoir mathématique et astronomique remarquable, et élaborèrent le « compte long » de leur calendrier, qui embrasse des millénaires (p. 47).

Les Mayas, qu'on pensait autrefois pacifiques, menaient en fait des guerres fréquentes et féroces entre cités. Sur leurs stèles, hautes pierres gravées, les glyphes (p. 46-47) racontent les victoires des grands chefs, qui guer-

Sculpture dans le palais de Palenque, une des grandes cités classiques mayas

---

CHRONOLOGIE

Tête olmèque colossale taillée dans le basalte

v. 1500 av. J.-C. Premières implantations olmèques

v. 900 av. J.-C. La cité olmèque de San Lorenzo est détruite et pillée.

v. 600 av. J.-C. Première implantation sur le site de Monte Albán

20000 av. J.-C.	1200 av. J.-C.	800 av. J.-C.	400 av

20000 av. J.-C. Des populations quittent l'Asie pour l'Amérique et essaiment progressivement vers le sud. Les premiers habitants connus du Mexique vivent dans des grottes de la vallée de Mexico.

Une des sculptures Los Danzantes de Monte Albán

Peinture murale de la tombe n° 105, à Monte Albán, centre de la civilisation zapotèque

royaient, s'alliaient, se mariaient entre eux et encourageaient les arts avec la même vigueur que les princes de la Renaissance italienne. Mais vers 800, la civilisation classique maya connut une crise : la population avait épuisé les ressources disponibles, et plusieurs centres furent détruits et abandonnés, peut-être victimes d'épidémies ou de révoltes paysannes.

GRANDEUR ET DÉCADENCE DE TEOTIHUACÁN

Pendant ce temps, d'autres cités se développèrent sur les hautes terres du Centre. La population de Monte Albán *(p. 220-221)* passa par exemple de 5 000 en 500 av. J.-C. à environ 25 000 en 700. Mais quand la cité déclina, elle perdit son emprise sur la région d'Oaxaca au profit de Mitla *(p. 226)* et de différentes villes plus petites. Toutes ces cités furent surpassées par la grande

Masque funéraire, Teotihuacán

métropole classique de Teotihuacán *(p. 134-137)*, établie sur le site imposant d'une vaste vallée, au nord de ce qui est aujourd'hui Mexico. Teotihuacán prit son ampleur vers 200 av. J.-C. et fut à son apogée entre 400 et 500, dominant la vallée et de vastes territoires au-delà. Son influence s'étendit jusqu'au Sud, à la région maya. La ville, qui comptait environ 125 000 habitants, est alors l'une des plus grandes du monde.

Teotihuacán déclina au VIIe siècle. Comme les cités de l'époque classique maya, la ville a probablement épuisé ses ressources. Vers 650, elle aurait été attaquée et en partie incendiée par des nomades venus du nord ou par un soulèvement local. La ville ne disparut pas brutalement, mais connut un lent déclin et l'étiolement progressif de sa population. La chute de Teotihuacán marqua toute la Méso-Amérique.

Coyote rouge, peinture murale, Teotihuacán	**v. 400 apr. J.-C.** Teotihuacán est à son apogée.	**615-683** Règne de Pakal, souverain de Palenque	**v. 800** Chute de la civilisation classique maya. Monte Albán est abandonnée à peu près à la même époque.
1 apr. J.-C.	**400**		**800**
v. 200 av. J.-C. Fondation de la cité de Teotihuacán	*Glyphe maya*	**v. 650** Chute de Teotihuacán	**799** La dernière inscription laissée à Palenque fait allusion à sa chute.
		v. 700 Monte Albán compte 25 000 habitants.	

LES TOLTÈQUES

La chute de Teotihuacán et le déclin de Monte Albán amorcèrent un fractionnement et une militarisation du centre du Mexique. Plusieurs États, comme le Cacaxtla *(p. 156)* et le Xochicalco *(p. 145)*, se taillèrent alors des fiefs. L'État des Toltèques instaura une hégémonie assez souple entre environ 900 et 1100. Sans doute venus du nord, les Toltèques s'installèrent dans le nord de la vallée de Mexico et fondèrent Tula *(p. 144)*, qui compta peut-être 40 000 habitants. Habiles commerçants, notamment pour l'obsidienne, les Toltèques levèrent des tributs sur les autres communautés. Ils développèrent également une culture militariste, manifeste quand on considère les rangs serrés d'atlantes (guerriers de pierre), les frises aux scènes sanglantes de bataille et de sacrifice, les rangées de crânes, les chac-mools (statues sacrificielles à demi allongées), et leurs ordres militaires de guerriers-aigles et guerriers-jaguars.

Atlante, Tula

Tula s'effondra – elle fut pillée et incendiée vers 1100 – mais son influence perdura. Il est probable que des Toltèques aient émigré au Yucatán au Xᵉ siècle car leur influence y est évidente. Parmi eux, il y avait peut-être un prince ou un chef du nom de Quetzalcoatl (le serpent à plumes), qui devint ensuite un dieu. Après la chute des cités classiques mayas, le pouvoir se déplaça vers le nord du Yucatán, surtout à Uxmal et dans les autres cités des monts Puuc. Vers l'an mille, des motifs toltèques, serpents à plumes, atlantes, chac-mools, commencèrent à apparaître surtout à Chichén Itzá. Cette cité dirigea une confédération régionale jusqu'à ce qu'elle soit vaincue, vers 1200, par les villes voisines de Mayapán et Izamal, et d'autres cités rivales de la côte du Yucatán.

L'EMPIRE AZTÈQUE

Dernier grand empire méso-Américain, l'empire des Aztèques (souvent appelés Mexicas) naquit également dans la vallée de Mexico, d'où il domina progressivement le cœur du pays. Pauvre, mal équipée, la tribu des Aztèques a nomadisé depuis sa lointaine patrie d'Aztlán, région inconnue

La légende aztèque de l'aigle perché sur un cactus, illustration du Codex Mendoza

---

CHRONOLOGIE

Le dieu Quetzalcoatl, qui pourrait avoir été, à l'origine, un prince toltèque

v. 1200 Chichén Itzá est vaincu par Mayapán, puissance rivale.

v. 1100 Chute de Tula

900	1000	1100	1200

909 Dernière inscription de l'époque classique maya

v. 900 Établissement d'un État toltèque

Chac-mool, *site maya de Chichén Itzá*

du nord. Les Aztèques servirent d'abord comme domestiques et mercenaires dans les villes établies. Mais vers 1325 leur dieu tribal, Huitzilopochtli, leur donna l'ordre de planter la tente à l'endroit où ils verraient un aigle perché sur un cactus, dévorant un serpent. Le présage (qui figure sur le drapeau mexicain) fut aperçu sur une île au milieu d'un lac, site de la future Tenochtitlán. Guerriers impitoyables, se sentant investis d'une mission divine, les Aztèques étendirent peu à peu leur territoire et créèrent de fertiles *chinampas* (champs irrigués) pour nourrir le peuple.

Vers 1420, ils dominaient déjà la vallée de Mexico. Leur organisation tribale souple fit place à un système autocratique, basé sur une hiérarchie stricte, une éthique guerrière, avec un empereur despotique. Rapidement, ils conquirent jusqu'aux riches plaines de l'est et du sud. Les tributs affluèrent ainsi que les prisonniers fournis par la guerre permanente. Ces derniers alimentaient les sacrifices humains destinés à apaiser des dieux : l'équilibre fragile du cosmos ne pouvait se maintenir que par l'offrande aux dieux de cœurs encore palpitants. Des sacrifices de masse, comme celui qui, en 1487, consacra le Templo Mayor reconstruit, où 20 000 prisonniers auraient été immolés *(p. 68-70)*, servaient également à terroriser l'ennemi et consolider l'empire.

La Rencontre de Cortés et de Moctezuma, attribué à Juan Correa (vers 1645-1716)

L'ARRIVÉE DES ESPAGNOLS

Lorsque les premiers voyageurs espagnols prirent pied en Méso-Amérique, dans les années 1550, l'Empire aztèque était immense, très peuplé et dynamique. Mais il souffrait de la poussée démographique, de dissensions internes et de la résistance d'autres États, notamment l'Empire tarasque dans l'actuel Michoacán, et la principauté montagnarde de Tlaxcala *(p. 156)*, à l'est. Hernán Cortés débarqua au niveau de l'actuelle Veracruz en 1519 et marcha sur Tenochtitlán. Il soumit d'abord les habitants de Tlaxcala puis s'en fit des alliés, indispensables pour détruire la puissance aztèque. C'est grâce à ce genre d'alliance que Cortés put affronter et vaincre l'Empire aztèque de Moctezuma II (1502-1520) : Tenochtitlán fut conquise après un siège sanglant et destructeur.

La conquête du Mexique illustrée par un *mural* de Juan O'Gorman (1905-1982)

Sculpture de la déesse aztèque Coyolxauhqui, Templo Mayor, Mexico

années 1500 Guerres aztèques contre Tlaxcala, à l'est, plus tard allié des Espagnols

1520 Le 1er juillet, « Noche Triste » : les Espagnols sont vaincus par les Aztèques.

1300	1400	1500

v. 1325 Les Aztèques fondent Tenochtitlán (Mexico) sur une île lacustre.

1426-1440 Les Aztèques prennent le contrôle de la vallée de Mexico avec l'empereur Itzcoatl.

1502 Moctezuma II est empereur des Aztèques.

1521 Les Espagnols s'emparent de Tenochtitlán. Chute de l'Empire aztèque

1519 Cortés débarque sur la côte de Veracruz.

La Méso-Amérique

La Méso-Amérique est une zone géographique, peuplée de cultures similaires avant l'arrivée des Espagnols *(p. 43)*. Elle couvre les territoires actuels du centre et du sud du Mexique, le Belize, le Guatemala, une partie du Honduras et du Salvador. Les peuples de Méso-Amérique avaient en commun dieux, calendrier, techniques de construction, mais leurs langues et leurs coutumes différaient. On distingue habituellement les civilisations des « hautes terres » (notamment la vallée de Mexico) et des « basses terres », par exemple les Mayas.

Les chac-mools
On trouve ces statues à demi allongées au centre du Mexique et dans les sites mayas. Les tablettes de pierre dont elles sont souvent dotées auraient servi à recevoir des offrandes sacrificielles.

Le jeu de balle
Ce jeu, qui utilise une balle en latex (p. 277), *appartient à la plupart des cultures méso-américaines. Ici, un joueur maya.*

Les pyramides
En Méso-Amérique, les pyramides sont à degrés et, comme celle d'Edzná ci-dessus (p. 261), *sont couronnées d'un temple. Les Aztèques les utilisaient pour les sacrifices humains et les Mayas comme bâtiments funéraires.*

CARTE DE LA MÉSO-AMÉRIQUE
Les civilisations indiquées sur la carte ne sont pas forcément contemporaines. Un groupe reprenait souvent les territoires de ses prédécesseurs ; c'est le cas des Mixtèques et des Zapotèques.

TARASQUES
TOLTÈQUES
VERACRUZ CLASSIQUE
El Tajín
Tula
Teotihuacán
Tenochtitlán
Cholula
Xochicalco
AZTÈQUES
Monte Albán
Mitla
ZAPOTÈQUE

Les sacrifices humains
La nécessité d'apaiser les dieux avec du sang humain était une croyance établie dans le Mexique ancien, notamment chez les Aztèques. Cette illustration de codex montre des prêtres aztèques sacrifiant des victimes.

L'obsidienne
Pierre volcanique vitrifiée et dure, l'obsidienne était taillée pour fournir ustensiles, armes et couteaux de sacrifice comme celui-ci. Le métal ne sera utilisé qu'à la fin de la période classique, et jamais pour des objets utilitaires.

Le jade
Cette pierre verte était plus prisée que l'or en Méso-Amérique. Les Zapotèques notamment s'en servaient pour façonner des objets, comme cet inquiétant pendentif de dieu chauve-souris.

Les aliments
De nombreux aliments consommés aujourd'hui dans le monde proviennent de Méso-Amérique : tomates, piments, chocolat, maïs. Cette scène d'un codex aztèque montre le remplissage d'un grenier à maïs.

La technologie
La roue était seulement utilisée pour des objets non utilitaires, comme ce jouet aztèque du musée de Xalapa (p. 248-249). L'essentiel des charges était transporté à dos d'homme ou par pirogue.

Chichén Itzá • Cobá
Uxmal
Tulum
• Edzná
GOLFE DU MEXIQUE
M A Y A S
MER DES CARAIBES
• La Venta
L M È Q U E S
San Lorenzo
Palenque
Tikal
Bonampak
I X T È Q U E S
O C É A N PACIFIQUE

LÉGENDE

☐ Hautes terres

☐ Basses terres

PÉRIODES DES CIVILISATIONS DE MÉSO-AMÉRIQUE

PRÉCLASSIQUE					CLASSIQUE		POSTCLASSIQUE		
Olmèques					Veracruz classique		Totonaques		
				Mayas					
							Tarasques		
				Teotihuacán		Toltèques		Aztèques	
			Zapotèques					Mixtèques	
1500 av. J.-C.	1200 av. J.-C.	900 av. J.-C.	600 av. J.-C.	300 av. J.-C.	0	300	600	900	1200	1500

Les Mayas

Contrairement aux autres peuples de Méso-Amérique, les Mayas n'ont pas créé de grand empire centralisé mais des cités-États indépendantes. Cela ne les a pas empêchés d'atteindre un degré élevé de connaissance en astronomie, et de développer des systèmes sophistiqués d'écriture, de calcul et de calendrier. On croyait les Mayas pacifiques, mais on sait aujourd'hui qu'ils partageaient le goût des autres civilisations précolombiennes pour la guerre et les sacrifices humains.

CARTE DE SITUATION

☐ Domaine maya

Peinture murale, Bonampak
Les Mayas étaient les plus grands artistes de Méso-Amérique (p. 232). Leur talent du portrait s'apprécie particulièrement dans l'extraordinaire série de peintures murales de ce temple de Bonampak.

Dans le Tzolkin ou cercle sacré, 20 noms de jours se combinent avec 13 nombres pour former une année de 260 jours aux dénominations précises.

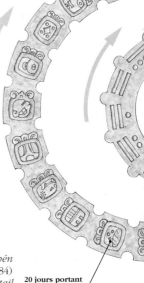

L'architecture
On découvre pyramides, palais et autres monuments mayas dans des sites comme Palenque (p. 234-237), Chichén Itzá (p. 274-276), Cobá (p. 284) et Tulum (p. 284-285). Ce détail provient d'Uxmal (p. 262-264).

20 jours portant des noms

LES GLYPHES

D'autres civilisations méso-américaines ont développé des systèmes d'écriture, mais aucun n'est aussi complet et sophistiqué que celui des Mayas. Ceux-ci se servent d'environ 800 hiéroglyphes (ou glyphes), dont certains représentent des mots entiers, d'autres des phonèmes. On en a compris quelques-uns dès les années 1820, mais le déchiffrement a surtout débuté dans les années 1950.

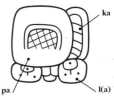

ka

pa

l(a)

Un glyphe maya peut représenter soit un mot entier soit les sons qui le composent. Certains mots s'écrivent de différentes manières. Ci-dessus, le nom de Pakal, souverain de Palenque, est écrit de deux façons. Pakal signifie « bouclier », objet décrit par le glyphe de gauche.

L'ASTRONOMIE

Les Mayas avaient des connaissances en astronomie très en avance sur leur temps. Ils observaient et prédisaient phases de la Lune, solstices et équinoxes, éclipses de Lune et de Soleil. Ils savaient que l'étoile du matin et celle du soir sont une seule et même planète, Vénus, et lui donnaient une « année » de 584 jours, à 8 centièmes du nombre exact (583,92). Il est presque certain qu'ils connaissaient aussi l'orbite de Mars. Soulignons que les Mayas avaient calculé ces chiffres alors qu'ils n'avaient ni lentille pour observer les astres, ni instrument pour calculer les angles, ni horloge pour mesurer heures, minutes et secondes.

L'observatoire de Chichén Itzá

LE CALENDRIER MAYA

Les Mayas suivent un cycle calendaire de 52 années, lui-même issu de deux cycles, le Haab et le Tzolkin, fonctionnant simultanément, mais indépendamment l'un de l'autre. Pour les périodes dépassant 52 années, ils utilisent un système différent appelé « Compte long ».

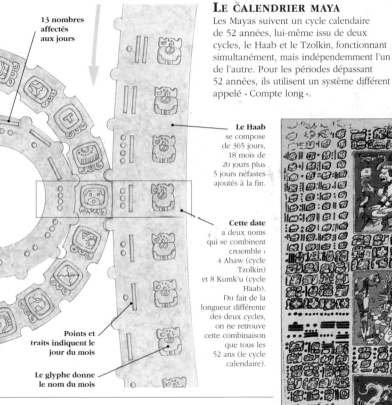

13 nombres affectés aux jours

Le Haab se compose de 365 jours, 18 mois de 20 jours plus 5 jours néfastes ajoutés à la fin.

Cette date a deux noms qui se combinent ensemble : 4 Ahaw (cycle Tzolkin) et 8 Kumk'u (cycle Haab). Du fait de la longueur différente des deux cycles, on ne retrouve cette combinaison que tous les 52 ans (le cycle calendaire).

Points et traits indiquent le jour du mois

Le glyphe donne le nom du mois

LES NOMBRES

Les Méso-Américains utilisaient un système de calcul vigésimal, c'est-à-dire en base 20. Pour écrire les nombres, les Mayas utilisent le point (l'unité) et la barre (5 unités).

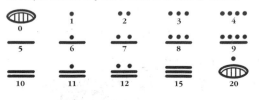

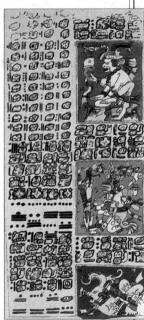

Le codex

Le livre maya, ou codex, est formé d'une fine feuille d'écorce inscrite sur les deux faces, pliée ensuite en accordéon. Il n'en subsiste que quatre, dont le Codex de Dresde (réplique ci-dessus).

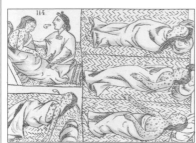

Indiens frappés par la variole, maladie apportée au Mexique par les Espagnols

LE MEXIQUE COLONIAL

Après leur victoire sur les Aztèques, les conquistadores confièrent les indigènes aux *encomenderos* espagnols, sortes de seigneurs féodaux censés protéger et convertir leurs vassaux, qui en retour leur payaient tribut. Les expéditions espagnoles explorèrent les confins de la Méso-Amérique, l'Oaxaca, le Chiapas et le Yucatán. Attirés par la promesse de l'argent, ils pénétrèrent aussi le Gran Chichimec au nord, par-delà des limites des territoires aztèque et tarasque, puis gagnèrent et dépassèrent le lointain Zacatecas. La conquête spirituelle alla de pair avec cette avancée militaire en quête de butin. Les moines franciscains et dominicains prêchèrent, convertirent, fouettèrent et baptisèrent sans relâche les Indiens. Des maladies venues d'Europe comme la variole firent des ravages chez les indigènes.

LE MEXIQUE AU XVIIᵉ SIÈCLE

Pendant le XVIIᵉ siècle, de riches Espagnols, attirés par la belle vie des *hidalgos* dans les colonies, instaurèrent le système de l'hacienda *(p. 50-51)*. Représentée par un vice-roi, la Couronne n'exerçait de loin qu'un contrôle relatif sur ces exploitants agricoles et miniers ; la colonie jouissait ainsi d'une certaine indépendance. Néanmoins, la « Nouvelle Espagne » expédiait des tonnes de lingots à son autorité européenne.

L'économie coloniale se développa et les pionniers donnèrent naissance à une élite créole née au Mexique, fière de sa nouvelle patrie. Les Indiens, qui retrouvèrent peu à peu leur nombre antérieur, s'initièrent à l'agriculture européenne et à l'élevage. Le métissage entre colons de souche espagnole et Indiens créa des castes intermédiaires. L'élite blanche et prospère finança haciendas grandioses, palais de ville et églises somptueuses *(p. 24-25)*. L'université florissante de Mexico, la plus ancienne des Amériques, et la production littéraire de l'époque baroque, notamment les pièces et poèmes de Sor Juana Inès de la Cruz témoignent éga-

***Mural** de Diego Rivera, montrant les mauvais traitements subis par les paysans indiens*

lement de la réussite des créoles. Comparé à l'Europe, le Mexique au XVIIᵉ siècle est un pays paisible, stabilisé par l'autorité de l'Église et l'absence d'armée régulière.

VERS L'INDÉPENDANCE

Au XVIIIᵉ siècle, la nouvelle dynastie des Bourbons d'Espagne, suivant le modèle colonial français, revint sur l'autonomie partielle du Mexique. Elle centralisa le pouvoir royal, affaiblit l'Église, créa une armée régulière, augmenta les tributs et leva plus d'impôts. Les relations entre l'Espagne et le Mexique se tendirent ; les créoles supportant difficilement l'ingérence des autorités espagnoles. Indiens et basses castes subirent des impôts plus lourds, et leur condition empira avec la poussée démographique et la raréfaction des ressources de base. L'ancienne alliance entre Église et Couronne s'affaiblit : les jésuites furent expulsés en 1767.

Des événements internationaux vinrent aggraver ces tensions. Prise dans des conflits à répétition, l'Espagne manquait d'argent et était incapable de contrôler les routes maritimes vers le Mexique. Au nord, Anglais et Français menacèrent les confins du Mexique, c'est-à-dire les États du sud des États-Unis actuels, de la Floride à la Californie. La révolution américaine de 1776 montra l'exemple d'une rébellion coloniale, et la défaite des Bourbons par Napoléon en 1808 provoqua une crise dans le gouvernement colonial. Le 16 septembre 1810, un curé de paroisse, Miguel Hidalgo, lança son fameux appel aux armes pour l'indépendance, *El Grito* (le

Le père Hidalgo sur un *mural* de Juan O'Gorman, Castillo de Chapultepec *(p. 88)*

cri). La rébellion échoua et Hidalgo fut exécuté. Quatre ans plus tard, un second soulèvement, conduit par le prêtre José María Morelos, fut écrasé. Mais la répression ne put sauver un empire en plein écroulement. La résistance continua sous forme de guérilla. En 1821, peu après la prise du pouvoir par l'armée en Espagne, l'élite créole du Mexique proclama l'indépendance du pays. N'ayant ni la volonté ni les moyens de se battre, l'Espagne accepta que sa principale colonie américaine devienne le Mexique indépendant.

Le héros de l'indépendance
José María Morelos (1765-1815)

1692 Soulèvements à Mexico : tensions entre communautés

Charles III d'Espagne

1810 Le 16 septembre, Miguel Hidalgo initie un soulèvement populaire contre la domination espagnole. Les rebelles sont vaincus. Hidalgo est exécuté l'année suivante.

1820 Coup d'État militaire libéral en Espagne

1700	1750	1800

1700 La dynastie des Bourbons accède au trône d'Espagne.

1759-1788 Règne du roi réformiste Charles III

1767 Expulsion des jésuites du Mexique

1765 Les « réformes » des Bourbons resserrent l'emprise de l'Espagne sur le Mexique.

1814 José María Morelos prend la tête d'une seconde tentative pour l'indépendance. Il est capturé et exécuté en 1815.

L'hacienda

Les haciendas du Mexique se développent au cours des périodes coloniale et postcoloniale. Leur production est fonction des ressources du sol et du climat : bétail, maïs, blé, canne à sucre ou agave, base de la boisson fermentée le *pulque*. Les propriétaires terriens du Yucatán s'enrichissent grâce au hennequen (sisal), ceux des zones montagneuses prospèrent grâce aux mines d'argent. La révolution de 1910 entraîne la destruction de nombreuses haciendas, mais certaines ont été préservées ou récemment restaurées ; quelques-unes ont été transformées en hôtels.

Travailleurs d'une hacienda du Porfiriato au début du XXᵉ siècle

UNE HACIENDA TYPIQUE

Cette illustration montre une hacienda modèle du XIXᵉ siècle. De nombreux domaines ont été prospères sous Porfirio Díaz. Les haciendas étaient souvent équipées de laiterie, four à briques, verger ; elles surmontaient ainsi leur isolement en étant autonomes.

Tour de guet et de défense

Le jardin permet au maître d'échapper à l'animation de l'hacienda.

Casa Grande (maison de maître)
Cœur de l'hacienda, ce bâtiment spacieux, meublé confortablement, remanié sous le Porfiriato, a parfois l'allure d'un château français ou d'un manoir anglais. Citadins, les propriétaires vivent rarement sur leur domaine mais y font de brefs séjours.

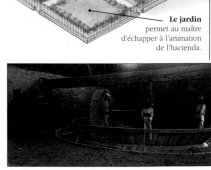

Ateliers
Chaque hacienda dispose d'ateliers. Ici, des ouvriers concassent le minerai dans une hacienda minière de Guanajuato.

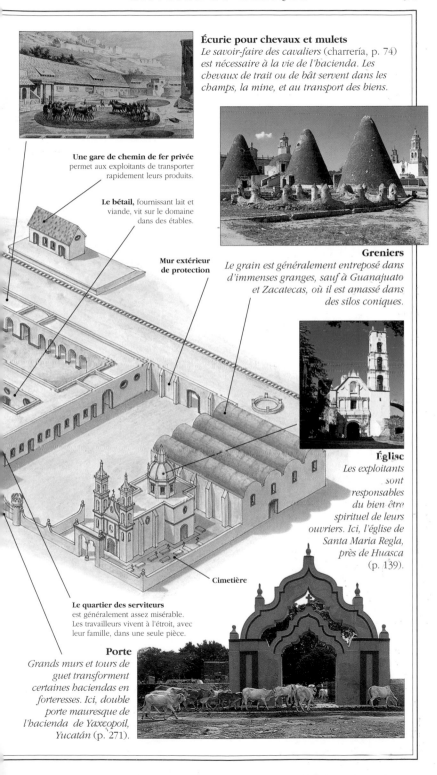

Écurie pour chevaux et mulets
Le savoir-faire des cavaliers (charrería, p. 74)
est nécessaire à la vie de l'hacienda. Les
chevaux de trait ou de bât servent dans les
champs, la mine, et au transport des biens.

Une gare de chemin de fer privée
permet aux exploitants de transporter
rapidement leurs produits.

Le bétail, fournissant lait et
viande, vit sur le domaine
dans des étables.

**Mur extérieur
de protection**

Greniers
Le grain est généralement entreposé dans
d'immenses granges, sauf à Guanajuato
et Zacatecas, où il est amassé dans
des silos coniques.

Église
Les exploitants
sont
responsables
du bien être
spirituel de leurs
ouvriers. Ici, l'église de
Santa Maria Regla,
près de Huasca
(p. 139).

Cimetière

Le quartier des serviteurs
est généralement assez misérable.
Les travailleurs vivent à l'étroit, avec
leur famille, dans une seule pièce.

Porte
Grands murs et tours de
guet transforment
certaines haciendas en
forteresses. Ici, double
porte mauresque de
l'hacienda de Yaxcopoil,
Yucatán (p. 271).

LA NOUVELLE NATION

Le Mexique paya cher son indépendance. L'économie fut dévastée et les capitaux espagnols quittèrent le pays. Après un bref épisode où Agustín de Iturbide se fit couronner empereur (Agustín Ier, 1821-1823), le Mexique devint une république. Mais l'élite mexicaine, divisée en libéraux, favorables au libre-échange, progressistes et républicains, et en conservateurs souhaitant un État centralisateur hiérarchisé appuyé par l'Église et l'armée, voire une monarchie, peinait à trouver un consensus politique.

Monumento a los Niños Héroes (p. 89)

Aussi les gouvernements se firent-ils et se défirent-ils : après 1821, le Mexique compta 30 présidents en 50 ans... L'armée dévora presque tout l'impôt et engendra de nombreux *caudillos* qui levèrent leur armée et luttèrent pour le pouvoir, souvent sans principes ni idéologie. L'un des plus célèbres, Antonio López de Santa Anna, obtint 11 fois la présidence, grâce à son opportunisme virtuose et ses alliances mouvantes avec l'Église, l'armée et certains financiers.

LA GUERRE CONTRE LE TEXAS

Le Texas fit sécession en 1836. L'armée de Santa Anna, victorieuse à Alamo, fut écrasée par les Texans un mois plus tard à San Jacinto. Dix ans après, le Texas décida de rejoindre les États-Unis, entraînant le Mexique dans la guerre : les États-Unis envahirent le Mexique par terre et par mer.

Farouches mais mal organisés, les Mexicains perdirent leur capitale après de rudes combats. Au château de Chapultepec, le régiment des cadets *(Niños Héroes)* se fit tuer plutôt que de se rendre. Avec le traité de Guadalupe Hidalgo (1848), le Mexique céda aux États-Unis la moitié de son territoire, une région allant du Texas à la Californie.

CARTE DE SITUATION

▪ *Territoire mexicain avant 1848*

☐ *Le Mexique aujourd'hui*

LA RÉFORME

La défaite entraîna une remise en question et un recentrage politiques. Une nouvelle génération de libéraux, conduits par l'avocat indien Benito Juárez, défendit des réformes radicales pour moderniser le pays. Les libéraux

Benito Juárez, le chef populaire qui guida le Mexique pendant la Réforme

---

CHRONOLOGIE

1824 Création de la République fédérale

Le général Antonio López de Santa Anna

1840-1846 Guerre des castes : révolte maya au Yucatán

1862 5 mai : l'armée mexicaine repousse l'invasion française à Puebla.

1846-1848 Guerre américano-mexicaine

1860 Lois de la Réforme

1820 — 1830 — 1840 — 1850 — 180

1821 Le Mexique déclare son indépendance. Agustín de Iturbide est au pouvoir.

1836 Rébellion du Texas. Santa Anna est victorieux à Alamo, mais vaincu à San Jacinto.

1848 Avec le traité de Guadalupe Hidalgo, le Mexique perd presque la moitié de son territoire. La frontière actuelle est établie le long du Río Grande.

1857 Constitution démocratique libérale

1858-1861 Guerre de la Réforme : victoire des libéraux avec Juárez

L'Exécution de l'empereur Maximilien,
par Édouard Manet

PORFIRIO DÍAZ

Après la mort de Juárez en 1872, les chefs libéraux luttèrent pour le pouvoir. Porfirio Díaz, jeune général à la forte personnalité, héros de la guerre contre les Français, prit le pouvoir en 1876. Il apaisa l'Église et marginalisa ou élimina ses rivaux. Dans les années 1880, il affermit son emprise sur le pouvoir et gouverna en président autoritaire, jusqu'en 1911. Pendant la période dite du Porfiriato, le Mexique prospéra et accrut sa centralisation. Les communications s'améliorèrent et les villes se développèrent. Mais, au tournant du siècle, le vieux dictateur était contesté par les paysans, dépouillés de leurs champs au profit des haciendas commerciales et par les classes moyennes qui souhaitaient une vraie démocratie. Le décor était planté pour la révolution de 1910.

Détail d'un *mural* de Juan O'Gorman montrant Porfirio Díaz (assis) et certains de ses ministres

destituèrent Santa Anna en 1854 et lancèrent leur programme, la Reforma. La Constitution démocratique de 1857 instaura la séparation de l'Église et de l'État, la vente des terres de l'Église et des grosses propriétés et l'égalité des citoyens devant la loi. Église et armée résistèrent à ces mesures, mais les libéraux gagnèrent la guerre des Réformes (1858-1861).

En 1864, les conservateurs appelèrent Maximilien de Habsbourg. Souverain libéral, humain mais naïf, il monta sur le trône du Mexique avec l'aide des baïonnettes de Napoléon III et dut recourir à la répression pour conserver sa couronne. La guérilla des libéraux affaiblit les Français et leurs alliés conservateurs, et en 1866 Napoléon III décida de retirer ses troupes. La dernière monarchie mexicaine tomba quand, un an plus tard, Maximilien, cerné dans Querétaro, fut capturé et fusillé. La république fut proclamée, avec à sa tête le héros national Juárez.

1864-1867 Occupation française, avec l'empereur Maximilien

1876 Porfirio Díaz prend le pouvoir et devient président. Il reste en place (sauf de 1880 à 1884) jusqu'en 1911 : période appelée Porfiriato.

1894 Inauguration du chemin de fer reliant les côtes du Golfe et du Pacifique

| 1870 | 1880 | 1890 | 1900 |

1887 José Guadalupe Posada (p. 80) s'installe à Mexico et entame son abondante production de gravures satiriques.

Fenêtre du Palacio Postal, Mexico

1907 Construction du Palacio Postal, poste centrale de Mexico (p. 78)

1867 19 juin · Maximilien est fusillé à Querétaro (p. 197).

Mural de Diego Rivera, montrant les représailles contre les riches durant la révolution mexicaine

LA RÉVOLUTION

En 1910, Francisco I. Madero, jeune propriétaire terrien idéaliste, s'opposa à la septième réélection de Díaz à la présidence. Constatant la fraude électorale, il déclencha un soulèvement national. La révolution, qui unit les paysans sans terres aux classes moyennes citadines progressistes, contraignit le dictateur âgé à négocier, puis à démissionner. Madero fut élu président, mais ne put à la fois répondre au désir de réforme agraire et de démocratisation du peuple et satisfaire les conservateurs, qui préféraient à la démocratie la stabilité autocratique d'un Díaz. À

Morelos, au sud de Mexico, Emiliano Zapata lança une nouvelle rébellion, défendant la cause des paysans qui, comme les siens, avaient perdu leurs terres au profit des plantations sucrières. Madero fut assassiné par les militaires en février 1913. Victoriano Huerta forma alors un nouveau gouvernement, à la brutalité si impopulaire que l'opposition s'unit contre lui. Zapata s'allia alors au grand chef révolutionnaire Pancho Villa *(p. 173)*, qui avait levé une armée redoutable dans les plaines du Chihuahua, au nord. En 1913 et 1914, cette seconde guerre civile entraîna la fuite de Huerta et l'anéantissement de l'armée régulière.

Mais Villa et Zapata supportèrent difficilement l'autorité de leur chef nominal, Venustiano Carranza, austère propriétaire provincial, et la convention révolutionnaire d'Aguascalientes échoua à rétablir la paix. En 1915, la guerre civile entra dans une troisième phase : le général en chef de Carranza, Álvaro Obregón, écrasa Villa, qui devint un hors-la-loi. Zapata et d'autres continuèrent la lutte, mais le parti de Carranza, vainqueur, adopta en 1917 une nouvelle Constitution révolutionnaire.

LES LENDEMAINS DE LA RÉVOLUTION

La révolution laissa le Mexique épuisé : la population avait diminué d'un million (morts ou émigrés), le peso s'était effondré et les infrastructures étaient en ruines. La coalition de Carranza, domi-

Affiche pour le chef révolutionnaire Emiliano Zapata

CHRONOLOGIE

1925 Assassinat de Pancho Villa

1917 Signature de la Constitution libérale révolutionnaire du Mexique, toujours actuelle

1928 Assassinat d'Obregón

1929 Formation du Partido Nacional Revolucionario

1938 Nationalisation de l'industrie pétrolière

1940 Assassinat de Trotski à Mexico *(p. 103)*

1910	1930	1950

1910 La Révolution mexicaine est lancée par Madero.

1919 Assassinat de Zapata

1911 Madero devient président, mais est assassiné en 1913.

1920 Une rébellion des militaires dépose et assassine Carranza.

Venustiano Carranza

1934 Cárdenas devient président.

1941-1945 Le Mexique est allié des États-Unis pendant la Seconde Guerre mondiale.

1956 Construction de la Torre Latinoamericana à Mexico *(p. 75)*

née par des réformateurs comme Obregón et Plutarco Elías Calles, était fragile ; Carranza fut déposé et tué en 1920. Le jeune régime révolutionnaire dut lutter pour survivre aux pressions de l'Église qui redoutait son anticléricalisme, et à celles des États-Unis, inquiets par sa Constitution révolutionnaire.

Obregón fut assassiné en 1928. Pour répondre à la crise, Calles forma le Partido Nacional Revolucionario (PNR),

Affiche syndicale soutenant les réformes instituées par le président Cárdenas

première version du parti qui gouverna le Mexique sous des noms différents (PRM, PRI) avant d'être évincé aux élections de 2000.

LE MEXIQUE MODERNE

Face à la Dépression, le président Cárdenas (1934-1940) engagea une grande réforme agraire, renforça les droits syndicaux et nationalisa l'industrie pétrolière, aux mains de compagnies étrangères jusqu'en 1938. Ses successeurs, dont Alemán (1946-1952), encouragèrent l'industrie et le secteur privé, moteurs du « miracle économique » des années 1950 et 1960, période de croissance durable et de faible inflation.

Mais en 1968, à la veille des jeux Olympiques de Mexico, une révolte étudiante fut réprimée dans le sang, ébranlant la légitimité du régime. Les gouvernements des années 1970 cherchèrent à restaurer leur prestige tout en réorientant l'économie. Ils empruntè-

rent et dépensèrent, s'appuyant en partie sur le second boom pétrolier mexicain. L'inflation augmenta et la crise s'installa en 1982. Le président Salinas (1988-1994) choisit la réforme « néolibérale » : il privatisa les entreprises nationales, abaissa les tarifs protectionnistes, signa l'ALENA, traité de libre-échange avec les États-Unis et le Canada. Peu après la fin de ses six ans de présidence, dévaluation et récession reprirent. Dans les années 1990, les difficultés du Mexique sont accrues par la rébellion armée dans l'État pauvre du Chiapas *(p. 230)*. Tandis que le gouvernement balance entre répression et négociation, la situation au Chiapas reste incertaine. Une situation économique alarmante liée à des troubles sociaux a conduit à la victoire du centre droit avec son parti d'action nationale (PAN) aux élections de 2 000. Avec le nouveau président Vicente Fox, l'espoir de changement renaît.

Ouverture des Jeux olympiques de Mexico, 1968

Torre Latinoamericana

1970 Première coupe du monde de football à Mexico

1986 Deuxième coupe du monde de football à Mexico

1988 Le président Salinas lance une série de réformes néolibérales.

2000 Victoire du PAN aux élections présidentielles

1970　　　　1990

1985 Le 19 septembre, un tremblement de terre frappe Mexico, tuant 9 000 personnes.

1968 Jeux Olympiques de Mexico. Répression d'une révolte étudiante

Le président Salinas

1994 Le 1er janvier, les zapatistes investissent San Cristóbal de las Casas (Chiapas). Les 12 jours de combats font 145 morts.

MEXICO

Mexico d'un coup d'œil

Mexico, centre commerçant et administratif du pays, est aussi une mégalopole chaotique et surpeuplée, souvent couverte d'un nuage de pollution. En dépit des difficultés de la vie moderne, la plus ancienne capitale du Nouveau Monde conserve une riche histoire indienne et coloniale. Le centre historique recouvre une capitale aztèque tandis que l'élégant quartier de La Reforma allie architecture coloniale et constructions modernes spectaculaires. Deux à trois jours au moins sont nécesssaires pour explorer la ville.

Mexico

CARTE DE SITUATION

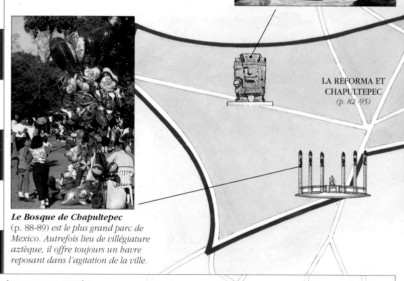

Le musée national d'Anthropologie
(p. 90-95) est considéré comme l'un des plus beaux musées de ce type au monde. On y découvre la préhistoire mexicaine, la vie et les croyances des Mayas, des Aztèques et d'autres cultures, et le mode de vie actuel des Indiens mexicains.

LA REFORMA ET CHAPULTEPEC
(p. 82-95)

Le Bosque de Chapultepec
(p. 88-89) est le plus grand parc de Mexico. Autrefois lieu de villégiature aztèque, il offre toujours un havre reposant dans l'agitation de la ville.

SAN ÁNGEL et COYOACÁN
(p. 96-105)

San Ángel *(p. 98-101).* Ce quartier agréable qui conserve certains des plus beaux exemples d'architecture coloniale de Mexico, est aussi renommé pour son marché de l'artisanat, le samedi.

0   200 m

Coyoacán *(p. 104-105),* avec ses places tranquilles et le charme de ses rues, offre une atmosphère différente du reste de la ville.

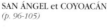

◁ **Les dômes colorés du Museo del Carmen, dans le quartier San Ángel**

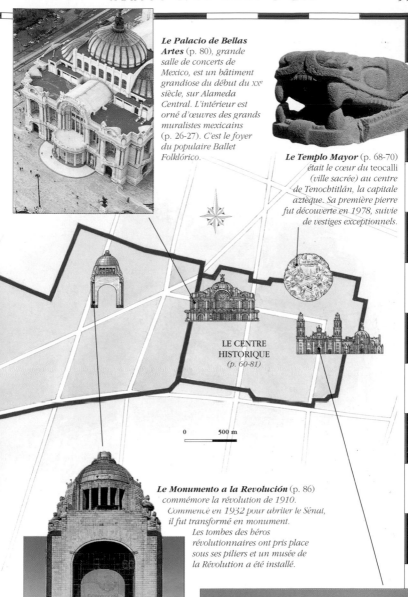

Le Palacio de Bellas Artes (p. 80), grande salle de concerts de Mexico, est un bâtiment grandiose du début du XXᵉ siècle, sur Alameda Central. L'intérieur est orné d'œuvres des grands muralistes mexicains (p. 26-27). C'est le foyer du populaire Ballet Folklórico.

Le Templo Mayor (p. 68-70) était le cœur du teocalli (ville sacrée) au centre de Tenochtitlán, la capitale aztèque. Sa première pierre fut découverte en 1978, suivie de vestiges exceptionnels.

LE CENTRE HISTORIQUE
(p. 60-81)

0   500 m

Le Monumento a la Revolución (p. 86) commémore la révolution de 1910. Commencé en 1932 pour abriter le Sénat, il fut transformé en monument. Les tombes des héros révolutionnaires ont pris place sous ses piliers et un musée de la Révolution a été installé.

La Catedral Metropolitana (p. 64-65) a été achevée en 1813 après presque trois siècles de travaux. Dominant la place principale, la plus grande église d'Amérique latine abrite autels et chapelles baroques somptueusement décorés.

LE CENTRE HISTORIQUE

**Vitrail,
Colegio de
San Ildefonso**

L a capitale aztèque de Tenochtitlán occupait une île du lac Texcoco à l'époque où Hernán Cortés conduisit son armée dans la capitale aztèque. Les Espagnols la rasèrent après l'avoir conquise. Réutilisant de nombreuses pierres pour leurs constructions, ils comblèrent peu à peu le lac. Les bâti-ments du centre historique, à l'emplacement même de la cité aztèque, datent surtout de la période coloniale et post-coloniale. C'est une mosaïque de styles architecturaux : églises et palais coloniaux, théâtre-galerie Art nouveau, Arts déco, gratte-ciel de 1950. Exception marquante, les vestiges mis au jour du grand temple aztèque.

MEXICO D'UN COUP D'ŒIL

Bâtiments historiques
Antiguo Colegio de San Ildefonso **4**
Casa de los Azulejos **15**
Palacio de Bellas Artes **17**
Palacio de la Antigua Escuela de Medicina **9**
Palacio Nacional p. 66-67 **2**
Secretaria de Educación Pública **7**
Templo Mayor p. 68-69 **3**
Torre Latinoamericana **16**

Musées et galeries
Laboratorio Arte Alameda **20**
Museo de la Caricatura **5**
Museo de la Charrería **12**
Museo de la Ciudad de México **11**
Museo del Ejército y Fuerza Aérea **13**
Museo Franz Mayer **19**
Museo José Luis Cuevas **10**
Museo Mural Diego Rivera **21**
Museo Nacional de Arte **14**
Museo Nacional de la Estampa **18**

Églises
Catedral Metropolitana p. 64-65 **1**
Templo de la Enseñanza **6**

Place
Plaza de Santo Domingo **8**

CIRCULER
Les stations de métro principales se trouvent sur les deux grandes places, Zócalo et Alameda. Le meilleur moyen de découvrir la ville est de circuler à pied, mais les rues entre l'Alameda et la Plaza Garibaldi, au nord *(p. 109)* ne sont pas sûres.

LÉGENDE

Plan du quartier pas à pas *p. 62-63*

Plan du quartier pas à pas *p. 78-79*

M Station de métro

P Parc de stationnement

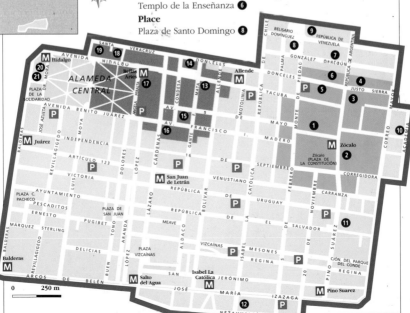

◁ **Hall du Gran Hotel** *(p. 292)*, sur le Zócalo

Le Zócalo pas à pas

Danseur indien sur le Zócalo

L a Plaza de la Constitución, dite Zócalo, est l'une des plus grandes du monde. Un drapeau géant du Mexique flotte au milieu de la vaste étendue pavée que dominent deux monuments, la cathédrale et le Palacio Nacional. Magasins, hôtels, restaurants et nombreux bâtiments publics bordent la place. Dans un angle en contrebas, on aperçoit les vestiges du grand complexe cérémoniel aztèque. La terrasse de l'hôtel Majestic offre une bonne vue du Zócalo.

Museo de la Caricatura
Ce bâtiment du XVIIIᵉ siècle expose de nombreuses caricatures, dont celle du chanteur David Bowie ❺

Templo de la Enseñanza
Le joyau de cette église baroque de la fin du XVIIIᵉ siècle, ancienne chapelle de couvent, est un éblouissant retable doré ❻

Fuente de la Zona Lacustre, cette fontaine monumentale porte une carte en relief de la cité aztèque de Tenochtitlán.

Nacional Monte de Piedad : le crédit municipal occupe un bâtiment historique du XVIᵉ siècle.

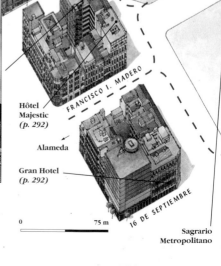

Hôtel Majestic *(p. 292)*

Alameda

Gran Hotel *(p. 292)*

Sagrario Metropolitano

0   75 m

★ Catedral Metropolitana
Endommagée par des affaissements de terrain, elle demeure cependant l'un des plus grands édifices religieux d'Amérique latine ❶

Colegio de San Ildefonso
*Cet ancien séminaire abrite de
grands murals, des vitraux et
d'autres éléments décoratifs* ❹

★ Templo Mayor
*Des allées traversent le site de
l'ancien temple aztèque mis
au jour dans les
années 1970* ❸

CARTE DE SITUATION
*Plan du quartier pas à pas
p. 124-125*

**Ancien
palais de
l'archevêché**

**La première presse
d'imprimerie** des
Amériques a été
installée en 1536
dans cette maison.

**Au Museo Nacional
de Las Culturas,**
les grandes
civilisations du
monde sont
représentées.

★ Palacio Nacional
*Les murals qui ornent
des escaliers et deux
murs de la cour
racontent l'histoire
du Mexique vue par
Diego Rivera* ❷

LÉGENDE

— — —   Itinéraire conseillé

À NE PAS MANQUER

★ **Catedral
Metropolitana**

★ **Templo Mayor**

★ **Palacio Nacional**

**ZÓCALO
PLAZA DE LA
CONSTITUCIÓN**

EMINARIO

PINO SUÁREZ

20 DE NOVIEMBRE

**Cour
suprême**

**La grande place
de Mexico** sert pour
les cérémonies officielles
de l'État et les parades
militaires. À l'arrière-plan,
le Palacio Nacional.

**Ancien
hôtel de ville**

La Catedral Metropolitana ❶

Psautier présenté dans le chœur

L a cathédrale de Mexico se dresse au cœur du plus vaste diocèse catholique du monde. Les tours de la plus grande église d'Amérique latine surplombent de 67 m le Zócalo. Sa construction a demandé presque trois siècles, de 1525 à 1813. Cette durée peu commune se reflète dans la diversité des styles architecturaux et décoratifs : classique, baroque, churrigueresque et néoclassique.

Elle renferme cinq autels principaux et seize chapelles latérales, abritant de précieuses collections de peintures, sculptures et mobilier d'église.

La sacristie
Elle contient des peintures du XVIIᵉ siècle et des pièces de mobilier sculpté, comme ce meuble ouvragé.

Rois et reines
Les sculptures de l'Altar de los Reyes honorent des rois et des reines qui ont été canonisés.

Le maître-autel
est un bloc de marbre blanc sculpté de figures de saints.

Entrée latérale

★ Altar de los Reyes
Les deux peintures à l'huile de ce chef-d'œuvre du baroque, L'Adoration des Mages *et* L'Assomption de la Vierge, *sont de Juan Rodriguez Juárez.*

Capilla de San José
Cette chapelle est l'une des seize chapelles consacrées aux saints et aux manifestations de la Vierge, toutes merveilleusement décorées.

À NE PAS MANQUER

★ Altar de los Reyes

★ Le chœur

La cathédrale s'enfonce

La cathédrale s'affaisse dans l'argile tendre qui formait autrefois le fond du lac de Texcoco. Des échafaudages ont été installés à l'intérieur.

MODE D'EMPLOI

Zócalo. **Carte** 4 E2. Ⓜ Zócalo.
◯ 8 h-20 h t.l.j. ♿
Chœur ◯ 10 h-15 h t.l.j.
Sacristie ◑ restauration en cours.

Sagrario Metropolitano

Cette église paroissiale, conçue au XVIIIᵉ siècle pour être rattachée à la cathédrale, présente une façade somptueuse du baroque tardif, ornée de statues de saints.

Le clocher
est orné des statues de la Foi, de l'Espérance, et de la Charité.

La façade
en trois parties est flanquée de clochers monumentaux.

Entrée principale

★ Le chœur

Avec sa grille en alliage d'or importée de Macao, ses stalles superbement sculptées et ses deux orgues magnifiques, le chœur est le joyau de la cathédrale.

Le Palacio Nacional ❷

Le Palais national se dresse à l'emplacement du palais de Moctezuma qui devint la résidence de Cortés *(p. 43)* après la conquête de Tenochtitlán. Il abrite aujourd'hui les bureaux de la Présidence. L'élément le plus intéressant de ce bâtiment Renaissance est le grand *mural* qui surplombe son escalier central, peint au lendemain de la révolution, entre 1929 et 1935, par Diego Rivera. Avec les séries de peintures murales du premier étage de la cour, il illustre la vision personnelle de l'artiste de l'histoire mouvementée de son pays *(p. 39-55)*.

Cour principale du Palacio Nacional

Álvaro Obregón et Plutarco Elías Calles ont guidé le Mexique dans les années difficiles de la révolution.

L'histoire du Mexique

Le *mural* montre une vision manichéenne de l'histoire du Mexique, lutte entre « héros » (peuples précolombiens, leaders de l'indépendance, révolutionnaires) et « forces du mal » (colonialistes, conservateurs, capitalistes).

Porfirio Díaz et Francisco I. Madero, qui a mis fin à la dictature de Díaz, figurent parmi d'autres sous l'arc de gauche.

Aztèques et Tlaxcalans
Ce panneau de la cour montre les Tlaxcalans, alliés de Cortés, combattant leurs rivaux aztèques.

La maîtresse de Cortés, « La Malinche », et leur fils

L'Inquisition a été chargée du jugement des hérétiques jusqu'à son abolition, en 1813.

Plan du *mural*

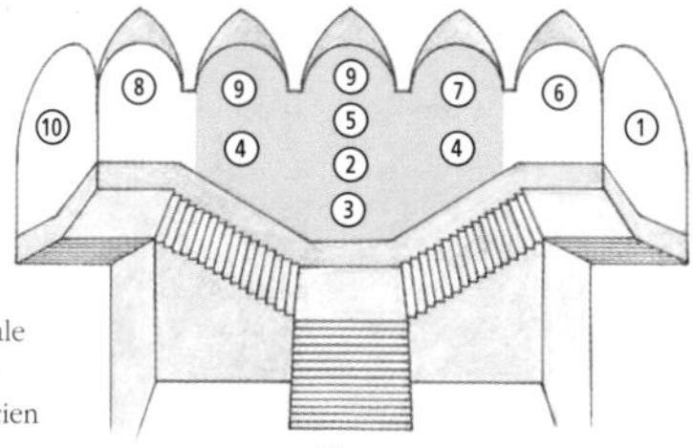

Légende

- ☐ Zone reprise sur l'illustration centrale
- [1] Quetzalcoatl et le monde indien ancien
- [2] La fondation de Tenochtitlán (vers 1325)
- [3] La conquête du Mexique (1521)
- [4] L'époque coloniale
- [5] L'indépendance du Mexique
- [6] L'invasion par les États-Unis (1847)
- [7] Les lois de la Réforme (1857-1860)
- [8] L'occupation française et l'exécution de Maximilien (1867)
- [9] La révolution mexicaine (1910)
- [10] Le Mexique moderne. La lutte des classes

Aigle sur un cactus
L'aigle au serpent dans le bec illustre la légende de la fondation de Tenochtitlán (p. 43).

Chefs révolutionnaires
Emiliano Zapata est l'un de ceux qui portent la bannière où s'inscrit le slogan zapatiste « Terre et Liberté ».

MODE D'EMPLOI

Zócalo. **Carte** 4 E2. Ⓜ Zócalo.
◯ 9 h-17 h, t.l.j.

Benito Juárez tient un parchemin représentant la Constitution de 1857 et les lois de la Réforme.

Miguel Hidalgo

Le général Antonio López de Santa Anna

Un gros moine symbolise la richesse et la puissance de l'Église avant la Réforme du XIXᵉ siècle.

Des missionnaires franciscains baptisent des Indiens convertis après la Conquête.

Les crânes symbolisent la pratique aztèque des sacrifices humains.

Cuauhtémoc, dernier empereur aztèque, est fait prisonnier par les Espagnols.

Arrivée de Cortés
Hernán Cortés débarque à Veracruz en 1519 (panneau de la cour).

Les Tarasques
Ce panneau de la cour exalte le talent des artisans purépechas, appelés Tarasques par les Espagnols.

Tenochtitlán (détail)
Le plus grand mural de la cour montre des marchands aztèques au marché.

La Conquête du Mexique
Le long de la partie inférieure du mural, la bataille entre Espagnols et Aztèques fait rage. Ce détail montre un guerrier aztèque déguisé en animal tuant un conquistador.

Le Templo Mayor ❸

C e grand temple bâti par les Aztèques,
aux XIVe et XVe siècles, au cœur
de Tenochtitlán a été presque entièrement
détruit par les Espagnols quand
ils conquirent la capitale. En 1978,
la découverte fortuite d'une exceptionnelle
sculpture de Coyolxauhqui initia un
programme de fouilles : on mit au jour
les vestiges de plusieurs temples superposés
en notant les étapes différentes de la
construction. Enfouie sous l'étape II, l'étape I
n'est pas visible.

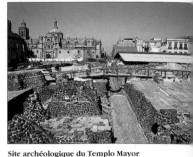

Site archéologique du Templo Mayor

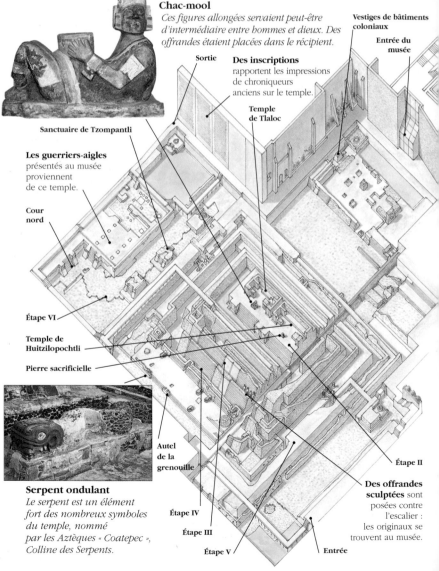

Chac-mool
*Ces figures allongées servaient peut-être
d'intermédiaire entre hommes et dieux. Des
offrandes étaient placées dans le récipient.*

**Vestiges de bâtiments
coloniaux**

**Entrée du
musée**

Sortie

Des inscriptions
rapportent les impressions
de chroniqueurs
anciens sur le temple.

**Temple
de Tlaloc**

Sanctuaire de Tzompantli

Les guerriers-aigles
présentés au musée
proviennent
de ce temple.

**Cour
nord**

Étape VI

**Temple de
Huitzilopochtli**

Pierre sacrificielle

**Autel
de la
grenouille**

Étape II

Serpent ondulant
*Le serpent est un élément
fort des nombreux symboles
du temple, nommé
par les Aztèques « Coatepec »,
Colline des Serpents.*

Étape IV

Étape III

Étape V

Entrée

**Des offrandes
sculptées** sont
posées contre
l'escalier :
les originaux se
trouvent au musée.

COUPE TRANSVERSALE DU MUSÉE

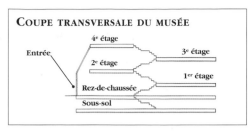

Entrée
4ᵉ étage
3ᵉ étage
2ᵉ étage
1ᵉʳ étage
Rez-de-chaussée
Sous-sol

LÉGENDE

☐ Salle 1 Toile de fond

☐ Salle 2 Guerre et sacrifices

☐ Salle 3 Tributs et commerce

☐ Salle 4 La grandeur militaire

☐ Salle 5 Le dieu de l'eau

☐ Salle 6 Flore et faune

☐ Salle 7 L'agriculture

☐ Salle 8 La Conquête

★ Coyolxauhqui

Cette pierre circulaire sculptée montre le corps démembré de la déesse aztèque Coyolxauhqui (p. 70).

Ouverture dans le sol montrant Coyolxauhqui

3ᵉ étage

Rez-de-chaussée

1ᵉʳ étage

2ᵉ étage

4ᵉ étage

SUIVEZ LE GUIDE !

On visite les salles dans l'ordre. À droite dans l'entrée, un escalier monte vers la salle 1. On continue la montée pour les salles 2, 3 et 4. La salle 5 s'ouvre dans la 4. L'escalier redescend ensuite vers les salles 6, 7 et 8.

Une maquette
montre le complexe du Templo Mayor tel qu'il était à l'arrivée des Espagnols.

Aigle de pierre

Cet aigle sculpté figure le soleil et Huitztlopochtli. On plaçait les cœurs arrachés aux sacrifiés dans la cavité de son dos.

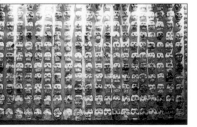

Sanctuaire de Tzompantli (mur des Crânes) *Ce panneau formé de rangées de crânes humains recouverts de stuc est une copie de l'original, resté sur le site.*

À NE PAS MANQUER

★ Coyolxauhqui

★ Guerrier-aigle

★ Guerrier-aigle

Ce guerrier d'élite aztèque, grandeur nature, se dresse fièrement dans son costume de plumes d'aigles.

La construction du Templo Mayor

Les Aztèques bâtirent leur plus important édifice religieux à l'endroit où, suivant une prophétie *(p. 43)*, ils virent un aigle sur un cactus, dévorant un serpent. Selon des sources aztèques, le premier temple fut construit peu après 1325. Il fut agrandi à plusieurs reprises dans les deux siècles qui suivirent. Les temples jumeaux du sommet sont dédiés au dieu de la guerre, Huitzilopochtli, et au dieu de la pluie et de l'eau, Tlaloc. Les chroniques aztèques rapportent qu'on les apaisait souvent par des sacrifices humains.

Statue de Mictlantecuhtli *(p. 265)*

Vestiges actuels des temples

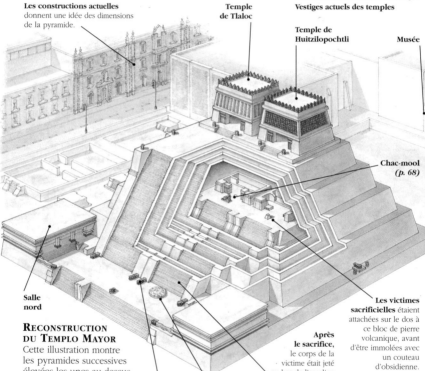

Les constructions actuelles donnent une idée des dimensions de la pyramide.

Temple de Tlaloc

Temple de Huitzilopochtli

Musée

Chac-mool *(p. 68)*

Salle nord

RECONSTRUCTION DU TEMPLO MAYOR
Cette illustration montre les pyramides successives élevées les unes au-dessus des autres.

Après le sacrifice, le corps de la victime était jeté au bas de l'escalier.

Les victimes sacrificielles étaient attachées sur le dos à ce bloc de pierre volcanique, avant d'être immolées avec un couteau d'obsidienne.

Deux têtes de serpent *défendent le pied de l'escalier principal, signe que le temple était une recréation symbolique de Coatepec, Colline des serpents, lieu sacré de la mythologie aztèque.*

Une pierre sculptée ronde montre la tête, le torse et les membres disjoints de la déesse aztèque Coyolxauhqui. Selon la légende, son frère Huitzilopochtli l'aurait tuée et démembrée parce qu'elle avait tué leur mère Coatlicue. La pierre est conservée au musée (p. 69).

La Création, mural peint en 1922 par Diego Rivera dans l'Antiguo Colegio de San Ildefonso

Antiguo Colegio de San Ildefonso ❹

Justo Sierra 16. **Carte** 4 F1.
📞 5 702 63 78. Ⓜ *Zócalo, Allende.*
🕐 *10 h-17 h 30, mar.-dim.* 🎫 *sauf mar.* 📷

Ce bâtiment du XVIᵉ siècle, ancien séminaire jésuite, est un exemple remarquable d'architecture civile mexicaine d'époque coloniale. Remaniée au XVIIIᵉ siècle, la majeure partie de l'édifice actuel date des années 1770-1780, mais la façade sur la Calle San Ildefonso, combinant styles baroque et néoclassique, est d'origine.

Aujourd'hui, il appartient à l'université nationale et sert de musée. Son joyau est une collection de *murals* des débuts du muralisme mexicain, avec des chefs-d'œuvre de Rivera, Siqueiros et Orozco *(p. 26-27)*. San Ildefonso est d'ailleurs considéré comme le foyer du mouvement muraliste. David Alfaro Siqueiros peignit entre 1922 et 1924 quatre *murals* dans la cage d'escalier du Colegio Chico, la plus ancienne des cours qui composent le complexe, dont le fameux *Enterrement de l'ouvrier sacrifié*. À peu près en même temps, José Clemente Orozco peignit

une série de *murals* sur le mur nord du Patio Grande, sur les thèmes universels de la maternité, la liberté, la justice et le droit. On y voit *Trinité révolutionnaire* et *La Grève*. Mais son œuvre sans doute la plus spectaculaire reste *La Tranchée*. Dans l'escalier, les *murals* d'Orozco, dont une étude de nu de Cortés et de sa maîtresse indienne, La Malinche, traitent surtout le thème du *meztizaje*, métissage à l'origine de la nation mexicaine. L'Anfiteatro Simón Bolívar abrite une œuvre de jeunesse de Diego Rivera, *La Création*, et d'autres tableaux par Fernando Leal entre 1930

Cour du Museo de la Caricatura, ancien Colegio de Cristo

et 1942. Au nord du Patio Grande, la salle de conférences El Generalito avec ses stalles de chœur en bois sculpté du XVIIᵉ siècle vaut le détour.

Museo de la Caricatura ❺

Donceles 99. **Carte** 4 E1. 📞 5 704 04 59. Ⓜ *Zócalo.* 🕐 *10 h-18 h t.l.j. (17 h sam. et dim.)* 🎫 📷 *sur réservation.*

Sa façade baroque bien conservée, à l'ornementation sophistiquée, fait de l'ancien Colegio de Cristo l'un des plus beaux exemples de résidence noble du XVIIIᵉ siècle. Bâtie en 1610 pour les étudiants pauvres, l'institution éducative fut remaniée dans les années 1740. Elle devint ensuite une résidence privée. Le bâtiment, qui a conservé son minuscule patio et son grand escalier à voûte d'entrée surbaissée en pierre, fut restauré dans les années 1980 pour loger les collections de la Société mexicaine des caricaturistes. On y voit des caricatures contemporaines, et des travaux de José Guadalupe Posada, artiste influent du début du XXᵉ siècle.

Le retable principal doré du Templo de la Enseñanza

Templo de la Enseñanza ❻

Donceles 104. **Carte** 4 E1.
Ⓜ Allende. ◯ 7 h 30-20 h, lun.-sam. ; 10 h-14 h dim.

Avec sa façade ornementée très étroite qui penche légèrement en arrière, c'est l'une des plus remarquables églises de Mexico. L'atrium est tout petit mais la décoration intérieure est un sommet de l'« ultrabaroque » de la fin du XVIIIe siècle.

Le Templo de la Enseñanza fut une église de couvent avant d'être vidée de ses religieuses au XIXe siècle par les lois anticléricales de la Réforme. Différentes administrations, dont le ministère de l'Éducation, l'occupèrent ensuite.

Flanqué d'immenses peintures, l'éblouissant retable doré du maître-autel, orné de statues de saints, s'élève jusqu'au plafond, sa hauteur exagérant son étroitesse. Au-dessus, la voûte porte une fresque de Nuestra Señora del Pilar, à qui l'église est consacrée. Le chœur, situé de part et d'autre de l'autel, présente dans sa partie basse les panneaux ajourés qui cachaient les religieuses aux yeux des fidèles.

Secretaría de Educación Pública ❼

República de Argentina 28. **Carte** 4 E1.
Ⓒ 55 12 17 07. Ⓜ Zócalo, Allende.
◯ 9 h-18 h, lun.-ven.

Cet ancien couvent de 1639 est renommé pour sa vaste collection de *murals* de Diego Rivera *(p. 27)*. Peints entre 1923 et 1928, ils reflètent les différentes influences subies par l'artiste : fresques italiennes, cubisme français, peinture précolombienne.

Le rez-de-chaussée de la première cour est un hymne au travail, couronné par la leçon d'une institutrice de campagne. L'escalier est décoré de paysages de différentes régions du Mexique. Au troisième niveau, le panneau *Le peintre, le sculpteur et l'architecte* comporte un célèbre autoportrait. Les murs du premier niveau sont couverts de peintures grises dépeignant des travaux scientifiques, artistiques et intellectuels. Le dernier étage abrite les portraits de héros du peuple, comme Zapata. Dans le second patio du rez-de-chaussée, une série de panneaux décrit des fêtes populaires, dont le remarquable *Jour des Morts*. Le troisième niveau puise ses thèmes dans les chants révolutionnaires *(corridos)*. Dans *L'Arsenal*, on voit l'artiste Frida Kahlo distribuer des armes aux révolutionnaires.

Le *mural Patriotes et parricides* de David Alfaro Siqueiros contraste fortement avec le travail de Rivera ; il se trouve dans la partie du bâtiment qui servait autrefois de douane (Ex-Aduana), dans l'escalier près de l'entrée República de Brasil.

Plaza de Santo Domingo ❽

Carte 4 E1. Ⓜ Allende.

Presque aussi vaste que le Zócalo, la Plaza de Santo Domingo (officiellement Plaza 23 de Mayo) a un riche passé. Les Dominicains y établirent le premier couvent de Nouvelle-Espagne en 1527 dont il ne subsiste que la chapelle de l'Expiation, restaurée. La plupart des autres bâtiments de la place datent du XVIIIe siècle. Avec sa façade sobre, partiellement couverte de *tezontle* volcanique, l'église Santo Domingo a été élevée entre 1717 et 1737. Un pinacle pyramidal habillé de céramique talavera coiffe sa tour. L'intérieur renferme des statues qui remonteraient

Tour de l'église de Santo Domingo

Patriotes et parricides, mural de Siqueiros, Secretaría de Educación Pública

Façade de la Capilla de la Expiación, Plaza de Santo Domingo

La Géante, patio du Museo José Luis Cuevas

Sainte Inquisition a mené, à partir du XVIe siècle, ses terribles interrogatoires. Le palais actuel, du XVIIIe siècle, a été restauré dans les années 1970. On notera sa façade baroque, curieusement placée à l'angle du bâtiment, et sa charmante cour principale. Aux angles de la cour pendent des arcs « suspendus », dont les piliers de soutènement sont pris dans le mur du fond. L'un des traits originaux du musée est la boutique d'un apothicaire, intégralement transportée d'Oaxaca. Le musée présente l'histoire de la médecine mexicaine depuis les temps précolombiens, avec les plantes sacrées et médicinales et leurs usages traditionnels.

Museo José Luis Cuevas ❿

Academia 13. **Carte** 4 F2. 55 42 61 98. Zócalo. 10 h-18 h, mar.-dim. sur réservation.

Autrefois cloître du couvent Santa Inès, ce joyau du XVIIIe siècle a été converti en résidence privée au XIXe siècle, et déclaré monument national en 1932. Depuis 1988, il renferme une galerie d'art qui reflète les goûts personnels du peintre et sculpteur mexicain José Luis Cuevas.

Le merveilleux patio est dominé par la sculpture massive de *La Giganta (La Géante),* spécialement créée par Cuevas pour cet espace. D'autres bronzes moins grands de l'artiste émaillent le rez-de-chaussée. Les galeries présentent des toiles de Cuevas et d'autres peintres mexicains, dont plusieurs portraits du peintre et de sa femme Bertha. Des expositions temporaires consacrées à des artistes étrangers se tiennent parfois. Une petite « pièce noire » est consacrée aux œuvres érotiques de Cuevas, un panneau à l'entrée prévient les visiteurs du risque qu'elles présentent pour les âmes puritaines ! Les portes de l'ancienne église conventuelle Santa Inès, qui jouxte le musée, sont sculptées de scènes de la vie et de la décollation de la sainte et de portraits des fondateurs du couvent, agenouillés en prière. Non loin, à l'angle de La Santísima et de Moneda, l'église de la Santísima Trinidad, du XVIIIe siècle, mérite une visite. Il faut voir la peinture ovale des martyrs dans la nef, deux sculptures sur bois représentant la Trinité, et un crucifix aux incrustations d'os et de bois précieux.

au XVIe siècle, ainsi que des huiles de Juan Correa et d'Alonso López de Herrera. Vous admirerez particulièrement l'orgue, très ancien, et les stalles du chœur en cèdre, sculptées de figures de saints. Les autels latéraux aux multiples dorures sont également spectaculaires. Les affaissements de terrain, qui ont engendré la démolition de plusieurs églises sur la place, sont très visibles, ainsi que l'ondulation des *portales,* arcades de style toscan, qui bordent son côté ouest. Sous ces arcades, des écrivains publics tapent pour un prix modique des documents administratifs sur de vieilles machines à écrire.

Palacio de la Antigua Escuela de Medicina ❾

Brasil 33, angle de Venezuela. **Carte** 4 E1. 55 29 75 42. Zócalo, Allende. 9 h-18 h, t.l.j.

Abritant aujourd'hui le musée de la Médecine de l'Université nationale (UNAM), le Palacio de la Inquisición se dresse là où la

Portail, Iglesia de la Santísima Trinidad

Façade du Museo de la Ciudad de México

Museo de la Ciudad de México ⓫

Pino Suárez 30, angle de República del Salvador. **Carte** 4 E3. **☎** *55 42 00 83.* **Ⓜ** *Zócalo.* **◯** *10 h-18 h, mar.-dim.* **☒ ☐ ∅**

L e palais des comtes de Santiago de Calimaya, longtemps célèbres pour leur train de vie ostentatoire, est considéré comme l'un des plus remarquables édifices du XVIIIᵉ siècle de la ville. Construit en 1781, il est recouvert de *tezontle*, une pierre volcanique rouge. Le portail baroque aux splendides portes de bois sculpté révèle le statut social des anciens propriétaires. Au bas de l'angle sud-ouest, les maçons ont encastré une tête de serpent en pierre venant du mur qui entourait un centre cérémoniel aztèque. D'autres merveilles vous attendent : une fontaine ornée d'une sirène tenant une guitare dans la première cour, les arcs trilobés près

de l'escalier ou l'exceptionnelle entrée en pierre richement sculptée de la chapelle, au premier étage.

Le palais abrita, au début du XXᵉ siècle, le peintre Joaquín Clausell. Les murs de son atelier, au troisième niveau, sont recouverts d'un *mural* étonnant, assemblant comme un collage des scènes inspirées des impressionnistes que le peintre rencontra en France. Depuis 1960, le musée de Mexico occupe le bâtiment : ses collections sont limitées aujourd'hui aux meubles et aux voitures à cheval de la maison.

Museo de la Charrería ⓬

Isabel la Católica 108 (angle de José María Izazaga). **Carte** 4 D3. **☎** *57 09 50 32.* **Ⓜ** *Isabel la Católica.* **◯** *10 h-18 h, lun.-ven.* **☒** *sur réservation.*

D édié à l'art du cavalier mexicain, le musée occupe une ancienne

chapelle bénédictine consacrée à la Vierge de Monserrat. Les vestiges datent du XVIIIᵉ siècle mais la façade est demeurée intacte. À l'intérieur, costumes à parements d'argent du *charro* et de sa compagne, objets relatifs à la *charrería*, telles des selles décorées, des éperons et des fusils, ainsi qu'une multitude d'impressionnants trophées qui récompensaient les *charros* les plus talentueux.

Des aquarelles représentant les *charrerías*, une maquette de *lienzo* (stade du *charro*), et un bref aperçu historique de cet art équestre complètent la présentation.

Museo del Ejército y Fuerza Aérea ⓭

Filomeno Mata 6, angle de Tacuba. **Carte** 4 D1. **☎** *55 12 32 15.* **Ⓜ** *Allende, Bellas Artes.* **◯** *10 h-18 h, mar.-sam. ; 10 h-16 h dim.* **♿ ☒** *sur réservation.* **☐ ☐ ∅**

D ans l'ancienne chapelle d'un hôpital bethléemite du XVIIᵉ siècle, le musée del Ejército y Fuerza Aérea présente trois remarquables bas-reliefs en métal sculpté sur la façade. Créés par Jesús F. Contreras pour l'Exposition universelle de Paris en 1889, ils représentent les chefs indiens Izcóatl, Nezahualcóyotl et Totoquihuatzin.

À l'intérieur se dresse la statue du dernier empereur aztèque, Cuauhtémoc. Le musée lui-même est consacré à l'histoire longue et mouvementée de l'armée mexicaine, de la Conquête au XXᵉ siècle, et présente des cottes de mailles, des armures équestres ainsi qu'une collection étonnante d'armes, allant de l'épée au fusil. À proximité, Calle Tacuba, le café Tacuba *(p. 314)* est renommé pour sa délicieuse cuisine mexicaine.

LA *CHARRERÍA*

La *charrería* englobe l'art du cavalier mexicain et la culture qui lui est associée. Le *charro* est au Mexique ce que le cow-boy est aux États-Unis. En costume traditionnel, il montre ses talents au lasso et sa bravoure à cheval dans les *charreadas* (rodéos). C'est rarement un garçon vacher, mais plutôt un riche propriétaire terrien qui peut s'offrir son costume chamarré. Plus qu'une démonstration équestre, la *charrería* est un événement social : nourriture, boisson et musique y jouent aussi un grand rôle.

Selle, Museo de la Charrería

Museo Nacional de Arte ⑭

Tacuba 8. **Carte** 4 D1. 📞 *51 30 34 00.* Ⓜ *Allende.* ◯ *10 h 30-17 h 30, mar.-dim.* 🔖 *sauf dim.* 🖼 ⓘ ♿ ⓒ

L e musée, ouvert depuis 1982, vaut une visite simplement pour son bâtiment. Cette imposante construction néoclassique a été achevée en 1911 pour loger le ministère des Communications et Travaux publics. Une fenêtre semicirculaire haute de trois étages entoure son escalier double en marbre et bronze, tandis que de superbes candélabres et des ferronneries ouvragées parent un intérieur somptueux.

En 24 galeries regroupant peintures, mais aussi gravures commerciales, caricatures politiques et art populaire, le musée embrasse l'art mexicain du XVIᵉ siècle à 1954. Presque toute la collection d'art religieux du XVIᵉ au XIXᵉ siècle résulte des confiscations qui suivirent les lois anti-cléricales du XIXᵉ siècle *(p. 53)*. Vous découvrirez des œuvres

Escalier du Museo Nacional de Arte

remarquables des grands muralistes Rivera, Siqueiros et Orozco *(p. 26-27)*, mais aussi une superbe série de paysages de José María Velasco, peintre du XIXᵉ siècle. La salle consacrée aux portraits abrite une effigie de María Asúnsolo, mécène éclairée, par David Alfaro Siqueiros.

Devant le musée s'étend la Plaza Manuel Tolsá, autour d'un des monuments préférés de la ville, *El Caballito* (le petit cheval), de fait une imposante statue équestre de Charles IV d'Espagne par Manuel Tolsá (1802).

Fenêtre de la Casa de los Azulejos

Casa de los Azulejos ⑮

Francisco Madero 4. **Carte** 4 D2. 📞 *55 18 01 52.* Ⓜ *Bellas Artes, Allende.* ◯ *7 h-1 h du matin, t.l.j.* ♿

C ette « maison des carreaux de faïence » du XVIᵉ siècle était autrefois le palais des comtes d'Orizaba. La façade ornée de céramique bleue et blanche serait due en 1737 à la cinquième comtesse, qui aurait importé ce style de la ville de Puebla qu'elle avait habitée auparavant. Aujourd'hui occupé par la chaîne de magasin Sanborn's *(p. 114)* et son restaurant *(p. 314)*, ce bâtiment soigneusement restauré a conservé son intérieur mudéjar. L'escalier principal est orné de carreaux de céramique à hauteur de taille, le premier palier d'un *mural* peint en 1925 par Orozco, *Omniscience*

(p. 27). Les miroirs de l'étage sont à voir, avec leurs cadres dorés ouvragés, ornés d'anges et de chérubins.

L'Iglesia de San Francisco, en face, appartenait au plus grand couvent de Nouvelle-Espagne, bâti à l'emplacement du zoo de l'empereur aztèque Moctezuma. On entre dans l'Iglesia de San Francisco par la Capilla de Balvanera. Cette chapelle possède une façade churrigueresque et un intérieur décoré.

La Torre Latinoamericana

Torre Latinoamericana ⑯

Eje de Central Lázaro Cárdenas et Francisco I. Madero. **Carte** 4 D2. 📞 *55 21 08 44.* Ⓜ *Bellas Artes.* ◯ *9 h 30-11 h, t.l.j.* 🔖 ♿

C e gratte-ciel de 44 étages et 182 m offre la meilleure vue de Mexico (sauf en cas de brouillard). Terminée en 1956, la tour à charpente métallique a résisté à plusieurs tremblements de terre, notamment en 1985. Les ascenseurs montent en 30 secondes au 37ᵉ étage. Au 38ᵉ, l'aquarium serait le plus haut du monde. Un second ascenseur mène à la plate-forme panoramique et la caféteria du 42ᵉ étage. De là, un escalier en spirale monte à la cage en plein air, sous l'antenne TV.

L'Alameda Central pas à pas

L'Alameda doit son nom aux *álamos*, peupliers
plantés ici à la fin du XVIᵉ siècle par le vice-roi Luis
de Velasco. Le parc, autrefois moitié moins grand, n'a
pris ses dimensions actuelles qu'au XVIIIᵉ siècle. Ses
nombreuses statues datent principalement du XIXᵉ siècle.
En revanche, la fontaine baroque centrale fut installée
lors de l'agrandissement du parc ordonné par le vice-roi
Carlos Francisco de Croix (1766-1771). Le monument le
plus imposant de l'Alameda, l'Hemiciclo a Juárez,est une
construction semi-circulaire à colonnes doriques en
marbre de Carrare due au sculpteur Lazanini.

Marchand de ballons dans
le parc

Museo Franz Mayer
*Ce musée présente sans doute
la plus belle collection d'arts appliqués
et décoratifs du Mexique,
du XVIᵉ au XIXᵉ siècle* ⑲

Palacio Postal, la poste
principale, à l'élégant intérieur en
marbre et ferronneries, renferme
un musée de la Poste.

**Iglesia de San Juan
de Dios,** église
du XVIIIᵉ siècle
à la façade concave
inhabituelle.

AVENIDA MIGUEL HIDALGO

LAZARO CARDENAS

**La
Reforma**

**Museo
Nacional de
la Estampa**
*Cette galerie,
petite mais
intéressante,
présente l'histoire
des arts graphiques
au Mexique* ⑱

AVENIDA JUÁREZ

Alameda
Central

L'Hemiciclo a Juárez
a été inauguré en 1910
pour le centenaire des
luttes de l'indépendance.

★ **Palacio de Bellas Artes**
*La façade Art nouveau de ce
théâtre n'a d'égal que son
impressionnant intérieur Arts déco et
ses murals signés par les plus grands
artistes mexicains du XXᵉ siècle* ⑰

0   100 m

◁ Façade du Palacio de Bellas Artes

Museo Nacional de Arte
*La statue équestre
de Charles IV défend
l'entrée des collections d'art
moderne mexicain
de ce bâtiment construit
entre 1904 et 1911* **14**

LA REFORMA
ET
CHAPULTEPEC

CENTRE
HISTORIQUE

CARTE DE SITUATION
Voir l'atlas des rues p. 124-125

**Statue de
Charles IV**

**Café Tacuba
(p. 314)**

Zócalo

TACUBA

Museo del Ejército
*Dans la chapelle
d'un couvent
du XVIIᵉ siècle,
le musée de l'armée
présente une
collection d'armes et
de souvenirs militaires,
de la Conquête
au XXᵉ siècle* **13**

FILOMENO MATA

Palacio de Minería,
un des plus beaux édifices néoclassiques
du XIXᵉ siècle de Mexico.

Le Palacio de Iturbide, du nom
de l'empereur Agustín de Iturbide
(p. 52), est un superbe exemple
d'architecture coloniale.

FRANCISCO I MADERO

GANTE

À NE PAS MANQUER

★ **Palacio de
Bellas Artes**

★ **Torre
Latinoamericana**

★ **Casa de los Azulejos**

LÉGENDE

— — —　　Itinéraire conseillé

★ **Casa de
los Azulejos**
*Cette résidence du
XVIIIᵉ siècle est
ornée de carreaux
de faïence talavera
et abrite un mural
d'Orozco* **15**

Le Bar La Ópera, sur
5 de Mayo. Le plafond de
ce restaurant à l'ancienne
garderait, dit la légende,
l'impact d'une balle tirée
par Pancho Villa *(p. 54).*

★ **Torre
Latinoamericana**
*Le premier gratte-
ciel de Mexico,
élevé dans
les années 1950, a
survécu à plusieurs
séismes* **16**

Palacio de Bellas Artes ⓱

Eje Central & Ave Juárez. **Carte** 3 C1.
📞 55 12 25 93. Ⓜ Bellas Artes.
🕐 10 h-17 h 45, mar.-dim. ♿
🚫 sur réservation. 🖥 📷 🚭
🌐 www.cnca.gob.mx

Le plus bel édifice du centre historique a été conçu en 1905 par Adamo Boari pour accueillir le nouveau théâtre national. L'architecte italien créa un bâtiment innovant autour d'une ossature métallique, mêlant éléments néoclassiques et Art nouveau et motifs décoratifs précolombiens.

L'extérieur du bâtiment est revêtu de marbre italien, les dômes de céramique. Le grand dôme central est surmonté de l'aigle mexicain, entouré de statues figurant les arts dramatiques.

Interrompue par la révolution, la construction fut achevée en 1934 par Federico Mariscal, ce qui explique le contraste de la façade avec les formes géométriques de marbre coloré de l'intérieur Arts déco. Le rideau de scène est une mosaïque de verre, créée par Tiffany à New York sur un dessin de Gerardo Murillo, dit « Dr. Atl ». Elle comprendrait un million de pièces de verre, et représente la vallée de Mexico, avec les

Vitrail de Pinoncelly, Museo Nacional de la Estampa

volcans à l'arrière-plan. De nombreux *murals* ornent les murs : citons notamment, au deuxième niveau, deux *murals* de Rufino Tamayo, *Naissance de notre nationalité* et *Le Mexique aujourd'hui,* peints en 1952-1953 ; le troisième niveau abrite un chef-d'œuvre de la même période par Siqueiros, *Nouvelle Démocratie.* Orozco a peint sur le mur de droite *Catharsis,* décrivant la guerre et le déclin de la bourgeoisie. Rivera, avec *L'Homme, régisseur de l'Univers,* prend sa revanche sur John D. Rockefeller, qui avait ordonné, pour raison idéologique, la destruction d'un *mural* similaire au Rockefeller Center à New York. Il peint Rockefeller dans un night-club parmi de riches débauchés, survolés par des microbes de maladies vénériennes.

L'Homme, régisseur de l'Univers, par Rivera, Palacio de Bellas Artes

Museo Nacional de la Estampa ⓲

Av. Hidalgo 39. **Carte** 3 C1.
📞 55 21 22 44. Ⓜ Bellas Artes.
🕐 10 h-18 h, mar.-dim. 📷 sauf dim. 🚫 sur réservation.

Consacré à l'histoire des arts graphiques, de l'époque précolombienne à nos jours, le musée possède d'importantes collections, qui sont exposées à tour de rôle. L'artiste exposé le plus connu est certainement José Guadalupe Posada (1852-1913). Son éternelle figure de *La Calavera Catrina (p. 27),* un squelette élégamment vêtu, fait partie des représentations familières de la mort, sujet qui fascine les Mexicans. Les gravures de Posada paraissaient dans les journaux satiriques populaires de son époque.

La Sala de Técnicas illustre les différentes techniques de gravure. Le bâtiment possède un vitrail de Salvador Pinoncelly de 1986.

Museo Franz Mayer ⑲

Av. Hidalgo 45. **Carte** 3 C1. 🕻 *55 18 22 65.* Ⓜ *Hidalgo, Bellas Artes.* ◯ *10 h-17 h, mar.-dim.* 🏛 *sauf mar.* 🎫 *sur réservation.* 🖥 🖼

La plus belle collection d'arts appliqués de Mexico, réunie par le financier amateur d'art Franz Mayer, est logée dans un bâtiment à deux niveaux du XVIe siècle, qui fut longtemps un hôpital. Le musée possède sans doute la plus belle cour du centre historique, avec une merveilleuse fontaine ombragée de grands arbres.

Les collections offrent une grande diversité avec plus de 8 000 pièces d'Europe, d'Extrême-Orient et du Mexique colonial, plus environ 20 000 carreaux de faïence ancienne. On y voit tapisseries, bois sculptés en haut relief de scènes religieuses, céramiques, plus de 1 000 objets en argent et du mobilier, dont plusieurs très beaux coffres en bois à incrustations. Parmi les impressionnants panneaux de bois, admirez celui qui d'un côté montre la prise de Mexico, de l'autre une vue partielle de la ville à l'époque coloniale.

Cette impressionnante collection, qui était d'abord consacrée aux arts appliqués et décoratifs, rassemble aussi plusieurs remarquables exemples de peintures d'époque coloniale.

Vase de style talavera, Museo Franz Mayer

La charmante cour ombragée du Museo Franz Mayer

Laboratorio Arte Alameda ⑳

Doctor Mora 7. **Carte** 3 B1. 🕻 *55 10 27 93.* Ⓜ *Hidalgo.* ◯ *10 h-17 h, mar.-dim.* 🏛 *sauf dim.* 🎫 *sur réservation.* 🚫

Ce musée d'art contemporain est situé dans les anciens couvent et église de San Diego de Alcalá, construits au XVIe siècle. De 1964 à 1999, le bâtiment abrita la Pinacoteca Virreinal, une collection d'art religieux maintenant exposée au Museo Nacional de Arte (*p. 75*). En 2000, le tout nouveau musée de Mexico, le Laboratorio Arte Alameda, ouvre ses portes. Cet espace, destiné à présenter des œuvres importantes d'artistes significatifs de toutes nationalités, propose des expositions temporaires de toutes sortes. Avec ses événements avant-gardistes, le musée espère attirer un nouveau public et faire connaître la relève artistique mexicaine.

Museo Mural Diego Rivera ㉑

Angle de Colón et Plaza Solidaridad. **Carte** 3 B1. 🕻 *55 12 07 54.* Ⓜ *Hidalgo, Juárez.* ◯ *10 h-18 h, mar.-dim.* 🏛 *sauf dim.*

Cette petite galerie à deux étages est bâtie autour d'un des chefs-d'œuvre du muraliste Diego Rivera, *Rêve, dimanche après-midi sur Alameda Central*. Peint en 1947 pour la salle de restaurant de l'hôtel Prado voisin, il mêle l'histoire du Mexique, les rêves de ses protagonistes, et des souvenirs personnels de l'artiste. Rivera a peint deux autoportraits : dans l'un, il est représenté enfant, sa main dans celle de La Calavera Catrina de Posada. Derrière lui se tient son « rêve », l'artiste Frida Kahlo, son épouse pendant 25 ans.

À l'inauguration, les couleurs vibrantes et la puissance onirique du tableau soulevèrent de vives réactions, pas toutes favorables. Les associations chrétiennes furent outragées par la lecture de l'inscription « Dieu n'existe pas ». L'une d'entre elles réussit à barbouiller le *mural,* contraignant Rivera à effacer ses paroles impies.

Le *mural* est en trois parties : sur la gauche, de la Conquête au XIXe siècle ; au centre, des personnalités du Porfiriato (*p. 53*) ; sur la droite, la période révolutionnaire et postrévolutionnaire, avec pour point fort le portrait du chef guérillero Emiliano Zapata à cheval.

Le grand *mural* de Rivera *Rêve, dimanche après-midi dans le parc de l'Alameda Central*

La Reforma et Chapultepec

Sculpture *El Caballito*

Dans les années 1860, sous le bref règne de l'empereur Maximilien *(p. 53)*, on aménagea une belle avenue entre Mexico et le bois de Chapultepec. Cet élégant et vaste boulevard planté d'arbres, le Paseo de la Reforma, est aujourd'hui bordé de grands immeubles de bureaux, et il reste peu de traces des manoirs du tournant du siècle. Mais ses statues et ses fontaines, comme l'Ange doré de l'Indépendance, emblème de Mexico, tissent un lien avec sa gloire passée. Au sud du Paseo, un triangle de rues forme la Zona Rosa, animée par ses boutiques, restaurants et cafés. Au-delà se trouve Roma, un quartier de bureaux et magasins, et la Condesa, appréciée pour ses nombreux restaurants décontractés. À l'extrémité ouest de l'avenue, le Bosque de Chapultepec était un site sacré des Précolombiens. Autrefois résidence des empereurs aztèques, c'est depuis 1530 un parc public. Le château au sommet de sa colline pentue, à l'extrémité nord-est, a été la résidence de Maximilien.

Aujourd'hui, ses lacs sillonnés de barques, son zoo et ses cafés en font un agréable lieu de détente qui permet d'échapper à l'agitation de Mexico.

Le quartier d'un coup d'œil

Bâtiments historiques
Castillo de Chapultepec 8
Monumento a la Revolución 3

Musées et galeries
Museo de Arte Moderno 7
Museo de Cera et Museo Ripley 4
Museo Nacional de Antropología 10
Museo Nacional de San Carlos 2
Museo Rufino Tamayo 6
Sala de Arte Siqueiros 5

Parc
Bosque de Chapultepec 9

Rue
Paseo de la Reforma *p. 84-85* 1

Circuler

Les stations de métro Auditorio, Chapultepec et Constituyentes sont les plus indiquées pour gagner le Bosque de Chapultepec. La station Hidalgo se trouve à l'extrémité opposée de la Reforma.

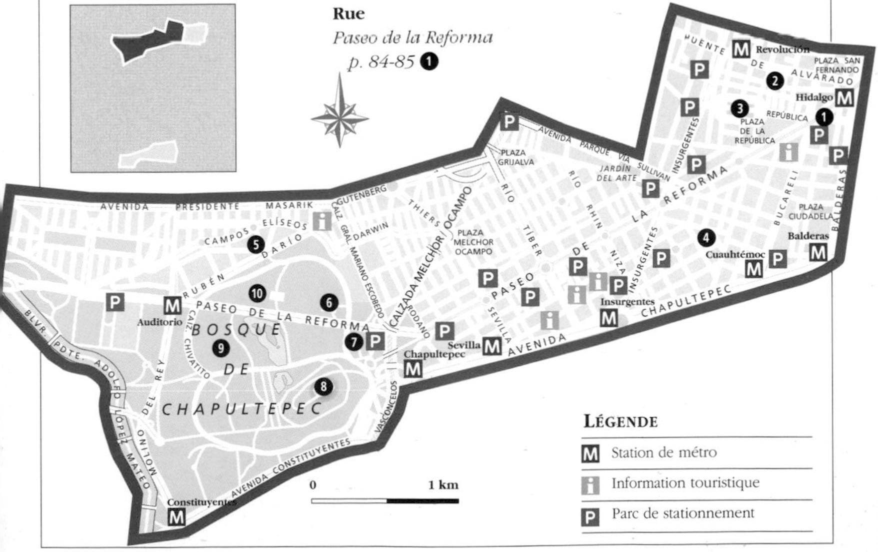

◁ Bar de la Zona Rosa, au sud du Paseo de la Reforma

Le Paseo de la Reforma ❶

Longue de 3,5 km, la grande artère centrale de la Reforma, qui relie le centre à Chapultepec, était autrefois bordée de belles maisons. Elles ont laissé place à des hôtels et bureaux moins majestueux, mais le Paseo reste l'une des grandes avenues d'Amérique latine. Les monuments qui ornent ses ronds-points, les *glorietas,* ont une place particulière dans le cœur des habitants de Mexico. Entre *El Caballito* et l'*Ange,* une série de statues plus petites, commandes du xixe siècle, rendent hommage aux grands hommes de chaque État. L'avenue se poursuit vers le sud-ouest au travers du Bosque de Chapultepec.

Couple
en bronze

Monumento a la Independencia
Plus connue sous le nom
*d'*Ange de l'Indépendance*,*
cette statue d'Antonio Rivas
Mercado, élevée en 1910, honore
les héros de la lutte
contre la domination espagnole
(p. 49).

Diana Cazadora
À une époque, ce bronze
de Diane chasseresse,
de Juan Fernando Olaguíbel
(1896-1971), offensait
la pudeur, et les autorités
municipales l'ont fait
un temps recouvrir.

Hôtel
Sheraton

RIO RHIN

RIO SENA

PASEO DE LA REFORMA

GENOVA

RIO TIBER

AMBERES

HAMBURGO

RIO GUADALQUIVIR

RIO VOLGA

RIO NILO

RIO MISSISI

OXFORD

PRAGA

FLORENCIA

AMBERES

LONDON

MARIANO ESCOBEDO

RIO ATOYAC

PASEO DE LA REFORMA

TOKIO

HAMBURGO

LONDRES

LIVERPOOL

JOSÉ VASCONCELOS

TOKIO

SEVILLA

HAMBURGO

LIEJA

Monumento
a los Niños Héroes
et parc de
Chapultepec

Ambassade
du Japon

Ambassade
des États-Unis

Bolsa de Valores
La Bourse de
Mexico occupe un
immeuble futuriste,
flanqué d'une tour
de bureaux fine
comme un crayon.
La salle des
opérations est
couverte d'un
dôme en verre.

0　　　　　250 m

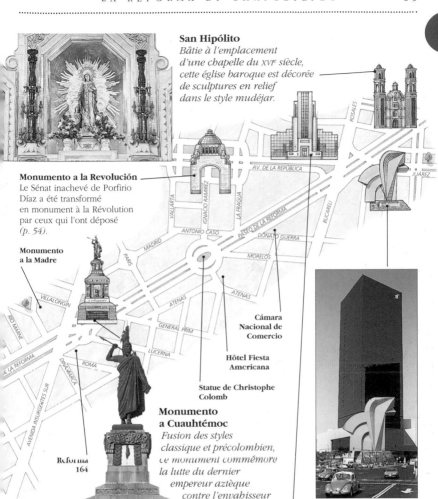

San Hipólito
Bâtie à l'emplacement d'une chapelle du XVIe siècle, cette église baroque est décorée de sculptures en relief dans le style mudéjar.

Monumento a la Revolución
Le Sénat inachevé de Porfirio Díaz a été transformé en monument à la Révolution par ceux qui l'ont déposé *(p. 54)*.

Monumento a la Madre

Cámara Nacional de Comercio

Hôtel Fiesta Americana

Statue de Christophe Colomb

Monumento a Cuauhtémoc
Fusion des styles classique et précolombien, ce monument commémore la lutte du dernier empereur aztèque contre l'envahisseur espagnol. C'est l'œuvre, en 1887, de Francisco Jiménez.

Reforma 164

El Caballito
Le « Petit cheval », une des sculptures symboles de la ville, se dresse à côté de la Torre del Caballito.

Zona Rosa
La « zone rose » est un quartier situé au sud de Reforma, composé de rues en partie piétonnes et agrémenté de boutiques et de cafés. Hélas, ce secteur a bien changé et n'est plus aussi sûr qu'autrefois.

Lotería Nacional
Le bâtiment de la Loterie nationale, œuvre de José A. Cuevas terminée vers 1936, comporte des éléments Arts déco (p. 23).

Museo Nacional de San Carlos ❷

Puente de Alvarado 50. **Carte** 3 A1.
📞 55 66 83 42. Ⓜ *Hidalgo,*
Revolución. ⬛ *10 h-18 h, mer.-lun.*
📷 🎫 *sauf lun.* 🅿

D ans un imposant
bâtiment néoclassique
du début du XIXᵉ siècle, le
musée San Carlos abrite la
plus grande collection d'art
européen du Mexique.
L'essentiel de la collection
se compose de peintures
allant du XIVᵉ siècle au début
du XXᵉ siècle, avec des
œuvres intéressantes des
écoles flamande, française,
italienne et espagnole. Les
plus belles pièces sont des
gravures de Goya et des
sculptures de Rodin. Cette
richesse est due à l'Académie
de San Carlos, établie
en 1783 par le roi d'Espagne
Charles III.

Sept galeries à l'étage
supérieur abritent les
collections permanentes.
À la place d'honneur, dans
l'entrée, figure
La Encarnación,
spectaculaire retable doré de
1465, par Pere Espallargues.

À une époque, le bâtiment
logeait un « musée des
curiosités », mais il a été
transféré au Museo del Chopo
voisin, un édifice Art nouveau
à tours jumelles. Bâti entre
1903 et 1905 vers la fin de la
dictature porfirienne *(p. 53),*
ce bâtiment à structure

L'imposant **Monumento à la Revolución,**
Plaza de la República

métallique a longtemps été
appelé « Crystal Palace »
à cause de sa ressemblance
avec le célèbre bâtiment
londonien.

Monumento a la Revolución ❸

Plaza de la República. **Carte** 3 A1.
📞 55 46 21 15. Ⓜ *Revolución.*
⬛ *9 h-17 h, mar.-ven., 9 h-18 h*
sam.-dim. ♿ 📷 *sauf dim.*

C e cube monumental
coiffé d'un dôme devait
à l'origine faire partie d'un
nouveau Parlement sous la
dictature de Díaz. Des
difficultés imprévues
liées au sol
marécageux l'ont
laissé inachevé. En
1932, plutôt que
de le démolir,
l'architecte Carlos
Obregón Santacilia
proposa de le
convertir en
monument à la gloire
de la révolution de
1910 qui mit fin au
Porfiriato. Revêtement
et sculptures furent
ajoutés et les
dépouilles des héros
révolutionnaires
comme Francisco Villa
furent inhumées
à la base des piliers.

L'austérité des styles
fonctionnel et Arts
déco du monument
est allégée par des
décors en bronze. Des statues
d'Oliverio Martínez
de Hoyos figurent
l'Indépendance, la Réforme
libérale du XIXᵉ siècle, et les
Lois agraires et syndicales
postrévolutionnaires.

À la base du monument
s'ouvre un musée consacré
au demi-siècle écoulé
entre l'expulsion de Français,
en 1867, et la Constitution
révolutionnaire de 1917. Les
présentations comprennent
photographies, documents,
reproductions de journaux
d'époque, et voitures à
cheval, costumes et objets
contemporains.

Façade côté jardin du Museo Nacional de San Carlos

Museo de Cera et Museo Ripley ❹

Londres 4. **Carte** 2 F3. ☎ *55 46 37 84.* Ⓜ *Insurgentes, Cuauhtémoc.* ⭘ *11 h-19 h lun.-ven. ; 10 h-19 h sam. et dim.* 🈁 🖳 🛄 🚫

O ccupant une étonnante demeure Art nouveau, création d'Antonio Rivas Mercado, le Museo de Cera (musée de Cire) offre un voyage passionnant à travers l'histoire et la culture mexicaines.

Tous les présidents du Mexique depuis 1920 sont réunis dans une salle, mais vous verrez aussi des personnages aussi divers que Zapata, le comédien Mario Moreno (dit Cantinflas), et la star du feuilleton Verónica Castro. Un robot du ténor Plácido Domingo chante un air d'opéra et, dans le sous-sol des donjons, les suppliciés gémissent et crient sous la torture.

A côté se trouve le musée des curiosités Ripley, qui expose toutes sortes de bizarreries : une *Joconde* en pain grillé, un veau à deux têtes, valeur sûre... Les personnes sensibles éviteront le tunnel qui simule les effets physiques d'un tremblement de terre.

Voiture de sport recouverte de pièces et d'un drapeau, Museo Ripley

Sala de Arte Siqueiros ❺

Tres Picos 29. **Carte** 1 A3. ☎ *55 31 33 94.* Ⓜ *Auditorio, Polanco.* ⭘ *10 h-18 h, mar.-dim.* 🈁 *sauf dim.* 🎫 *sur réservation.* 🚫

Q uelques semaines avant sa mort, le célèbre muraliste mexicain David Alfaro Siqueiros a fait don à la nation de sa maison-atelier et de tout son contenu. Sa vie et son œuvre y sont représentées par des œuvres achevées et des dessins, esquisses, modèles et montages photo de

L'intérieur moderne du Museo Rufino Tamayo

ses nombreux *murals*. Une sélection de photographies et de documents retrace les étapes de la vie, riche en événements, de Siqueiros.

On apprend que le peintre a fait deux séjours en prison, dont un pour avoir pris part à un complot pour tuer Trotski *(p. 103),* en tant que fervent partisan de Staline. Malgré cela, sa peinture était très appréciée, et l'État lui passa plusieurs commandes entre les années 1940 et 1950.

Dans la galerie du rez-de-chaussée figure *Maternité,* mural des années 1970 prévu au départ pour une école. Une rampe conduit à l'étage et aux galeries qui exposent les peintures de Siqueiros. La galerie du second étage est consacrée aux travaux d'autres artistes contemporains, étrangers ou mexicains.

Museo Rufino Tamayo ❻

Angle du Paseo de la Reforma et de Gandhi. **Carte** 1 B4. ☎ *52 86 65 19.* Ⓜ *Chapultepec.* ⭘ *10 h-17 h 40, mar.-dim.* 🈁 *sauf dim.* ♿ 🎫 *sur réservation.*

L a remarquable collection de peintures et sculptures modernes rassemblées par Rufino Tamayo, un des plus grands artistes mexicains du XXᵉ siècle, et sa femme Olga, occupe un musée futuriste en verre et béton au milieu des arbres du parc de Chapultepec *(p. 88 89).* Ce bâtiment, réalisé par les architectes Teodoro González de León et Abraham Zabludovsky, a reçu en 1981 le prix national d'Architecture.

Sculpture, Muso Rufino Tamayo

Huit cents peintures, ainsi que des dessins, des sculptures et des œuvres d'art graphique, sont présentées dans un vaste espace lumineux. Certains travaux de Rufino Tamayo sont exposés en permanence. Au nombre des artistes représentés figurent Pablo Picasso, Joan Miró, Mark Rothko, l'artiste colombien Fernando Botero et Francis Bacon : ses *Deux Figures avec un singe* (1975) sont l'un des joyaux du musée.

Façade de la Sala de Arte Siqueiros, ancienne demeure de l'artiste

Museo de Arte Moderno ❼

Angle de Paseo de la Reforma et de Gandhi. **Plan** 1 B4. 🔲 *52 11 87 29.* Ⓜ *Chapultepec.* ⬜ *10 h-17 h 30, mar.-dim.* 🈲 *sauf dim.* ▨

Cette galerie d'art moderne présente une vaste collection de peintures et sculptures mexicaines du XXᵉ siècle. On y trouve des œuvres de tous les artistes mexicains connus, Rufino Tamayo, Diego Rivera, David Alfaro Siqueiros *(p. 26-27)* et Frida Kahlo. Les travaux de créateurs qui n'appartiennent pas au courant dominant, établi par les muralistes,

comme Alberto Castro Leñero, Irma Palacios et Emilio Ortiz, et les artistes étrangers qui ont travaillé au Mexique, comme Leonora Carrington, sont également représentés. Le musée possède une belle série de toiles de Tamayo et plusieurs œuvres de Francisco Toledo, tous deux originaires de l'Oaxaca. Citons également *Les Deux Frida* de Frida Kahlo, le portrait de Lupe Marín par Rivera, et *Las Soldaderas* de José Clemente Orozco. Vous découvrirez aussi des sculptures dans le jardin du musée et des expositions temporaires d'art moderne dans la galerie circulaire adjacente.

Castillo de Chapultepec ❽

Bosque de Chapultepec. **Plan** 1 A5. 🔲 *55 53 62 68.* Ⓜ *Chapultepec.* ⬜ *9 h-17 h, mar.-dim.* 🈲 *sauf dim.* ▨ 🚫

Autrefois, la colline, point culminant du Bosque de Chapultepec, se dressait au bord du lac de Tenochtitlán *(p. 94)*. Le château qui en occupe le sommet fut commencé à la fin du XVIIIᵉ siècle. En 1847, des élèves officiers périrent en défendant la forteresse contre l'armée américaine lors d'une bataille décisive. Dans les années 1860, le château devint

Le Bosque de Chapultepec ❾

Lieu de détente de week-end apprécié des habitants de Mexico, Chapultepec est un parc public depuis le XVIᵉ siècle. Ses sentiers ombragés sont bordés de camelots vendant casse-croûte mexicains, barbes à papa ou ballons. Un zoo, un lac avec des barques, plusieurs musées et galeries, un jardin botanique des premiers temps de la République et des spectacles réguliers en plein air complètent ses atouts. Pour jouir d'une vue spectaculaire sur Mexico, faites l'effort de monter à la terrasse du château.

Auditorio Nacional ①
Les événements artistiques dans la grande salle de concerts du Mexique sont très recherchés. Devant, se dresse cette sculpture contemporaine de Juan Soriano.

Canotiers sur le Lago Chapultepec

« **Papalote** » **Museo del Niño** ⑨
Ouvert en 1993, ce musée des Enfants offre plus de 400 présentations interactives organisées en cinq thèmes : le corps humain, l'expression, le monde, la « conscience » et la communication. Un écran géant propose des films éducatifs. Il y a aussi une salle multimédia.

0   500 m

Fuente de Tlaloc ⑧
Cette fontaine du muraliste Diego Rivera représente Tlaloc, dieu de la pluie dans le Mexique central (p. 265) et figure majeure du panthéon.

Fuente de Petróleos

Fuente de Fisica Nuclear

Lago Mayo

Fuente de la Juventud

Fuente de Tlaloc

Lago Menor

Monumento a Nicolás Copérnico

Museo Nacional de Historia Natural

BOULEVARD PRESIDE

Le Monumento a los Niños Héroes et la Reforma, vus du château

le palais de l'empereur Maximilien *(p. 53)*. Il servit ensuite de résidence officielle aux présidents de la République et abrite aujourd'hui le musée national d'Histoire. Le musée embrasse l'histoire du Mexique de la Conquête à la révolution, en présentant pièces et peintures d'époque ou objets liés à des personnages historiques : un frac ayant appartenu à Francisco I. Madero, les lorgnons de Benito Juárez, ou les fusils de l'exécution de Maximilien.

Les murs du musée portent de grands *murals* illustrant des épisodes historiques. Le plus frappant est le *mural* intitulé *Du Porfiriato à la révolution,* de Siqueiros.

Le domaine du château abrite la Galería de Historia, appelée Museo del Caracol (musée de l'Escargot) à cause de sa forme. Le visiteur suit une série de dioramas reprenant des scènes historiques, de la lutte pour l'indépendance à la révolution.

Sala de Arte Siqueiros 2
La maison du muraliste David Alfaro Siqueiros, transformée en musée, présente ses peintures et des documents sur sa vie *(p. 87)*.

Mode d'emploi

Plan 1 B4. [M] *Chapultepec, Microbus La Feria, Papalote Museo del Niño,* **« Papalote » Museo del Niño.** ☎ *52 37 17 00.* ⏰ *9 h-13 h et 14 h-18 h, lun.-ven. ; 10 h-14 h et 15 h-19 h sam.-dim.*

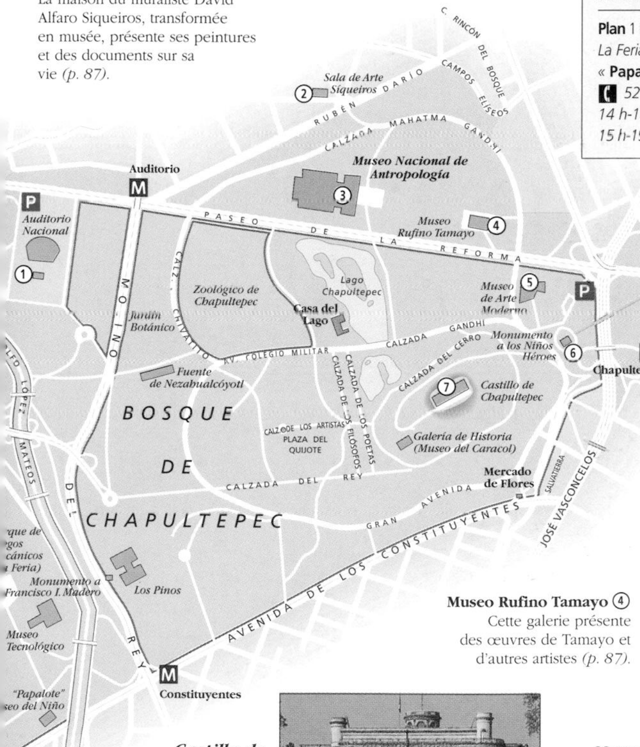

Museo Rufino Tamayo 4
Cette galerie présente des œuvres de Tamayo et d'autres artistes *(p. 87)*.

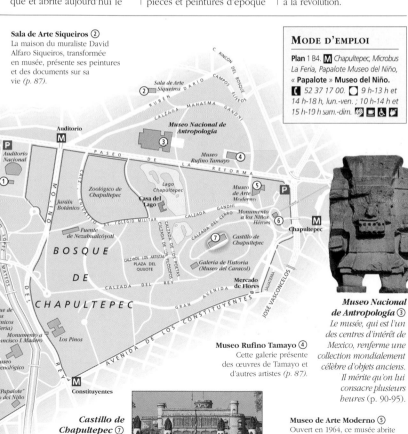

Museo Nacional de Antropología 3
Le musée, qui est l'un des centres d'intérêt de Mexico, renferme une collection mondialement célèbre d'objets anciens. Il mérite qu'on lui consacre plusieurs heures (p. 90-95).

Castillo de Chapultepec 7
Autrefois résidence des dirigeants mexicains, dont l'empereur Maximilien et le président Cárdenas, le château offre des belles vues sur le parc et le Paseo de la Reforma.

Museo de Arte Moderno 5
Ouvert en 1964, ce musée abrite des œuvres d'artistes mexicains du XXe siècle.

Monumento a los Niños Héroes 6
Il honore les élèves officiers morts en défendant le château en 1847 *(p. 52)*.

Le Museo Nacional de Antropología ❿

L e musée national d'Anthropologie de Pedro Ramírez Vásquez fut inauguré en 1964. Il offre un vaste espace adapté à des collections de pièces précolombiennes mexicaines mondialement réputées. La grande cour centrale est presque entièrement recouverte d'un dais de 84 m de long supporté par un pilier de 11 m, formant la plus grande structure en béton du monde soutenue en un seul point.

Tête sculptée provenant de Palenque

Une sculpture de coquillage en bronze orne la cour à côté du bassin

★ **Têtes olmèques**
Deux têtes colossales en basalte trouvées à San Lorenzo (p. 253), caractéristiques des Olmèques, se dressent côte à côte dans la salle Côte du golfe. Elles représenteraient des dignitaires.

Escaliers menant à une reproduction de la tombe 104 de Monte Albán (p. 220-221)

Reconstitution de la tombe 7 de Monte Albán

Temples mayas reconstitués

Stèle maya

Escalier menant à la reconstitution de la tombe royale de Palenque (p. 236)

Restaurant

Une statue géante
d'un dieu de la pluie, Chalchiuhtlicue ou Tlaloc *(p. 264)*, se dresse près de l'entrée.

Tête de jeune homme provenant de Palenque
Cette tête sculptée originale, grandeur nature, gisait parmi des offrandes dans une tombe du temple des Inscriptions, sur le site maya classique de Palenque.

Entrée

Bosque de Chapultepec et *Voladores*

Escalier vers les taxis et l'arrêt de bus

Le pilier soutenant le dais porte des bas-reliefs illustrant des civilisations européennes et du Mexique ancien.

Stela de la Ventilla
Ce pilier sculpté servait de repère amovible pour le jeu de balle (p. 276) à Teotihuacán.

Les collections ethnologiques de l'étage illustrent le mode de vie traditionnel des grands groupes indiens du Mexique. *(p. 20-21).*

MODE D'EMPLOI

Angle de Gandhi et de Paseo de la Reforma. **Carte** 1 A3. 55 53 63 81. **M** *Chapultepec.* 9 h-19 h, mar.-dim.

★ **Pierre du Soleil**
Trésor de la salle aztèque, cette pierre gravée complexe montre au centre le dieu du soleil ou de la terre, entouré des glyphes des 20 jours du calendrier rituel aztèque.

Dais en béton

Guerrier toltèque à tête de coyote
Cette tête de guerrier à coiffure de coyote, faite d'argile recouverte de nacre, vient de Tula (p. 144).

Atlante géant de Tula **(p. 144)**

Maquette de Teotihuacán

Maison tarasque

LÉGENDE

- ☐ Introduction et préhistoire
- ☐ Période préclassique
- ☐ Teotihuacán
- ☐ Toltèques
- ☐ Azteques *(p. 94-95)*
- ☐ Oaxaca
- ☐ Côte du golfe
- ☐ Mayas
- ☐ Nord et ouest du Mexique
- ☐ Collections ethnologiques
- ☐ Expositions temporaires
- ☐ Espace utilitaire

★ **Masque funéraire**
Ce masque de pierre incrusté de coquillages, turquoise, pyrite et jade, est l'un des plus beaux trésors précolombiens du musée.

SUIVEZ LE GUIDE !
Le rez-de-chaussée est consacré aux fouilles archéologiques du Mexique ancien, chaque salle traitant d'une culture ou région particulière. Les portes mènent à des reconstitutions d'édifices sur le domaine du musée. À l'étage, figurent les collections ethnologiques.

À NE PAS MANQUER

★ **Pierre du Soleil**

★ **Têtes olmèques**

★ **Masque funéraire de l'Ouest**

À la découverte du Museo Nacional de Antropología

Pierre sculptée totonaque

L a visite débute par l'une des douze salles du rez-de-chaussée, toutes accessibles depuis la cour centrale. Les sept premières couvrent l'histoire du Plateau central et suivent un ordre chronologique, mais les cinq suivantes, dont celle de la grande civilisation maya, explorent des régions différentes. À l'étage, on découvre les costumes, l'habitat et l'artisanat des 56 cultures indiennes survivantes du Mexique, ainsi que leurs croyances, leur organisation sociale et leurs fêtes.

SALLES D'INTRODUCTION

L es trois premières salles constituent une introduction à l'anthropologie et retracent l'évolution historique de la Méso-Amérique (p. 44-45), domaine allant du nord du Mexique actuel au Honduras de l'Ouest et au Salvador.
La présentation des origines préhistoriques des cultures indiennes prépare au reste de l'exposition.

PÉRIODE PRÉCLASSIQUE

D ébutant par les premiers peuplements d'agriculteurs sur le Plateau central, vers 1700 av. J.-C., la section préclassique illustre le développement de cultures plus complexes, notamment au travers de l'art de la céramique. Certaines figures d'influence olmèque (p. 254) de la région du golfe sont remarquables, dont le « garçon-jaguar » de Tlapacoya, État de Mexico. Le site funéraire retrouvé intact à Tlatilco (État de Mexico) a été reconstitué : remarquons les déformations crâniennes et les dents limées, caractéristiques de l'époque.

TEOTIHUACÁN

L a culture de Teotihuacán (p. 134-136) est l'une des plus importantes de l'époque classique en Méso-Amérique. Elle s'organise autour de la

Reconstitution de la façade du temple de Quetzalcoatl, détail

l'obsidienne, noire et brillante. Des statues illustrent la vie religieuse de cette culture.

LES TOLTÈQUES

A vec le déclin de Teotihuacán, d'autres cités du Plateau central se développent, notamment Tula. Ses fondateurs (p. 144) sont les Chichimèques du nord, qui prennent le nom de Toltèques, ou « artistes ». Ils acquièrent vite une réputation d'experts en art militaire. L'objet le plus frappant de la culture toltèque est la statue de guerrier géant, appelée atlante, qui servait de pilier dans les temples. La salle toltèque montre aussi des objets de différentes villes de la période postclassique, comme Xochicalco (Morelos), qui

Sculpture géométrique de Chalchiuhtlicue, déesse de la pluie

cité mystérieuse appelée par les Aztèques « l'endroit où les hommes sont devenus des dieux ». La salle est dominée par une immense statue en pierre de la déesse de la pluie Chalchiuhtlicue. La façade du temple de Quetzalcoatl, avec ses tons rouge et bleu d'origine, a été reproduite. Les autres murs sont ornés de peintures murales colorées décrivant la vie à Teotihuacán.
Les plus belles pièces sont des céramiques utilitaires de toutes sortes, par exemple des récipients pour stocker le grain ou l'eau, des figurines, des obsidiennes gravées, ou des masques funéraires montrant l'art du lapidaire. Les Teotihuacáns, qui furent à leur apogée entre 100 av. J.-C. et l'an 800, étaient habiles à tailler des couteaux dans

L'un des atlantes originaux de Tula (p. 144)

Grossière poterie toltèque

relèvent davantage de la tradition de Teotihuacán. On remarquera les pierres sculptées dédiées à Quetzalcoatl, et une tête d'ara stylisée qui servait peut-être de repère pour le jeu de balle. Une photographie murale montre la célèbre frise de serpents qui entoure la base du temple de Quetzalcoatl à Xochicalco.

L'OAXACA

Après la salle des Aztèques *(p. 94-95)*, la première salle consacrée aux régions du Mexique présente l'œuvre des deux grands peuples d'Oaxaca : les Zapotèques, bâtisseurs du site d'altitude Monte Albán, et leurs voisins et successeurs les Mixtèques, fondateurs de Mitla, célèbre pour ses frises de pierre.

Après les céramiques polychromes de ces deux cultures, on découvre dans le jardin la reconstitution d'une tombe de Monte Albán. De nombreux bijoux prouvent que ces deux peuples étaient d'habiles joailliers.

LE GOLFE DU MEXIQUE

Les pièces les plus spectaculaires et les plus connues du musée sont les extraordinaires têtes colossales laissées par la civilisation préclassique des Olmèques, florissante entre 1200 et 600 av. J.-C. Ce peuple a également sculpté des têtes et figures moins importantes, mais aussi remarquables, dans des pierres de toutes sortes. La plupart présentent des traits olmèques caractéristiques :

face large, nez épaté, lèvres épaisses incurvées vers le bas.

La salle accueille en outre les Totonaques du Veracruz et les Huastèques, des rivages nord du golfe. Les œuvres totonaques les plus connues sont des « jougs » en pierre sculptée, dont on n'a pas encore déchiffré l'usage. Les Huastèques étaient parmi les meilleurs artistes de Méso-Amérique, comme en témoignent leurs œuvres en argile, os ou coquillages.

Stèle de Yaxchilán montrant un dirigeant maya, vers 800 apr. J.-C.

LES MAYAS

Les Mayas exercent toujours une fascination certaine sur les visiteurs du Mexique. La beauté complexe des grandes cités de pierre noyées dans la jungle, comme Palenque au Chiapas *(p. 234-237)*, ou le mystère de leur brutal déclin, qui a précédé l'arrivée des conquistadores, contribuent à la légende.

La salle maya compte parmi ses trésors des stèles sculptées, comme celle de Yaxchilán, des linteaux de la période classique, et une exceptionnelle tête de jeune homme venant de Palenque. La petite galerie du sous-sol renferme une réplique de la tombe royale de Pakal découverte sous le temple des Inscriptions de Palenque. On y voit aussi des objets

Statue aztèque du dieu Xilonen

provenant du site, dont des têtes en stuc de belle qualité. Le jardin extérieur abrite, avec d'autres statues et stèles, plusieurs reconstitutions d'édifices cérémoniels mayas.

NORD ET OUEST DU MEXIQUE

Les déserts peu peuplés du Nord n'ont pas donné de cultures comparables à celles du Centre et du Sud. En revanche, les céramiques de Paquimé *(p. 170)*, la plus remarquable des « civilisations des Oasis », font preuve d'une grande élégance avec leurs motifs géométriques, leurs surfaces polies et leurs décors de cuivre ou de turquoise. Le travail du métal est également représenté, ainsi que des maquettes des extraordinaires maisons en adobe à plusieurs étages de Casas Grandes.

À l'apogée de l'Empire aztèque (ou mexica), les Tarasques (Purépechas), culture dominante de la côte pacifique, ont gardé leur indépendance et une tradition artistique originale. Détenteurs d'une science du travail du métal et de la poterie, ils ont été les premiers à utiliser l'or, l'argent et le cuivre pour les bijoux et les ustensiles.

Citons également les terres cuites polies d'époque classique du Colima et les céramiques

Terre cuite du Colima

cloisonnées faites d'argiles de tons différents, qui seraient originaires du nord et de l'ouest du Mexique.

LES COLLECTIONS ETHNOLOGIQUES

Les onze salles reliées entre elles de l'étage (débutant avec la 13) étudient tous les aspects de l'ethnologie mexicaine : habitat, costumes, artisanat, croyances, structure sociale et fêtes des 56 groupes indiens subsistant au Mexique.

La salle aztèque

Maquette du Templo Mayor *(p. 68-70)*

La plus vaste salle du musée présente les trésors de la culture mexica, plus connue sous le nom d'aztèque. Quand Hernán Cortés et ses conquistadores arrivent en 1519 *(p. 49)*, les Aztèques règnent, directement ou non, sur presque tout le Mexique actuel. La salle donne un bon aperçu de la vie quotidienne des Aztèques, du pouvoir et de la richesse de ses dirigeants théocratiques, et de leur appétit insatiable de sang, de sacrifices, de guerre et de conquête.

Tête réaliste en pierre, figurant peut-être l'homme du peuple

LES GRANDES STATUES

L'entrée et la partie centrale de la galerie accueillent de grandes pièces. Près de l'entrée, l'Ocelotl-Cuauhxicalli, récipient de pierre en forme d'aigle-jaguar de 94 cm, servait à recueillir les cœurs des victimes sacrificielles. La statue de Coatlicue, mère de Coyolxauhqui puis de Huitzilopochtli *(p. 70)*, est l'une des rares représentations de cette déesse dans l'art aztèque. Dotée de serres d'aigle, la déesse porte une robe de serpents et un collier de cœurs et de mains. Elle a été décapitée : deux serpents issus de son cou figurent le sang. On voit aussi les grandes sculptures des déesses Coyolxauhqui et Cihuateteo, un modèle réduit de *teocalli* ou temple, et un *tzompantli*, autel de crânes du Templo Mayor. Le mur en face de l'entrée porte la pierre du Soleil, qui domine la salle.

LE PEUPLE AZTÈQUE ET SON HISTOIRE

La section à droite de l'entrée décrit les Aztèques, leurs traits physiques et leur histoire. On remarquera la pierre ronde sculptée en trachyte trouvée au Zócalo, ou pierre de Tizoc, qui rappelle les victoires de Tizoc,

LA CITÉ LACUSTRE DE TENOCHTITLÁN

La capitale des Aztèques, Tenochtitlán, occupait une île sur un lac peu profond. Des chaussées en pierre la reliaient au rivage, et un aqueduc apportait l'eau douce. Des temples et autres bâtiments officiels et cérémoniels s'élevaient en son centre, autour de l'actuel Zócalo *(p. 62-63)*. La zone était entourée d'un haut mur.

Tlatelolco et la Plaza de las Tres Culturas *(p. 108)*.

Des chaussées reliaient la ville au rivage.

Bosque de Chapultepec *(p. 88-89)*

Centre cérémoniel et Templo Mayor

Place de la vieille ville, aujourd'hui Zócalo.

Des canaux servaient au transport quotidien des marchandises et des personnes.

Coyoacán *(p. 104-105)*

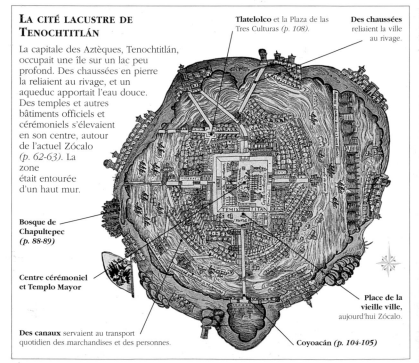

septième dirigeant aztèque (1481-1486). Autre pièce intéressante, la tête de pierre dont les yeux et les dents rapportés renforcent le réalisme, portrait, semble-t-il, de l'homme ordinaire. Des statues représentent d'autres types aztèques, comme celle d'un noble mexica vêtu selon son rang.

Cette section du musée abrite la maquette du complexe religieux au cœur de Tenochtitlán. Entouré d'un mur, il s'organise autour du Templo Mayor, couronné de deux sanctuaires. Le temple rond à son pied est dédié à Quetzalcoatl. Au-dessus de la maquette, une grande peinture de Luis Covarrubias montre la ville telle qu'elle a pu apparaître quand les Espagnols la virent pour la première fois.

Statue de dieu-singe en obsidienne polie

OBJETS SACRÉS

À gauche de l'entrée, les vitrines renferment des objets de culte aztèques. Un des plus intéressants est le vase en forme de guenon enceinte, sculptée dans de l'obsidienne, roche volcanique noire et dure proche du verre. Il symbolise le vent chargé de nuages noirs porteurs de pluie, donc la croissance et la fertilité. On voit aussi l'autel en pierre où l'on étendait les victimes du sacrifice pour leur arracher le cœur, des disques solaires, base de couteaux sacrificiels et différentes divinités.

LA PIERRE DU SOLEIL

Souvent appelé à tort pierre du Calendrier, ce disque de basalte, mis au jour en 1790 sur le Zócalo, est sculpté d'inscriptions décrivant le début du monde aztèque et prédisant sa fin. Les Aztèques pensaient qu'ils étaient dans la cinquième et dernière « création » du monde, chacune s'appelant soleil. La pierre mesure 3,6 m de diamètre et pèse 24 tonnes.

Le dieu au centre pourrait être le dieu solaire Tonatiuh, ou celui de la Terre Tlaltecuhtli.

Les 20 jours du mois aztèque figurent sur l'anneau interne.

Deux serpents de feu courent le long de la bordure : leurs queues se rejoignent à la date de la création.

Les 4 panneaux carrés autour du centre indiquent que les soleils (créations) précédents ont été détruits par les jaguars, le vent, la pluie et l'eau.

AUTRES PIÈCES

Le reste de la salle illustre la vie quotidienne des Aztèques, avec de belles présentations d'artisanat. La section céramique regroupe assiettes, vases, masques et différents objets, très souvent décorés. Les bijoux sont en os, or, bois, cristal ou coquillages, les costumes en plumes et peaux d'animaux. Un éventail d'instruments de musique témoigne de l'art musical des Aztèques : flûtes, sifflets, et un tambour en bois *(huehuetl)* finement sculpté d'un combat d'aigle et de vautour.

Le long du mur du fond, dessins et documents expliquent le système du tribut, base de l'économie aztèque. Y figure aussi un diorama du marché de Tlatelolco à Tenochtitlán, illustrant la vente de poteries, de nourriture et d'autres articles.

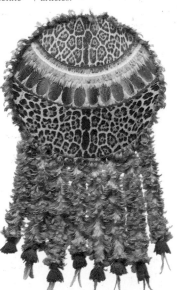

Bouclier aztèque fait de peaux et de plumes

SAN ÁNGEL ET COYOACÁN

À l'époque de la Conquête espagnole, Coyoacán (le lieu des coyotes) est un village des bords du lac Texcoco. Une chaussée le relie à l'île de la capitale aztèque, Tenochtitlán. Après la conquête de Tenochtitlán en 1521, Hernán Cortés y installe ses quartiers en attendant la reconstruction de la ville « à l'espagnole ».

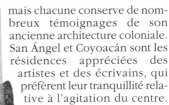

Monumento a Álvaro Obregón, San Ángel

À côté, San Ángel est alors un village, Tenanitla, où s'établissent moines dominicains et carmélites après la Conquête. Au XVIIe siècle, après la fondation de l'école conventine San Angelo Mártir, le village prend le nom de San Ángel. Son nom officiel actuel, Villa Álvaro Obregón, est très peu usité.

Jusqu'à récemment San Ángel comme Coyoacán étaient des communautés rurales distinctes de Mexico : l'avancée de la métropole les a englouties,

mais chacune conserve de nombreux témoignages de son ancienne architecture coloniale. San Ángel et Coyoacán sont les résidences appréciées des artistes et des écrivains, qui préfèrent leur tranquillité relative à l'agitation du centre. Les deux quartiers constituent également un lieu de visite populaire le week-end pour les familles de Mexico.

Diego Rivera, Frida Kahlo et le révolutionnaire russe Léon Trotski, assassiné à Coyoacán en août 1940, figurent parmi les habitants célèbres de ces quartiers. Leurs maisons sont devenues des musées, entre autres lieux d'exposition et galeries. Les restaurants y sont nombreux, comme les boutiques de spécialités, et les marchés d'artisanat du Jardín Centenario (Coyoacán) et de la Plaza San Jacinto (San Ángel) très fréquentés par les Mexicains.

LE QUARTIER D'UN COUP D'ŒIL

Musées et galeries
Casa Museo Léon Trotski **10**
Museo de Arte Carrillo-Gil **5**
Museo Nacional de la Acuarela **8**
Museo del Carmen **3**
Museo Estudio Diego Rivera **4**
Museo Frida Kahlo **9**

Église
Capilla de San Antonio
Panzacola **6**

Rues et places
Avenida Francisco Sosa **7**
Coyoacán pas à pas (p. 104-105) **11**
Plaza de San Jacinto **2**

Promenade
*De San Ángel à Coyoacán
(p. 98-99)* **1**

LÉGENDE
— Itinéraire conseillé
Plan pas à pas *(p. 104-105)*
M Station de métro
i Information touristique
P Parc de stationnement

CIRCULER
Les rues de San Ángel et Coyoacán sont idéales pour une promenade paisible. Le métro est le meilleur moyen de transport à partir du centre : les stations les plus proches sont Viveros et Miguel Ángel de Quevedo (Coyoacán), et General Anaya à l'est.

◁ **Sculpture en forme d'arbre de la Plaza Hidalgo, Coyoacán**

Promenade de San Ángel à Coyoacán ❶

Peu de quartiers de Mexico possèdent une architecture civile d'époques coloniale et prérévolutionnaire aussi bien conservée que Coyoacán et San Ángel. La promenade relie le cœur des deux quartiers, en découvrant deux places renommées pour leurs foires d'artisanat du week-end. Elle suit souvent des rues pavées bordées d'arbres, à la rencontre d'églises, de galeries d'art et de monuments, ainsi que d'endroits pittoresques où se restaurer.

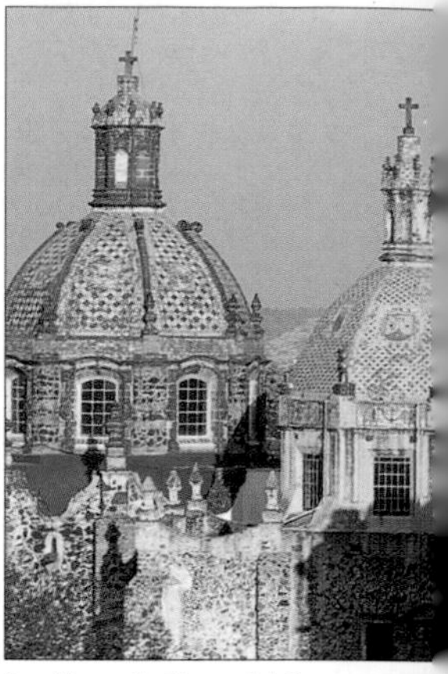

Les dômes du Museo del Carmen, San Ángel

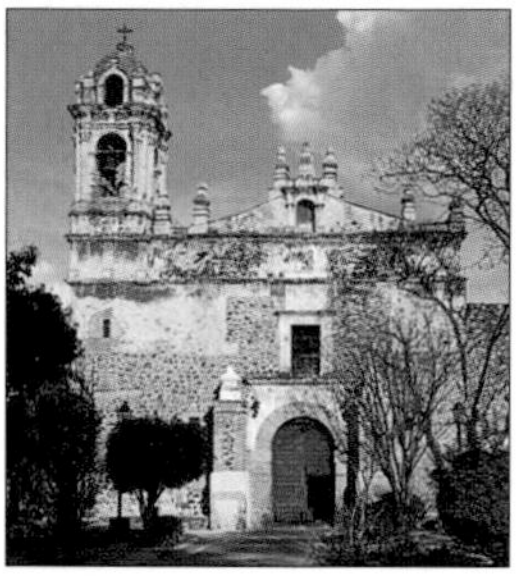

Iglesia de San Jacinto, place centrale, San Ángel

Sites de la promenade

Plaza San Jacinto ①
Museo del Carmen ②
General Álvaro Obregón ③
Plaza Federico Gamboa ④
San Antonio Panzacola ⑤
Avenida Francisco Sosa ⑥
Museo Nacional de la Acuarela ⑦
Plaza Santa Catarina ⑧
Jardín Centenario ⑨

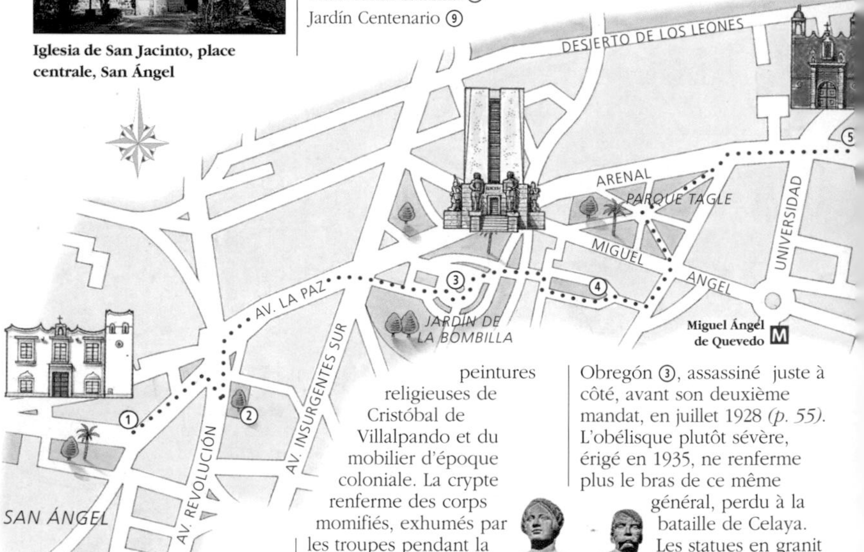

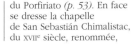

San Ángel

En partant de l'agréable Plaza San Jacinto ① *(p. 100)* et ses nombreux restaurants, emprunter la Calle Madero qui passe devant le Centro Cultural de San Ángel, à droite. Prendre ensuite à droite sur Avenida Revolución et traverser vers le Museo del Carmen ② *(p. 100)*. Les trois dômes en céramique de l'église de cet ancien couvent sont l'emblème de San Ángel. Le musée possède de belles peintures religieuses de Cristóbal de Villalpando et du mobilier d'époque coloniale. La crypte renferme des corps momifiés, exhumés par les troupes pendant la révolution *(p. 54)*. Tourner à droite en quittant l'église, suivre Revolución, puis suivre encore à droite les pavés d'Avenida La Paz, bordée de bons restaurants assez chers *(p. 316)*.

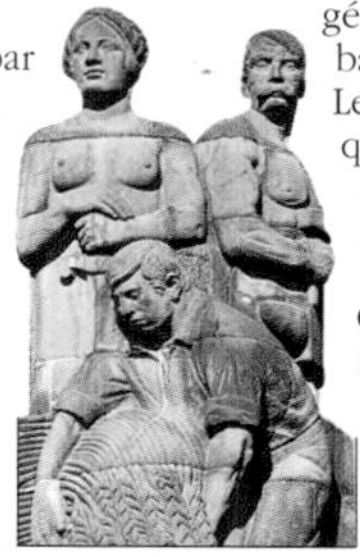

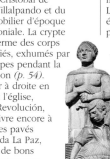

Monumento a Álvaro Obregón, détail

Chimalistac

Traverser Avenida Insurgentes pour rejoindre le Jardín de la Bombilla. Ce petit parc boisé entoure le monument au général Álvaro Obregón ③, assassiné juste à côté, avant son deuxième mandat, en juillet 1928 *(p. 55)*. L'obélisque plutôt sévère, érigé en 1935, ne renferme plus le bras de ce même général, perdu à la bataille de Celaya. Les statues en granit qui le flanquent sont d'Ignacio Asúnsolo (1890-1965). Traverser Calle Chimalistac et suivre la ruelle jusqu'à Plaza Federico Gamboa ④. Appelée aussi Plaza Chimalistac, elle porte le nom d'un écrivain et homme politique du Porfiriato *(p. 53)*. En face se dresse la chapelle de San Sebastián Chimalistac, du XVIIe siècle, renommée,

entre autres, pour son splendide retable baroque, orné de peintures du XVIIIe siècle. San Sebastián est l'une des rares chapelles ouvertes de Mexico : devant, la croix de l'atrium rappelle l'époque où on y célébrait la messe en plein air.

Prendre à gauche en quittant la place et emprunter la ruelle Ignacio Allende jusqu'à Miguel Ángel de Quevedo, qu'on traverse pour une balade au Parque Tagle. Après la traversée du parc, prendre Calle Areal à droite et longer cette rue tranquille jusqu'à Avenida Universidad, plus animée.

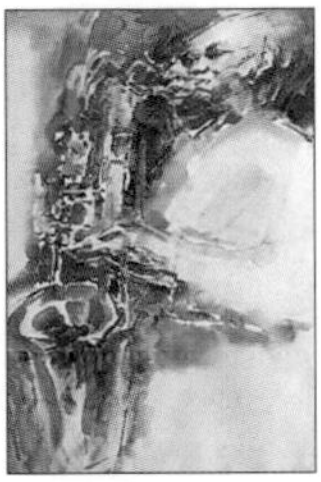

***Jazz,* d'Angel Mauro Rodriguez, Museo de la Acuarela**

Avenida Francisco Sosa

De l'autre côté d'Universidad se trouve la chapelle de San Antonio Panzacola [5] *(p. 101)*, petit joyau du XVIIe siècle. À côté, un vieux pont de pierre traverse un affluent du Río Magdalena : le passer fait découvrir une des plus jolies rues de la ville, Avenida Francisco Sosa [6] *(p. 102)*. C'est aussi l'une des plus anciennes rues coloniales d'Amérique latine. Prende la première rue à droite, la Calle Salvador, pour un petit détour au Museo Nacional de la Acuarela [7] *(p. 102)*. À mi-chemin sur Francisco Sosa s'ouvre la merveilleuse Plaza Santa Catarina [8], où des conteurs s'assemblent le dimanche à midi. Le monument principal de la place est une charmante église de couleur jaune avec une façade à trois arches. En face de la chapelle, la maison de la Culture Jesús Reyes Heroles, centre des arts de l'université, offre son beau jardin ombragé. Au bout de Francisco Sosa, se dessinent les deux arches de l'ancien portail du couvent de San Juan Bautista, qui mène à l'agréable place du Jardín Centenario, cœur de Coyoacán [9] *(p. 104-105)*.

CONSEILS POUR LA PROMENADE

Départ : *Plaza San Jacinto, San Ángel.* ***Distance :*** *3,5 km.* ***Repas :*** *Plaza San Jacinto, Avenida La Paz, Plaza Santa Catarina, Jardín Centenario.* ***Métro :*** *Miguel Ángel de Quevedo.*

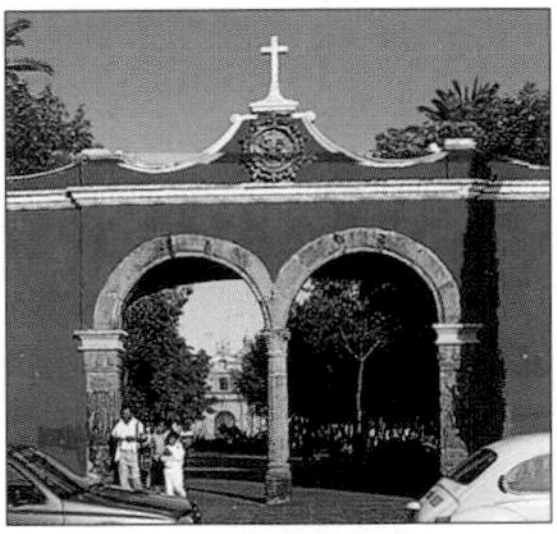

Arche du Jardín Centenario, centre de Coyoacán

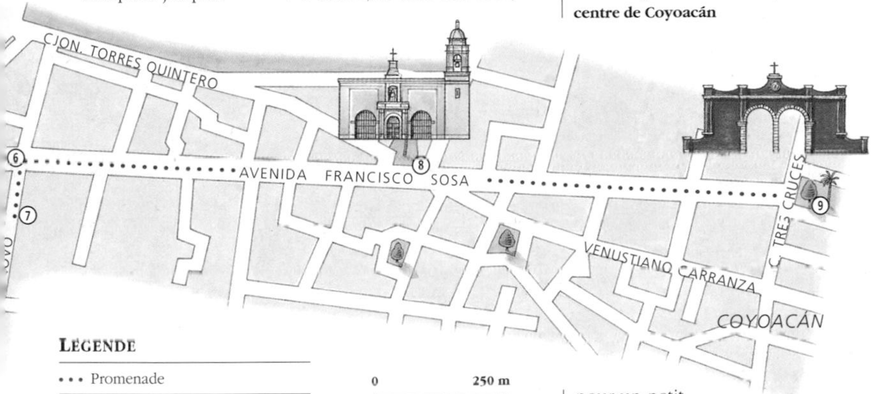

LÉGENDE

• • • Promenade

[M] Station de métro

0 250 m

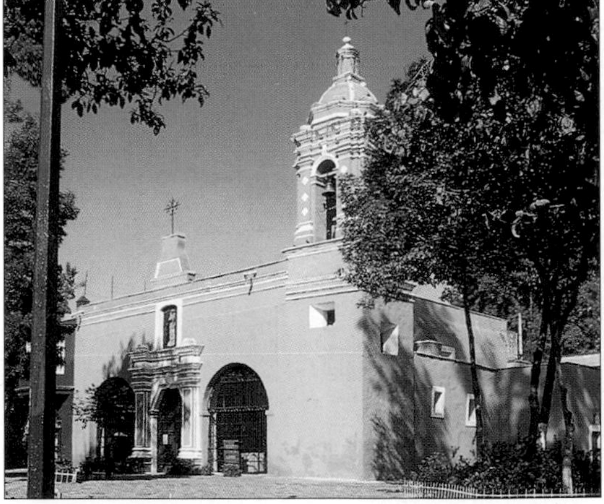

La charmante Iglesia de Santa Catarina, sur la place du même nom

Plaza de San Jacinto ❷

San Ángel. Ⓜ Miguel Ángel de Quevedo.

Le samedi, le cœur de San Ángel avec ses étals en plein air ou son Bazar del Sábado, maison du XVIIe siècle à l'angle nord-ouest de la place, est le lieu idéal pour des emplettes d'artisanat mexicain.

Tout près de la place, l'Iglesia de San Jacinto, ancienne chapelle du XVIe siècle d'un couvent dominicain, a un très beau dôme. À l'intérieur, un écran en bois sculpté et des fonts baptismaux en onyx sont intéressants. Côté nord de la place, le bâtiment le plus imposant est la Casa del Risco ou Casa del Mirador. Cette maison bien conservée du XVIIIe siècle, bâtie pour le marquis de San Miguel de Aguayo, a été léguée à la nation en 1963. Élevée autour d'un patio central à l'extravagante fontaine, elle recèle de superbes meubles et décors coloniaux.

Sur le côté ouest de la place, une plaque honore les soldats du bataillon américano-irlandais Saint-Patrick, morts pour le Mexique en combattant les États-Unis en 1846-1847.

Patio du Museo del Carmen

Museo del Carmen ❸

Av. Revolución 4. ☎ 56 16 15 04. Ⓜ Miguel Ángel de Quevedo. ◷ 10 h-17 h, mar.-dim. 📷 sauf dim. ⦰

Construite au début du XVIIe siècle, l'école conventine carmélite San Angelo Mártir a donné son nom au quartier, et ses trois gracieux dômes au complexe décor de céramique rutilante demeurent l'emblème de San Ángel. Le couvent et son église prendront ensuite le nom d'El Carmen. Aujourd'hui, c'est un musée qui expose mobilier, peintures, objets d'art et souvenirs de la période coloniale. L'intérieur d'origine, y compris les cellules des moines, est assez bien conservé. La crypte renferme dans des cercueils à couvercle de verre une douzaine de corps momifiés, déterrés par les troupes sous la révolution (p. 49).

À l'intérieur de l'église, le décor comprend des céramiques talavera de Puebla et des plafonds sculptés peints, dans le style mudéjar espagnol. La chapelle de l'étage abrite un retable doré du XVIIIe siècle orné de peintures à l'huile de saints.

Il faut également voir dans le musée les tableaux du maître du XVIIIe siècle, Cristóbal de Villalpando, et la porte richement sculptée ornée des emblèmes de la Vierge.

L'atelier de Diego Rivera se cache derrière une haie de cactus

Museo Estudio Diego Rivera ❹

Angle de Calle Diego Rivera et d'Alta-vista. ☎ 55 50 15 18. Ⓜ Viveros, Barranca del Muerto. ◷ 10 h-18 h, mar.-dim. 📷 sauf dim. ⦰

Un des plus grands architectes mexicains du XXe siècle, Juan O'Gorman, construisit en 1931-1932 ces maisons jumelles pour deux des peintres les plus renommés du pays, Diego Rivera et Frida Kahlo. Entourées d'une haie de cactus, elles sont reliées au niveau du toit par un passage par lequel Frida apportait ses repas à son époux. Elle a peint ici Les Deux Frida et plusieurs autres toiles

Éblouissant retable du maître-autel dans l'église du Museo del Carmen, San Ángel

célèbres. Derrière sa maison, la plus petite des deux, un bâtiment servait de studio photo au père de Frida.

Le grand séjour-atelier de la maison de Rivera présente ses objets personnels : pinceaux, énormes squelettes en papier mâché, poterie précolombienne. D'autres pièces accueillent des expositions temporaires des œuvres du peintre.

De l'autre côté de la rue, le San Ángel Inn *(p. 316)*, ancien Carmel de 1692, est, depuis 1915, un élégant restaurant au superbe jardin, fréquenté par l'élite de Mexico. Sa cuisine est renommée, comme sa clientèle qui a compté Brigitte Bardot, Henry Kissinger et Richard Nixon.

Museo de Arte Carrillo-Gil ❺

Av. Revolución 1608. ☎ 55 50 62 89. Ⓜ *Miguel Angel de Quevedo.* ⓞ 10 h-18 h, mar.-dim. sauf dim. ⚿ sur réservation ⚘ Ⓦ www.macg.inba.gob.mx

Claire et spacieuse, la galerie expose sur trois étages une collection permanente où figurent certains des plus grands artistes mexicains du XXᵉ siècle. Le Dr Alvar Carrillo et sa femme ont réuni leur collection à partir de 1974 avec des œuvres de Diego Rivera (dont des toiles de la période cubiste), de José Clemente Orozco ou de David Alfaro Siqueiros.

Les tableaux de l'Autrichien Wolfgang Paalen (1905-1959) et de l'artiste contemporain allemand Gunther Gerzso, moins connus, sont aussi intéressants.

Le Dr Carrillo, qui a fait sa médecine à Paris, soutint la peinture d'avant-garde de son pays natal à partir de la fin des années 1930, en achetant les toiles, mais aussi

La façade rouge de la Capilla de San Antonio Panzacola

en publiant des critiques. Lui-même peintre reconnu, il était l'ami d'Orozco.

Proche du musée, près de Revolución et de La Paz, s'étend le fameux marché aux fleurs de San Ángel. À toute heure du jour ou de la nuit – moment superbe, quand la lumière artificielle crée une explosion de couleur –, vous trouverez de tout, de la simple rose à la composition la plus exubérante.

Profusion de pétales colorés au marché aux fleurs de San Ángel

Capilla de San Antonio Panzacola ❻

Angle d'Av. Universidad et d'Av. Francisco Sosa. Ⓜ *Miguel Ángel de Quevedo, Viveros.*

Cette petite chapelle du XVIIᵉ siècle était autrefois rattachée à la paroisse voisine de San Sebastián Chimalistac *(p. 99)*. Elle jouxte le pont de pierre miniature qui termine Avenida Francisco Sosa *(p. 102)*. Sa façade, d'un rouge foncé saisissant qui tranche avec le ton crème des reliefs, s'orne d'une niche avec saint Antoine. Au-dessus de l'arc du portail, un bas-relief illustre le martyre de saint Sébastien. L'arc est encadré de pilastres soutenant un entablement mouluré. La ligne ondulante du toit, de part et d'autre de la croix, s'achève par deux tours jumelles.

Façade de la Casa Alvarado, une des résidences de l'Avenida Francisco Sosa

Avenida Francisco Sosa ❼

Entre San Ángel et Coyoacán.
Ⓜ Miguel Ángel de Quevedo.

La rue la plus attrayante de Mexico est aussi l'une des plus anciennes rues coloniales d'Amérique latine. Bordée de belles résidences, elle court sur près de 1,5 km entre Avenida Universidad et le Jardín Centenario de Coyoacán (p. 104-105).

La charmante petite chapelle de San Antonio Panzacola, du XVIIe siècle (p. 101), marque le début de la rue. Un peu plus loin sur l'avenue, des soldats montent la garde devant l'imposante résidence de l'ancien président Miguel de la Madrid. En poursuivant, on passe devant plusieurs belles demeures, comme la Casa de la Campana (n° 303) et le n° 319, remarquable par sa réplique d'atlante (p. 144). Une autre intéressante maison coloniale, le n° 383, aurait été construite au XVIIIe siècle par le conquérant du Mexique et du Guatemala, Pedro de Alvarado. La maison voisine était celle de son fils. À mi-chemin environ de l'avenue, s'ouvre l'agréable place Santa Catarina, avec son église et un centre des arts, la maison de la Culture Jesús Reyes Heroles. Un peu plus loin se trouve le service culturel de l'ambassade d'Italie. Au bout enfin, à Coyoacán, la Casa de Diego de Ordaz, du XVIIIe siècle, fait l'angle du Jardín Centenario.

Museo Nacional de la Acuarela ❽

Salvador Novo 88. 📞 55 54 18 01
Ⓜ Miguel Ángel de Quevedo.
🕙 11 h-18 h, mar.-dim. 🚫
📷 sur réservation.

Consacré essentiellement aux plus belles aquarelles mexicaines du XIXe siècle à nos jours, le musée occupe une petite maison à deux niveaux dans un charmant jardin.

La majeure partie des collections se compose d'aquarelles contemporaines, dont beaucoup ont remporté le prix annuel du Salon Nacional de la Acuarela. Le vaste éventail des styles et des thèmes surprendra ceux pour qui l'aquarelle est synonyme de paysages délicats.

À ne pas manquer, les deux remarquables œuvres *La Carrera del Fuego* et *Jazz*, d'Ángel Mauro Rodríguez, au rez-de-chaussée.

La salle internationale expose une sélection d'œuvres d'artistes des deux Amériques, d'Espagne et d'Italie, dont les Américains Robert Wade et Janet Walsh.

La galerie du jardin est réservée aux expositions temporaires.

Le Museo Nacional de la Acuarela rassemble une collection d'aquarelles

Portrait en bronze de Frida Kahlo

FRIDA KAHLO (1907-1954)

C'est certainement le peintre le plus original du Mexique. L'artiste a eu une vie tourmentée : enfant, la poliomyélite affaiblit sa jambe droite, puis un accident de la circulation, à l'âge de 18 ans, brise sa colonne vertébrale, lui interdisant la maternité. Les souffrances qu'elle endurera se reflètent dans beaucoup de ses tableaux, souvent violents et dérangeants, notamment ses autoportraits. En 1929, elle épouse le muraliste Diego Rivera, un coureur de jupons notoire. Mais Frida a elle aussi de nombreuses aventures, avec des hommes (dont Trotski) et des femmes. Elle divorce de Rivera en 1939. Ils se remarient l'année suivante, mais vivent ensuite séparés.

Museo Frida Kahlo ❾

Londres 247. 📞 55 54 59 99.
Ⓜ Coyoacán. 🕐 10 h-17 h 45,
mar.-dim. 📷 🔒 🚫

Frida Kahlo vécut une bonne partie de sa vie et mourut dans sa maison natale. L'artiste y a peint certaines de ses toiles célèbres, dont beaucoup sont inspirées des souffrances endurées après son accident. Le musée regorge de ses toiles, mais aussi d'objets de toutes sortes liés à sa vie et à celle de son mari-amant Rivera. La maison qui fut léguée à la nation par Rivera en 1955, peu après la mort de Frida, est quasiment restée telle qu'elle était.

Lettres et journaux intimes, céramiques et autres objets usuels sont exposés. Ainsi, sur un livre de comptes, les recettes et dépenses du couple pour mars et avril 1947 montrent la somme reçue par Frida pour le célèbre tableau *Les Deux Frida*. La collection de *retablos*, petits *ex-voto* peints, de Rivera couvre un mur. Vous verrez aussi, entre autres, des « Judas » de papier géants pour le bûcher du samedi de Pâques, symbole de la destruction du Mal *(p. 30)*, des objets précolombiens rassemblés par Rivera, la chaise roulante de Frida Kahlo, et un des corsets spéciaux que son handicap lui imposait de porter.

Casa Museo Léon Trotski ❿

Avenida Río Churubusco 410.
📞 56 58 87 32. Ⓜ Coyoacán.
🕐 10 h-17 h, mar.-dim. 📷 📷 🖥

Le révolutionnaire russe Léon Trotski a habité cette maison de 1939 à son assassinat en 1940, après avoir séjourné chez les muralistes Diego Rivera et Frida Kahlo.

Pour décourager les assassins éventuels, Trotski avait fait blinder portes et fenêtres, surélever le mur d'enceinte, et condamner la plupart des fenêtres qui donnaient sur la rue. Ces précautions n'étaient pas superflues puisque 80 impacts de balle sont encore visibles sur le mur extérieur. Mais Trotski succomba sous les coups de Ramón Mercader, un habitué de la maison qui avait gagné sa confiance. La chambre du meurtre, avec la table où il était assis quand il a été tué, sa machine à écrire, ses livres et autres possessions ont été laissés en l'état.

Une des photographies le montre à son arrivée au Mexique en 1937, sur le quai de Tampico, avec sa femme Natalia et Frida Kahlo.

L'ASSASSINAT DE TROTSKI

Né Lev Davidovitch Bronstein en 1879 en Russie, l'intellectuel Léon Trotski joue un rôle clé dans la prise du pouvoir par les bolcheviques en 1917, puis dans la formation de l'Armée rouge pour la guerre civile de 1918-1920. Cependant, la mort de Lénine en 1924 entraîne une âpre lutte pour le pouvoir et, en 1927, Trotski est contraint à l'exil par son rival Staline. En 1937, l'asile au Mexique lui est accordé, mais la traversée de l'Atlantique ne le met pas à l'abri de Staline, qui élimine tous ses opposants. En mai 1940, sa maison est mitraillée pendant 20 minutes par les staliniens mexicains, menés par le muraliste David Alfaro Siqueiros *(p. 26)*. Le 20 août 1940, Trotski est mortellement blessé par Ramón Mercader, d'un coup de pic à glace dans le crâne.

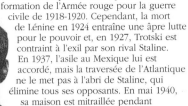
Léon Trotski

La cuisine aux couleurs vives et la collection de pots de Frida Kahlo

Coyoacán pas à pas ⑪

Autrefois séjour du conquistador Hernán Cortés et de « La Malinche », sa maîtresse indienne, la banlieue pittoresque de Coyoacán est un lieu idéal pour flâner. Le week-end, un marché d'artisanat animé couvre ses deux places principales, le Jardín Centenario et la Plaza Hidalgo. Ses rues étroites bordées d'innombrables restaurants, cafés et *cantinas* conservent beaucoup de leur charme colonial tandis que la Calle Felipe Carrillo Puerto, qui part de la place vers le sud, est riche en boutiques de curiosités. Les gourmands doivent savoir que Coyoacán est aussi réputé à Mexico pour ses crèmes glacées.

Casa de Cortés
Cette construction originale du XVᵉ siècle, occupée par l'administration, borde le côté nord de la Plaza Hidalgo.

Bazar d'artisanat couvert *(ouvert le week-end)*

Cantina La Guadalupana *(p. 116)*

Avenida Francisco Sosa
Cette jolie rue étroite (p. 102) menant vers San Ángel est une merveilleuse promenade bordée de belles demeures historiques, construites par de riches familles à l'époque coloniale.

Portail de l'ancien couvent

Casa de Diego de Ordaz
La maison porte le nom du conquistador Diego de Ordaz, mais ne remonte qu'au XVIIIᵉ siècle. Cette niche très décorée abritant une Vierge orne un de ses angles.

Le Jardín Centenario couvre l'ancien atrium du couvent de San Juan Bautista, dont seule l'église subsiste.

Plaza Hidalgo
La Casa de Cortés et l'église San Juan Bautista encadrent cette vaste place et son kiosque à musique.

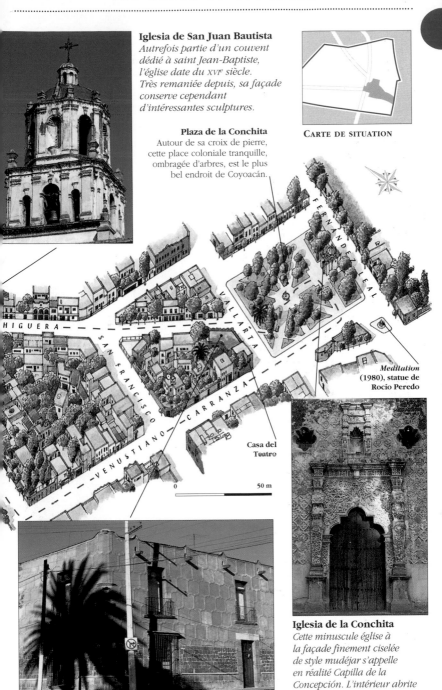

Iglesia de San Juan Bautista

Autrefois partie d'un couvent dédié à saint Jean-Baptiste, l'église date du XVIᵉ siècle. Très remaniée depuis, sa façade conserve cependant d'intéressantes sculptures.

CARTE DE SITUATION

Plaza de la Conchita

Autour de sa croix de pierre, cette place coloniale tranquille, ombragée d'arbres, est le plus bel endroit de Coyoacán.

Meditation (1980), statue de **Rocío Peredo**

Casa del Teatro

0   50 m

Iglesia de la Conchita

Cette minuscule église à la façade finement ciselée de style mudéjar s'appelle en réalité Capilla de la Concepción. L'intérieur abrite un retable baroque et de superbes peintures coloniales.

Casa de La Malinche

Traditionnellement associée à la maîtresse de Cortés, « La Malinche », cette demeure du XVIᵉ siècle a sans doute été bâtie pour Ixtolinque, un chef local. C'est aujourd'hui la maison de deux artistes connus, Rina Lazo et Arturo García Bustos.

LÉGENDE

– – – Itinéraire conseillé

EN DEHORS DU CENTRE

Mexico, métropole tentaculaire, offre beaucoup à découvrir en dehors de son centre historique. Rendez-vous au nord, Plaza Garibaldi, pour une sérénade de *mariachis,* ou bien dans les ruines de Tlatelolco, ville jumelle de Tenochtitlán. Encore plus au nord, la basilique de Guadalupe, le plus grand sanctuaire de la Vierge des Amériques, marque l'endroit où Marie serait apparue en 1531. Au sud, Xochimilco conserve une partie du lac Texcoco et de ses jardins flottants précolombiens, où des bateliers vous guident sur des canaux ombragés. Enfin, la pyramide de Cuicuilco, vieille de 2 500 ans, serait le plus ancien monument de la ville .

LES SITES D'UN COUP D'ŒIL

Musées et galeries
Museo del Anahuacalli ❼
Museo Dolores Olmedo
   Patiño ⓬
Museo de las Intervenciones ❻

Bâtiment public
Universidad Nacional
   Autónoma de México ❽

Places et marchés
Mercado de la Merced ❹
Plaza Garibaldi ❸

Église
Basílica de Guadalupe ❶

Sites historiques
Pirámide de Cuicuilco ❾
Plaza de las Tres Culturas ❷

Banlieues
Tlalpan ❿
Xochimilco ⓫

Rue
Avenida Insurgentes Sur ❺

Légende

  Sites touristiques

  Parcs et espaces de plein air

  Le Grand Mexico

  Aéroport

  Gare

  Gare routière

  Autoroute

  Grande route

  Route secondaire

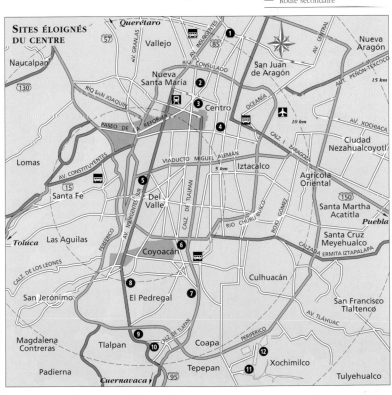

◁ **Barques peintes de couleurs vives, jardins flottants de Xochimilco**

L'Antigua Basílica de Guadalupe

Basílica de Guadalupe ❶

Plaza de las Americas 1. 📞 55 77 60 22. Ⓜ La Villa. ◷ 6 h-20 h, t.l.j. ♿

Le sanctuaire le plus somptueux et le plus visité des Amériques s'étend au pied du Cerro del Tepeyac. Selon la légende, en 1531, une Vierge à la peau brune serait apparue ici à l'Indien Juan Diego. On lui a donné le nom de la Vierge de Guadalupe d'Estramadure, en Espagne.

L'Antigua Basílica fut construite au début du XVIIIe siècle. Des tours jumelles flanquent sa façade baroque, portant des bas-reliefs sculptés de la Vierge. L'église ronde moderne, bâtie à côté pour accueillir jusqu'à 10 000 fidèles, l'écrase un peu. À l'intérieur, on vénère la tunique de Diego, sur laquelle l'image de la Vierge se serait imprimée, preuve du miracle. Il y aurait eu quatre apparitions. Il y a aussi un musée très intéressant.

Dans le complexe, on verra aussi l'intéressante Capilla del Pocito, bâtie, à la fin du XVIIIe siècle, à l'emplacement de la quatrième apparition. Considérée comme un joyau

d'architecture baroque mexicaine, elle est de forme à peu près ovale, et le dôme de sa toiture est recouvert de brillante céramique talavera bleue et blanche (p. 153).

À côté de la Capilla de Indios se trouve la maison où Juan Diego aurait vécu de la première apparition jusqu'à sa mort, en 1548.

Tous les 12 décembre, environ 50 000 personnes se rassemblent au sanctuaire pour célébrer l'anniversaire de l'apparition de la Vierge.

Céramiques de la Capilla del Pocito, près de la Basílica de Guadalupe

Plaza de las Tres Culturas ❷

Eje Central et Ricardo Flores Magón. Ⓜ Tlatelolco, Garibaldi. ◷ 9 h-18 h, mar.-dim. ♿

Les vestiges du centre cérémoniel de Tlatelolco forment la majeure partie de la Plaza de las Tres Culturas, qui doit son nom, « Trois Cultures », à son mélange d'architecture moderne, coloniale et précolombienne.

Tlatelolco, ville jumelle de la capitale aztèque Tenochtitlán, était le plus grand centre commerçant de son époque. Le site montre un templo mayor analogue à celui de Tenochtitlán (p. 68-69), et des temples plus petits, dont celui du Calendrier, dédié au dieu du vent. Son nom vient des glyphes qui ornent trois de ses côtés, figurant des dates du calendrier rituel aztèque. Les vestiges du « mur des serpents » sculpté qui marquait la limite du centre cérémoniel sont visibles dans l'angle nord-ouest du site.

Les Espagnols élevèrent leurs propres sanctuaires au même endroit. Le Templo de Santiago, église catholique au style sévère quasi militaire bâtie par les franciscains, fut achevé en 1610. Deux tours jumelles flanquent son portail. Des statues des apôtres dominent sa porte latérale. Ses fonts baptismaux originaux, en forme de coquillage, ornent toujours l'intérieur ; Juan Diego, témoin de l'apparition de la Vierge de Guadalupe, y aurait été baptisé. À côté de l'église, le couvent franciscain date de 1660.

L'époque moderne est vigoureusement représentée par plusieurs immeubles, dont la tour en verre et béton du ministère des Affaires étrangères. Des sculptures de Federico Silva émaillent la place. Entre le couvent et la tour résidentielle voisine, un *mural* dû en 1944 à David Alfaro Siqueiros *(p. 26), Cuauhtémoc contre le Mythe,* associe fresque et sculpture. Le dernier empereur aztèque, Cuauhtémoc, a été tué par les Espagnols sous Cortés, une plaque rappelle son souvenir : « Le 13 août 1521, héroïquement défendu par Cuauhtémoc, Tlatelolco tombe aux mains de Cortés. Ni victoire ni défaite, c'est la cruelle naissance de la nation *mestizo* qu'est aujourd'hui le Mexique. »

En octobre 1968, la Plaza de las Tres Culturas est le théâtre d'un autre événement cruel de l'histoire mexicaine : l'armée tire sur des manifestants étudiants, faisant plusieurs centaines de morts.

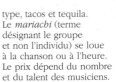

Parvis du Templo de Santiago, Plaza de las Tres Culturas

Plaza Garibaldi ❸

Au nord de l'Alameda, à côté de Lázaro Cárdenas.

La Plaza Garibaldi est un foyer de la musique *mariachi.* La nuit comme le jour, les *mariachis,* dans leurs costumes aux pantalons étroits, bravent la circulation dense d'Eje Central en quête de commandes. La musique des *mariachis* vient du Jalisco sur la côte pacifique. Les vingt premières années du XXᵉ siècle ont vu une forte émigration du Jalisco vers la capitale, et la Plaza del Borrego, rebaptisée ensuite Plaza Garibaldi, est devenue vers 1920 le foyer de ces musiciens. Le quartier abonde en restaurants servant un menu

Statue de musicien *mariachi,* Plaza Garibaldi

type, tacos et tequila. Le *mariachi* (terme désignant le groupe et non l'individu) se loue à la chanson ou à l'heure. Le prix dépend du nombre et du talent des musiciens.

Attention : les rues entre Alameda et Plaza Garibaldi ne sont pas sûres, il est recommandé aux touristes de venir en taxi.

Mercado de La Merced ❹

Anillo de Circunvalación et Calle Callejón de Carretones. Ⓜ *Merced.* 🕐 *t.l.j.* ♿

La Merced, le plus vaste marché de Mexico, étire ses 5 514 étals à l'emplacement d'un ancien marché aztèque. Le plus grand marché des Amériques, selon les Mexicains, se divise en sept sections : six sont spécialisées dans certaines marchandises, la dernière est un marché traditionnel, réputé pour l'alimentation, notamment les piments, les fruits et légumes frais.

Le Convento de la Merced occupait la partie nord de l'ancien marché aztèque : son cloître mauresque du XVIIᵉ siècle a été bien restauré et se visite. Rendez-vous de l'autre côté de l'Anillo de Circunvalación, 170 República de Uruguay, pour y admirer la richesse du travail de la pierre.

LA VIERGE DE GUADALUPE

Chaque année, le 12 décembre, des milliers de pèlerins s'assemblent à la Basílica de Guadalupe pour commémorer l'apparition de la sainte patronne du Mexique sur le Cerro del Tepeyac. Chaque ville et village du Mexique participent à la fête. À l'aube, on chante des chants d'anniversaire, les *mañanitas,* puis on célèbre une messe spéciale, suivie de danses et de musique sur les places ; les enfants sont en costume régional. Comme souvent au Mexique, la tradition catholique se mêle aux influences précolombiennes : le culte de la Vierge de Guadalupe rejoint clairement celui de la déesse-mère méso-américaine Tonantzin.

La Vierge de Guadalupe, sainte patronne du Mexique

Façade du Teatro de los Insurgentes, Avenida Insurgentes Sur

Avenida Insurgentes Sur ❺

Au sud de Glorieta de Insurgentes
Ⓜ *San Antonio, Barranca del Muerto.*

L'Avenida de los Insurgentes court sur plus de 30 km, de la frontière de l'État de Mexico, au nord, au départ de l'autoroute de Cuernavaca, au sud. On dit que c'est la plus grande artère d'Amérique latine.

Sa section sud (Sur) présente plusieurs points d'intérêt. À quelques pâtés de maisons, au sud de la jonction avec le Viaducto Miguel Alemán, se dresse le Centre de commerce international, ancien hôtel de Mexico. C'est l'une des constructions remarquables de l'avenue, avec sa tour de verre élancée qui s'achève par un immense étage circulaire à plateau tournant.

À côté, s'élève le Polyforum Siqueiros, immeuble moderne très audacieux : le dernier étage, rejoint par deux escaliers jumeaux en spirale, est coiffé d'un dôme octogonal, orné d'un des plus grands *murals* du monde, *La Marche de l'Humanité*, réalisé par Siqueiros *(p. 26).*

À l'angle d'Eje 6 et Insurgentes, la Ciudad de los Deportes comprend un stade de football et la plus grande arène du monde, dit-on, avec 60 000 places, la Plaza México. Elle est entourée de statues de grands toreros, dont Manuel Rodriguez, surnommé Manolete, qui a toréé dans l'arène pour l'inauguration de 1946.

Juste avant le carrefour de Barranca del Muerto, se dresse le Teatro de los Insurgentes, construit au début des années 1950 par Alejandro Prieto. Sa façade courbe est décorée d'un *mural* allégorique de Diego Rivera de 1953 sur le thème du théâtre au Mexique. Deux mains immenses portant un masque sont entourées de grands révolutionnaires et de héros de l'indépendance.

Museo de las Intervenciones ❻

Angle de General Anaya et de Calle 20 de Agosto 【 56 04 06 99. Ⓜ *General Anaya.* ⏰ *9 h-18 h, mar.-dim.* 🎫 *sauf dim.*

L'ancien couvent porte encore les impacts de balles de la bataille qui s'est déroulée en 1847 entre les troupes mexicaines et américaines. Aujourd'hui, c'est un musée consacré aux invasions étrangères subies par le Mexique depuis 1821 et l'indépendance. La collection

Cloître du Museo de las Intervenciones

**Voiture de Benito Juárez,
Museo de las Intervenciones**

rassemble armes, drapeaux et souvenirs d'époque, comme le trône et le sabre d'Agustín de Iturbide *(p. 52)* et un masque mortuaire de l'empereur Maximilien *(p. 53)*. Peintures, cartes et maquettes complètent la visite.

À côté, se dresse l'ancienne église du couvent, avec de splendides retables dorés, et des peintures religieuses du XVIᵉ au XVIIIᵉ siècle, dont *La Asunción,* du peintre du XVIᵉ siècle Luis Juárez, et *La Virgen y San Ildefonso,* du XVIIᵉ siècle, de Manuel de Echave.

**Façade arrière de l'inhabituel
Museo del Anahuacalli**

Museo del Anahuacalli ➐

Museo 150. ☎ 56 17 43 10. ◐ 10 h-18 h, mar.-dim. ◐ jours fériés. 📷 ♿ au r.-d.-c. 📷 sur réservation. 📷

Ce musée unique a été conçu par le muraliste Diego Rivera pour y loger sa collection d'art précolombien. Les architectes Juan O'Gorman et Heriberto Pagelson et la propre fille de Rivera, Ruth, l'ont achevé après sa mort. En pierre

volcanique noire, il est en forme de pyramide. Les collections rassemblent quelque 2 000 pièces, représentant la plupart des cultures indiennes du Mexique, dont des urnes funéraires d'Oaxaca, des masques, et des sculptures de l'ancienne Teotihuacán. On a reconstitué un atelier, jamais vraiment utilisé par Rivera, avec son matériel et des œuvres à demi achevées. À côté de la pyramide, une galerie plus petite renferme une collection de figures en papier mâché de la fête des Morts, célébrée du 31 octobre au 2 novembre *(p. 34-35)*.

Universidad Nacional Autónoma de México (UNAM) ➑

Ciudad Universitaria. ☎ 56 22 64 70. Ⓜ *Universidad, Ciudad Universitaria.* ◐ 8 h-21 h 30, t.l.j. ◐ jours fériés. ♿ Ⓦ www.unam.com

La plus grande université d'Amérique latine occupe un vaste campus au sud de la ville. De nombreux bâtiments intéressants sont groupés dans une zone réduite près d'Avenida Insurgentes. À l'ouest de l'avenue s'étend l'immense stade olympique, fierté des Jeux de 1968. Une peinture en haut relief de Diego Rivera en domine l'entrée. En face, côté est d'Avenida Insurgentes, la tour du Rectorat porte des *murals* grandioses de David Alfaro Siqueiros. Le thème du *mural* de la face sud est la lutte incessante

des Mexicains pour se forger une identité. Le *mural* côté nord est une mosaïque de verre illustrant les missions de l'université *(p. 27)*.

Le Museo Universitario voisin abrite des expositions tournantes d'art contemporain. À côté, la Biblioteca Central est l'un des bâtiments les plus spectaculaires de l'université : sa tour est couverte de mosaïques de Juan O'Gorman : chaque mur illustre une période de l'histoire mexicaine et ses réalisations scientifiques.

Plus au sud sur Insurgentes, un second ensemble regroupe une des grandes salles de spectacle de Mexico, la Sala Nezahualcóyotl *(p. 117)*, et la Hemeroteca, bibliothèque des périodiques. L'immense cercle de béton de l'Espacio Escultórico abrite des sculptures modernes. Mais les remarquables sculptures tourmentées de la roche volcanique sur laquelle le campus a été bâti sont plus impressionnantes encore.

Près du stade olympique s'ouvre le Jardín Botánico de l'université, avec son jardin de cactées, un arboretum et une section consacrée aux plantes de forêt tropicale. Situé dans la réserve écologique de Pedregal, au rare écosystème volcanique, il est réputé pour sa collection de plantes médicinales mexicaines.

Representación de la déesse du maïs, Museo del Anahuacalli

Mosaïque de la Biblioteca de l'Université illustrant les réalisations scientifiques du Mexique

Étranges vestiges de la pyramide circulaire de Cuicuilco

Pirámide de Cuicuilco ❾

Av. Insurgentes Sur et Periférico.
📞 56 06 97 58. ⏰ 9 h-16 h 45, t.l.j. 🖼

Cette pyramide appartient à la plus ancienne civilisation connue de la vallée de Mexico, fondée vers 600 av. J.-C. L'unique vestige du centre cérémoniel d'une communauté qui a pu compter jusqu'à 20 000 habitants se résume à un cône de 25 m de haut et de 100 m de large, tronqué à plusieurs niveaux. C'est l'éruption du Xitle, un volcan proche, qui a fait fuir les habitants vers l'an 100. La lave solidifiée sur parfois 8 m d'épaisseur rend d'ailleurs les fouilles difficiles. Le musée du site expose cependant poteries, outils et pointes de lance mises au jour.
Un autre centre cérémoniel, le Cerro de la Estrella, qui était encore habité de l'an 1000 à l'arrivée des Espagnols, se dresse au sud-ouest.

Tlalpan ❿

À 25 km au sud du centre de Mexico.

Sous les vice-rois espagnols, Tlalpan était une résidence à la campagne appréciée des gens du peuple et de la noblesse. Un grand nombre de demeures élégantes et d'haciendas y furent construites à partir du début du XVIIIᵉ siècle.
La vieille ville, siège de la plus grande *delegación* de Mexico (district de banlieue), est propice aux flâneries le long des ruelles bordées d'édifices des XVIIᵉ-XXᵉ siècles. La Casa Chata du XVIIIᵉ siècle, la Casa del Marqués de Vivanco, la Casa del Conde de Regla sont parmi les plus belles demeures.
Sur la Plaza de la Constitución centrale, ornée d'un kiosque du Porfiriato et de bustes de héros nationaux, se dresse la Capilla del Rosario, du XVIIᵉ siècle, à la façade baroque. Près de là, l'église dominicaine de San Agustín, du XVIᵉ siècle, possède une vaste cour. Sur la place pousse un arbre où, en 1866 sous l'empereur Maximilien, les Français ont pendu

Porte en bois sculpté de la Casa Chata

Jardin de la Hacienda de Tlalpan, transformée en restaurant

11 rebelles patriotes. L'épouse de Maximilien, Charlotte, a vécu dans la Casa de Moneda (angle de Juárez et Moneda), transformée ensuite en caserne. Sur Avenida San Fernando, l'église Santa Inès porte une plaque commémorant la brève détention en 1815 du héros de l'indépendance José María Morelos. L'ancienne maison de campagne du général Antonio López de Santa Anna, héros d'Alamo, élu 11 fois à la Présidence, forme l'angle de San Fernando et Madero. Sur la Calzada de Tlalpan, l'ancienne Hacienda de Tlalpan est aujourd'hui un restaurant élégant (p. 316), au jardin animé de paisibles fontaines et de paons colorés.

Xochimilco ⓫

Prolongación División del Norte. À 20 km au S.-E. du centre.
Ⓜ *Embarcadero.*

Xochimilco, « lieu des champs de fleurs » en nahuatl, langue des Aztèques, était autrefois un village en bord de lac, relié à Tenochtitlán par une chaussée. C'est la seule partie de Mexico qui conserve canaux et *chinampas,* ces jardins potagers à moitié sur l'eau inventés par les Aztèques.

La façade jaune de l'église San Agustín, Tlalpan

Iglesia de San Bernardino, place principale de Xochimilco

Créés à partir de racines aquatiques recouvertes de terre, les *chinampas* continuent de fournir fleurs et légumes à la ville.

Un des loisirs favoris du week-end, pour les touristes comme pour les *chilangos*, habitants de la ville, consiste à louer une barque fleurie qu'un batelier local fait glisser le long des berges ombragées de saules. Sur l'eau, des *mariachis* proposent leurs aubades et des petites barques offrent des spécialités mexicaines. On peut faire une pause à un marché d'artisanat, le temps de marchander un tapis ou tout autre objet.

Sur la terre ferme, Xochimilco offre une ambiance de village, loin de l'agitation du centre historique de Mexico. Un des trésors d'architecture de la grand-place est l'Iglesia de San Bernardino, couvent fortifié bâti par les franciscains à la fin du XVIe siècle. Sa façade de style classique est légèrement influencée par le début du baroque. À l'intérieur, un splendide retable du maître-autel porte des peintures et des sculptures d'apôtres et de saints ; les autres retables sont ornés de belles toiles de maîtres de l'époque coloniale, tels Cristóbal de Villalpando et Juan Correa.

Près de San Bernardino, la jolie Capilla del Rosario, de 1768, est entièrement recouverte d'une profusion de stucs en haut relief et de céramiques de Puebla.

Alignement de barques colorées, Xochimilco

Museo Dolores Olmedo Patiño ⑫

Av. México 5843. ☎ 56 76 10 55.
Ⓜ *La Noria.* ◯ 10 h-18 h, mar.-dim
▣ ◻ Ⓦ *www.arts-history.mx/ mdop.html*

À Xochimilco, le magnifique manoir du XVIIe siècle Finca Noria, légué en 1994 à la nation par Dolores Olmedo, riche collectionneuse et amie de Diego Rivera, abrite la plus grande collection privée d'œuvres du célèbre muraliste.

Aux 137 œuvres de Rivera s'ajoutent 25 toiles de Frida Kahlo, des pièces d'Angelina Beloff, première femme de Rivera, et plus de 600 objets précolombiens. La collection Rivera embrasse de nombreuses périodes de sa vie, avec plusieurs autoportraits et diverses études. L'excellent portrait du *Mathématicien* a été peint en 1919. Parmi les travaux les plus connus de Frida Kahlo, figurent *Autoportrait avec un singe*, *La Colonne brisée* et *Les Dimas mortes*. Une section séparée est dédiée à la culture populaire mexicaine.

Le domaine paysager du manoir est peuplé d'animaux et de plantes originaires du Mexique, dont le chien nu, ou *xoloitzcuintle*.

FAIRE DES ACHATS À MEXICO

Mexico offre aux visiteurs un choix extraordinaire et permanent : à chaque coin de rue, un marché grouillant de vie propose de tout, des fleurs, des grains de riz sculptés, des gris-gris de sorciers et de l'artisanat de qualité.
Les amateurs de boutiques élégantes

Tenture murale artisanale, Plaza de San Jacinto

et de mode flâneront sur Avenida Masarik à Polanco ou dans les magasins de la Zona Rosa. Les marchés et les épiceries de quartier, ou l'un des nombreux grands magasins de Mexico, très commodes et bien achalandés, permettent d'assurer le ravitaillement quotidien.

Étal sur la Plaza de San Jacinto, où se tient un marché animé le samedi matin

ARTISANAT ET CADEAUX

La chaîne d'État **Fonart** présente le choix d'artisanat mexicain le plus large *(p. 330-333)*. Les prix sont parfois plus élevés qu'ailleurs, mais chaque objet est authentique et le personnel en connaît la provenance. Le magasin se charge des expéditions par bateau.
El Bazar del Sábado, marché du samedi, Plaza de San Jacinto à San Ángel *(p. 100)*, est un lieu plaisant où l'on trouve des objets originaux et inhabituels *(ouvert seulement le samedi, 10 h-14 h)*. Le cœur du marché est le patio d'une maison coloniale dans lequel les étals se pressent autour d'une fontaine, proposant toutes sortes de cadeaux et objets artisanaux : bijoux, vêtements, abat-jour, objets dorés, coussins brodés, grains de riz sculptés, bougies, tentures murales, fleurs en papier.
On peut aussi y prendre un petit déjeuner buffet aux accents des *marimbas*.
Le **Mercado de Londres,** ou Mercado de Insurgentes,

Zona Rosa, est spécialisé dans les bijoux en argent (vendus au poids), les plateaux et cadres en papier mâché, les châles et gilets finement brodés.
Le **Mercado de la Ciudadela** vend toutes sortes d'objets artisanaux mexicains à des prix très raisonnables, mais de qualité moyenne. Le **Centro Artesanal de Buenavista,** présenté comme le plus grand marché d'artisanat de Mexico, est de fait un immense magasin bien situé offrant la gamme habituelle d'objets.

ART ET ANTIQUITÉS

Les magasins d'art et d'antiquités de Mexico se concentrent plutôt sur Polanco, la Zona Rosa, San Ángel et plus récemment Roma. **Oscar Román** et la **Galería Misrachi** à Polanco sont spécialisés dans l'art mexicain contemporain. Les antiquaires de la Zona Rosa, comme **Coloniart** sont concentrés autour de la **Plaza del Ángel** qui, le samedi matin, accueille un marché aux antiquités. À Roma, les galeries les plus connues sont **Galería OMR** et **Casa Lamm ;** à

San Ángel, les amateurs d'art contemporain apprécieront la **Galería Kin.** Le **Monte de Piedad** *(p. 62),* vend des bijoux d'occasion.

LIVRES ET JOURNAUX

Les journaux locaux s'achètent dans la rue ; presse internationale, magazines, guides et romans, au grand magasin **Sanborn's** et dans les grands hôtels. Les célèbres librairies **Librería Gandhi** et **El Parnaso** sont au sud de Mexico.

CONFISERIES

Les Mexicains adorent les confiseries. On trouve des confiseries de qualité au centre-ville, comme la **Dulcería de Celaya.** La chaîne **La Flor de Lis** est réputée pour sa fameuse spécialité de *tamales (p. 308).*

Confiserie La Dulcería de Celaya, réputée dans toute la ville

**Étalage de primeurs,
Mercado de La Merced**

CIGARES

L es amateurs de cigares
trouveront leur bonheur
à **La Casa del Habano** et à
La Casa del Fumador, qui
vendent toute une gamme de
tabacs à pipe et de cigares
mexicains ou importés, dont
de véritables *Habanos*
(havanes) à un prix abordable.

MARCHÉS

C haque quartier
possède son marché
et la ville compte plusieurs
grands marchés spécialisés.

Fréquentés par les habitants
de Mexico, ils donnent
un aperçu
de leur vie quotidienne
mais méfiez-vous
des pickpockets.

L'immense marché
couvert du **Mercado de
Sonora** vend des articles
de saison, des décorations
de Noël et des confiseries
de Pâques.
Ses stands permanents
offrent plantes aromatiques,
jouets et articles de sorcellerie
formant un curieux
mélange.

Tout près, l'énorme
**Mercado
de La Merced**
(p. 109),
le plus grand
marché
de Mexico,
commercialise
tous les jours
sur ses milliers
d'étals
une profusion
de fruits,
légumes,
et fleurs.

GRANDS MAGASINS

L es deux grandes
chaînes de magasins
de Mexico,
El Palacio de Hierro
et **Liverpool,**
ont des succursales
dans la plupart des grands
centres commerciaux
à l'américaine de la ville.
On y trouve absolument
de tout : mode internationale,
vêtements mexicains
et créations. Vous achèterez
des souvenirs
à prix raisonnables,
du matériel photo
et des articles
de toilette
dans les magasins
Sanborn's.
Un choix
de restaurants
permet de goûter
la cuisine
mexicaine
ou des plats
rapides
internationaux
adaptés à tous
les goûts *(p. 306).*

**Succursale de la chaîne de
grands magasins Liverpool**

SE DISTRAIRE
À MEXICO

Détail,
Salón México

Mexico propose toutes sortes de divertisse-ments : le samedi, les amateurs verront un ballet folk-lorique au Palacio de Bellas Artes, des *charros* à cheval en costume chamarré *(p.346),* ou une corrida dans les plus grandes arènes du monde ; le soir, les noctambules choisiront entre boîtes de musique salsa ou *cantinas* traditionnelles. Danse, musique classique et opéra for-ment toujours une excellente affiche. Le calendrier culturel est rempli toute l'année, mais la plus grande manifestation est le Festival del Centro Histórico, généralement avant Pâques, en mars ou en avril.

Détail,
Salón México

Le Palacio de Bellas Artes, foyer de l'Orchestre symphonique national du Mexique

GUIDES DES MANIFESTATIONS, BILLETS

Les vendredis et samedis, *The News* publie une rubrique en anglais sur les manifestations prévues. Le journal local *Reforma* a une rubrique quotidienne. Les guides hebdomadaires en espagnol, *Laberinto, Tiempo Libre,* et *Dónde Ir* recensent spectacles, restaurants, manifestations sportives et activités pour enfants. **Ticketmaster** délivre la grande majorité des billets en prélevant une commission. Celle-ci est moins élevée aux comptoirs Ticketmaster de Sanborn's *(p. 115).* La plupart des théâtres et stades sportifs vendent directement les billets. L'**Instituto Nacional de Bellas Artes** (INBA), qui gère plusieurs théâtres et salles de concerts, a ses propres kiosques d'information et de vente.

MUSIQUE CLASSIQUE, DANSE ET THÉÂTRE

L'Opéra national et l'Orchestre symphonique national font à tour de rôle l'affiche du **Palacio de Bellas Artes,** qui accueille aussi toutes sortes de spectacles musicaux et de danse, dont l'Amalia Hernández Ballet Folklórico. De grands concerts classiques ou contemporains se donnent à l'**Auditorio Nacional.** La **Sala Ollin Yoliztli** et la **Sala Nezahualtcóyotl** du complexe universitaire de l'UNAM sont également le cadre de nombreux spectacles.

Le Consejo Nacional de Artes (CNA) comprend un centre des arts, l'**Auditorio Blas Galindo** qui est en voie de devenir une grande salle de concerts. Des spectacles de danse classique et contemporaine se déroulent au **Teatro de la Danza** et l'École nationale de danse se produit au **Teatro Raúl Flores Canelo** du CNA.

Les théâtres **Insurgentes**, **Hidalgo** et le **Centro Cultural Telmex** accueillent des troupes nationales et étrangères.

CANTINAS

À Mexico, la version locale du bar est la *cantina,* à la fois restaurant simple à midi et lieu convivial le soir. À l'origine, seuls les hommes fréquentaient les *cantinas :* certaines ont encore un panneau interdisant l'entrée aux femmes, aux enfants et aux hommes en uniforme. Elles ferment autour de minuit et ouvrent seulement à midi le week-end.

La plus vieille *cantina* de la ville, **El Nivel**, près du Zócalo, expose une intéressante collection d'art. **La Guadalupana**, à Coyoacán *(p. 104),* mérite aussi une visite.

BARS, CLUBS ET MUSIQUE ROCK

De nouveaux bars animent le centre-ville de Mexico. Ceux des quartiers Juárez et Condesa rencontrent un grand succès auprès des jeunes. Les night-clubs attirent une nombreuse clientèle branchée ou huppée. Les amateurs de rock se rendent à l'**Auditorio Nacional.**

MUSIQUE LATINO-AMÉRICAINE ET *MARIACHIS*

Un des bars les plus célèbres de Mexico pour la *cumbia,* le merengue, le *danzón* et la salsa est le **Bar León.**

Au **Salón México**, on danse sur de l'authentique musique latino-américaine

Les amoureux de musique latino-américaine apprécient ses notes sonores et authentiques. Le **Salón Tropicana** a trois pistes de danse, ses propres orchestres, et accueille d'autres artistes. **Mama Rumba,** avec ses puissants cocktails des Caraïbes et sa musique cubaine, a la faveur de la jeunesse branchée. Le **Salón México** est une reconstitution du célèbre dancing *(p. 29)*. Plaza Garibaldi *(p. 109)* est une dernière étape habituelle du soir : les *mariachis* luttent pour la suprématie sonore dans les bars de la place, comme le **Tenampa,** où l'on peut s'asseoir et écouter la musique dans un relatif confort.

POUR LES ENFANTS

Le Bosque de Chapultepec *(p. 88-89)* abrite des attractions pour enfants de tous âges, notamment le parc de jeux **La Feria** et le **zoo.**

SPECTACLES SPORTIFS

Les Mexicains sont passionnés de sport, particulièrement de football ; on assiste aux matchs à l'**Estadio Azteca.** Le base-ball, au **Foro Sol,** a aussi beaucoup de succès. À l'**Arena Coliseo** se déroulent des matchs de boxe, à l'**Arena México** et au **Toreo de Cuatro Caminos** des combats masqués de lutte

Footballeurs en action à l'Estadio Azteca de Mexico

mexicaine. Les corridas se déroulent le dimanche après-midi à la **Plaza Monumental de Toros México.** Le **Rancho del Charro** accueille des *charreadas,* rodéos typiquement mexicains *(p. 74).* Pour plus d'informations sur les spectacles sportifs, voir page 346.

Orchestre de *mariachis* dans un café de la Plaza Garibaldi

CARNET D'ADRESSES

BILLETS

Instituto Nacional de Bellas Artes
Information
📞 52 80 87 71.

Ticketmaster
📞 53 25 90 00.
🌐 www.ticketmaster.com.mx

MUSIQUE CLASSIQUE, DANSE, ET THÉÂTRE

Auditorio Blas Galindo
CNA, angle de Calzada de Tlalpan et de Río Churubusco. 📞 54 20 44 00.

Auditorio Nacional
Paseo de la Reforma 50.
📞 52 80 92 50.

Centro Cultural Telmex
Av. Cuauhtémoc 19.
📞 55 14 23 00.

Palacio de Bellas Artes
Angle d'Avenida Juárez et de Lázaro Cárdenas.
📞 55 21 92 51.

Sala Nezahualtcóyotl
Centro Cultural Universitario,
Insurgentes Sur 3000, UNAM.
📞 56 22 71 28.

Sala Ollin Yoliztli
Periférico Sur 5141.
📞 56 06 49 58.

Teatro de la Danza
Campo Marte,
Paseo de la Reforma.
📞 52 80 87 71.

Teatro Hidalgo
Av. Hidalgo 23. **Plan** 3 C1.
📞 55 21 58 59.

Teatro Insurgentes
Av. Insurgentes Sur 1587.
📞 56 11 42 53.

Teatro Raúl Flores Canelo
CNA, angle de Calzada de Tlalpan et de Río Churubusco. 📞 54 20 44 00.

CANTINAS

La Guadalupana
Higuera 14,
Coyoacán.
📞 55 54 62 53.

El Nivel
Angle de Moneda et de Seminario. **Plan** 4 E2.
📞 55 22 61 84.

MUSIQUE LATINO-AMÉRICAINE ET *MARIACHIS*

Bar León
Brasil 5. 📞 55 10 30 93.

Mama Rumba
Querétaro 230.
📞 55 64 69 20.

Salón México
Callejón de San Juan de Dios 25. 📞 55 10 99 15.

Salón Tropicana
Lázaro Cárdenas 43.
📞 55 29 73 16.

Tenampa
Plaza Garibaldi 12.
📞 55 26 61 76.

POUR LES ENFANTS

Zoo de Chapultepec
Bosque de Chapultepec,
Première section.
📞 55 53 62 29.

La Feria
Bosque de Chapultepec,
Deuxième section.
📞 52 30 21 21.

SPECTACLES SPORTIFS

Arena Coliseo
Perú 77. 📞 55 26 16 87.

Arena México
Dr. Lavista 189. **Plan** 3 A4.
📞 56 06 58 58 ext. 122.

Estadio Azteca
Calzada de Tlalpan 3465.
📞 56 17 80 80.

Foro Sol
Magdalena Michuca.
📞 57 64 84 46.

Plaza Monumental de Toros México
Augusto Rodin 241.
📞 55 63 39 61.

Rancho del Charro
Av. Constituyentes 500.
📞 52 77 87 10.

Toreo de Cuatro Caminos
Anillo Periférico Norte.
📞 55 80 07 44.

ATLAS DES RUES DE MEXICO

L e plan ci-dessous montre la zone couverte par les cartes du centre-ville des pages suivantes. Les références cartographiques données dans le guide (points d'intérêt, hôtels, restaurants, magasins et lieux de spectacle du centre) se rapportent à ces cartes. Les sites de

Visiteur de Mexico

San Ángel et Coyoacán figurent sur la carte de la page 97, et les points d'intérêt plus éloignés sur la carte *En dehors du centre,* page 107. La carte ci-contre présente les grandes artères qui traversent ou parcourent la vaste zone indistincte du Grand Mexico.

LÉGENDE

▢ Site important	▣ Poste de police
▢ Point d'intérêt	✝ Église
▢ Autre bâtiment	⊠ Poste
M Station de métro	→ Rue à sens unique
P Parc de stationnement	▬ Voie piétonnière
i Information touristique	
✚ Hôpital	

ÉCHELLE DES CARTES 1 À 4

0   300 m

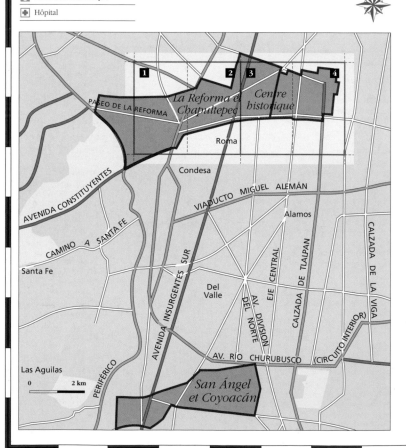

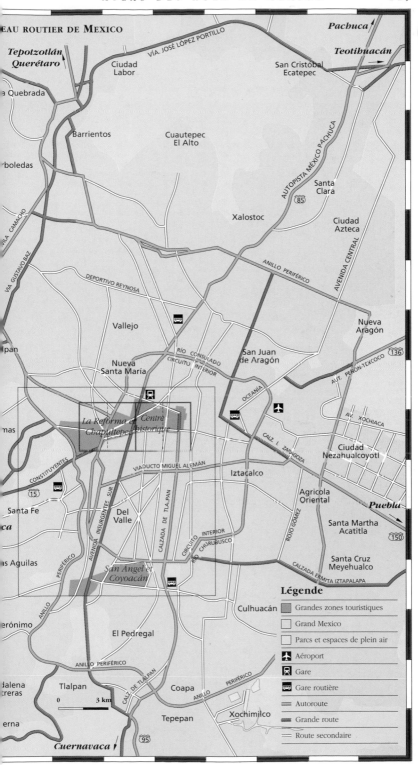

EAU ROUTIER DE **MEXICO**

Pachuca

Tepotzotlán
Querétaro

Teotihuacán

VÍA. JOSÉ LÓPEZ PORTILLO

Ciudad Labor

San Cristóbal Ecatepec

a Quebrada

Barrientos

Cuautepec El Alto

AUTOPISTA MÉXICO PACHUCA

Santa Clara
(85)

boledas

VÍA CAMACHO

VÍA GUSTAVO BAZ

Xalostoc

Ciudad Azteca

ANILLO PERIFÉRICO

AVENIDA CENTRAL

DEPORTIVO REYNOSA

pan

Vallejo

Nueva Aragón
(136)

Nueva Santa María

RÍO CONSULADO
CIRCUITO INTERIOR

San Juan de Aragón

AUT. PEÑÓN-TEXCOCO

OCEANÍA

mas

La Reforma et Chapultepec

Centre historique

CALZ. I. ZARAGOZA

AV. XOCHIACA

Ciudad Nezahualcoyotl

VIADUCTO MIGUEL ALEMÁN

CONSTITUYENTES
(15)

Iztacalco

Agricola Oriental

Puebla

AVENIDA INSURGENTE SUR

Del Valle

CALZADA DE TLA-PAN

CIRCUITO INTERIOR
RÍO CHURUBUSCO

ROJO GÓMEZ

Santa Fe

ca

Santa Martha Acatitla
(150)

as Aguilas

PERIFÉRICO

San Angel et Coyoacán

Santa Cruz Meyehualco

CALZADA ERMITA IZTAPALAPA

erónimo

ANILLO

Culhuacán

Légende

El Pedregal

ANILLO PERIFÉRICO

dalena
creras

Tlalpan

CANZ. DE TLALPAN

0   3 km

Coapa

PERIFÉRICO

ANILLO

Tepepan

Xochimilco

erna

Cuernavaca
(95)

Grandes zones touristiques	
Grand Mexico	
Parcs et espaces de plein air	
✈ Aéroport	
🚉 Gare	
🚌 Gare routière	
Autoroute	
Grande route	
Route secondaire	

Répertoire des noms de rue de Mexico

A

Abril, 2 de	3C1
Academía	4F2
Acapulco	1C5
Agreda y Sánches, José María	4E4
Alcázar	3A1
Aldaco	4D3
Aldama	3A1
Alemán, Lucas	4D4
Alhóndiga	4F3
Allende	4D1
Altamirano, Ignacio	2E1
Amberes	2E3
Aranda	3C3
Arcos de Belén	3B3
Arenal	4F5
Argáez, Joaquín	1B5
Arriaga, Joaquín	4F5
Arriaga, José Joaquín	4D5
Arriaga, Ponciano	3A1
Artículo 123	3C2
Artistas, Calzada de los	1A5
Atenas	3A2
Avenida 5 de Mayo	4D2
Avenida Benito Juárez	3B1
Avenida Chapultepec	1C4
Avenida Constituyentes	1A5
Avenida Cuauhtémoc	3A5
Avenida de la República	3A1
Avenida Francisco I. Madero	4D2
Avenida Hidalgo	3C1
Avenida Insurgentes Centro	2F2
Avenida Insurgentes Sur	2E5
Avenida Marina Nacional	1C1
Avenida Mazatlán	1C5
Avenida Morelos	3A2
Avenida Oaxaca	2D5
Avenida Parque Vía	2D2
Avenida Presidente Masarik	1A2
Avenida Río San Joaquin	1B1
Avenida Sonora	1C5
Avenida Yucatán	2E5
Axayácatl	2D1
Ayuntamiento	3B2
Azueta, José	3B2

B

Bahía Ascención	1C1
Bahía de Ballenas	1B1
Bahía de Banderas	1C1
Bahía de Caracas	1C2
Bahía de Chachalacas	1C1
Bahía de Coquí	1C2
Bahía de Corrientes	1C2
Bahía de Descanso	1B1
Bahía de Guantánamo	1B2
Bahía de la Concepción	1C2
Bahía de Las Palmas	1C2
Bahia de Mangueiras	1B2
Bahía de Morlaco	1B1
Bahía de Pérula	1C1
Bahía de Pescadores	1C1
Bahía de Todos los Santos	1B1
Bahía del Espíritu Santo	1B1
Bahía Magdalena	1B1
Bahía Montejo	1B2
Bahía San Hipólito	1B1
Bahía Santa Bárbara	1B1

Balderas	3B3
Baranda, P.	3A1
Barcelona	3A3
Barreda, Gabino	2E1
Barrera, Juan de la	1B5
Bécquer	1C2
Belgrado	2E3
Berlin	2F3
Berna	2D3
Biarritz	2D4
Bolívar	4D5
Boturini, Lorenzo	4D5
Bradley	1B2
Bruselas	3A3
Bucareli	3A3
Buen Tono	3C3
Buffon	1B2
Burdeos	1C4

C

Cacahuamilpa	2D5
Cadena, Longinós	4D4
Cadetes del 47	1B5
Campos Elíseos	1A3
Canal, Callejón	4F4
Candelarita, Callejón	3B3
Cantú	1B3
Cárdenas, Lázaro	3C5
Carmen	4F1
Carranza, Venustiano	4D2
Carretones	4F3
Caso, Antonio Maestro	3A2
Castellanos, Erasmo	4F2
Cerrada del 57	4D1
Cerrada G. Prieto	2D1
Cerro, Calzada del	1A5
Chavero, Alfredo	4D5
Chihuahua	2E5
Chimalpopoca	4D4
Chimalpopoca, 1a. Cerrada	3C4
Chimalpopoca, 2a. Cerrada	3C4
Circular de Morelia	3A4
Clavijero	4F5
Colima	2D5
Colima, Cerrada	2F4
Colón	3B1
Comte	1C2
Condesa	4D2
Contreras, Manuel María	2E1
Copenhague	2E3
Copérnico	1B3
Córdoba	2F4
Corregidora	4F2
Correo Mayor	4F2
Covarrubias, Francisco Díaz	2D1
Cozumel	2D4
Cozumel, 2a Cerrada	2D5
Cruces, Las	4F3
Cuenca, Laura M. de	3C4
Cuitláhuac	4F5
Cuitláhuac, Callejón	4F5
Curie	1B3
Cuvier	1B2

D

Dante	1B3
Darwin	1B3
Delgado, Agustín Callejón de	4E4
Delicias	3C3
Descartes	1B3

Dinamarca	2F3
Doctor Andrade	3B5
Doctor Barragán	3C5
Doctor Carmona y Valle	3A5
Doctor Claudio Bernard	3A4
Doctor Daniel Ruiz	3C4
Doctor Erazo	3A5
Doctor J. Terres	3B5
Doctor J. Velasco	3A5
Doctor Jiménez	3B5
Doctor José Ramos	3A5
Doctor Juan Navarro	3A4
Doctor Lavista	3A4
Doctor Liceaga	3A4
Doctor Manuel Gutiérrez Zavala	3B3
Doctor Martínez del Río	3A5
Doctor Mora	3B1
Doctor Olvera	3A5
Doctor Pascua	3C4
Doctor Pasteur	3B5
Doctor Rafael Lucío	3A5
Doctor Río de la Loza	3B3
Doctor Salvador Garciadiego	3A5
Doctor Valenzuela	3C3
Doctor Vértiz	3B5
Dolores	3C2
Domínguez, Belisario	4D1
Donceles	4D1
Dondé, Emilio	3B2
Dresde	2D4
Dublin	1C4
Durango	1C5
Durango, Privada	3A4

E

Echeveste	4D3
Edison, Privada	3A1
Emparán, J.	3A1
Escobedo, General Mariano, Calzada	1A2
Escuela Médico Militar	4F4
Escutia, Juan	1B5
Esmeralda, Callejón	3B1
Esperanza, Callejón	4D3
Estocolmo	2E3
Estrasburgo	2E3
Eucken	1A2
Euclides	1A2
Euler	1A2

F

Farías, Gómez	2F1
Febrero, 5 de	4D5
FF. CC. Nacionales	1B1
Filósofos, Calzada de los	1A4
Flamencos, Callejón	4E3
Flammarion	1B2
Florencia	2D3
Flores, Manuel M.	4D5
Fray Servando Teresa de Mier	4E4
Frontera	3A5
Fuente, Juan de la	3C4

G

Galeria Plaza	2D4
Gandhi, Calzada	1A4
Gandhi, Mahatma, Calzada	1A3
Gante F. Mata	4D2
Garay, Francisco de	3A3

Gardenia	3A3
Gastillo, Antonio del	2F1
Gauss	1A1
General M. Alemán	4F1
General P. A. de los Santos	1B5
General Prim	3A2
Génova	2E3
Girón, Callejón	4F1
Goethe	1C2
González, Abraham	3A3
González Obregón	4E1
Gran Avenida	1A5
Guadalajara	1C4
Guanajuato	2E5
Guaymas, Cerrada	3A3
Guerra, Donato	3A2
Guttenberg	1B2

H

Halley	1B2
Hamburgo	1C4
Hamburgo, Cerrada	2E3
Havre	2E3
Hernández, Gabriel	3B3
Herodoto	1C2
Héroes	3B1
Herrera, Alfonso	2E1
Herschel	1B2
Homero	1A2
Horacio	1A2
Hormiguero, Callejón	4F4
Huichapan	2D5
Humboldt	3B2

I

Icaza, Francisco Alvarez de	3C5
Ideal	3A3
Iglesias, José María	3A1
Igualdad, Callejón	4D3
Independencia	3C2
Isabel la Católica	4D5
Iturbide	3B2
Itzcoatl	2D1
Ixtlilxóchitl, F. Alva	4D4
Ixtlilxóchitl, F. Alva, Cerrada	4D5
Izazaga, José Maria	4D3

J

Jalapa	2E4
Janeiro, Cerrada Río de	2F4
Jesús María	4F3
Jiménez	4D3

K

Kant, Emmanuel	1B3
Kelvin	1A2
Kepler	1B1

L

Lafayette	1B2
Lafragua, Jose María	3A2
Lago Alberto	1A1
Lago Ilmen	1A1
Lago Iseo	1A1
Lago Mask	1A1
Lago Muritz	1B1
Lago Patzcuaro	1C1
Lago Xochimilco	1B1
Lago Zirahuén	1C1
Laguna de Mayrán	1C1
Lancaster	2D3

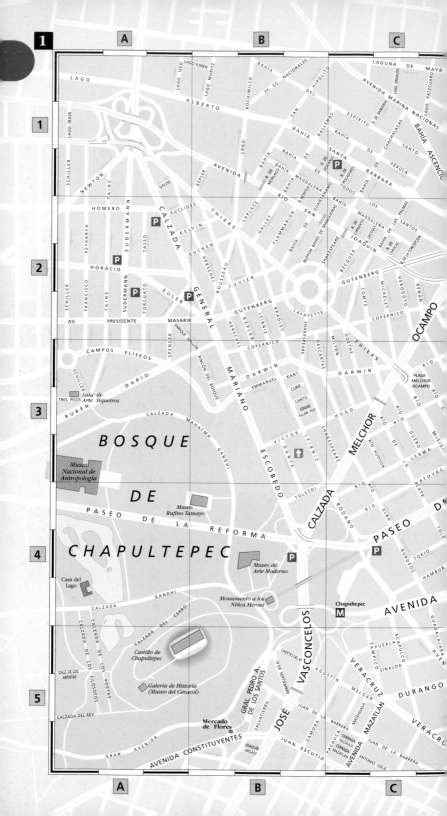

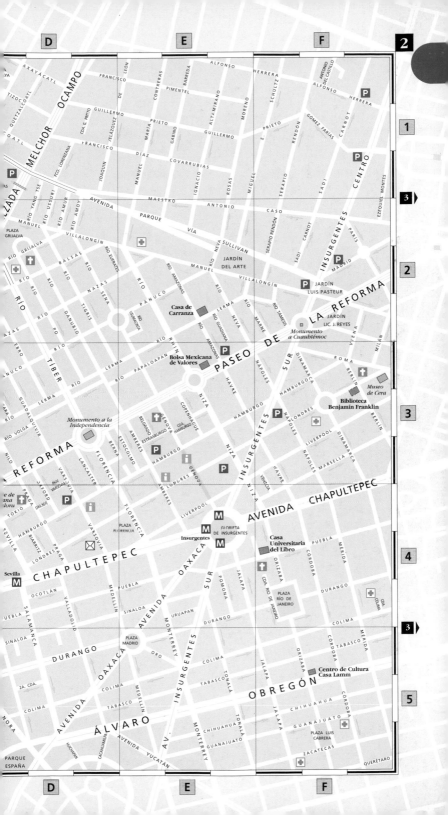

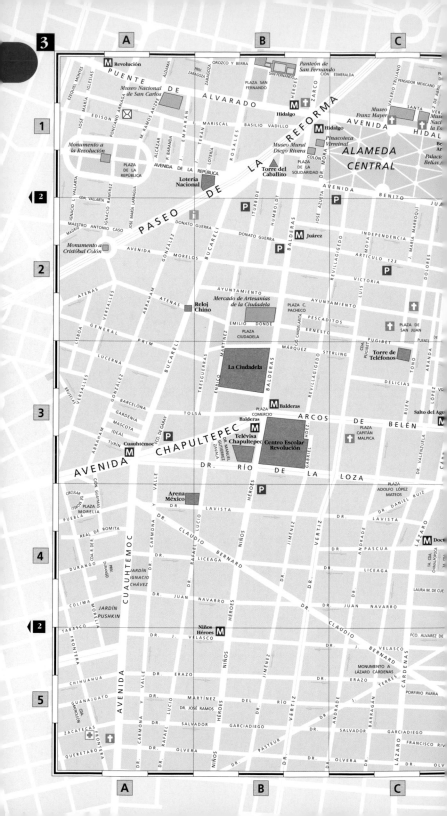

Le Mexique
Région
par Région

Le Mexique d'un coup d'œil

Le Mexique est un pays extrêmement varié :
sa traversée fait découvrir des mondes très différents.
Le Nord se caractérise par le désert, des grandes
montagnes et des canyons avec, à part, la péninsule
de Baja Californa. La région au nord-ouest de Mexico
possède les trésors d'architecture coloniale du pays
tandis que le Centre, le Sud et la côte du golfe
attirent les visiteurs par leurs vestiges précolombiens.

Le **Cañón del Cob**
(p. 176-177), gorge vertigineu
et spectaculaire, se révè
au cours d'un stupéfia
trajet en chemin de fe

G O L F E   D E   C A L I F O R N I E

LE NORD DU MEXIQUE
(p.158-179)

**LE CŒUR
COLONIAL**
(p. 180-211)

La Baja California
(p. 162-165) *attire
les visiteurs des États-Unis,
séduits par les plages
et stations de la pointe Sud.
En hiver, des baleines longent
les côtes de la « Baja ».*

0   250 km

O C É A N

P A C I F I Q U E

Guadalajara (p. 188-189),
*dominée par sa cathédrale
du XVIe siècle, est la plus grande
des villes coloniales au nord-ouest
de Mexico. San Miguel
de Allende, Morelia et Guanajuato
méritent aussi une visite.*

◁ **Maisons couleur ocre à Campeche, dans la péninsule du Yucatán**

El Tajín (p. 242-243) *a abrité,
entre 700 et 900, la culture totonaque.
C'est un des meilleurs endroits pour voir
les* voladores (p. 29).

Teotihuacán (p. 134-137)
*était jadis la ville
la plus puissante
du Nouveau Monde.
Son peuple laisse un
héritage fascinant, dont
les immenses pyramides
du Soleil et de la Lune.*

Palenque (p. 234-237) *est renommée pour
ses stucs finement sculptés. Sous le temple
principal, celui des Inscriptions, se trouve
la seule crypte maya connue, creusée
pour Pakal, souverain de Palenque.*

GOLFE DU

MEXIQUE

MEXICO

LES ENVIRONS
DE MEXICO
(p. 130-157)

LA PÉNINSULE
DU YUCATÁN
(p. 256-287)

LA CÔTE DU GOLFE
(p. 238-255)

LE SUD DU
MEXIQUE
(p. 212-237)

Chichén Itzá
(p. 274-276), *la mieux
préservée des cités mayas
du pays, renferme
des temples,
un observatoire et un
très grand jeu de balle.
Elle a connu son apogée
entre le XIᵉ et le XIIIᵉ siècle.*

Oaxaca (p. 222-225), *élégante ville
coloniale, possède des églises,
des musées et deux marchés animés.
Ce bas-relief de la Vierge surmonte
le portail de la cathédrale.*

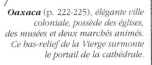

LES ENVIRONS DE MEXICO

GUERRERO (NORD) • HIDALGO • ÉTAT DE MEXICO
MORELOS • PUEBLA • TLAXCALA

D*es volcans enneigés, dont les plus hauts sommets du pays,
dominent le plateau central, une suite de vastes plaines
et vallées de 2 000 m d'altitude en moyenne. Les environs
de la vallée de Mexico, le cœur vivant du pays pendant plus de
2 000 ans, possèdent, dans des décors naturels grandioses, une
collection extraordinaire de monuments précolombiens et coloniaux.*

Avant l'arrivée des Espagnols en 1519, ces hautes terres étaient déjà très peuplées : de grandes civilisations y prospérèrent, bâtissant des villes importantes et des centres cérémoniels comme Tula et Teotihuacán. Les missionnaires espagnols partirent de la vallée de Mexico pour explorer et pacifier le grand territoire qui devint la Nouvelle-Espagne. Ils émaillèrent la région de couvents-forteresses et d'églises somptueuses comme San Francisco Javier à Tepotzotlán. À l'est de Mexico, Puebla, capitale provinciale à l'exubérante architecture civile et religieuse, est une des plus grosses villes de la colonie. La découverte de métaux précieux créa des cités minières, comme la pittoresque ville de Taxco.

Aujourd'hui, des autoroutes partent en étoile de Mexico vers les villes en expansion des États voisins. Mais l'intrusion du Mexique moderne dans la région n'a pas vraiment altéré sa beauté naturelle, en partie protégée par des parcs nationaux. Les riches terres volcaniques expliquent la générosité des récoltes, riz et canne à sucre à basse altitude au sud, céréales et légumes ailleurs. La région comptait autrefois de grands domaines gérés par d'imposantes haciendas ; beaucoup sont devenus communaux après la révolution. La terre est aujourd'hui encore le moyen de subsistance essentiel d'une population rurale, composée en majorité d'Indiens nahuas et otomís, les deux plus grands groupes du Mexique.

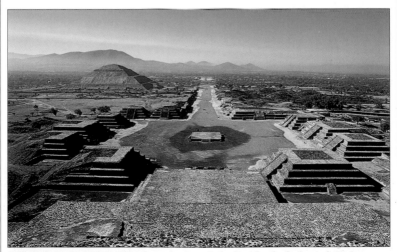

Ruines de la grande cité de Teotihuacán, un des sites précolombiens les plus fascinants du Mexique

◁ Créations artisanales au marché de Taxco, ville coloniale

À la découverte des environs de Mexico

Les routes au nord de Mexico mènent au trésor colonial du Museo Nacional del Virreinato et aux pyramides de Tula et de Teotihuacán, le site précolombien le plus visité du pays. À l'est, après les volcans Popocatépetl et Iztaccíhuatl, s'étend la splendeur coloniale de Puebla, base idéale pour visiter Cantona l'isolée et les peintures murales de Cacaxtla. La partie ouest de la région offre ses fraîches forêts et ses lacs pittoresques, alors qu'au sud un climat plus chaud baigne les villes de Cuernavaca et Taxco. Cette dernière est renommée pour le travail de l'argent et son église churrigueresque.

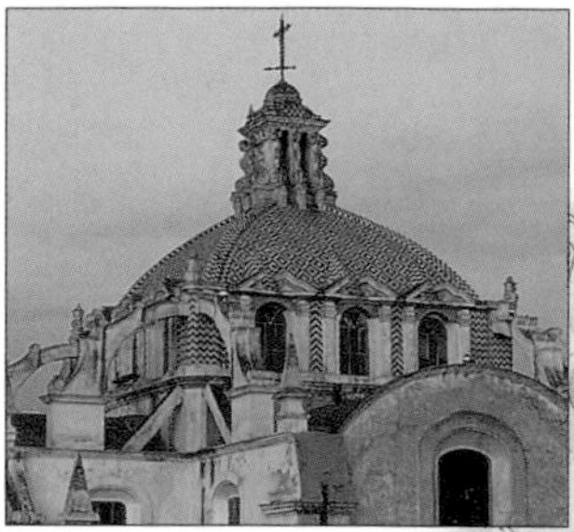

Dôme de l'Iglesia de la Compañía, Puebla

Les sites d'un coup d'œil

Cacaxtla 19
Cantona 21
Cholula 17
Convento de Actopan 6
Cuernavaca 14
Huasca 5
Malinalco 11
MEXICO (p. 56-125)
Mineral del Monte 4
Museo Nacional del Virreinato p. 140-143 7
Pachuca 3
Popocatépetl et Iztaccíhuatl 16
Puebla p. 150-153 18
San Agustín Acolman 2
Taxco p. 146-147 12
Teotihuacán p. 134-137 1
Tepoztlán 15
Tlaxcala 20
Toluca 10
Tula 8
Valle de Bravo 9
Xochicalco 13

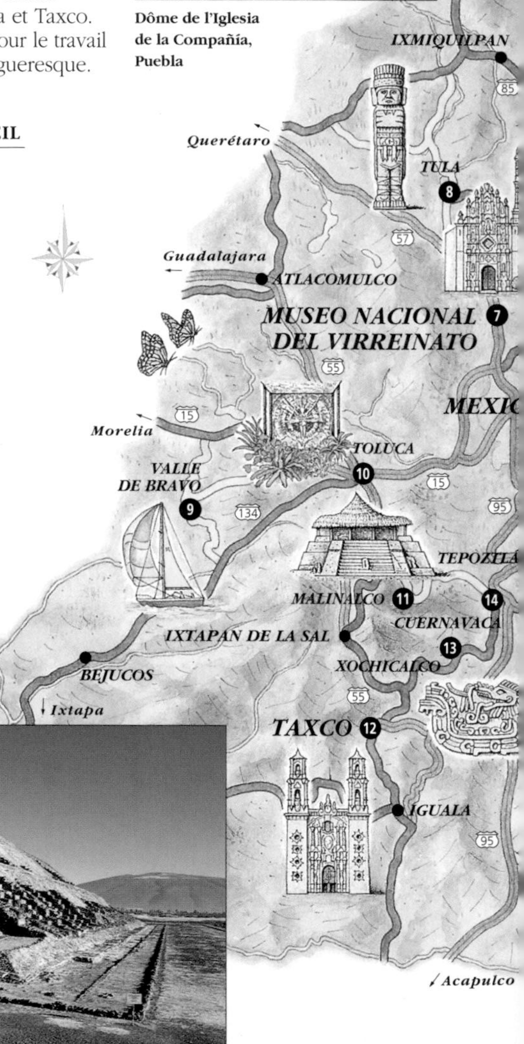
IXMIQUILPAN
85
Querétaro
TULA
8
57
Guadalajara
ATLACOMULCO
MUSEO NACIONAL DEL VIRREINATO
7
55
15
Morelia
TOLUCA
10
VALLE DE BRAVO
9
134
15
95
TEPOZTLA
MALINALCO
11
14
CUERNAVACA
IXTAPAN DE LA SAL
13
BEJUCOS
XOCHICALCO
55
Ixtapa
TAXCO
12
IGUALA
95
Acapulco

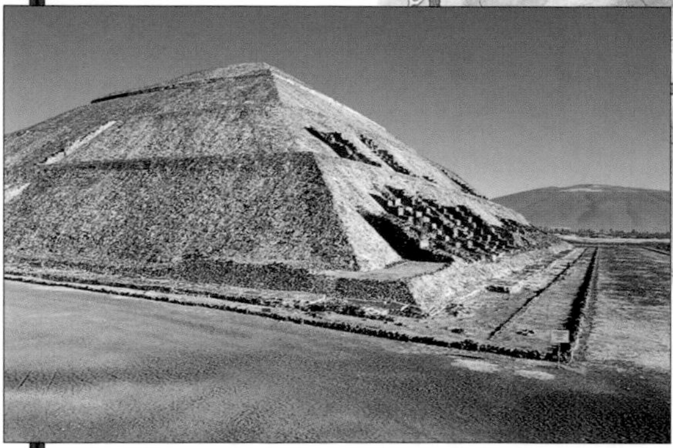

La pyramide du Soleil, la plus grande construction de Teotihuacán

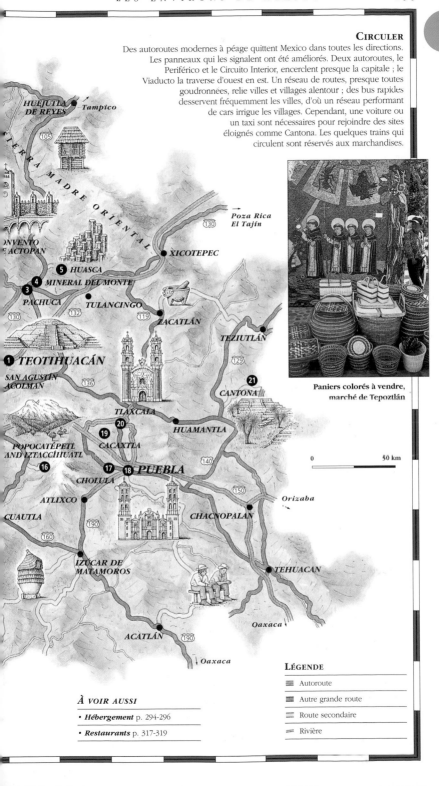

CIRCULER

Des autoroutes modernes à péage quittent Mexico dans toutes les directions. Les panneaux qui les signalent ont été améliorés. Deux autoroutes, le Periférico et le Circuito Interior, encerclent presque la capitale ; le Viaducto la traverse d'ouest en est. Un réseau de routes, presque toutes goudronnées, relie villes et villages alentour ; des bus rapides desservent fréquemment les villes, d'où un réseau performant de cars irrigue les villages. Cependant, une voiture ou un taxi sont nécessaires pour rejoindre des sites éloignés comme Cantona. Les quelques trains qui circulent sont réservés aux marchandises.

HUEJUTLA DE REYES

Tampico

SIERRA MADRE ORIENTAL

Poza Rica
El Tajín
130

ONVENTO E ACTOPAN

XICOTEPEC

5 HUASCA

4 MINERAL DEL MONTE

3 PACHUCA

TULANCINGO

ZACATLÁN

132

130

TEZIUTLÁN

1 TEOTIHUACÁN

129

SAN AGUSTÍN ACOLMAN

136

21 CANTONA

TLAXCALA

20

HUAMANTLA

19 CACAXTLA

POPOCATÉPETL AND IZTACCHIUATL

16

17 **18** PUEBLA

CHOLULA

140

ATLIXCO

150

CUAUTLA

Orizaba

160

CHACNOPALAN

190

IZÚCAR DE MATAMOROS

TEHUACAN

Oaxaca

ACATLÁN

190

Oaxaca

Paniers colorés à vendre, marché de Tepoztlán

0   50 km

À VOIR AUSSI

- **Hébergement** p. 294-296
- **Restaurants** p. 317-319

LÉGENDE

⎯ Autoroute
⎯ Autre grande route
⎯ Route secondaire
⎯ Rivière

Teotihuacán ❶

**Masque
du temple de
Quetzalcoatl**

L e « lieu où les hommes deviennent des dieux » est une des cités les plus impressionnantes de l'Antiquité. Fondée avant l'ère chrétienne, cette ville colossale, qui compta jusqu'à 125 000 habitants et couvrait plus de 20 km², a dominé la région pendant 500 ans. Elle fut ensuite détruite, peut-être par son propre peuple, et abandonnée vers 650. Les Aztèques, qui croyaient que le site avait été bâti par des géants, le considéraient comme sacré. Temples, palais et pyramides du centre cérémoniel témoignent de la splendeur de la ville, mais révèlent peu de choses sur ses fondateurs et ses habitants : leur origine, leur mode de vie et leur déclin même restent mystérieux.

Le temple de Quetzalcoatl, avec à l'arrière-plan la pyramide du Soleil

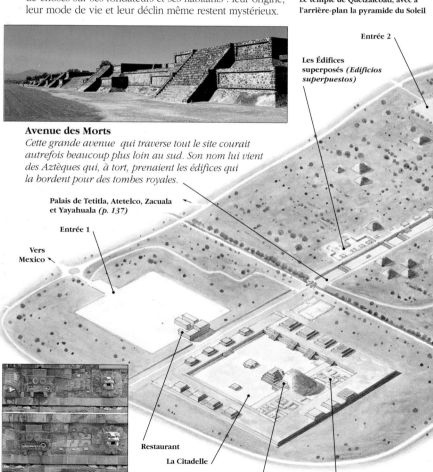

Entrée 2

**Les Édifices
superposés (Edificios
superpuestos)**

Avenue des Morts
Cette grande avenue qui traverse tout le site courait autrefois beaucoup plus loin au sud. Son nom lui vient des Aztèques qui, à tort, prenaient les édifices qui la bordent pour des tombes royales.

**Palais de Tetitla, Atetelco, Zacuala
et Yayahuala (p. 137)**

Entrée 1

**Vers
Mexico**

Restaurant

La Citadelle

★ Temple de Quetzalcoatl
Des masques du serpent à plumes Quetzalcoatl, et d'un dieu parfois pris pour le dieu de la pluie Tlaloc, ornent ce temple. Bâti vers 200, il fut ensuite recouvert d'une pyramide, aujourd'hui en partie déblayée.

Les résidences des classes dirigeantes se trouvaient sans doute ici.

0   250 m

★ Pyramide de la Lune
Plus petite que celle du Soleil, mais aussi haute du fait de la dénivellation, cette structure à quatre niveaux offre la meilleure vue du site.

MODE D'EMPLOI

État de Mexico. Par la Mex 132, 47 km au N.-E. de Mexico. ☎ (594) 56 00 52. 🚌 de Central Camionera del Norte, Mexico. ⬜ 7 h-18 h, t.l.j. (dernière entrée 17 h.). Stationnement à l'entrée. 🖼️ 🅿️ 🍽️ **Musée** ⬜ 8 h-17 h.

★ Complexe du palais de Quetzalpapalotl
Cet ensemble montre de belles sculptures et peintures murales (p. 136).

Entrée 3

Place de la Lune

Entrée 4

Palais de Tepantitla *(p. 137)*

Entrée 5

Musée *(p. 137)*

Peinture du jaguar
Entre deux escaliers, une peinture murale montre un jaguar colossal sur des motifs aquatiques.

★ Pyramide du Soleil
Cette immense pyramide, l'une des plus grandes du monde (p. 137), a sans doute été achevée au II siècle. Construite en briques d'adobe et terre recouvertes de gravier et de pierre, elle aurait été revêtue de stuc peint de couleurs vives. Des chambres et un tunnel étaient dissimulés dessous.

À NE PAS MANQUER

★ Temple de Quetzalcoatl

★ Pyramide de la Lune

★ Complexe du palais de Quetzalpapalotl

★ Pyramide du Soleil

Le complexe du palais de Quetzalpapalotl

Ce dédale d'édifices résidentiels et religieux s'est constitué lentement au fil des siècles. La dernière partie construite est sans doute l'élégant palais de Quetzalpapalotl, découvert en 1962 et restauré avec ses matériaux d'origine. Il recouvre le temple des Conques à plumes (IIᵉ-IIIᵉ siècles), aujourd'hui enterré. Juste à l'ouest, le palais du Jaguar ouvre une large cour en face d'un portique et d'une plate-forme à gradins.

Le palais de Quetzalpapalotl porte le nom de créatures mythiques, oiseaux-papillons aux yeux d'obsidienne, sculptés sur les piliers de la cour sur fond de symboles de feu et d'eau.

Entrée du niveau inférieur

Ces peintures murales du palais du Jaguar montrent des jaguars empanachés soufflant dans des coquillages ornés de plumes.

Des merlons décoratifs, symboles du calendrier, couronnent la cour.

Sortie du niveau inférieur

Entrée du palais de Quetzalpapalotl

Place de la Lune

Le temple des Conques à plumes, édifice plus ancien découvert par les archéologues sous le palais de Quetzalpapalotl, repose sur une plate-forme décorée de couleurs éclatantes : on y voit des sortes de perroquets verts rejetant de l'eau par le bec. La façade du temple s'orne de bas-reliefs de conques à plumes et de fleurs à quatre pétales.

Une énorme tête de serpent en pierre ressort en haut d'un escalier abrupt, gardant le portique d'entrée du palais de Quetzalpapalotl.

À la découverte de Teotihuacán

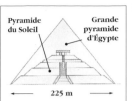

Pour apprécier la majesté et les dimensions de ce site impressionnant, il faut envisager de longues marches sur un terrain inégal et de rudes montées d'escaliers, à une altitude de 2 300 m, souvent sous l'ardent soleil tropical. Chaussures confortables, chapeau, crème solaire, et vêtement de pluie, l'été, sont indispensables.

Peinture murale en partie restaurée, montrant des coyotes à plumes, Atetelco

Le musée
Le musée du site se trouve juste au sud de la pyramide du Soleil. Il présente des objets trouvés à Teotihuacán, des cartes et diagrammes explicatifs et, sous le sol en verre du hall principal, une maquette de la cité. Ses jardins ombragés, peuplés d'espèces botaniques locales et émaillés de sculptures authentiques de Teotihuacán, offrent une pause idéale pendant la visite.

Les palais extérieurs
Plusieurs anciens complexes résidentiels sont situés au-delà des barrières et de la route qui encerclent le site. Vers 500 m à l'est de la pyramide du Soleil, le **palais de Tepantitla** abrite les peintures murales les plus importantes et les plus colorées mises au jour à Teotihuacán. Y figurent des prêtres au costume élaboré, le dieu de la pluie Tlaloc et son paradis insouciant de Tlalocan, où de minuscules humains gambadent dans un décor d'éden. Juste à l'ouest du site, les quatre palais

Oiseau crachant de l'eau, musée

DEUX PYRAMIDES

La pyramide du Soleil se dresse sur un soubassement de dimensions analogues à celles de la grande pyramide d'Égypte, mais ne fait que la moitié de sa hauteur, 65 m contre 144 m. Elle est formée d'environ 2,5 millions de t de pierre et de terre, contre 6,5 pour la grande pyramide.

de Tetitla, Atetelco, Zacuala et Yayahuala sont accessibles en voiture. **Tetitla** est un dédale complexe de plus de 120 murs avec des vestiges de fresques raffinées montrant oiseaux, jaguars, prêtres et plusieurs divinités. **Atetelco** possède un autel miniature dans une des ses cours et d'extraordinaires peintures murales rouges de jaguars et de coyotes à coiffures de plumes. Les vastes complexes de **Zacuala** et **Yayahuala** ont des systèmes d'égouts sophistiqués. Des vestiges de peintures murales ornent leurs multiples salles, couloirs et portiques.

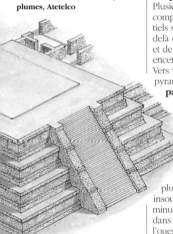

MISE AU JOUR DE TEOTIHUACÁN

Les ruines de Teotihuacán sont restées enfouies sous une épaisse couche de terre et de végétation plus de 1 000 ans après le déclin du site.

Si celui-ci était vénéré par les Aztèques, Cortés et ses hommes ne le remarquèrent pas, en 1520, quand ils se retirèrent de Tenochtitlán. Ce qu'on voit aujourd'hui, à peine un dixième de la ville, a été mis au jour par les fouilles, commencées en 1864 et toujours en cours. Des recons-

Ossements découverts sur le site

tructions du début du xxe siècle ont en partie dépierré et détruit certains des grands édifices, mais depuis une recherche plus systématique a mis au jour, dans les années 1920, le temple de Quetzalcoatl et, 40 ans après, le palais de Quetzalpapalotl. Des chambres ont été découvertes sous la pyramide du Soleil, en 1971, et des restes humains avec des offrandes dans la pyramide de la Lune, en 1998.

Fresque d'oiseaux mise au jour dans les années 1950 à Tetitla

La façade platateresque de l'église de San Agustín Acolman

San Agustín Acolman ❷

État de Mexico. Acolman par la Mex 85, 38 km, N.-E. de Mexico. 🚌 *Acolman.* ⭕ *mar.-dim.* 📷

Fondé en 1536 par des moines augustins venus convertir les Indiens, San Agustín Acolman est l'un des plus anciens couvents du Mexique. Son atrium, la version chrétienne de la place cérémonielle précolombienne, où se rassemblaient des foules d'Indiens venus entendre le sermon prêché sur le balcon de la chapelle, est remarquable. Le bâtiment en forme de forteresse, typique des premiers monastères de Nouvelle-Espagne, abrite peintures et sculptures coloniales.

L'aspect sévère du couvent est adouci par la superbe façade platateresque aux colonnes de style Renaissance italienne de son église et la somptueuse décoration du portail, reprise autour de la fenêtre de la tribune. À l'intérieur, se détache une abside à voûte gothique en éventail, richement décorée de fresques.

Détail de la façade de San Agustín Acolman

Pachuca ❸

Hidalgo. 🏙 *245 000.* 🚌 ℹ *Plaza Independencia, (771) 715 14 11.* 🎭 *Feria Regional de Pachuca (oct.).*

Capitale de l'État de Hidalgo, Pachuca est au cœur d'une des plus riches régions minières du Mexique. Avec ses ruelles étroites en pente et ses placettes, le centre-ville conserve des constructions des deux booms miniers des XVIᵉ et XVIIIᵉ siècles.

Le complexe colonial le plus frappant est sans nul doute l'**Ex-Convento de San Francisco**, de la fin du XVIᵉ siècle. Dans son église repose, depuis le XVIIIᵉ siècle, le corps momifié de saint Colomba, martyr du IIIᵉ siècle. La **Fototeca Nacional** (archives photographiques nationales) et le **Museo de Fotografía** occupent une partie de ses grands bâtiments. Le second présente l'histoire de la photographie, avec une sélection parmi son million de clichés. La section Casasola Archive est une remarquable chronique de la vie quotidienne pendant et après la révolution. Le **Museo de Minería** mérite une visite pour les photos et le matériel minier, le **Museo de Mineralogía** pour les échantillons de roches. Sur la place principale, la **Reloj Monumental**,

tour-horloge néoclassique de 40 m, a un carillon à 8 cloches créé par les fondeurs de Big Ben, à Londres.

AUX ENVIRONS : les collines d'**El Chico**, vaste parc national au nord de Pachuca, séduisent randonneurs, pêcheurs et amateurs d'escalade.

🏛 **Fototeca Nacional et Museo de Fotografía**
Casasola. ☎ *(771) 714 36 53.* ⭕ *mar.-dim.*
🏛 **Museo de Minería**
Mina 110. ☎ *(771) 715 09 76.* ⭕ *mar.-dim.* 📷
🏛 **Museo de Mineralogía**
Abasolo 600. ☎ *(771) 717 20 00, ext. 1302.* ⭕ *t.l.j.*

Mineral del Monte ❹

Hidalgo. 🏙 *11 000.* 🚌 ℹ *Rubén Licona Ruiz 1, (771) 797 05 10, ext. 1302.* 🎭 *Día del Rosario (1ᵉʳ janv.).*

Appelée également Real del Monte, cette ville minière à 2 700 m d'altitude était la plus riche de la région. On y a trouvé de l'or et de l'argent bien avant la Conquête *(p. 43)*. La mine fut exploitée dès le milieu du XVIᵉ siècle, par les Espagnols. L'exploitation fut ensuite abandonnée pour reprendre, à la fin des années 1730, avec Pedro Romero de Terreros.

Ses rues en pente, escaliers et placettes sont bordés de maisons basses, dont certaines remontent à l'époque coloniale.

Maisons aux jolies couleurs de la place centrale de Mineral del Monte

Fresque à motifs symétriques, Convento de Actopan

Les grands toits pentus et les cheminées reflètent l'influence de la Cornouaille, héritage des 350 employés de la compagnie britannique qui exploitait les mines entre 1824 et 1848. Ces derniers ont aussi laissé les *pastes*, spécialité locale inspirée du *Cornish pasty*, et introduit le football au Mexique.

Huasca ➎

Hidalgo. 🏘 600. 🚌 Pachuca. 🛈 Plaza Principal, (771) 792 02 53. 🎉 San Sebastián (20 janv.).

Le village pittoresque de Huasca est connu pour ses *haciendas de beneficio,* ateliers où l'on traitait les minerais. L'une des plus visitées est **San Miguel Regla,** à 3 km au nord-est du bourg. L'hacienda, transformée en hôtel *(p. 294),* propose des visites guidées des anciennes installations. **Santa María Regla,** un peu plus loin,

Fresque d'Adam et Ève, Convento de Actopan

montre ses impressionnantes caves voûtées et ses cours dotées de broyeurs en pierre et de fours à métaux. De là, les visiteurs peuvent rejoindre le spectaculaire canyon **Prismas Basálticos,** long de 15 km, aux parois formées d'hexagones de basalte rouge et ocre.

🏛 **Santa María Regla**
7 km au N.-E. de Huasca.
🕐 t.l.j. 📷 ♿

Convento de Actopan ➏

Hidalgo. Actopan, 36 km au N.-O. de Pachuca. 🚌 Actopan. 🕐 t.l.j. 📷 📷 sur réservation. ♿

Cet imposant édifice construit dans les années 1550 est l'un des couvents forteresses du XVIe siècle les plus remarquables et les mieux conservés. La façade platéresque de son église, sa tour carrée mauresque et sa chapelle ouverte voûtée sont extraordinaires, mais, surtout, ses fresques sont considérées comme les plus belles et les plus importantes de l'époque coloniale. On remarquera les portraits de saints dans l'escalier principal, ceux d'ermites dans la salle *De Profundis,* dans un style proche du codex indigène. Les fresques les plus frappantes sont sans doute les scènes naïves du paradis et de l'enfer dans la chapelle ouverte.

AUX ENVIRONS : à Ixmiquilpan, 40 km plus loin au nord, l'**Ex-Convento de San Miguel Arcángel,** aujourd'hui transformé en musée, présente de belles fresques à thèmes divers : guerriers indiens, scènes bibliques, personnages précolombiens.

🏛 **Ex-Convento de San Miguel Arcángel**
Av. Angeles, Ixmiquilpan. 🕐 t.l.j.

FÊTES DES ENVIRONS DE MEXICO

Pèlerinages de Chalma *(6 janv., semaine sainte, 3 mai, 1er juil.),* Chalma *(p. 145).* Des foules de pèlerins chargés de fleurs éclatantes se rendent à pied, à genoux, à bicyclette, en voiture ou en bus au sanctuaire du Señor de Chalma. Le 3 mai, les fêtes de Pentecôte incluent des danses traditionnelles des Concheros aux splendides costumes.

Pèlerins de Chalma portant des bouquets de fleurs

Fiesta de los Tiznados *(21 janv.),* Tepoztlán *(p. 148).* Les participants se maculent de cendre en souvenir d'un roi tepoztèque, qui avait fui l'ennemi déguisé en paysan.
Bataille de Puebla *(5 mai),* Puebla *(p. 150-153).* On revit la victoire mexicaine de 1862 sur les Français *(p. 52),* avec défilés militaires et feux d'artifice.
Fiesta de la Virgen de la Caridad *(mi-août),* Huamantla *(p. 157).* Le premier dimanche, on porte la Vierge en procession sur un tapis de sciure de 5 km. Son église est décorée. Le dimanche suivant, les taureaux sont lâchés dans la rue.
Reto al Tepozteco *(8 sept.),* Tepoztlán *(p. 148).* Les villageois font la course jusqu'au sommet de la colline de Tepozteco, avant de s'abreuver généreusement de *pulque (p. 313).*

Le Museo Nacional del Virreinato ❼

La collection d'art et d'artisanat colonial la plus complète du pays, une de ses plus belles églises baroques, et un magnifique collège jésuite bâti aux XVIIᵉ et XVIIIᵉ siècles composent ce splendide musée de l'époque des vice-rois. L'église et le collège, le vaste complexe doté de cours et de jardins dans le charmant village de Tepotzotlán, étaient presque terminés quand les jésuites furent expulsés de Nouvelle-Espagne en 1767. Les bâtiments furent largement restaurés et le musée ouvrit ses portes en 1964. Les présentations comprennent des trésors conservés sur place et des pièces qui proviennent d'autres régions.

Jardins
L'ancien verger, transformé en paisible jardin, comporte une chapelle et un aqueduc.

Claustro de los Naranjos
Ce cloître planté d'orangers était le lieu de méditation des novices.

Escalier vers l'étage inférieur

Statues en ivoire
Cette Vierge et ce Christ possèdent des traits asiatiques caractéristiques des statues religieuses sculptées en Orient. Elles viennent probablement des Philippines.

Escalier vers l'étage supérieur

Claustro de los Aljibes

SUIVEZ LE GUIDE !
L'essentiel de la collection est présenté au niveau de l'entrée de l'ancien collège. À l'étage sont exposés des objets des guildes d'artisans, des ateliers du couvent, et des ordres féminins ; l'étage inférieur (non figuré) comporte les anciennes cuisines, de rares sculptures en pierre et le magasin du musée.

★ Capilla Doméstica
La chapelle était réservée aux résidents du collège. Sa décoration exubérante, peintures, statuettes, reliquaires, miroirs et plâtres polychromes, avait pour but d'impressionner les élèves pendant les offices.

Iglesia de San Pedro

Atrio de los Olivos

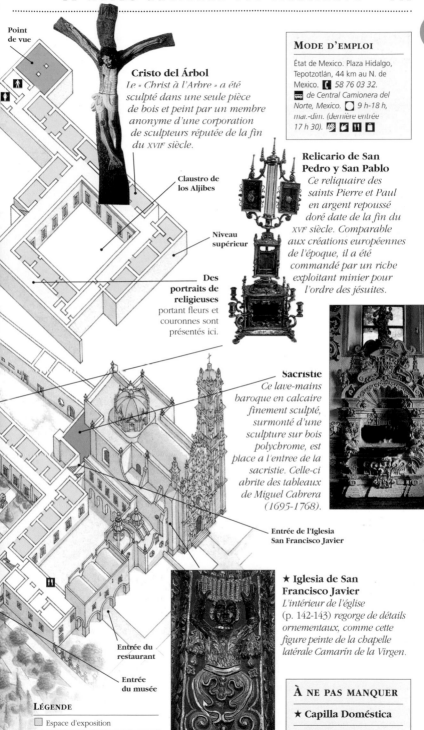

Point de vue

Cristo del Árbol
Le « Christ à l'Arbre » a été sculpté dans une seule pièce de bois et peint par un membre anonyme d'une corporation de sculpteurs réputée de la fin du XVIIe siècle.

Claustro de los Aljibes

Niveau supérieur

Des portraits de religieuses portant fleurs et couronnes sont présentés ici.

MODE D'EMPLOI

État de Mexico. Plaza Hidalgo, Tepotzotlán, 44 km au N. de Mexico. 58 76 03 32. de Central Camionera del Norte, Mexico. 9 h-18 h, mar.-dim. (dernière entrée 17 h 30).

Relicario de San Pedro y San Pablo
Ce reliquaire des saints Pierre et Paul en argent repoussé doré date de la fin du XVIe siècle. Comparable aux créations européennes de l'époque, il a été commandé par un riche exploitant minier pour l'ordre des jésuites.

Sacristie
Ce lave-mains baroque en calcaire finement sculpté, surmonté d'une sculpture sur bois polychrome, est placé à l'entrée de la sacristie. Celle-ci abrite des tableaux de Miguel Cabrera (1695-1768).

Entrée de l'Iglesia San Francisco Javier

★ Iglesia de San Francisco Javier
L'intérieur de l'église (p. 142-143) regorge de détails ornementaux, comme cette figure peinte de la chapelle latérale Camarín de la Virgen.

Entrée du restaurant

Entrée du musée

LÉGENDE

☐ Espace d'exposition

▨ Salles à ne pas manquer

☐ Autres lieux accessibles

À NE PAS MANQUER

★ **Capilla Doméstica**

★ **Iglesia de San Francisco Javier**

L'Iglesia de San Francisco Javier

Ange sculpté, Camarín de la Virgen

Bâtie à la fin du XVIIᵉ siècle, cette majestueuse église baroque est célèbre pour ses splendides apports du XVIIIᵉ siècle : une façade et une tour churrigueresques ouvragées, des autels dorés exubérants, trois chapelles curieusement placées de côté et des peintures murales de Cabrera dans le chœur et la croisée du transept. La façade et l'intérieur composent un superbe exemple du baroque tardif mexicain, égalé seulement par Santa Prisca à Taxco (p. 147) et San Cayetano près de Guanajuato (p. 205).

L'autel de saint Stanislas Kostka honore un père jésuite polonais, modèle des novices et des élèves de l'institution.

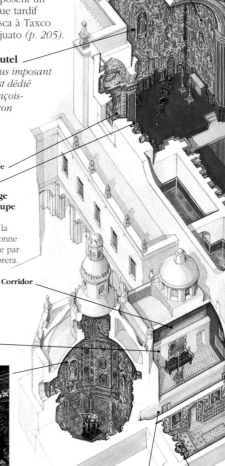

★ **Maître-autel**
L'autel le plus imposant de l'église est dédié à saint François-Xavier, patron du collège jésuite.

Entrée par le musée

L'autel de la Vierge de Guadalupe montre un tableau de la sainte patronne du Mexique par Miguel Cabrera.

La Casa de Loreto serait une réplique de la maison de la Vierge à Nazareth. Elle aurait été emportée par des anges à Loreto, en Italie, au moment de l'invasion de la Terre sainte par les musulmans. Une statue du XVIIᵉ siècle de la Vierge de Lorette orne l'autel doré de la sobre chapelle.

Corridor

Corridor

★ **Camarín de la Virgen**
Cette pièce octogonale à la décoration foisonnante servait à habiller la statue de la Vierge, celle-ci changeant régulièrement de vêtements et de bijoux. La superbe coupole est en forme de tiare.

★ **Relicario de San José**
Construite pour abriter des reliques vénérées par les jésuites, la chapelle est très richement et délicatement ornée.

Dôme
Le dôme de la croisée du transept se voit mieux d'un point de vue aménagé au musée (p. 140-141).

L'autel de saint Ignace de Loyola montre le fondateur de l'ordre tenant un livre avec l'écusson et la devise des jésuites.

Chaire

Le clocher abrite 13 cloches sur trois niveaux, sous un dôme couvert de céramique surmonté d'une croix en filigrane.

Autel de la Virgen de la Luz
Une multitude d'anges et de putti entoure la figure centrale de la Vierge à l'Enfant. L'un d'eux offre un panier contenant des âmes du Purgatoire. La chaire, à côté, vient d'une église de Mexico.

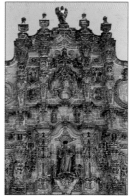

Façade
Le style et l'iconographie du fronton rappellent les retables de l'église, le grès richement ciselé prépare à la profusion de l'intérieur.

Pilastres estípites
Les pilastres dits estípites *forment les verticales des autels. Inspirés par les proportions du corps humain, les* estípites *s'affinent vers le bas, paraissant inversés. Beaucoup sont sculptés de visages.*

À NE PAS MANQUER
★ **Maître-autel**
★ **Camarín de la Virgen**
★ **Relicario de San José**

D'imposants atlantes gardent la pyramide de l'Étoile du matin, à Tula

Tula ❽

Hidalgo. Accès par la Mex 57, 85 km au N. de Mexico. 🚌 *Tula de Allende, puis taxi.* 🔲 *t.l.j.* 📷

Tula est devenu le plus important site toltèque du Mexique de 900 à 1200, après le déclin de Teotihuacán *(p. 134-137)* et avant l'essor de Tenochtitlán *(p. 41-42)*. À son apogée, on estime que le site couvrait 16 km² et comptait 40 000 habitants. Mais tensions internes, invasions et incendies finirent par détruire l'Empire toltèque et sa capitale. Les vestiges des grands palais, des temples et des jeux de balle subsistent sur un sommet balayé par les vents, dominant la bourgade Tula de Allende.

Le site est célèbre pour ses atlantes, quatre statues géantes en pierre de 4,60 m d'hommes en habit guerrier,

couronnant la pyramide de Tlahuizcalpantecuhtli, « l'étoile du matin ». Ils supportaient probablement, avec un serpent géant et d'autres piliers, un toit richement sculpté ; une partie des sculptures a été reconstituée. La base du temple et le Coatepantli, mur du serpent, sur son côté nord, sont décorés de frises de serpents, aigles et jaguars, dont certains dévorent des cœurs humains.

Certains éléments stylistiques de Tula, le Palacio Quemado, « palais brûlé », rempli de colonnes, les chac-mool, l'immense jeu de balle n° 2, présentent des analogies avec la cité maya de Chichén Itzá *(p. 274-276)*. Selon la légende, le roi toltèque Topiltzín, chassé de Tula, aurait fui au Yucatán, où il aurait amorcé un renouveau culturel. Mais des théories récentes avancent que ces ressemblances viendraient d'une influence maya sur Tula, et non l'inverse.

Valle de Bravo ❾

État de Mexico. 🏠 *21 500.* 🚌 ℹ️ *angle de Porfirio Díaz et d'Ignacio Zaragoza, (726) 262 16 78.* 📅 *Santa Cruz (3 mai), San Francisco (4 oct.).*

La belle ville coloniale de Valle de Bravo remonte aux premiers jours de la domination espagnole. Au cœur de monts volcaniques couverts de pins, elle a gagné

sa popularité actuelle après la création d'un lac artificiel dans les années 1950. Valle offre un climat agréable, un cadre grandiose et un large éventail d'activités sportives (deltaplane, randonnée équestre, ski nautique). L'environnement du lac et de la ville est idéal pour la randonnée : des sentiers longent des ruisseaux de montagne, des champs de maïs et des prés de fleurs.

Son accès facile et sa vie nocturne animée en font une destination de week-end appréciée de l'élite de Mexico.

Les tons pastel du Templo de la Santa Veracruz de Toluca

Toluca ❿

État de Mexico. 🏠 *665 600.* ✈️ 🚌 ℹ️ *Av. Urawa 100, (722) 219 61 58.* 📅 *Virgen del Carmen (16 juil.).*

La capitale de l'État de Mexico, à 2 680 m d'altitude, est le plus haut chef-lieu du pays. Fondée par les Espagnols à la fin du XVIIᵉ siècle, Toluca regorge de belles constructions. Au centre, près de la Plaza de los Mártires, se trouvent le **Templo de la Santa Veracruz** et des arcades du XIXᵉ siècle, abritant cafés et magasins, les **Portales**. Au nord, le **Museo de Bellas Artes** expose des arts mexicains des 400 dernières années. Non loin, le **Cosmo Vitral Jardín Botánico** montre des spécimens botaniques, dans le superbe ancien marché, aux murs et plafond étincelants de vitraux colorés. Tous les vendredis, Toluca accueille le plus grand marché du Mexique.

Au sud-est, le quartier de **Metepec** est célèbre pour ses

Le lac de Valle de Bravo, apprécié des amateurs de sports nautiques

árboles de la vida, arbres de vie en poterie colorée *(p. 330-331),* librement inspirés de l'histoire d'Adam et Ève. On peut acheter ces poteries décoratives, faites en argile, à la main.

AUX ENVIRONS : à 8 km à l'ouest de Toluca, le **Centro Cultural Mexiquense** est un vaste complexe de musées d'art moderne, d'histoire locale et d'artisanat régional.

Couvert de neige, le volcan éteint **Nevado de Toluca,** le quatrième sommet du pays, se dresse à 45 km au sud-ouest à une altitude de 4 690 m. Les randonneurs peuvent emprunter une piste jusqu'au sommet puis descendre dans le cratère. Par temps clair, la vue est grandiose.

Le centre cérémoniel de **Teotenango** domine une colline à 25 km au sud de Toluca. Ce grand site de l'an 900 montre plusieurs pyramides restaurées, des places, un jeu de balle et un musée.

🏛 Museo de Bellas Artes
102 Santos Degollado Poniente.
📞 *(722) 215 53 29.* ⏰ *mar.-dim.*
🌐 *sauf mer.*
🌿 Cosmo Vitral Jardín Botánico
Plaza Garibay. 📞 *(722) 214 67 85.*
⏰ *mar.-dim.* 🌐 📷 ♿
🏛 Centro Cultural Mexiquense
Av. Morelos Oriente 302. 📞 *(722) 274 14 00.* ⏰ *lun.-ven.* 🌐 *sauf mar. et dim.*

Le plafond en vitrail du **Cosmo Vitral Jardín Botánico, Toluca**

Vue de la ville à partir des ruines aériennes de **Malinalco**

Malinalco ⓫

État de Mexico. Par la Mex 55, 70 km au S.-E. de Toluca. 🚌 *Malinalco ville.* ⏰ *mar.-dim.* 🌐

Taillé dans un flanc de volcan abrupt, ce centre cérémoniel aztèque repose sur une étroite corniche à 20 minutes de Malinalco. Commencé en 1501, il n'était pas achevé au moment de la Conquête. L'édifice principal, la maison de l'Aigle, y compris le grand escalier, est entièrement sculpté dans le rocher. L'entrée figure la gueule d'un serpent avec ses crocs, et la chambre ronde à l'intérieur est sculptée d'aigles et de jaguars. On pense que ce bâtiment servait aux cérémonies d'initiation des guerriers aztèques de haut rang. On aperçoit derrière les ruines du temple du Soleil et le Tzinacalli, où les corps des guerriers tués au combat étaient brûlés et divinisés.

AUX ENVIRONS : Chalma, village au fond d'une gorge à 12 km de Malinalco, attire toute l'année des foules de pèlerins *(p. 139).* Ils vénèrent une statue du Christ qui aurait miraculeusement remplacé une statue païenne en 1533.

Taxco ⓬

(p. 146-147).

Xochicalco ⓭

Morelos. Par la Mex 95, 40 km au S.-O. de Cuernavaca. 🚌 *Alpuyeca, puis taxi.* ⏰ *t.l.j.* 🌐

Les ruines étendues de Xochicalco, grande cité-État précolombienne, couvrent un plateau qui offre des vues splendides. La ville prit son essor après le déclin de Teotihuacán, et prospéra entre 700 et 900 apr. J.-C., avant d'être éclipsée par l'essor des Toltèques.

Près de 30 % du site ont été dégagés et restaurés, dont trois jeux de balle et les vestiges de plusieurs édifices pyramidaux. Le musée du site expose des céramiques et sculptures découvertes dans les fouilles.

La pyramide du Serpent à plumes, Xochicalco

Mise au jour en 1777, la pyramide du Serpent à plumes, considérée comme l'un des plus beaux monuments du pays, porte des bas-reliefs remarquablement préservés de serpents, des figures de style manifestement mayas, et des glyphes. La pyramide pourrait commémorer une rencontre entre des astronomes de toute la Méso-Amérique.

L'Observatoire est également à voir : cette vaste grotte est dotée d'un puits étroit creusé sur 8 m dans le roc. Deux fois par an, les 14-15 mai et les 28-29 juillet, le soleil projette sur le sol de la chambre l'image hexagonale du puits.

Taxco pas à pas ⑫

A dossée à un spectaculaire flanc de montagne, à 1 800 m d'altitude, Taxco est l'une des villes coloniales les mieux conservées du Mexique. En 1522, les Espagnols furent attirés dans la région par des récits aztèques faisant état de gisements métallifères. Le boom de l'argent qui s'ensuivit dura un siècle. La fortune sourit encore deux fois à la ville, avec la découverte, au

Image de la Vierge, Santa Prisca

Vue sur les toits de tuiles de Taxco

XVIIIᵉ siècle, de nouveaux filons par José de la Borda, et l'arrivée, en 1932, de William Spratling, qui fit de Taxco un important centre de travail de l'argent. Le *teleférico* offre de belles vues de la ville.

Casa Borda
Cette maison, bâtie en 1759 par la famille Borda pour le curé de Taxco, abrite aujourd'hui une exposition d'artistes locaux.

Le Museo de la Platería Antonio Pineda
retrace l'histoire des mines d'argent de Taxco et présente des objets en argent, dont des créations de William Spratling.

La Casa de Figueroa fut bâtie pour le comte de Cadena. Subterfuges et meurtre émaillèrent sa sombre et intéressante histoire.

Plaza Borda
Cette place intime et vivante est bordée de vieilles maisons charmantes. Le quartier regorge de bars et restaurants et de magasins d'objets en argent de qualité, à la hauteur de la réputation des artisans de Taxco.

LÉGENDE

— — — Itinéraire conseillé

À NE PAS MANQUER

★ **Casa Humboldt**

★ **Iglesia de Santa Prisca**

PLAZUELA DE BERNAL

PLAZA BORDA

OJEDA

CUAUHTÉ

0   25 m

Acapulco

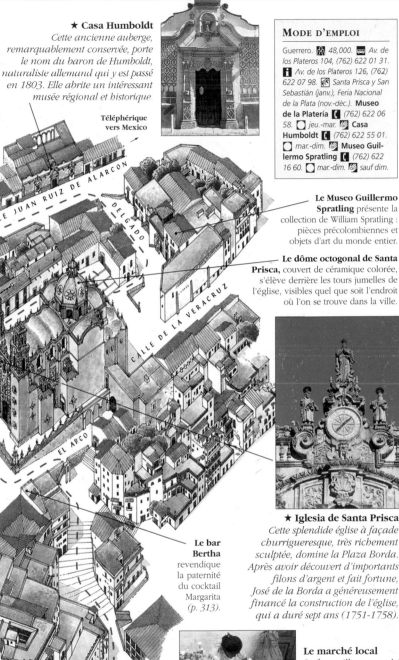

★ **Casa Humboldt**
Cette ancienne auberge, remarquablement conservée, porte le nom du baron de Humboldt, naturaliste allemand qui y est passé en 1803. Elle abrite un intéressant musée régional et historique.

Téléphérique vers Mexico

MODE D'EMPLOI

Guerrero. 48,000. Av. de los Plateros 104, (762) 622 01 31. Av. de los Plateros 126, (762) 622 07 98. Santa Prisca y San Sebastián (janv.), Feria Nacional de la Plata (nov.-déc.). **Museo de la Platería** (762) 622 06 58. jeu.-mar. **Casa Humboldt** (762) 622 55 01. mar.-dim. **Museo Guillermo Spratling** (762) 622 16 60. mar.-dim. sauf dim.

Le Museo Guillermo Spratling présente la collection de William Spratling : pièces précolombiennes et objets d'art du monde entier.

Le dôme octogonal de Santa Prisca, couvert de céramique colorée, s'élève derrière les tours jumelles de l'église, visibles quel que soit l'endroit où l'on se trouve dans la ville.

Le bar Bertha revendique la paternité du cocktail Margarita (p. 313).

★ **Iglesia de Santa Prisca**
Cette splendide église à façade churrigueresque, très richement sculptée, domine la Plaza Borda. Après avoir découvert d'importants filons d'argent et fait fortune, José de la Borda a généreusement financé la construction de l'église, qui a duré sept ans (1751-1758).

Le marché local
Le fourmillant marché de Taxco se tient sur le côté sud de la Plaza Borda. Les étals croulent sous les primeurs et la vannerie ; l'artisanat occupe les marches étroites.

L'imposante façade de la Catedral
de la Asunción, Cuernavaca

Cuernavaca ⑭

Morelos. 🗠 338 000. 🚌
🛈 Av. Morelos Sur 187, (777) 314 38
72. 🎪 Feria de la Flor (Pâques),
Feria de Tlaltenango (8 sept.).
🗹 www.morelostravel.com

Habitée depuis 1200 av. J.-C.,
Cuernavaca est l'une des
plus anciennes villes du pays.
Appelée d'abord Cuauhnáhuac,
« lieu des arbres murmurants »,
elle fut rebaptisée Cuernavaca,
« corne de vache », par les
Espagnols. Les habitants de
Mexico y viennent volontiers
pour le week-end.

Le **Palacio de Cortés** a été
élevé par les Espagnols à
l'emplacement des pyramides
qu'ils avaient détruites. Il a servi
de résidence à Cortés jusqu'à
son retour en Espagne en 1540.
Connu pour ses *murals* de
Diego Rivera (1930) illustrant
l'histoire du Mexique de la
Conquête à la
révolution, il abrite
aussi le Museo
Regional
Cuauhnáhuac et ses
belles collections
archéologiques et
historiques.

Semblable à une
forteresse, la
**Catedral de la
Asunción,** des
années 1520,
possède des
peintures murales
restaurées,
influencées par
l'Extrême-Orient.
Elles auraient été
réalisées par des
artistes originaires de
Chine ou des Philippines, venus
au Mexique dans les premiers
temps du commerce espagnol.
Le **Museo Robert Brady,** dans
l'ancien cloître de la cathédrale,
renferme les vastes collections
d'art et d'artisanat de l'artiste
américain, qui comprend, entre
autres, des œuvres de Frida
Kahlo et Rufino Tamayo *(p. 87)*.

Agréablement conçu, le
Jardín Borda, créé au
XVIIIᵉ siècle par le magnat de
l'argent José de la
Borda *(p. 146-147),*
était très apprécié de
l'empereur Maximi-
lien et de sa femme
(p. 53). Un petit
musée y présente
des expositions d'art
et d'histoire.

À l'est se trouve le
Taller Siqueiros,
consacré au travail
du grand muraliste
mexicain *(p. 26)*.

AUX ENVIRONS : à
près de 25 km au
nord-ouest, le beau
parc des **Lagunas
de Zempoala** abrite six lacs
bordés d'épaisses forêts.

🏛 **Palacio de Cortés**
Av. Leyva. 📞 *(777) 312 81 71.*
⏰ *mar.-dim.* 🚫 *sauf dim.* ♿
🏛 **Museo Robert Brady**
Netzahualcóyotl 4. 📞 *(777) 318 85
54.* ⏰ *mar.-dim.* 🚫
♣ **Jardín Borda**
Av. Morelos 271. 📞 *(777) 312 92
37.* ⏰ *mar.-dim.* 🚫 *sauf dim.* 📷 📶
🏛 **Taller Siqueiros**
Venus 7, Jardín de Cuernavaca.
📞 *(777) 315 11 15.* ⏰ *t.l.j.* ♿

Détail d'un *mural*
de Diego Rivera,
Palacio de Cortés

Tepoztlán ⑮

Morelos. 🗠 33 000. 🚌 🎪 *Los
Tiznados (20 et 21 janv.), Carnaval
(fév.-mars), Reto al Tepozteco (8 sept.).*

Dans une vallée
verdoyante, Tepoztlán
est entourée de spectaculaires
formations rocheuses
volcaniques. Donnez-vous
la peine de monter la pente
qui domine la ville pour
découvrir le
**Santuario del
Cerro Tepozteco,**
dédié à Tepoztecatl,
antique dieu du
pulque (p. 313).
Le grand monument
de la ville est
le massif
**Ex-Convento
Dominico de la
Natividad,** couvent
fortifié du
XVIᵉ siècle, qui
conserve dans son
cloître austère de
merveilleux vestiges
de peintures. Les
amateurs d'art
précolombien apprécieront la
collection, modeste mais
intéressante, du **Museo de
Arte Prehispánico,** legs du
poète Carlos Pellicer *(p. 255)*.

AUX ENVIRONS : à **Cuautla,**
à 27 km au sud-est, repose
Emiliano Zapata, un des héros
de la révolution *(p. 54)*.

🏛 **Museo de Arte
Prehispánico**
González. 📞 *(739) 395 10 98.*
⏰ *mar.-dim.* 🚫

Vestiges de peintures murales, Ex-Convento Dominico de la Natividad, Tepoztlán

Popocatépetl et Iztaccíhuatl

État de Mexico. Par la Mex 115, 14 km à l'E. d'Amecameca.
C 52 05 10 36 *(info. mise à jour).*
Amecameca, puis taxi

L e Popocatépetl ou « Popo », « la montagne qui fume », et l'Iztaccíhuatl, « la dame endormie », hauts respectivement de 5 465 m et 5 230 m, sont les deuxième et troisième sommets du Mexique. Lorsque le vent chasse le brouillard de Mexico, les volcans aux cimes enneigées apparaissent, dessinant une des visions les plus impressionnantes du Mexique.

Le guerrier Popocatépetl, dit la légende, amoureux de la princesse aztèque Iztaccíhuatl, combattit un grand rival pour la conquérir. Mais, la princesse mourut, le cœur brisé, croyant son héros mort. Dans sa douleur, Popocatépetl se transforma en volcan, avec la princesse pour voisine : le profil de l'Iztaccíhuatl ressemble en effet étrangement à une femme endormie.

Accessible en voiture, le **Paso de Cortés,** val entre les deux pics, est un départ idéal de randonnée pour l'Iztaccíhuatl, mais l'ascension du sommet est réservée aux grimpeurs chevronnés. L'accès du Popocatépetl est momentanément interdit à cause de son activité volcanique.

Nuestra Señora de los Remedios et, derrière, le volcan Popocatépetl

Arcades sur le côté ouest du *zócalo* de Cholula

Cholula

Puebla. 🏙 1 350 000. 🚌 🚻 12 Orientecorner, 4 Norte, (222) 261 23 93. 🎭 Carnaval (fév.-mars), Virgen de los Remedios (1ʳᵉ sem. de sept.).

A vant de lui faire subir un des pires massacres de la Conquête, Cortés a décrit Cholula comme « la plus belle ville hors d'Espagne ». À l'époque précolombienne, c'était une ville sacrée, un lieu de pèlerinage et un important centre de commerce.

Les arcades qui bordent à l'ouest le grand *zócalo* de Cholula abritent restaurants et cafés. En face se dresse un couvent franciscain fortifié, le **Convento de San Gabriel.**

Impressionnant portail double de San Gabriel, Cholula

Élevée en 1529 à l'emplacement d'un temple de Quetzalcoatl *(p. 265),* l'église principale possède une nef unique à voûtes nervurées gothiques. Les cuisines, réfectoires, cloître et quartiers des moines se visitent. À gauche de l'atrium, la **Capilla Real,** bâtie pour les Indiens convertis, reçut au début du XVIIIᵉ siècle ses 49 dômes qui lui donnent l'allure d'une mosquée.

Vers l'est s'étend la **Zona Arqueológica,** dominée par les ruines de la plus grande pyramide de Méso-Amérique, haute de 65 m. Depuis les années 1930, 8 km de tunnels furent creusés dans la pyramide, découvrant au moins quatre étapes de construction,

de 200 av. J.-C. à 800 apr. J.-C. L'entrée dans les tunnels se fait côté nord, la sortie, après plusieurs centaines de mètres, côté est.

En face de l'entrée des tunnels, le musée présente une grande coupe de la pyramide et des objets trouvés sur le site. Les fouilles du côté sud ont révélé le **Patio de los Altares,** un lieu à l'acoustique stupéfiante, utilisé autrefois pour des cérémonies, et sans doute des sacrifices d'enfants. Au sommet de la pyramide se dresse l'église **Nuestra Señora de los Remedios,** de 1874, qui offre de son atrium une vue merveilleuse de Puebla *(p. 150-153),* des volcans et des autres églises de Cholula.

AUX ENVIRONS : à 5 km au sud de Cholula, l'intérieur de l'extraordinaire église de **Santa María Tonantzintla,** de style baroque populaire, montre une profusion colorée de saints, fruits, anges et *putti.* La construction qui commença au XVIᵉ siècle dura 200 ans. La façade de l'église de **San Francisco Acatepec** *(p. 25),* à 1,5 km au sud, est entièrement recouverte de céramique artisanale colorée talavera *(p. 153).*

🏛 **Convento de San Gabriel**
Angle de Calle 2 Sur et d'Av. Morelos.
⬜ *t.l.j.* ♿
🅰 **Zona Arqueólogica**
Av. Morelos. ⬜ *mar.-dim.* 📷

Puebla pas à pas ⑱

Quatrième ville du Mexique, Puebla est surtout connue pour les belles céramiques de style talavera qui ornent murs, dômes et intérieurs, pour le *mole poblano (p. 308),* un plat traditionnel mexicain, et pour la grande bataille du 5 mai 1862 *(p. 52).* Paradis du promeneur, les rues resserrées du centre sont bordées d'églises, de belles demeures et de bâtiments anciens.

Teatro Principal

Museo Vivo de Arte de JM Figueroa

Templo de San Cristóbal
Bâtie au XVIIᵉ siècle pour un orphelinat, l'église est renommée pour ses statues d'époque coloniale.

La Calle 6 Oriente
est connue pour ses boutiques vendant confiseries maison, fruits confits et *rompope (p. 312).*

Museo de la Revolución
La révolution de 1910 aurait débuté dans cette maison, transformée en musée (p. 152).

Iglesia de Santa Clara

★ **Casa del Alfeñique**
Cette maison du XVIIIᵉ siècle qui héberge le musée de l'État (p. 152) doit son nom à ses délicats plâtres ornementaux qui ressemblent à l'alfeñique, sorte de pâte d'amandes.

Museo de Santa Rosa Museo de Santa Mónica

Un restaurant
occupe aujourd'hui ce bâtiment à structure métallique de 1910.

Casa de los Muñecos
La façade de cette maison, bâtie au XVIIIᵉ siècle, est recouverte d'un décor de céramique rouge et de panneaux montrant des figures dansantes.

Hôtel de ville

Plaza Principal
(zócalo)

0   100 m

Museo Belle

À NE PAS MANQUER

★ **Casa del Alfeñique**

★ **Cathédrale**

Barrio del Artista
Le « quartier des artistes » est un endroit charmant ; le petit marché voisin d'El Parián vend de l'artisanat.

El Parián

8 NORTE

6 NORTE

2 ORIENTE

Casa de las Bóvedas

Iglesia de la Compañía

Hotel Colonial
(p. 295)

2 ORIENTE

CAMACHO

3 ORIENTE

4 SUR

3 ORIENTE

2 SUR

CJÓN DE SAPOS

3 ORIENTE

Museo Amparo

Information touristique

MODE D'EMPLOI

Puebla. 🚹 1,1 million.
✈ 20 km au N.-O.
🚌 boulevard Norte 4222,
(222) 249 72 11. ℹ 5 Oriente
N° 3, (222) 246 20 44. 🎪 Feria
de Puebla (23-25 mai).

LÉGENDE

— — — Itinéraire conseillé

★ **Cathédrale**
Cet autel octogonal de Manuel Tolsá se dresse au cœur de la cathédrale du XVIIᵉ siècle (p. 152). Du haut d'un des deux clochers de 69 m, on admirera la ville et les volcans voisins.

La Plazuela de los Sapos accueille un marché aux puces le dimanche matin.

Biblioteca Palafoxiana
Occupant l'ancien palais de l'archevêché, cette librairie d'histoire contient 50 000 volumes.

À la découverte de Puebla

Fondée en 1531, Puebla est la première ville espagnole aménagée selon un plan en damier, et non suivant l'implantation antérieure. Capitale de son État, ville universitaire, la Puebla moderne conserve un riche patrimoine architectural colonial. Ces dernières décennies, beaucoup des belles constructions ont été transformées en musées d'art colonial et d'artisanat régional, mais aussi d'histoire et d'archéologie de tout le Mexique.

Lave-mains en onyx richement travaillé, sacristie de la cathédrale, Puebla

🛈 Cathédrale

Juan de Palafox, évêque de Puebla, consacra en avril 1649 la cathédrale, combinaison de styles Renaissance et baroque, la deuxième du pays après celle de Mexico.

Les piliers qui entourent le vaste atrium, ou grand parvis, sont surmontés d'anges, emblèmes de la ville dont le nom entier est Puebla de los Angeles, « peuple des anges ».

À l'intérieur s'ouvrent 5 nefs et 14 chapelles latérales. Le maître-autel, ou *ciprés* a été réalisé, en 1797, par Manuel Tolsá. Il élève sur une base octogonale deux « temples » superposés, soutenus par 8 paires de colonnes corinthiennes, couronnés d'un dôme couvert de céramique inspiré de celui de Saint-Pierre de Rome. Derrière se dresse l'Altar de los Reyes, dont le dôme fut peint en 1688 par Cristóbal de Villalpando.

🏛 Museo Regional de la Revolución Mexicana

6 Oriente n° 206. 📞 *(222) 242 10 76.* 🕐 *mar.-dim.* 📷 *sauf mar.*

C'est ici que s'est déroulé le combat qui aurait déclenché la révolution de 1910. Aquiles Serdán, sa famille et quelque 17 autres activistes libéraux, opposants à la dictature de Porfirio Díaz *(p. 53),* refusant d'être arrêtés, y ont été tués par les soldats après une longue fusillade. La maison renferme toutes sortes de souvenirs de la révolution.

🏛 Casa del Alfeñique

4 Oriente n° 416. 📞 *(222) 232 42 96.* 🕐 *mar.-sam.* 📷 ♿

Dans cette demeure baroque à la façade rouge et blanche ouvragée, le musée de l'État de Puebla présente voitures à cheval, peintures, costumes et pièces richement meublées.

🏛 Museo Amparo

2 Sur n° 708. 📞 *(222) 229 38 50.* 🕐 *mer.-lun.* 📷 *sauf lun.* ♿

Ce musée, installé dans un hôpital restauré du XVIIIᵉ siècle, rassemble une des plus belles collections d'art colonial et précolombien du pays.

La première section se compose de huit salles consacrées à l'art précolombien. La salle d'introduction montre un diagramme chronologique comparatif des cultures de Méso-Amérique *(p. 44-45)* et du monde entier. Un système vidéo multilingue renseigne sur les techniques employées par les artistes et la signification des objets présentés. La première section s'achève par les trésors du musée, dont un collier huastèque fait de 17 petits crânes en os sculpté, la statue olmèque surnommée *Le Penseur* et un autel maya venant de Palenque.

Statue en pierre, Museo Amparo

Les salles d'art colonial de la deuxième section commencent par une peinture de la Vierge de Guadalupe dans un cadre d'argent. On voit aussi la maquette réalisée par Manuel Tolsá pour l'autel de la cathédrale, et une curieuse statue du XVIIIᵉ siècle de saint Antoine de Padoue. La tradition veut que les jeunes filles de Puebla en quête de fiancé mettent la statue tête en bas, pour la replacer sur ses pieds une fois mariées.

🏛 Museo Bello

Zetina Gonzales y 5 de Mayo. 📞 *(222) 232 47 20.* 🕐 *mar.-dim.*

L'industriel du XIXᵉ siècle José Luis Bello, propriétaire de manufactures de cigares et de filatures, a rassemblé ces collections éclectiques sans jamais quitter son Puebla bien-aimé, de peur de ne pouvoir y revenir. On y découvre plus de 2 500 objets très divers : clés et serrures, porcelaines et ivoires chinois, montres à gousset en or et en argent ; mobilier européen, poterie talavera colorée, du XVIᵉ au XVIIIᵉ siècle.

Une des pièces merveilleusement décorées du Museo Bello

🎴 Taller Uriarte Talavera

4 Poniente n° 911. 📞 *(222) 242 54 07.* ⬤ *lun.-ven.* 🔖 🏠
Cet atelier organise des visites montrant les étapes de la fabrication de la poterie talavera : purification de l'argile, peinture, vernissage, cuisson finale des pièces.

🛈 Iglesia de Santo Domingo

Angle de 5 de Mayo et 4 Poniente.
📞 *(222) 242 36 43.* ⬤ *t.l.j.*
Cette église baroque renferme une des chapelles les plus richement décorées du Mexique. Bâtie dans la seconde moitié du XVIIᵉ siècle, la **Capilla del Rosario** est une débauche de sculptures dorées. Le long des murs, des grotesques crachent des vignes dorées, dont les rameaux s'enchevêtrent pour former le cadre de six peintures illustrant les Mystères du Rosaire. Avec ses saints, *putti*, anges dansants et son chœur céleste, la coupole est tout aussi ornée. L'église principale possède une belle chaire en onyx.

L'extraordinaire ornementation de la coupole de la Capilla del Rosario

🏛 Museo de Santa Rosa

14 Poniente n° 305. 📞 *(222) 232 92 40.* ⬤ *mar.-dim.* 📷 *sauf mar.*
À six pâtés de maisons du centre, dans le quartier du marché, s'étend le couvent de Santa Rosa, du XVIIᵉ siècle. Successivement couvent d'augustines, asile d'aliénés, puis habitat collectif pour plus de 1 500 personnes, le bâtiment a été sauvegardé en 1968 pour en faire un musée, qui présente les objets fabriqués dans l'État de Puebla.

Il faut notamment voir l'immense arbre de vie *(p. 330-331)* d'Izúcar de Matamoros, interprétation indienne de l'histoire d'Adam et Ève. On remarquera aussi de belles

Cuisine de l'ancien couvent de Santa Rosa, transformé en musée

broderies colorées, des masques de carnaval et des meubles finement incrustés de nacre, os et malachite.

Le joyau du musée de Santa Rosa reste sa cuisine voûtée entièrement recouverte de carreaux de céramique. La tradition veut que les augustines aient inventé le célèbre *mole poblano (p. 308)* dans cette pièce évocatrice.

🏛 Museo de Santa Mónica

18 Poniente n° 103. 📞 *(222) 232 01 78.* ⬤ *mar.-dim.* 📷 *sauf dim.*
Autour de son cloître en briques agréablement décoré de céramique, le Convento de Santa Mónica, du XVIIᵉ siècle, a caché les religieuses pendant la persécution qui a suivi les lois anticléricales de la Réforme de 1857. Portes dérobées et passages secrets

ont permis aux sœurs de rester ici jusqu'en 1933, date où on les a finalement expulsées. Le bâtiment abrite aujourd'hui le musée des Arts religieux. On y voit des peintures, sculptures, objets liturgiques, mais aussi une collection macabre d'instruments et vêtements utilisés pour se mortifier.

♣ Cerro de Guadalupe

À 2 km au N.-E. du centre-ville.
Ce vaste parc entourant deux forts et plusieurs musées couvre le site de la bataille de Puebla. Le 5 mai 1862, une petite troupe mexicaine, sous les ordres du général Ignacio Zaragoza, y a battu l'armée d'invasion française, beaucoup plus importante. La victoire fut de courte durée, mais son anniversaire reste une fête nationale.

LA CÉRAMIQUE TALAVERA

Typique de Puebla, cette céramique vernissée colorée combine des influences arabe, espagnole, italienne et chinoise. Les pièces plus anciennes, à motifs bleu de cobalt sur fond blanc, sont d'inspiration mauresque. La technique a été apportée au Mexique au XVIᵉ siècle par les moines dominicains de Talavera de la Reina, en Espagne. Au XVIIᵉ siècle, de nouveaux coloris, vert, noir, jaune, arrivent d'Italie, et des pièces venues de Chine et des Philippines inspirent les motifs floraux et animaliers. Il faut six mois pour réaliser une authentique poterie talavera.

Vases en céramique talavera

Cacaxtla ⑲

Tlaxcala par la Mex 119, 30 km au
N.-O. de Puebla. ☎ (246) 416 00 00.
🚌 de Tlaxcala. ◯ t.l.j. sauf
dim. 📷 sur réservation. ♿
W www.inah.gob.mx

Cacaxtla, « le lieu où la
pluie meurt dans la terre »,
a été la capitale des Olmèques
Xicalanca. Ce groupe de la côte
du golfe domina la région à
partir des VIIᵉ-Xᵉ siècles. On y a
découvert en 1974 certaines
des peintures murales les
mieux préservées du Mexique,
sans doute réalisées par des
artistes mayas. Le *Mural de la
Batalla* décrit sur 22 m, avec
des couleurs éclatantes, un
combat féroce entre
48 guerriers jaguars et aigles.
Des glyphes *(p. 46-47)* sont
inscrits entre les figures.
L'Edificio A renferme deux
peintures exceptionnelles :
l'*Homme-jaguar* montre un
seigneur vêtu d'une peau de
jaguar debout sur un serpent-
jaguar, entouré d'une frise de
créatures marines ; l'*Homme-
ave,* homme oiseau noir,
debout sur un serpent à
plumes, porte une coiffure
d'aigle et un bâton-serpent
bleu. Sur la bordure, les épis
de maïs présentent de petits
visages humains.

AUX ENVIRONS : à 2 km,
Xochitécatl est un autre site
olmèque-xicalanque, ses
plates-formes et pyramides
datent d'environ 1000 av. J.-C.

**La peinture *Homme-ave* de Cacaxtla
a conservé ses couleurs vives**

L'intérieur étincelant de dorures de la Basílica de Ocotlán, près de Tlaxcala

Tlaxcala ⑳

Tlaxcala. 🏘 73 000. 🚌 **ℹ** angle
d'Av. Juárez et Lardizábal, (246) 465
09 60. 🎭 Carnaval (fév.-mars),
Virgen de Ocotlán (3ᵉ lun. de mai).

Souvent pris pour un bourg
de province, Tlaxcala est en
fait un joyau colonial mexicain.
Son isolement est en partie dû
à l'indépendance historique de
son peuple, les Tlaxcaltèques.
Pendant la Conquête, ceux-ci
prirent les armes contre leur
vieil ennemi aztèque,
rejoignant Cortés pour
conquérir Tenochtitlán.
Les tons chauds de l'ocre et
de la terre cuite dominent dans
cette *Ciudad Roja,* ville rouge.
Au centre s'ouvre un vaste
zócalo planté d'arbres, autour
d'un kiosque et d'une fontaine
offerte en 1646 par Philippe IV
d'Espagne.
La façade richement décorée
de briques, stuc et céramique
de la **Parroquia de San José**
domine l'angle nord-ouest de
la place. Les deux fonts
baptismaux à l'entrée montrent
sur leur piédestal Camaxtli,
ancien dieu tlaxcalan de la
guerre et de la chasse, et le
blason impérial espagnol.

À côté de l'autel, une peinture
du XVIIᵉ siècle illustre le
baptême d'un chef tlaxcalan,
auquel assistent Cortés et sa
maîtresse, La Malinche.
Au côté nord du *zócalo,* le
Palacio de Gobierno, du
XVIᵉ siècle, montre à l'extérieur
des stucs de style français,
ajoutés au début du XXᵉ siècle.
Il abrite des *murals* de
Desiderio Hernández, retraçant
l'histoire de Tlaxcala.
En traversant la Plaza
Xicoténcatl, au sud, une sente
monte à la **cathédrale** à
l'extraordinaire plafond à
caissons de style mauresque.
Elle abrite les fonts où ont été
baptisés les quatre chefs
locaux qui se sont ralliés à
Cortés. Dans le cloître voisin,
le **Museo Regional** expose

**Kiosque ouvragé sur le *zócalo*
paisible et ombragé de Tlaxcala**

◁ **Stucs exubérants ornant la coupole du *camarín*, Basílica de Ocotlán**

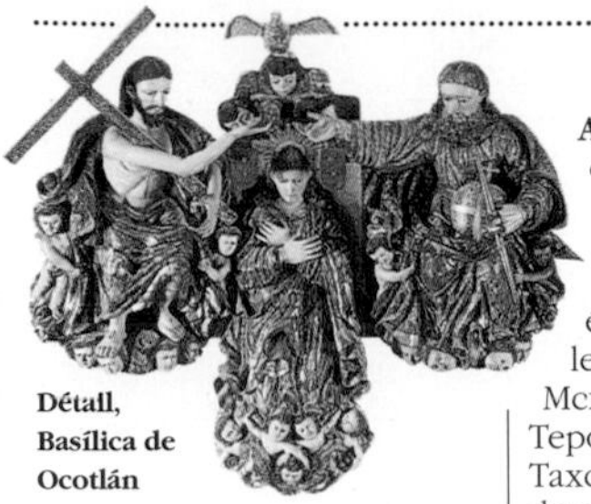

Détail, Basílica de Ocotlán

des objets précolombiens, dont une grande figure en pierre de Camaxtli, dieu de la guerre. Les deux salles de l'étage sont consacrées à l'art colonial.

À l'ouest du *zócalo,* le **Museo de Artes y Tradiciones Populares** est un musée vivant où les artisans montrent leurs techniques.

AUX ENVIRONS : sur une colline surplombant la ville, la **Basílica de Ocotlán** aux tours jumelles est l'une des églises churrigueresques les plus somptueuses du Mexique, avec celles de Tepotzotlán *(p. 140-143)* et Taxco *(p. 146-147).* Sa façade du XVIIIe siècle associe briques hexagonales et stucs blancs. L'intérieur et le *camarín* voisin, est une explosion de dorures baroques. En mai, les pèlerins s'y rendent en foule pour la procession de la Vierge.

Parmi les villages voisins, **Santa Ana Chiauhtempan** est connu pour ses broderies et tissages, et **Tizatlán** pour sa chapelle du XVIe siècle ornée de fresques à côté des ruines d'un palais précolombien.

À **Huamantla,** à 45 km à l'est de Tlaxcala, le Convento San Francisco, du XVIe siècle, abrite un retable churrigueresque polychrome dédié à la Vierge de Charité, célébrée en août au cours d'une fête populaire *(p. 31).*

🏛 **Museo Regional**
Ex-Convento de San Francisco, près de Plaza Xicoténcatl. ☎ *(246) 462 02 62.* 🕒 *mar.-dim.* ♿ *sauf dim.*

🏛 **Museo de Artes y Tradiciones Populares**
Boulevard Emilio Sánchez Piedras 1. ☎ *(246) 462 23 37.* 🕒 *mar.-dim.* ♿ *sur réservation.* ☕

Cantona ㉑

Puebla, 30 km au N.-E. d'Oriental par 4 km de piste au départ de Tepeyahualco. 🚌 *circuits au départ de Puebla.* 🕒 *mar.-dim.* ♿
[W] *www.inah.gob.mx*

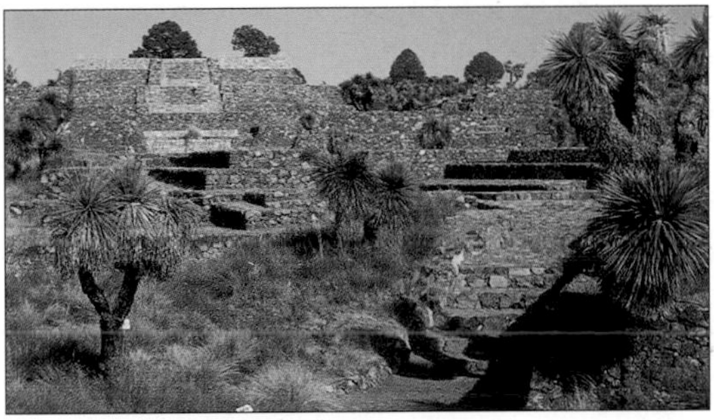

Plates-formes et pyramide émaillées de yuccas, Cantona

Les vestiges d'une ancienne grande cité occupent une vaste étendue de collines basses, proche d'une coulée de lave. On ne visite qu'un dixième de ce site bien entretenu et parsemé de yuccas et de pins. On connaît peu l'histoire de Cantona : probablement occupée entre 700 et 950, elle aurait compté jusqu'à 80 000 habitants et était l'une des cités méso-américaines les plus construites. La visite complète dure au moins deux heures. L'itinéraire fléché au départ du parc de stationnement emprunte une des ***calzadas,*** voies pavées reliant les différentes parties de Cantona. Elle longe des ruines de maisons et de cours, puis monte à l'**Acrópolis,** groupe d'édifices publics au cœur de la ville. La voie rejoint rapidement le premier des 24 **jeux de balle** mis au jour, chiffre plus élevé que dans aucun autre site mexicain. Parmi eux, 12 possèdent une pyramide à une extrémité.

L'itinéraire aboutit à la **Plaza Oriente,** ou *mirador,* puis retourne vers **El Palacio** et la **Plaza Central.**

Une seconde *calzada* mène au parking.

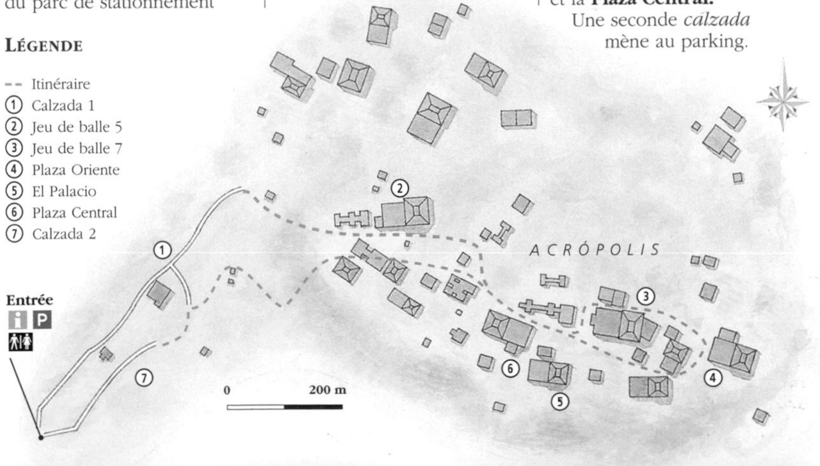
LÉGENDE
-- Itinéraire
1 Calzada 1
2 Jeu de balle 5
3 Jeu de balle 7
4 Plaza Oriente
5 El Palacio
6 Plaza Central
7 Calzada 2
Entrée
ACRÓPOLIS
0
200 m

LE NORD DU MEXIQUE

BAJA CALIFORNIA NORTE • BAJA CALIFORNIA SUR
CHIHUAHUA • COAHUILA • DURANGO • NUEVO LEÓN
SINALOA • SONORA • TAMAULIPAS

Rudes montagnes et plaines arides, cactus géants et cavaliers, le Nord correspond au Mexique de l'imaginaire populaire. Il est peu peuplé mais couvre plus de la moitié du territoire, des plages magiques de Baja California aux îles et marécages du golfe du Mexique.

Deux chaînes de montagnes, les Sierras Madre est et ouest, traversent du nord au sud ce vaste territoire. Entre elles s'étend le grand désert de Chihuahua, le premier d'Amérique du Nord. Au nord-ouest, le désert du Sonora se termine par la superbe péninsule de Baja California, longue de 1 300 km, où se trouvent les plus belles plages du Nord.

Souvent austère, la montagne recèle pourtant de beaux paysages, fraîches pinèdes, lacs sereins et cascades assourdissantes. La Sierra Tarahumara entoure des ravins forestiers plus profonds que le Grand Canyon. Ce dernier est traversé par l'un des chemins de fer les plus spectaculaires du monde.

Aucune grande civilisation précolombienne ne s'est développée dans la région, mais la belle poterie et l'architecture unique de la culture Paquimé et les peintures rupestres mystérieuses de Baja California sont fascinantes. Les groupes indiens survivants, comme les Tarahumaras de la Sierra Madre Occidental, s'accrochent à un mode de vie traditionnel très différent de la société moderne mexicaine.

Au nord, la région est limitée par 3 140 km de frontière avec les États-Unis, essentiellement le long du Rio Grande (appelé au Mexique Río Bravo). Influencée par les cultures des deux côtés, la région frontalière est presque un troisième pays, amalgame unique de langues, de musiques et de cuisines.

Si l'influence du *gringo* se ressent vers le sud jusqu'à Monterrey, cœur industriel du Mexique, richesse et puissance économique, enchâssées dans le verre et le béton d'une architecture moderne audacieuse, y présentent un caractère purement mexicain.

Habitants de Hidalgo del Parral

◁ **Le désert en fleurs près de Bahía de los Angeles, Baja California**

À la découverte du nord du Mexique

Les distances entre les différents sites de la région sont importantes. La péninsule de Baja California (1 300 km) abrite des plages superbes mais aussi de spectaculaires paysages désertiques et une faune variée, dont la baleine grise. Sur le « continent », Mazatlán, grande station balnéaire la plus proche de la frontière, est un refuge apprécié durant l'hiver nord-américain. À l'intérieur des terres, les gorges vertigineuses du canyon du Cuivre et les décors de western de la région de Durango s'offrent au randonneur, tandis que Tijuana et Monterrey, villes modernes, disposent d'une vie culturelle et nocturne animée.

Fleurs sauvages et cactus, communs dans la région

SAN DIEGO
TIJUANA
MEXICALI
1
ENSENADA
2
SAN LUIS
RÍO COLORADO
5
2
PUERTO
PEÑASCO
Tucson
AUTOROUTE
LA TRANSPÉNINSULAIRE
3
NOGALES
DOUGLAS
15
22
AGUA
PRIETA
CABORCA
12
PAQUIMÉ 15
10
BUENAVENTURA

OCÉAN PACIFIQUE

BAJA CALIFORNIA

BAHÍA DE
LOS ANGELES
4
HERMOSILLO
14
BAHÍA KINO
16
YÉCORA

GUERRERO
NEGRO
5
GUAYMAS
15
CREEL

RÉSERVE
DE LA BIOSPHÈRE
DE VIZCAÍNO
6
SAN
IGNACIO
7   8
SANTA
ROSALÍA
CAÑON DEL COBRE 21
22 ALAMOS
20
BATOPILAS

MULEGÉ
9

À VOIR AUSSI

• **Hébergement** p. 296-298

• **Restaurants** p. 319-320

GOLFE DE CALIFORNIE (MER DE CORTÉS)

10
LORETO
VILLA
INSURGENTES
LOS
MOCHIS
15
11
CULIACÁN

LA PAZ 11
9
SAN JOSÉ
DEL CABO
12
CABO SAN LUCAS
13

0   200 km

La plage des Amoureux de Cabo San Lucas, isolée par des rochers et accessible uniquement en bateau

Les sites d'un coup d'œil

Alamos 22
Bahía de los Angeles 4
Batopilas 20
Cabo San Lucas 13
Chihuahua 16
Ciudad Cuauhtémoc 17
Cañón del Cobre p. 176-177 21
Creel 19
Durango 24
Ensenada 2
Guerrero Negro 5
Hermosillo 14
Hidalgo del Parral 18
La Paz 11
Loreto 10
Mazatlán 23
Monterrey 26
Mulegé 9
Paquimé 15
Réserve de la biosphère de Vizcaíno 6
Saltillo 25
San Ignacio 7
San José del Cabo 12
Santa Rosalía 8
Tijuana 1
Autoroute La Transpéninsulaire 3

Circuler

Le réseau routier du Nord est en général bon, mais les distances peuvent être énormes et les routes à péage sont chères. Évitez la conduite de nuit, faites attention à l'état du revêtement et des *vados*, gués qui, même à sec, imposent de ralentir. L'autocar est une alternative à l'avion, il est bon marché et généralement confortable. L'un des rares trains de passagers fonctionnant encore est le spectaculaire Chihuahua-al-Pacífico *(p. 176)*. Plusieurs lignes de car-ferries relient le continent et la Baja California.

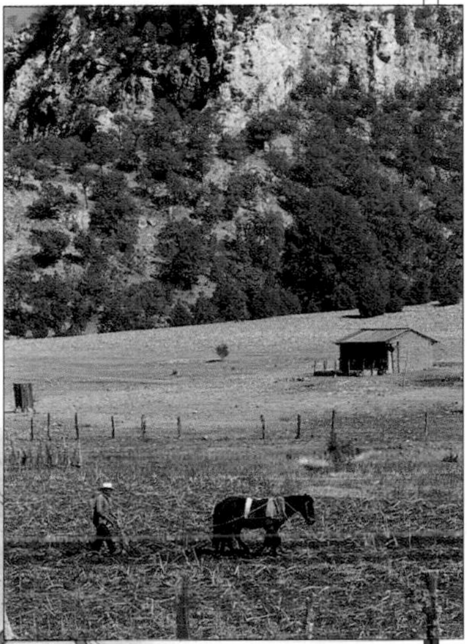

Fermier labourant son champ près du Cañón del Cobre

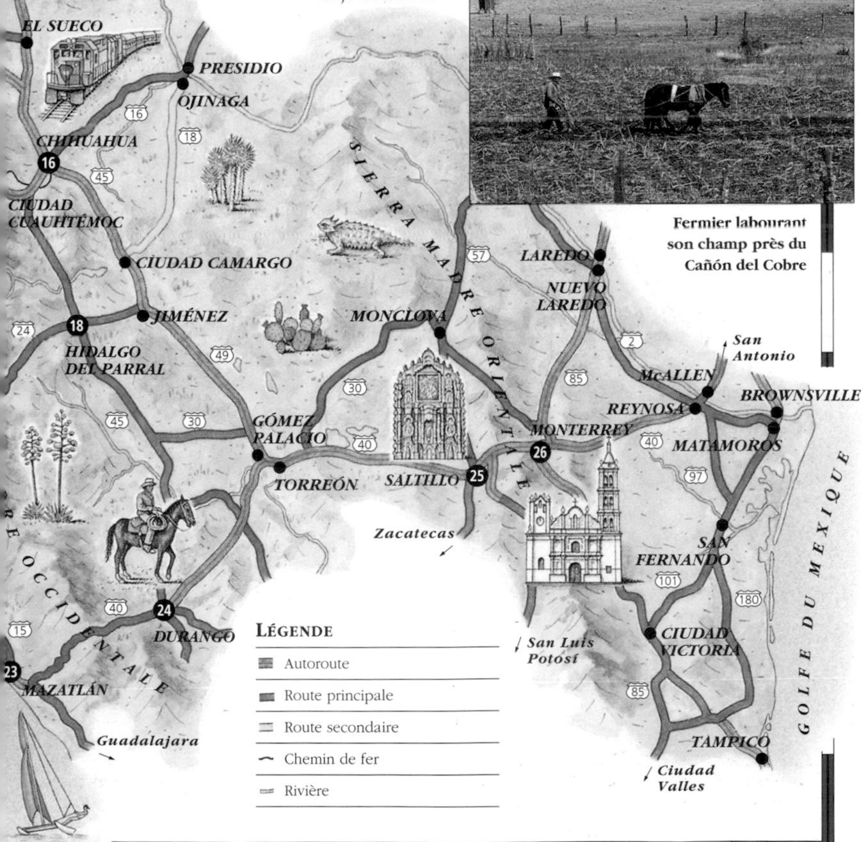

EL PASO
CIUDAD JUÁREZ
PROGRESO
EL SUECO
PRESIDIO
OJINAGA
CHIHUAHUA
CIUDAD CUAUHTÉMOC
CIUDAD CAMARGO
JIMÉNEZ
HIDALGO DEL PARRAL
SIERRA MADRE ORIENTALE
MONCLOVA
LAREDO
NUEVO LAREDO
San Antonio
McALLEN
BROWNSVILLE
REYNOSA
MONTERREY
MATAMOROS
GÓMEZ PALACIO
TORREÓN
SALTILLO
Zacatecas
SAN FERNANDO
GOLFE DU MEXIQUE
SIERRA MADRE OCCIDENTALE
DURANGO
MAZATLÁN
Guadalajara
San Luis Potosí
CIUDAD VICTORIA
TAMPICO
Ciudad Valles
LÉGENDE
Autoroute
Route principale
Route secondaire
Chemin de fer
Rivière

La salle OMNIMAX du Centro Cultural Tijuana

Tijuana ❶

Baja California Norte. 🏃 *1 212 000.*
✈ 🚌 🛈 *Paseo de los Héroes 10289,
(664) 634 63 30.*
🎭 *Aniversario de Tijuana (juil.)*

Tout près de San Diego en Californie, la ville frontière de Tijuana revendique le titre de passage le plus fréquenté du monde, avec près de 35 millions de visiteurs par an, venus, pour la plupart, faire des achats ou se distraire. Immenses gratte-ciel et centres commerciaux gigantesques donnent la mesure de sa modernité. Les bazars tranquilles qui bordent Avenida Revolución proposent de nombreux objets : poteries peintes, bottes de cuir, bijoux en argent, *mezcal* et tequila, notamment ; le marchandage est recommandé. C'est aussi là que la vie nocturne, animée, se concentre.

Tijuana offre quelques attractions culturelles : le **Centro Cultural Tijuana,** complexe futuriste en bord de rivière, accueille concerts et expositions d'art ; sa salle OMNIMAX présente des films sur le Mexique sur un écran courbe géant.

🏛 **Centro Cultural Tijuana**
Angle de Paseo de los Héroes et Mina.
📞 *(664) 687 96 00.* ⭕ *mar.-dim.*
📅 *sur réservation.* 🚫 📷 🎬 *films.*

Ensenada ❷

Baja California Norte. 🏃 *370 000.*
✈ 🚌 🛈 *Bd Lázaro Cárdenas 1477,
(646) 172 30 22.* 🎭 *Carnaval (fév.-mars). Fête du vin Vendimia (août).*

Ce port animé, à 1 h 30 de Tijuana, est la destination de croisières et le rendez-vous des pêcheurs, surfeurs et plongeurs. Il faut emprunter une route touristique qui longe des baies incurvées et des falaises rouges, annonçant les spectaculaires paysages désertiques du Sud. Juste avant d'arriver, un belvédère découvre la baie et ses nuées de mouettes.

Allez voir l'église aux tours jumelles **Nuestra Señora de Guadalupe,** et, sur la Plaza Civica, les têtes géantes des trois héros de la nation Juárez, Hidalgo et Carranza. Près du front de mer, la **Riviera del Pacífico,** ancien hôtel des années 1930, accueille des expositions. Le hall abrite un remarquable *mural* en trois dimensions montrant les missions jésuites des Californies au XVIIIe siècle. **Bodegas de Santo Tomás,** producteur d'excellent vin de Baja dans ses vignes au sud de la ville, organise visites et dégustations quotidiennes.

Le quartier des distractions d'Ensenada, petit mais animé, est concentré autour de **Hussong's Cantina,** bar à l'ancienne de l'Avenida López Mateos, fondé au XIXe siècle par la famille allemande Hussong, toujours puissante à Ensenada.

AUX ENVIRONS : évitez les plages du port pour vous rendre, à quelques kilomètres au sud, sur les plages propres et agréables de **Playa El Faro** et **Playa Estero.** Plus au sud, à **La Bufadora,** une faille de la falaise produit un geyser d'eau de mer, surtout par gros temps. L'endroit est idéal pour la plongée.

À 90 km à l'intérieur des terres, on rejoint par une route sinueuse entre des rochers gigantesques le **Parque Nacional Constitución de 1857** et la **Laguna Hanson,** paisible refuge d'oiseaux parmi les pins.

LA FRONTIÈRE ÉTATS-UNIS-MEXIQUE

États-Unis et Mexique sont séparés par 3 140 km de frontière terrestre entre océan Pacifique et golfe du Mexique. Il y a 23 passages entre Tijuana à l'ouest et Matamoros à l'est. La plupart des Américains qui passent la frontière viennent pour la journée à la recherche d'exotisme, de bonnes

Des panneaux et un kiosque de souvenirs marquent la frontière

affaires dans un pays où le dollar est fort. Mais pour les Mexicains, la frontière est la porte d'*El Norte,* terre promise de hauts salaires et de biens de consommation. La rencontre des deux mondes donne un mélange culturel coloré, mais le « mur » est une barrière de plus en plus longue surveillée par des patrouilles et dressée par les États-Unis pour dissuader les immigrants clandestins.

Têtes de trois héros de la nation, Plaza Cívica à Ensenada

🏛 **Riviera del Pacífico**
Angle de Bd Costera et Av. Riviera. 🕿
(646) 176 43 10. ◻ lun.-sam. ♿
🍷 **Bodegas de Santo Tomás**
Av. Miramar 666. 🕿 (646) 178 25
09. ◻ lun.-sam. 📷 🔲 🔳

La Transpéninsulaire ❸

Baja California Norte et Sur. Mex 1,
de Tijuana à Cabo San Lucas. 🚌
desservent tout le parcours.

Les deux extrémités de Baja California sont reliées par la Mex 1, autoroute à deux voies de 1 700 km entre Tijuana et Cabo San Lucas (p. 169). Peu d'endroits justifient un arrêt mais les paysages désertiques du Nord sont d'une sobre beauté.

Le **Parque Nacional San Pedro Mártir,** accessible par une route secondaire à 140 km au sud d'Ensenada, entoure le pic enneigé du Picacho del Diablo (3 095 m). Plus au sud, près de l'étape des routiers Cataviña, s'étend le **« Désert Rocheux »**, chaos d'énormes rochers où poussent toutes sortes de cactus.

Bahía de Los Angeles ❹

Baja California Norte. 🏘 450.

Sur la magnifique baie du même nom, que l'on atteint après 68 km de route goudronnée pleine d'ornières au départ de la Mex 1, Bahía de los Angeles est un endroit calme. On peut pratiquer la pêche sportive, la plongée et le kayak autour des nombreuses îles de sa baie. La ville abrite un centre de protection des tortues marines. De spectaculaires randonnées dans le désert permettent de découvrir des peintures rupestres indiennes et la mission San Borja, bien conservée. On peut louer des bateaux pour explorer les îles de la côte.

FÊTES DU NORD DU MEXIQUE

Pâques (*mars-avril*)
Cusarare et Norogachi (Chihuahua). La plus grande cérémonie des Tarahumaras met en scène la Passion comme une bataille entre « soldats » et mauvais « pharisiens », au corps souvent peint en blanc, accompagnée de chants et de danse.

Indiens tarahumaras participant aux festivités de Pâques

Carnaval (*fév.-mars*).
La Paz. C'est le plus impressionnant du Mexique : six jours de parades, festivités, musique et combats de coqs. Celui de Mazatlán est aussi spectaculaire.
Fiesta de las Flores
(*1re sem. de mai*). Nogales (Sonora). Cette fête coïncidant avec celle de la Bataille de Puebla (*5 mai*), les chars sont à la fois fleuris et à thème militaire.
Día de la Marina
(*1er juin*). Guaymas (Sonora). « Batailles navales » et feux d'artifice impressionnants honorent les marins mexicains.
Nuestra Señora del Refugio (*4 juil.*).
Durango. La danse des Matachines met en scène des hommes vêtus de grandes peaux de bêtes.
Fête du vin de Vendimia
(*août*). Ensenada. Vignerons et producteurs font connaître les produits de la première région vinicole du Mexique.

Paysage de désert le long de la Transpéninsulaire, au sud de Cataviña

Guerrero Negro ❺

Baja California Sur. 🏃 10 000. 🚌 🚐

G uerrero Negro tient son
nom, « Guerrier Noir »,
d'un navire baleinier, échoué
au milieu du XVIIIe siècle dans
une lagune proche. Cette
lagune, lieu de reproduction
principal de la baleine grise
de Californie, attire la plupart
des visiteurs. Elle fournit aussi
la matière première aux plus
grandes salines du monde.
Mais l'exploitation des salines
pourrait, selon les écologistes,
menacer l'avenir des baleines,
sauvées, depuis peu, de
l'extinction. Les milliers de
bassins d'évaporation au sud
de la ville produisent

**Transport de sel marin quittant
les salines, sud de Guerrero Negro**

7 millions de tonnes
de sel par an. Des
barges transportent
le sel purifié à l'île
d'Isla Cedros, d'où il
part à bord de
grands navires.
Restée presque
vierge, l'île abrite
des espèces
végétales rares et le
cerf-mulet de
Cedros, menacé
d'extinction. Un avion léger
dessert l'île deux fois par
semaine au départ de
Guerrero Negro.

Réserve de la biosphère de Vizcaíno ❻

Baja California Sur. Mex 1, S. de
Guerrero Negro. 🚐 Guerrero Negro.

C ette réserve de
25 0000 km² s'annonce
comme la plus grande zone
naturelle protégée d'Amérique
latine. Elle s'étire de la
péninsule de Vizcaíno
jusqu'à la côte est, de

Cheval et cavalier, Sierra de San Francisco

l'autre côté de la Baja
California. Dans son périmètre
se trouvent les sanctuaires des
baleines de Laguna Ojo de
Liebre et Lagunan San Ignacio,
ainsi que les îles de Natividad,
Asunción et San Roque, partie
de la Sierra de San Francisco,
et à l'est le triple volcan de Las
Tres Virgenes.

Les habitats de la réserve,
mangrove côtière, dunes,
arides plateaux d'altitude, rares
oasis d'eau douce, abritent
toutes sortes d'espèces. Mis à
part les baleines, on y repère
le mouflon bighorn menacé
(*borrego cimarrón*), l'antilope

À LA RENCONTRE DES BALEINES À GUERRERO NEGRO

Une vingtaine d'espèces de cétacés fréquentent les côtes
de Baja California, de la petite *vaquita* menacée, aux
confins nord de la mer de Cortés, au plus gros
mammifère du monde, la baleine bleue. Guerrero Negro
est le meilleur endroit pour voir ces animaux
magnifiques : en février-mars, on aperçoit du rivage ou
d'un petit bateau la baleine grise de Californie.

**Une baleine curieuse s'approche des
barques chargées d'admirateurs**

*La baleine grise de
California* (Eschrichtius
robustus) *effectue une des
migrations les plus longues
du monde animal. Elle nage
9 500 km, de l'Alaska aux
lagons tièdes de la côte
pacifique du Mexique, où
elle met bas. Jadis presque
disparue, l'espèce est à
nouveau en expansion.*

Pour voir les baleines
On suit les baleines à la jumelle à partir de
plusieurs lieux d'observation sur la côte,
par exemple un point à 8 km environ de
Guerrero Negro par une piste au départ
de la Mex 1. On peut également suivre un
circuit organisé de 2 h à 3 h en canot
pneumatique. Il vaut mieux choisir une
agence qui n'approche pas les animaux

de trop près, par exemple Malarrimo, près
du restaurant de même nom *(p. 319),* sur
le même trottoir que Vanessa's Store. Vous
pouvez aussi demander à un pêcheur de
vous emmener en bateau. Plus au sud,
des baleines sons souvent visibles à
Laguna San Ignacio, Bahía de Magdalena
sur la côte est de la péninsule entre Loreto
et La Paz, et Cabo San Lucas.

Les peintures rupestres de Baja California

Les peintures pariétales de Baja California soutiennent la comparaison avec l'art aborigène australien et les peintures rupestres des grottes préhistoriques de France et d'Espagne. Les missionnaires jésuites espagnols du XVIIIᵉ siècle, intrigués par leur origine, se virent répondre par les Indiens cochimis qu'elles étaient l'œuvre d'une race de géants venus du nord. En fait, elles seraient dues à des ancêtres des Cochimis. On ne connaît pas leur âge exact, mais certaines pourraient remonter à 1200 av. J.-C. La complexité des croyances qu'elles illustrent remet en question le primitivisme des sociétés de chasseurs-cueilleurs qui peuplaient le Mexique.

Peintures rupestres
Généralement en noir et rouge, les images montrent des personnages aux bras levés, différents animaux, et des motifs abstraits au sens inconnu.

Chasseurs et proies sur une paroi de grotte, près de San Ignacio

pronghorn, l'éléphant de mer et plusieurs espèces de tortues marines. La Laguna San Ignacio (près de cette ville) est l'un des lieux de reproduction des orfraies les plus denses du monde. On y voit hérons, aigrettes, pélicans bruns et divers oiseaux de mer.

L'intérieur de la réserve, peuplé d'arbres cirio ou boojum de forme étrange, et de cereus mexicains géants *(p. 171),* est presque inaccessible, mais une route passable remonte la péninsule de Vizcaíno jusqu'à Bahía Tortugas.

San Ignacio ❼

Baja California Sur. 👤 *750.* 🚌

Au milieu de milliers de palmiers-dattiers, l'église de San Ignacio est l'une des missions les plus imposantes et les mieux préservées de Baja California. Fondée en 1728 par les jésuites, avant leur expulsion de Nouvelle-Espagne, l'église actuelle a été reconstruite en 1786 par les dominicains, financés par la reine d'Espagne. Sa façade baroque, blanchie à la chaux, montre des détails en pierre de lave rouge, quatre fenêtres polygonales et quatre niches abritant des statues de saints. Saint Pierre et saint Paul encadrent la porte principale, au linteau finement sculpté. L'intérieur conserve le mobilier d'origine, et un superbe maître-autel orné d'huiles du XVIIᵉ siècle.

Les canyons proches de San Ignacio enferment de vieilles peintures rupestres indiennes. La **Cueva del Ratón,** « grotte de la souris », est la plus facile d'accès ; par la route de San Francisco de la Sierra, à 45 km au nord de la Transpéninsulaire *(p. 163).* Les peintures les plus spectaculaires et les mieux conservées ornent la **Cueva de las Flechas** et la **Cueva Pintada** (grotte peinte). Il est nécessaire de se faire accompagner par un guide agréé : la visite de ces derniers sites dans le canyon de San Pablo demande deux à trois jours de circuit en camping, avec des mules. À San Ignacio, un petit **musée** présente les peintures rupestres.

🏛 Cave Museum
Prof. Gilberto Valdivia Péna. 📞 *(615) 154 02 22.* ⭕ *t.l.j., nov.-avr. ; mar.-sam., mai-oct.*

L'église de mission du XVIIIᵉ siècle de San Ignacio

Paysage aride de la Sierra de San Francisco, au nord de San Ignacio ▷

Santa Rosalía ❽

Baja California Sur. 🚶 *10 500.* 🚌
🚢 🚂 *Santa Rosalía (4 sept.).*

Cette bourgade a été
fondée dans les années
1880 par une société française
d'exploitation du cuivre. Elle
a quitté les lieux, dans les
années 1950, une fois le
gisement épuisé, mais des
machines, des wagonnets et
d'autres installations de la
mine sont encore visibles.

Beaucoup des maisons de
Santa Rosalía ont une structure
en bois, deux étages et une
véranda, donnant au bourg un
petit air des Caraïbes. L'**Iglesia
de Santa Bárbara,** église à
structure métallique, fut
conçue par Gustave Eiffel et
expédiée ici par bateau en
1895. La promenade du front
de mer, Andador Costero, est
un agréable lieu de détente. Le
Museo Histórico Mincro,
petit musée de la mine,
domine la ville.

🏛 **Museo Histórico Minero**
Jean-Michel Cousteau.
🕐 *lun.-sam.* 📷

L'Iglesia de Santa Bárbara à Santa
Rosalía, conçue par Gustave Eiffel

Mulegé ❾

Baja California Sur. 🚶 *46 000.* 🚌
🚂 *Santa Rosalía (4 sept.).*

Cette jolie ville abrite une
merveilleuse église fondée
par les missionnaires jésuites.
Située sur une falaise, elle offre
une vue superbe de la rivière
Santa Rosalía en contrebas.
Non loin, le **Museo Mulegé,**
qui présente l'histoire de la
ville, occupe une ancienne
prison blanchie à la chaux,
dotée de tourelles crénelées.

Mulegé séduit les plongeurs,
mais si vous recherchez de
belles plages mexicaines,

Vue de la Bahía Concepción, baie au sud de Mulegé

poursuivez vers le sud en
passant la **Bahía
Concepción.** Ici, la couleur
de l'eau passe brutalement du
bleu profond au vert intense.

🏛 **Museo Mulegé**
Cananea. 🕐 *lun.-sam.* 📷 ♿

Loreto ❿

Baja California Sur. 🚶 *11 800.* ✈
🚌 ℹ *angle de Francisco Madero et
Salvatierra, (613) 135 00 36.* 🚂 *Virgen
de Loreto (8 sept.), San Javier (3 déc.).*

Autrefois capitale des
Californies (la Californie et
la Baja California actuelles),
Loreto est aujourd'hui un
rendez-vous des amateurs de
pêche sportive. Le cœur de la
ville se situe autour de la
Plaza Cívica et de la
**Misión Nuestra Señora
de Loreto.** Cette première
mission des Californies a
été superbement restaurée
après avoir été très abîmée
au XIXe siècle par un
cyclone et un tremblement
de terre. De l'édifice
d'origine en pierre (1699)
subsiste une chapelle
latérale. C'est d'ici, qu'au
XVIIIe siècle, les jésuites se
sont embarqués pour leur
extraordinaire campagne

d'évangélisation (et de
domination pacifique) des
indigènes. Le **Museo de las
Misiones** explique son
déroulement et présente des
objets d'époque, dont des
chaudrons géants illustrant les
tentatives, prometteuses au
début, d'amadouer les Indiens
par la nourriture. La cour du
musée renferme un *trapiche,*
moulin à sucre entraîné par un
cheval.

Plongée, kayak et découverte
des fonds marins avec masque
et tuba se patiquent beaucoup,
surtout dans les îles **Isla del
Carmen** et **Coronado.**

🏛 **Museo de las Misiones**
Angle de Loreto et Misioneros.
☎ *(613) 135 04 41.* 🕐 *mar.-dim.*
📷 *sauf dim.*

Bateaux de pêche à quai dans la petite
marina proche du centre de Loreto

La Paz ⑪

Baja California Sur. 🚶 *197 000.* ✈
🚌 ⛴ ℹ *Carretera Transpeninsular,
km 5,5 ; (612) 124 01 99.* 🎭
*Carnaval (fév.-mars), Fundación de La
Paz (2-7 mai).* [W] *www.gbcs.gob.mx*

Capitale de la Baja
California Sur, La Paz
borde la plus grande baie de
la mer de Cortés, au pied
d'une péninsule dotée de
superbes plages souvent à
demi désertes. Son *malecón*
(front de mer) de 5 km, bordé
de palmiers, hôtels et restaurants, est un merveilleux lieu
de promenade. À 100 m au
sud s'ouvre la place principale,
la Plaza Constitución.

C'est à la présence de perles
dans ses eaux côtières que
La Paz dut sa fondation par
Hernán Cortés ; la fortune de
la ville connut ainsi les hauts
et les bas de l'industrie
perlière. Au XIXᵉ siècle, La Paz
dominait le marché international, mais dans les années
1940, la combinaison de
maladies et de la surexploitation détruisit les bancs
d'huîtres. S'appuyant sur
l'administration et le port,
l'économie dépend
aujourd'hui de plus en plus
du tourisme, notamment de la
réputation de La Paz de grand
centre mondial de pêche
sportive.

Bien aménagé, le **Museo
Regional de Antropología** de
La Paz montre d'intéressantes
présentations sur les peintures
rupestres précolombiennes et
divers aspects du patrimoine
indien de Baja California,
comme sa lutte pour
l'indépendance.

Les îles proches
séduisent les
plongeurs avec leurs
récifs, grottes et
épaves ; beaucoup ont
de belles plages.
Isla Espíritu Santo
est un paradis pour la
voile. On peut y nager
en compagnie des
otaries.

🏛 Museo Regional
de Antropología
Angle de 5 de Mayo et
Altamirano. 📞 *(612) 125
64 24.* 🕐 *lun.-sam.*
🈳 *sauf dim.*

**L'arche spectaculaire de la plage
des Amoureux, Cabo San Lucas**

San José del Cabo ⑫

Baja California Sur. 🚶 *22 000.* ✈ 🚌
⛴ ℹ *Carretera Peninsular ed.
Pedrin (624) 142 33 10.* 🎭 *San José
(13-21 mars).*

À la pointe de la péninsule,
l'agréable ville de San José
del Cabo concentre
son activité autour
de la Plaza Mijares.
Ombragée, elle
accueille le samedi
et le dimanche un
marché d'art et
d'artisanat. La vieille
ville est plus à
l'intérieur, alors
qu'au sud de la
place, les rues
conduisent au
boulevard du front
de mer et ses hôtels
modernes, complexes
touristiques et appartements
de vacances. À l'est de la ville
s'étend un estuaire frangé de
palmiers, qui abriterait jusqu'à
200 espèces d'oiseaux, dont
des canards migrateurs fuyant
le nord en hiver.

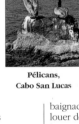

**Pélicans,
Cabo San Lucas**

Quelques kilomètres plus à
l'est, le village de **Pueblo la
Playa** offre de superbes
plages, souvent désertes.

Cabo San Lucas ⑬

Baja California Sur. 🚶 *28 500.* 🚌
🎭 *Día de San Lucas (18 oct.).*

Acapulco miniature, où
l'anglais semble parfois
être la langue officielle, Cabo
San Lucas est célèbre pour sa
« plage des Amoureux ».
Accessible uniquement par
bateau, elle se love entre les
rochers déchiquetés, Los
Frailes (les Moines), qui semblent former la pointe de la
péninsule. La plage est encadrée par une arche rocheuse,
lien entre les eaux du Pacifique
et celles de la mer de Cortés.

Centre mondial de pêche au
gros, la ville possède une
grande marina et un
boulevard de front
de mer alignant bars,
discothèques et
restaurants. Plus à
l'intérieur, la vieille
ville est restée pour
une bonne part
intacte.

Les activités
balnéaires se
concentrent sur la
longue **Playa El
Médano**, où la
baignade est sûre ; on peut y
louer des jet-skis. Avec son
immense canyon sous-marin,
le site de Los Frailes est idéal
pour la plongée.

Terrains de golf et plages
magnifiques s'étagent entre
Cabo San Lucas et San José
del Cabo.

Un bâtiment coloré orne une rue près de la Plaza Constitución, La Paz

Ruines de maisons en adobe à Paquimé, le plus intéressant site archéologique du Nord

Hermosillo ⑭

Sonora. 🏠 *609 000*. ✈ 🚌 🛈 *Calle Comonfort, (662) 217 00 44.* 🎪 *Fête du vin (juin), San Francisco (4 oct.).* 🌐 *www.sonora.gob.mx/turismo*

La capitale remuante et prospère du Sonora, où les *rancheros* côtoient les ouvriers de l'automobile, peut aussi être paisible et séduisante. Au milieu de la **Plaza Zaragoza,** au kiosque blanc ouvragé, se dresse un joyau, la **cathédrale** du XIXᵉ siècle, aux tours jumelles et au dôme jaune pâle surmontés d'une croix. Sa façade blanche éblouissante mélange les styles, avec une dominante néoclassique, résultat remarquablement harmonieux pour une construction qui a duré un siècle.

Plus austère, le **Palacio de Gobierno,** néoclassique, contient des fresques peintes dans les années 1980 par trois artistes. Ceux-ci furent inspirés par les mythes indigènes de la Création ou par la révolution

L'éblouissante façade blanche de la cathédrale d'Hermosillo

mexicaine. Dans le superbe bâtiment restauré de l'ancien pénitencier de l'État se trouve le **Museo de Sonora** qui illustre le développement géologique et écologique de l'État, des temps préhistoriques à nos jours.

🏛 Palacio de Gobierno
Doctor Paliza. 📞 *(662) 212 00 02.* ◯ *lun.-sam.* 🎫 *sur réservation.*
🏛 Museo de Sonora
Jesus García Final. 📞 *(662) 217 25 80.* ◯ *mar.-dim.* 🎫 *sur réservation.* 🅿

Paquimé ⑮

Chihuahua. 8 km au S.-O. de Casas Grandes. 🚌 *de Chihuahua.* ◯ *t.l.j.* 🎫

Le site archéologique le plus important du nord du Mexique montre un ensemble extraordinaire de bâtiments en adobe, très différent des sites du sud et du centre du pays. Sur un plateau dominant la rivière

Poterie moderne de Paquimé

Casas Grandes, Paquimé prospéra entre les XIᵉ et XIVᵉ siècles, comptant sans doute plus de 3 000 habitants. Sa destruction partielle par un incendie vers 1340 et la disparition de ses habitants avant la venue des Espagnols demeurent un mystère.

Paquimé est caractérisé par des murs en terre battue jusqu'à 1,5 m d'épaisseur, une construction en labyrinthe, des « immeubles » pouvant atteindre cinq étages et dotés

d'escaliers intérieurs. Les maisons possèdent des fours de chauffage et des lits en alcôve. Les entrées basses, en forme de T trapu, étaient peut-être défensives. Un réseau impressionnant de canalisations apportait l'eau de source sur 8 km, pour la filtrer et la stocker dans des puits profonds. Elle était alors distribuée aux usagers domestiques et agricoles. Un autre réseau évacuait les eaux usées. Les habitants de Paquimé, de langue et d'origine inconnues, élevaient les aras pour un usage cérémoniel. Les enclos bas en adobe à entrées rondes où on gardait les oiseaux sont restés intacts. D'autres éléments architecturaux, comme les jeux de balle, suggèrent l'influence des cultures méso-américaines du sud. Cependant, Paquimé a laissé une céramique unique, particulièrement raffinée, adroitement polie, à motifs géométriques ou anthropomorphes. Les couleurs les plus courantes sont noir et brun-rouge sur fond chamois. Les potiers locaux ont fait renaître ce style, mais certaines pièces sont proposées à des prix élevés ; les céramiques de la ville voisine de Casas Grandes Viejo sont plus abordables. Le musée du site montre des céramiques originales et une maquette de Paquimé à son apogée.

Les cactus du nord du Mexique

Les paysages du nord du Mexique sont parsemés d'une extraordinaire diversité de cactus. Près de 300 espèces poussent dans le désert du Sonora, le plus varié du monde. Ils sont adaptés pour retenir l'eau et résister aux climats extrêmes : les tiges grasses, protégées par des épines, sont remplies de fibres

**Fleurs d'un cactus
« pelote à épingles »**

hydrophiles et recouvertes d'une couche épaisse retenant l'humidité. Les cactus peuvent rester en sommeil pour une longue période, puis se couvrir de fleurs à la moindre pluie. Au Mexique, on les utilise dans l'alimentation et la boisson, pour les toits et pour fabriquer hameçons et tampons à récurer.

Les « poires piquantes »
(espèce Opuntia), *groupe le
plus important, donnent
souvent des fruits comestibles
rouges, verts ou violets.*

*Les paysages
de désert du
Nord possèdent
une beauté
austère.*

**Arbre
boojum
ou cirio**

**Figuier de
Barbarie**

**Cactus
tonneau**

Agave

Le cereus mexicain géant
(Pachycereus pringlei), *grand cactus en forme
d'arbre, est utilisé pour
faire les clôtures.*

Le saguaro (Carnegiea
gigantea) *mesure jusqu'à
16 m et met 150 ans à
atteindre sa taille maximum.
Les grands saguaros contien-
nent plusieurs tonnes d'eau.*

« L'arbre boojum »
(Idria columnaris),
*silhouette étonnante,
typique du désert de
Baja California.*

Les agaves *sont utilisées pour faire la
tequila (p. 313) et le hennequen (p. 273).
Certaines espèces fleurissent après 50 ans.*

LES SUCCULENTES
La plupart des cactus stockent l'eau dans leurs tiges grasses ; mais la majorité, comme l'agave, utilisent leurs feuilles. Elles poussent très lentement pour réduire leurs besoins en eau. Beaucoup ont un réseau étendu de racines proches de la surface.

Le cactus tonneau
(Ferocactus) *doit son
nom à sa forme ronde.
Il y en a neuf espèces
au Mexique.*

Chihuahua ⑯

Chihuahua. 🏙 *670 000.* ✈ 🚌 🚍
ℹ️ *Palacio de Gobierno, (614) 429 34
21.* 🎭 *Santa Rita (22 mai).*

Les fantômes de deux héros mexicains, Pancho Villa et le père Hidalgo *(p. 49),* hantent les rues de Chihuahua. La ville, située dans un paysage montagneux semi-désertique, dut sa fondation, à l'époque coloniale, à la découverte de riches filons d'argent. Son **aqueduc,** appelé par les habitants *los arquitos* (les arches), fut construit au même moment. Sa partie la mieux conservée se trouve au croisement de la Calle 56 et de la Calle Allende. Chihuahua vit aujourd'hui surtout de la construction automobile et de l'élevage de bétail.

La Plaza de Armas ou grand-place est dominée par la **cathédrale,** imposant édifice du XVIIIᵉ siècle à deux tours, en pierre rosée. Elle abrite un très bel autel des années 1920 en marbre d'Italie. Une chapelle latérale abrite un musée d'art religieux, fermé le week-end.

La cour du **Palacio de Gobierno** (fin du XIXᵉ siècle), sur la Plaza Hidalgo (nord-est de la grand-place), abrite de saisissants *murals* d'Aarón Piña Mora qui illustrent des épisodes de l'histoire de Chihuahua. Une flamme éternelle marque l'endroit où le père Hidalgo, héros de l'indépendance, a été fusillé en 1811 pour avoir mené la rébellion contre la Couronne espagnole. À une centaine de mètres, Avenida Juárez, le **Palacio Federal** conserve les vestiges de la tour d'église où Hidalgo fut emprisonné. On y

La Quinta Carolina, de style Art nouveau, non loin de Chihuahua

voit quelques souvenirs émouvants du séjour du prêtre, dont la petite lanterne qui éclaira ses derniers jours.

Mais le personnage le plus connu de Chihuahua reste Francisco « Pancho » Villa, héros moustachu de la guerre révolutionnaire de 1910-1920 *(p. 54).* Le **Museo Histórico de la Revolución** expose le Dodge criblé de balles où il a trouvé la mort en 1923. Le musée qui occupe l'ancienne maison de Pancho Villa a conservé une grande partie du mobilier et des objets d'origine. Les galeries à l'arrière retracent l'histoire de la révolution. On voit un masque mortuaire de Villa, réalisé quelques heures après son assassinat.

Au sud-est de la Plaza de Armas, la Quinta Gameros, sans doute la plus belle maison de la ville, abrite le **Centro Cultural Universitario Quinta Gameros.** Cette merveilleuse demeure Art nouveau abrite d'extraordinaires bois sculptés dans sa salle à manger. Les salles de l'étage exposent en permanence des peintures et sculptures du peintre mexicain renommé Luis Aragón.

AUX ENVIRONS : près de 20 km au sud-est de

Statue, cathédrale de Chihuahua

Chihuahua, **Santa Eulalia** est une pittoresque ville minière en partie en ruines ; ses rues pavées offrent d'agréables promenades, surtout le dimanche, quand les orchestres jouent sur la place.

Dans le **Parc national Cumbres de Majalca,** à 70 km environ au nord-ouest de Chihuahua, canyons et pics boisés offrent un cadre idéal à la randonnée, à l'escalade et au camping sauvage.

🏛 **Museo Histórico de la Revolución**
Decima 3014. 📞 *(614) 416 29 58.* 🕐 *mar.-dim.* 🎫 📷 ♿ *au r.-d.-c.*

🏛 **Centro Cultural Universitario**
Paseo Bolivar 401. 📞 *(614) 416 66 84.* 🕐 *mar.-dim.* 🎫 📷 ♿ *au r.-d.-c.*

Ciudad Cuauhtémoc ⑰

Chihuahua. 🏙 *124 000.* 🚌 ℹ️
angle d'Allende et A. Melgar, (625) 581 22 66. 🎭 *San Antonio (juin).*

La communauté la plus entreprenante du Cuauhtémoc moderne est constituée par des chrétiens fondamentalistes originaires des Pays-Bas, les mennonites. Ils émigrèrent d'abord au Canada où ils refusèrent de participer à la Première Guerre mondiale. Puis ils partirent pour le Mexique en 1921, à la demande du président Obregón, et constituent aujourd'hui la plus

Arches superbement conservées de l'aqueduc de Chihuahua, d'époque coloniale

PANCHO VILLA (VERS 1878-1923)

Bandit dans sa jeunesse, Francisco « Pancho » Villa devint un grand leader de la révolution en 1910 en s'engageant dans la lutte pour renverser Porfirio Díaz (p. 54). Excellent stratège, chef charismatique, il s'assura la fidélité de son armée, la División del Norte, et devint un héros populaire, surtout près de Chihuahua, son quartier général. En 1920, Alvaro Obregón prit le pouvoir et poussa Villa à se retirer à Canutillo, Durango. Trois ans plus tard, en visite à Hidalgo del Parral, Villa fut assassiné. Près de 30 000 personnes assistèrent à ses funérailles.

Masque mortuaire de Pancho Villa

Villa occupe la maison d'où les assassins de Villa ont tiré leurs coups mortels. Une étoile en bronze sur le trottoir marque l'endroit où le révolutionnaire mourut. Le bâtiment, transformé en bibliothèque, comporte à l'étage le musée Villa. On y voit des photos prises après le meurtre et des maquettes de la scène.

AUX ENVIRONS : Parral peut être la porte du sud vers les paysages escarpés de la Sierra Tarahumara qui s'étire vers le nord-ouest. À 15 minutes de route vers l'est, les sources minérales chaudes d'**El Ojo de Talamantes** jaillissent dans le luxuriant Valle de Allende. Plus à l'est, la région âpre et désertique du **Bolsón de Mapimí** englobe un secteur retiré, la « Zone du silence ». Zone d'atterrissage supposée des OVNIS, triangle des Bermudes mexicain, elle doit son nom à l'idée populaire que les ondes radios ne peuvent y pénétrer ni en sortir. Quelques kilomètres à l'est, l'immense **réserve de la biosphère de Mapimí** est l'habitat d'une faune et d'une flore désertiques rares, d'une extrême diversité.

🏛 **Museo Francisco Villa**
Angle de Barreda et Juárez.
📞 (614) 416 29 58. 🕐 mar.-dim.
📷 ♿ r.-d.-c. 🎫 sur réservation.

---

grande communauté mennonite d'Amérique latine. Vivant en autarcie dans des fermes « camps » au nord et au sud de la ville, les mennonites, souvent blonds aux yeux bleus, restent à l'écart de leurs voisins mexicains et conservent leurs spécificités culturelles. Bien qu'ayant adopté certaines techniques modernes, ils continuent de vivre de manière très traditionnelle. Les maisons et granges à charpente et toit pentu donnent ainsi à la région un curieux air européen. Vêtus de jeans, les hommes parlent généralement l'espagnol, mais beaucoup de femmes ne connaissent que le dialecte bas-allemand de leurs ancêtres. Pour les rencontrer, le plus simple est d'acheter leur spécialité, un excellent fromage. La fromagerie du Camp 6 1/2 (chaque camp porte un numéro, pas un nom) se visite sauf le dimanche, quand seules les églises sont ouvertes.

Mennonite en habit traditionnel

Hidalgo del Parral ⑱

Chihuahua. 🏘 101 000. 🚌 🛈 angle de Miranda et República de Cuba, (636) 522 52 82. 🎉 Francisco Villa (20 juil.).

Connue parce que Pancho Villa y a été assassiné, la ville, communément appelée Parral, est née en 1631 grâce aux mines d'or et d'argent. À la fin du XIXe siècle, c'est l'une des villes les plus riches du Mexique ; ses églises sont réputées pour le métal précieux inséré dans leurs murs. Le chevalet de La Prieta domine toujours la ville. Non loin se dresse le **Templo de la Virgen de Fátima**, dédié à la sainte patronne des mineurs. Ses murs, bâtis à la fin du XIXe siècle, sont sertis de pépites de métal, or et argent notamment, et les bancs traditionnels ont été remplacés par des tabourets en forme de marqueurs de concession.

Sur la place principale, la **Parroquia de San José,** autre édifice remarquable du XIXe siècle, est décorée d'inhabituels motifs en losange.

Plus à l'ouest, à l'angle de la Calle Primo de Verdad et de la Riva Palacio, la superbe **Casa de Alvarado** a été bâtie au début du XXe siècle pour la famille Alvarado, qui tirait sa fortune de La Palmilla, la plus riche mine d'argent des Amériques. On remarquera le visage tourmenté au-dessus de la grande porte : ce serait celui d'un mineur indien. Tout près, après l'un des ponts qui enjambent le Parral (un *arroyo* asséché l'hiver), le **Museo Francisco**

Le Templo de la Virgen de Fátima, église des mineurs de Hidalgo del Parral

Le magnifique Lago Arareco, sur les hauteurs de la Sierra Madre occidentale

Creel ⑲

Chihuahua. 🏔 4 000. 🚂 🚌
ℹ López Mateos, (635) 456 01 26.
🎭 Carnaval (fév.-mars).

La bourgade de bûcherons de Creel sent bon le feu de bois et l'air frais des cimes. La première porte routière et ferroviaire de la sauvage Sierra Tarahumara et du canyon du Cuivre *(p. 176-177)* est un bon endroit pour prendre le spectaculaire chemin de fer Chihuahua-al-Pacífico. Vous pouvez également choisir de passer quelques jours dans les montagnes couvertes de pins.

La rue principale, Calle López Mateos, et la place, bordée par deux églises se trouvent près de la gare ainsi que le magasin de la mission des Tarahumaras, où vous trouverez conseils, artisanat indien et livres sur la sierra. Après la voie ferrée, la **Casa de las Artesanías,** musée et boutique d'artisanat d'État, raconte l'histoire du magnat du rail Enrique Creel, qui donna son nom à la ville. Vous y découvrirez également les nombreuses missions jésuites de la région et la culture des Tarahumaras. Une vitrine expose des corps momifiés trouvés dans les collines.

À 5 km au sud, le **Lago Arareco,** lac en forme de U, entouré d'étranges formations rocheuses et d'une pinède odorante, est idéal pour une promenade ou un pique-nique. Une piste de 4 km débute quelques kilomètres plus loin, puis serpente dans un canyon impressionnant jusqu'à la **Cascada Cusárare,** chute de 30 m. Les sources chaudes de **Recohuata,** les étranges rochers-champignons du **Valle de los Hongos,** et **El Divisadero,** belvédère sur le spectaculaire canyon du Cuivre, sont aussi facilement accessibles au départ de Creel. Les trains Chihuahua-al-Pacífico s'y arrêtent brièvement, mais des excursions en minibus permettent de s'attarder devant ces magnifiques panoramas. Les agences de Creel proposent d'autres circuits intéressants, notamment le survol des canyons en hélicoptère.

AUX ENVIRONS : à 3 ou 4 heures de route au nord-ouest de Creel, l'impressionnante **Cascada de Basaseáchic,** haute de près de 300 m, est la troisième chute d'Amérique du Nord. Le parc national qui l'entoure sur 57 km² abrite d'autres cascades, d'excellents campings et des sentiers de randonnée.

🏛 **Casa de las Artesanías**
Av. Ferrocarril 178. 📞 (635) 456 00 80. ◯ mar.-dim. ♿

LES INDIENS TARAHUMARAS

Peuple indépendant, les Tarahumaras se sont réfugiés il y a environ 400 ans dans les montagnes de la Sierra Madre occidentale pour éviter les missionnaires. Depuis, ils restent très à l'écart du reste du pays, préférant vivre en autarcie dans de petites communautés paysannes. S'appelant eux-mêmes Raramuri (coureurs), ce sont d'excellents athlètes de fond. Le sport traditionnel de la tribu est le *rarajipari (p. 20) :* des équipes de coureurs chaussés de sandales poussent une balle en bois sur des distances énormes dans la montagne. Les matchs peuvent durer plusieurs jours.

Indienne tarahumara et ses enfants en costume traditionnel

La hacienda Batopilas, construite par un magnat de l'argent

Batopilas 20

Chihuahua. 12 400.

La ville, à peine plus large qu'une rue, est accrochée sur la rive au fond d'un canyon de 1 500 m de profondeur. C'est l'argent qui fit la fortune de Batopilas en attirant dans cet endroit retiré les Espagnols d'abord, puis le célèbre politicien américain Alexander Shepherd. La construction de la ville exigea de véritables prouesses puisque son seul accès était un sentier muletier dans les montagnes. Il faut toujours compter trois heures par la piste à partir de Batopilas pour gagner la route Creel-Guachochi. La route descend de plus de 2 100 m dans la paroi du canyon par d'affolants virages.

Né à Batopilas, Manuel Gómez Morin fonda le PAN, Partido de Acción Nacional, principal parti d'opposition à l'éternel PRI *(p. 55)*. Seuls une plaque et un buste honorent la mémoire du politicien. Des hommages plus nombreux sont rendus à un autre habitant de la ville, Alexander Shepherd. Dernier gouverneur de Washington, celui-ci fonda dans les années 1890 la compagnie minière de Batopilas. Les vestiges de sa demeure, la **Hacienda San Miguel,** cachée sous les figuiers sauvages et les bougainvillées, font face à l'entrée du bourg, sur l'autre rive. La majeure partie de l'aqueduc qu'il a bâti est intacte, et la centrale qui a fait de Batopilas la deuxième ville électrifiée du Mexique fonctionne toujours. Transformée en hôtel, la **Hacienda Batopilas** est agrémentée de dômes et d'arcades extraordinaires.

Céramiques décoratives, Alamos

AUX ENVIRONS : plus loin, perdue dans le canyon, l'église de **Satevó** témoigne du zèle évangélisateur des Jésuites.

Cañón del Cobre 21

(p. 176-177).

Alamos 22

Sonora. 25 000. *Juárez 6, (647) 428 04 50. Virgen de Concepción (1er dim. de déc.).*

Joyau colonial sur le bord ouest de la Sierra Madre occidentale, Alamos doit sa renommée et sa fortune à l'argent que l'on y découvrit au XVIIe siècle. Mais sa restauration est surtout due à la communauté américaine qui est venue s'y installer.

Sur la place principale, la **Parroquia de la Purísima Concepción,** église baroque élevée entre 1783 et 1804, possède un clocher ouvragé aux murs sertis de plaques de céramique, don, dit-on, des femmes d'Alamos. Beaucoup ont, hélas, été cassées sous la révolution. Également sur la place, le **Palacio Municipal** (1899) montre une tour carrée et des balcons en ferronnerie. Non loin, le **Museo Costumbrista** retrace l'histoire locale.

Mais ce sont les demeures du Sonora, avec leurs patios et leurs grandes fenêtres aux grilles en fer forgé, qui donnent toute sa beauté à la ville. Certaines se visitent le samedi.

Museo Costumbrista
Guadalupe Victoria 1. (647) 428 00 53. mer.-dim. sur réservation.

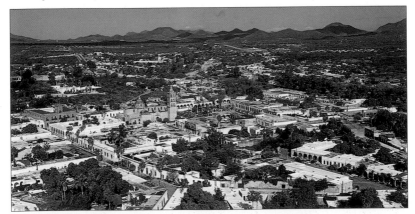

La belle ville coloniale d'Alamos, autour de la Parroquia de la Purísima Concepción

Cañón del Cobre (canyon du Cuivre)

Beaucoup plus vaste que le Grand Canyon, mais aussi bien moins connu, le canyon du Cuivre est une des merveilles nord-américaines restant à découvrir. Les rivières ont creusé une demi-douzaine de canyons dans la roche volcanique de cette région de la Sierra Madre occidentale. Les forêts de pins cachent cascades spectaculaires, étranges formations rocheuses et lacs paisibles, dont certains sont visibles du chemin de fer vertigineux qui serpente dans sa partie nord. Peu peuplés, les canyons sont la patrie des Tarahumaras *(p. 174)* et gardent des souvenirs des anciens booms miniers.

Spectaculaire Cañón del Cobre, profond de plus de 1 500 m et long de 50 km

El Divisadero
Les trains s'arrêtent 15 minutes au belvédère d'El Divisadero (p. 174) pour laisser les voyageurs admirer les profondeurs vertigineuses du canyon du Cuivre.

Cuiteco, charmant village entouré de vergers, abrite une mission jésuite depuis 1684.

Pitor

El Divisade

Areponapuc

San Rafael

Bahuichivo Cuiteco

Près de Témoris, la voie ferrée devient très sinueuse, effectuant un virage de 180° à l'intérieur d'un tunnel.

Parajes

Cerocahui

Témoris

↓ El Fuerte
Los Mochis

Ereposachi Mesa de Arturo

Urique

B
A
R
R
A
N
C
A

D
E

U
R
I
Q
U
E

CHEMIN DE FER CHIHUAHUA-AL-PACÍFICO

L'installation de la ligne Chihuahua-al-Pacífico, un des trains célèbres du monde, a pris près d'un siècle. Avec 86 tunnels et 37 ponts, cette prouesse technique permettait de traverser rapidement le continent avant la création du canal de Panama. Il faut environ 13 heures pour parcourir les 670 km qui séparent Chihuahua de Los Mochis, sur le Pacifique. Le parcours entre Creel et El Fuerte suit un dénivelé de plus de 2 000 m.

Batopilas, jadis ville minière prospère *(p. 175),* est aujourd'hui une bonne base de départ pour randonner dans les canyons.

Bato

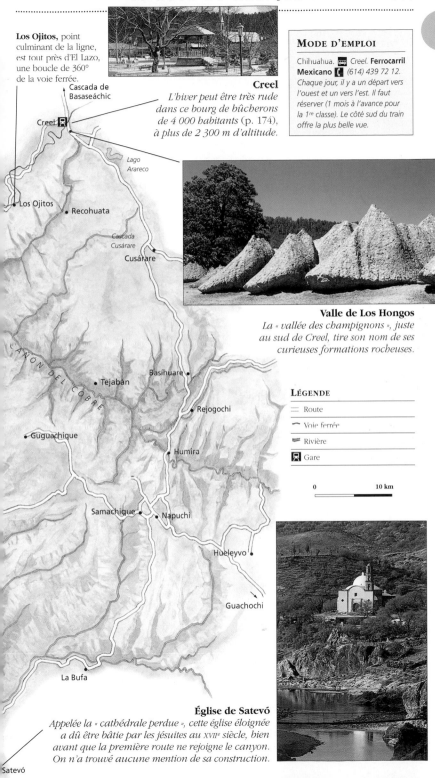

Los Ojitos, point culminant de la ligne, est tout près d'El Lazo, une boucle de 360° de la voie ferrée.

Creel
L'hiver peut être très rude dans ce bourg de bûcherons de 4 000 habitants (p. 174), à plus de 2 300 m d'altitude.

Valle de Los Hongos
La « vallée des champignons », juste au sud de Creel, tire son nom de ses curieuses formations rocheuses.

LÉGENDE
= Route
⌒ Voie ferrée
〰 Rivière
🚉 Gare

0   10 km

Église de Satevó
Appelée la « cathédrale perdue », cette église éloignée a dû être bâtie par les jésuites au XVIIᵉ siècle, bien avant que la première route ne rejoigne le canyon. On n'a trouvé aucune mention de sa construction.

Barques de pêche sur la paisible plage de Mazatlán, Playa del Norte

Mazatlán ㉓

Sinaloa. 🏘 *60 000.* ✈ 🚌 🚐
ℹ️ *angle de Tiburón et Camarón
Sábalo, (669) 916 51 60.* 🎭
Carnaval (fév.-mars).

S ituée au sud du Tropique
du Cancer, Mazatlán est la
plus septentrionale des
grandes stations du Mexique.
Elle est appréciée pour son
climat agréable, ses 20 km de
plages et son carnaval qui se
veut le troisième du monde
après ceux de Rio et de La
Nouvelle-Orléans.

Le boulevard du front de
mer relie rues étroites et
bâtiments du XIXᵉ siècle de la
vieille ville aux hôtels de luxe
de la Zona Dorada. Parmi les
îles de la côte, facilement
accesibles par bateau,
Venados, Lobos et **Pájaros**
offrent leur faune locale et de
superbes plages de sable
quasi désertes. L'**Isla de la
Piedra** n'est pas une île, mais
une péninsule sur l'estuaire,
réputée pour ses plages de
sable frangées de cocotiers.
Elle accueille l'un des plus
vastes aménagements
touristiques mexicains,
Estrella de Mar.

Le Mazatlán historique
mérite une visite pour son
Teatro Àngela Peralta
italianisant, superbement
restauré, du nom d'une
chanteuse d'opéra née à
Mazatlán, et pour sa curieuse
cathédrale, néogothique à
l'extérieur, d'un style baroque
exubérant à l'intérieur et
réputée pour son autel doré.
Tous deux ont été édifiés à la
fin du XIXᵉ siècle. La plus
ancienne église de Mazatlán
est l'**Iglesia de San José,**

bâtie en 1842 sur les pentes
du Cerro de la Nevería. La
« colline de la glacière » offre
une vue superbe sur la ville
de jour comme de nuit. Le
Cerro doit son nom au fait
qu'on conservait au XIXᵉ siècle
la glace dans un
tunnel creusé dans
son flanc. Le plus
grand aquarium
mexicain, l'**Acuarío
Mazatlán,**
rassemble plus de
250 espèces de
poissons et des
animaux marins du
monde entier.

AUX ENVIRONS : le
Sinaloa est l'un des
rares endroits où
l'on joue toujours
au *hulama*
(p. 277), un jeu de balle
précolombien. On y joue le
dimanche à **El Quelite**, à
50 km au nord par la Mex 15.

🍴 Acuario Mazatlán
Av. Deportes 111. 📞 *(669) 981 78
15.* ⬜ *t.l.j.* 🚫 📷 ♿

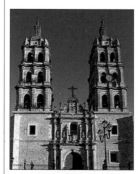

**La cathédrale baroque de Durango
et ses tours jumelles**

Durango ㉔

Durango. 🏘 *491 000.* ✈ 🚌 ℹ️
*Florida 100, Barrio del Calvario, (618)
811 21 39.* 🎭 *Feria Nacional (8 juil.).*

L a première attraction de la
ville est son lien avec le
cinéma, et surtout le western.
Beaucoup de restaurants et
de boutiques exploitent ce
thème, tirant profit du passé
cinématographique de
Durango. L'imposante
cathédrale, située côté nord
de la Plaza de Armas, fut
commencée en 1695. Elle
montre une façade baroque et
un superbe chœur orné de
stalles dorées portant des
figures de saints.

À une centaine de mètres à
l'ouest de la place, le **Palacio
de Gobierno**, siège du
gouvernement de
l'État, est réputé
pour sa collection
de *murals* éclatants
du XXᵉ siècle dus à
Francisco Montoya
de la Cruz,
Guillermo Bravo et
Guillermo de
Lourdes. Sur la
place, la **Casa del
Conde de Suchil**,
demeure de la fin
du XVIIIᵉ siècle,
abrite des magasins
et une banque, qui
conserve son
intérieur d'origine. Le
merveilleux **Teatro Ricardo
Castro**, construit en 1900 dans
le style Art nouveau, s'enor-
gueillit de posséder le plus
grand bas-relief en bois sculpté
d'une seule pièce du pays.

***Mural** au Palacio
de Gobierno
de Durango, détail*

AUX ENVIRONS : autour de la
ville se trouvent plusieurs sites
de tournage, notamment **Villa
del Oeste**. À côté, le village de
Chupaderos a également
accueilli nombre de westerns
hollywoodiens. La Mex 40, en
direction de l'ouest, atteint près
de 2 600 m d'altitude et est
jalonnée de vues magnifiques
de montagnes et de canyons.
Après environ 130 km,
l'impressionnant **Espinazo del
Diablo** (échine du diable) suit
sur 9 km une étroite corniche.

🏛 Villa del Oeste
Mex 45, 12 km au N. de Durango.
⬜ *t.l.j.* 🚫 ♿

Chaire de la cathédrale de Saltillo, décorée
de feuilles d'or et de figurines saintes

Saltillo ㉕

Coahuila. 🚶 580 000. ✈ 🚌
ℹ bd de Carranza 3206, (844) 439
27 45. 🎭 Ferias (juil.-août).

S urnommée « ville des
colonnes » à cause du
nombre de ses bâtiments
ornés de colonnades
néoclassiques, Saltillo est aussi
réputée pour sa **cathédrale,**
l'une des plus belles du nord-
est. Dominant la vieille Plaza
de Armas, sa façade
churrigueresque du XVIIIᵉ siècle
montre six colonnes sculptées
de fleurs, fruits et coquillages.
À l'intérieur, le visiteur peut
monter à la plus petite des
deux tours. Le corps principal
de l'église abrite la croix de
bois espagnole du XVIᵉ siècle
de la Capilla del Santo Cristo.
La cathédrale renferme aussi
une importante collection de
peintures à l'huile d'époque
coloniale. Mais son trésor reste
l'extraordinaire parement en
argent de l'autel latéral de San
José, dont le travail est si
remarquable qu'il est souvent
exposé ailleurs et remplacé
par une photographie.
    De l'autre côté de la
place, les bureaux du
gouvernement de l'État,
le **Palacio de Gobierno,**
renferment un *mural*
retraçant l'histoire du
Coahuila. L'autre grand
édifice du centre,
remarquable pour son
histoire autant que pour
son beau dôme couvert de
céramique, est le **Templo de**

San Esteban, qui a servi
d'hôpital aux troupes
mexicaines durant
l'invasion américaine
(p. 52). Saltillo possède
aussi un musée unique,
le **Museo de las Aves de
México,** extraordinaire
collection d'oiseaux
naturalisés de plus de
670 espèces mexicaines
différentes, léguée par
l'ornithologue
Aldegundo Garza
de León.
Remarquablement
conçues, les
présentations utilisent
squelettes, œufs et
fossiles d'oiseaux, et
expliquent de
nombreux aspects de
leur mode de vie et leur
comportement.

🏛 Museo de las Aves
de México
Angle de Hidalgo et Bolivar. 📞 *(844)*
414 01 67. ⏰ *mar.-dim.* 🎫 ♿ ▫

Monterrey ㉖

Nuevo León. 🚶 1,1 million. ✈ 🚌
ℹ Hidalgo 441 Oriente, (81) 8345 09
02. 🎭 Virgen de Guadalupe (12 déc.).

L a troisième ville du
Mexique est un pôle
industriel prospère et la vitrine
d'une audacieuse architecture
moderne, avec le **Planetario,**
qui abrite des expositions
scientifiques et un planétarium,
et la **Basílica de la Purísima.**
Achevée en 1946, celle-ci est

considérée comme un modèle
d'architecture religieuse. Sur la
Gran Plaza, qui se veut la plus
vaste du monde, le **Museo de
Arte Contemporáneo**
(MARCO) présente une grande
collection d'art moderne
d'Amérique latine. La sculpture
monumentale, mais sans trait
particulier, du **Faro del
Commercio** se dresse au-
dessus de la cathédrale.

AUX ENVIRONS : le **Parque
Nacional Las Cumbres de
Monterrey,** un des plus
grands parcs nationaux du
Mexique, protège la région
montagneuse et semi-
désertique à l'ouest de
Monterrey. La spectaculaire
chute Cola de Caballo (25 m)
et les impressionnantes grottes
Grutas de García sont deux de
ses sites les plus accessibles.

🏛 Planetario
Av. Gómez Morín 1100. 📞 *(81) 8303
00 03.* ⏰ *mar.-dim.* 🎫 ▫ ▫
🏛 MARCO
Angle de Zuazua et Jardon. 📞 *(81)
8342 48 20.* ⏰ *mar.-dim.* 🎫 *sauf
mer.* ♿ ▫ *sur réservation.* ▫ ▫

Le Planetario, complexe culturel
géant de Monterrey

HOLLYWOOD AU MEXIQUE

Un ciel bleu et limpide, des paysages semi-désertiques
magiques ont pendant longtemps fait de Durango un site
recherché pour le tournage de films et westerns. John
Wayne et Kirk Douglas, Anthony Quinn et Jack Nicholson
vinrent ainsi tourner ici. *Le Vent de la plaine,* de John
Huston, *La Horde sauvage* et *Pat Garrett et Billy the Kid,* de
Sam Peckinpah
font partie des
films les plus
célèbres tournés
près de Durango.
Certains sites se
visitent, comme
Villa del Oeste
(officiellement
appelé Condado
Chávez) et
Chupaderos.

Le village poussiéreux de Chupaderos, un
des décors de Far-West de Durango

LE CŒUR COLONIAL

AGUASCALIENTES • COLIMA • GUANAJUATO
JALISCO • MICHOACÁN • NAYARIT • QUERÉTARO
SAN LUIS POTOSÍ • ZACATECAS

*L*es États au nord de Mexico tirent une grande partie de leur charme des villes de l'époque coloniale, bien préservées. Littoral baigné de soleil et jungle humide y côtoient mesas piquetées de cactus et volcans enneigés. Villages indiens, villes remuantes et stations balnéaires ajoutent à la diversité de ce vaste territoire.

Après la chute de l'Empire aztèque *(p. 43)*, les Espagnols se tournèrent vers le nord et cherchèrent à conquérir les tribus nomades de la région. Missionnaires et aventuriers vinrent également y chercher fortune : certains exploitèrent le métal précieux des collines, d'autres la plaine fertile.

Des villes opulentes de style espagnol, riches de palais, d'églises et de couvents, surgirent rapidement. Zacatecas, Guanajuato et San Luis Potosí, fournisseurs principaux en or et en argent de la famille royale d'Espagne, prospérèrent.
Aguascalientes, San Miguel de Allende et Querétaro devinrent de grandes étapes sur la route de l'argent vers la capitale. Morelia s'établit comme le pôle social et culturel de la province

ouest de Nouvelle-Espagne, et Guadalajara ouvrit le commerce sur le Pacifique avec les ports de Manzanillo et San Blas.

Au début du XIXe siècle, l'hostilité générale contre la domination espagnole commença à sourdre à Querétaro et dans les villes coloniales voisines. Les complots rebelles, le premier soulèvement armé valurent à la région l'appellation de « berceau de l'indépendance ». Des combats acharnés se déroulèrent à Guanajuato, Zacatecas et Morelia, jusqu'à la déclaration d'indépendance de 1821 *(p. 49)*.

Aujourd'hui, le cœur colonial reste une région assez prospère, grâce à ses terres fertiles, à son industrie active (dont celle de la tequila) et au succès croissant de ses sites touristiques.

Un volcan s'élève au-dessus des plaines fertiles du Nayarit, dont l'agriculture est la principale ressource

◁ **L'intérieur ouvragé et polychrome du Santuario de Nuestra Señora de Guadalupe, Morelia**

À la découverte du cœur colonial

Plages et villes coloniales sont ses atouts touristiques. Sur la longue et belle côte pacifique, le grand port prospère de Puerto Vallarta et le petit port de Manzanillo sont aussi des stations balnéaires. À l'intérieur, la métropole moderne de Guadalajara possède un important noyau colonial. Les villes anciennes de Zacatecas, San Luis Potosí, Aguascalientes, Guanajuato, San Miguel de Allende et Querétaro se sont développées grâce aux fortunes nées de l'or et de l'argent. Pátzcuaro et Morelia sont les trésors coloniaux du Michoacán. Hors des sentiers battus, on découvre les villages huicholes et coras de la Sierra Madre Occidental, la ville fantôme de Real de Catorce, les missions isolées de la farouche Sierra Gorda, et les chutes imposantes de la verte Huasteca Potosina.

Poteries indiennes sur un marché de Pátzcuaro

LES SITES D'UN COUP D'ŒIL

Torreón

RÍO GRANDE 49

FRESNILL

VALPARAISO

JEREZ

LA QUEMADA

Mazatlán

SIERRA MADRE OCCIDENTALE

MEXCALTITÁN **1**

2 *TEPIC* **3** 15

SAN BLAS

23

JALEA

TEQUILA **9**

GUADALAJARA **10** **11**

TLAQUEPAQUE

LAGUNA DE CHAPALA **12**

80

PUERTO VALLARTA **4**

MASCOTA 200

SIERRA MADRE DEL SUR

80

54

CIUDAD GUZMAN

COSTALEGRE **5**

BARRA DE NAVIDAD

COLIMA **8**

110

MANZANILLO **6**

7 *CUYUTLÁN*

COALCOMÁN DE MATAMOROS

200

O C É A N
P A C I F I Q U E

VOIR AUSSI

• *Hébergement* p. 298-301

• *Restaurants* p. 320-323

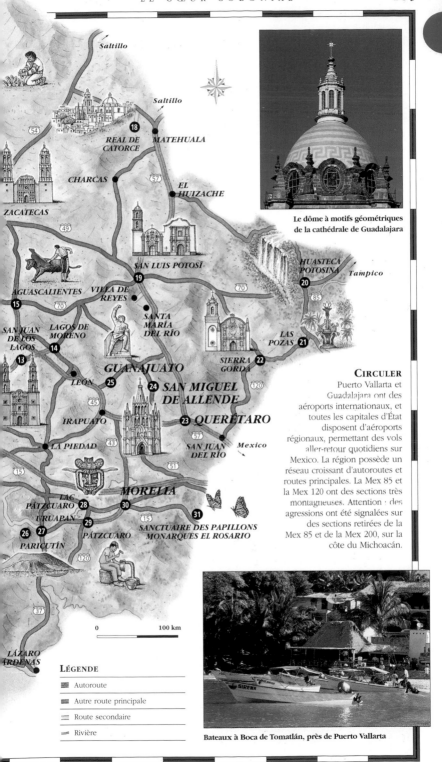

Le dôme à motifs géométriques
de la cathédrale de Guadalajara

Saltillo

Saltillo

18 MATEHUALA

**REAL DE
CATORCE**

CHARCAS

EL
HUIZACHE

ZACATECAS

SAN LUIS POTOSÍ

19

HUASTECA
POTOSINA   Tampico

20

AGUASCALIENTES   VILLA DE
REYES

15

SANTA
MARÍA
DEL RÍO

SAN JUAN
DE LOS
LAGOS

LAGOS DE
MORENO

14

LAS
POZAS   **21**

13

SIERRA
GORDA   **22**

GUANAJUATO

LEÓN   **25**

24 **SAN MIGUEL
DE ALLENDE**

IRAPUATO

23 QUERÉTARO

SAN JUAN
DEL RÍO   Mexico

LA PIEDAD

MORELIA

LAC
PÁTZCUARO   **28**

30

31

URUAPAN   **29**

SANCTUAIRE DES PAPILLONS
MONARQUES EL ROSARIO

26 **27**

PÁTZCUARO

PARICUTÍN

LÁZARO
CÁRDENAS

CIRCULER

Puerto Vallarta et
Guadalajara ont des
aéroports internationaux, et
toutes les capitales d'État
disposent d'aéroports
régionaux, permettant des vols
aller-retour quotidiens sur
Mexico. La région possède un
réseau croissant d'autoroutes et
routes principales. La Mex 85 et
la Mex 120 ont des sections très
montagneuses. Attention : des
agressions ont été signalées sur
des sections retirées de la
Mex 85 et de la Mex 200, sur la
côte du Michoacán.

0   100 km

LÉGENDE

Autoroute

Autre route principale

Route secondaire

Rivière

Bateaux à Boca de Tomatlán, près de Puerto Vallarta

Mexcaltitán ❶

Nayarit. 1 000. Fiesta de San Pedro y San Pablo (28-29 juin).

Cette petite île, appelée « lieu du temple de la Lune », fait moins de 400 m de large. Elle fait partie d'un lagon situé dans la plus vaste zone de mangrove du Mexique, et les pluies d'août et septembre transforment ses rues en canaux. La légende dit que les Aztèques y ont dormi en chemin vers leur terre promise.

On n'y a pas trouvé d'objets aztèques, mais les pièces archéologiques du **Museo del Orígen,** dans l'ancien hôtel de ville, illustrent l'importance de l'île comme « berceau du mexicanisme ».

Museo del Orígen
Plaza Principal. *pas de téléphone.* *mar.-dim.*

San Blas ❷

Nayarit. 43 000. José María Mercado 29. Dia de San Blas (2 fév.), Carnaval (fév.-mars), Día de la Marina (1er juin).

La gloire coloniale de San Blas, port prospère doté de grands chantiers navals où s'amarrait l'Armada espagnole, n'est plus qu'un souvenir. Ses seuls vestiges sont les ruines d'un fort et d'une église espagnols du XVIIIe siècle, et une grande maison des douanes du XIXe siècle, très délabrée. San Blas, aujourd'hui, n'est qu'un village de pêcheurs assoupi au milieu des palmeraies et des estuaires frangés de mangrove. Station balnéaire la plus ancienne de l'État, elle accueille, avec ses hôtels et restaurants, baigneurs et surfeurs, attirés par 19 km de plages dorées autour de la baie de Matanchén.

AUX ENVIRONS : à l'est de la ville, les pontons sur la route de Matanchén proposent des excursions en barque dans les estuaires luxuriants qu'habite une faune bruyante. À côté d'une ferme de crocodiles, **La Tovara,** avec sa source d'eau douce et sa piscine naturelle, attire de nombreux visiteurs.

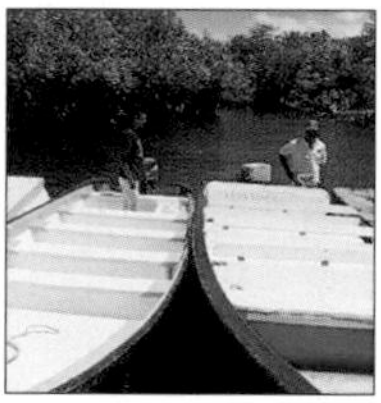

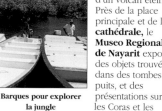

Barques pour explorer la jungle

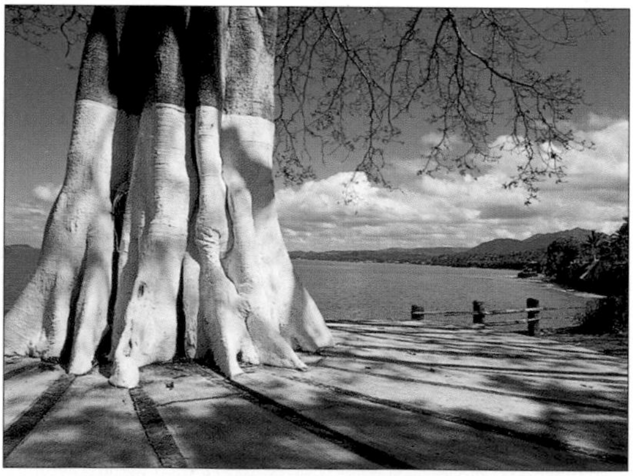

Vue panoramique de la paisible baie de Matanchén, près de San Blas

LES HUICHOLES

Près de 50 000 Indiens huicholes vivent au Mexique, la plupart dans des villages de la Sierra Madre Occidental. Ils sont connus pour leurs rites religieux secrets, dont le cactus *peyotl* hallucinogène est l'ingrédient indispensable. Il pousse à des kilomètres de là, dans l'État de San Luis Potosí, et en septembre, les Indiens, pour le cueillir, gravissent une montagne sacrée près de Real de Catorce *(p. 193).* Les Huicholes sont renommés pour leurs *nierikas,* tableaux de fils colorés, et leurs *chaquiras* de perles.

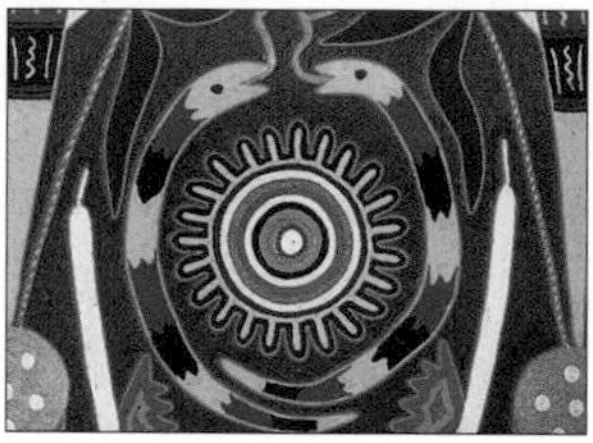

Détail d'un éclatant tableau de fil huichole

Tepic ❸

Nayarit. 305 000. angle d'Av. México et Calzada del Ejército Nacional, (311) 214 80 71. Feria Nacional de Tepic (25 fév.-21 mars).

Ville provinciale au climat agréable, Tepic naquit au XVIe siècle au pied d'un volcan éteint. Près de la place principale et de la **cathédrale,** le **Museo Regional de Nayarit** expose des objets trouvés dans des tombes à puits, et des présentations sur les Coras et les Huicholes. La **Casa de los Cuatro Pueblos** est un musée consacré aux Coras, Huicholes, Tepehuanos et Mexicaneros. Le 3 mai, ces communautés honorent, à Tepic, la croix d'herbe du **Templo y Ex-Convento de la Cruz de Zacate.**

AUX ENVIRONS : les collines verdoyantes, à 30 km au sud-est de Tepic, abritent le lac **Santa María del Oro,** destination des randonneurs et des amoureux des oiseaux.

Museo Regional de Nayarit
Av. México 91 Norte. *(311) 212 19 00.* *t.l.j.* *sur réservation.*

Casa de los Cuatro Pueblos
Hidalgo 60 Oriente.
(311) 212 17 05. *lun.-sam.*

Puerto Vallarta ❹

Jalisco. 👥 *184 000.* ✈ 🚌
🏨 *Plaza Marina 144–6, (322) 221 26 76.* 🎭 *Día de Guadalupe (12 déc.).*

Les stars de Hollywood qui découvrirent, dans les années 1960, le paradis tropical de la baie de Banderas, firent de Puerto Vallarta l'une des premières stations de la côte pacifique. Tous les ans, 1,5 million de touristes viennent goûter ses belles plages, son climat toujours agréable, son éventail de sports nautiques et sa trépidante vie nocturne.

La station s'étire sur plus de 40 km sur la baie, mais son cœur reste le vieux centre de Puerto Vallarta, **Viejo Vallarta.** Il conserve le charme d'un village mexicain : toits de tuiles, murs blanchis à la chaux et rues pavées menant vers les montagnes couvertes de jungle. Sur la rivière qui partage la ville, la petite **Isla Río Cuale** abrite boutiques, cafés et un jardin botanique.

Le *malecón,* les planches du front de mer, concentre les taxis marins qui vous conduiront vers d'autres endroits de la baie, comme la Zona Hotelera, secteur hôtelier qui s'étend au nord jusqu'au port. Plus au nord, la marina Vallarta, la plus grande du Mexique, offre hôtels de luxe, galeries commerciales et golf. Juste à côté, **Nuevo Vallarta,** la station la plus récente de la baie, se trouve dans un autre État (le Nayarit) et un autre fuseau horaire ; ses kilomètres de plage et son estuaire s'étirent jusqu'à **Bucerías.** L'infrastructure touristique se raréfie ensuite, et un chapelet de petites plages vierges rejoignent la pointe nord de la baie, **Punta Mita.**

Plus pittoresque, la courbe sud de la baie de Banderas s'amorce avec la **Playa de los Muertos,** point le plus fréquenté de la vieille ville. Puis la route sinueuse traverse des collines émaillées de villas et découvre des criques miroitantes jusqu'à **Mismaloya,** avant de bifurquer vers l'intérieur. Au-delà, plages et criques exotiques, paradis pour la baignade et la plongée, ne sont accessibles qu'en bateau.

AUX ENVIRONS : forêts, canyons et villages de l'intérieur sont le cadre de nombreuses excursions. **Las Marietas, Corbeteña** et **El Morro,** sites de plongée réputés, se trouvent au nord de Puerto Vallarta.

Voiliers sur les eaux calmes de la marina de Puerto Vallarta

Paisible baie abritée, à l'extrémité est du Costalegre

Costalegre ❺

Jalisco. 🚂 *Chamela, Barra de Navidad, Cihuatlán.* 🛈 *Jalisco 67, Barra de Navidad, (315) 355 51 00.*

La superbe « côte joyeuse » du Jalisco s'étire sur plus de 200 km, du sud de Puerto Vallarta (p. 185) à la frontière de l'État de Colima. L'autoroute Mex 200 traverse l'arrière-pays, parmi des montagnes verdoyantes et des bananeraies. La plupart des plages du Costalegre ne sont accessibles que par les hôtels ou par la mer. On accède par des voies privées aux stations de luxe, protégées par des barrières gardées. Certaines ont golf, terrain de polo et piste d'atterrissage.

Sur une baie magnifique à 165 km au sud de Puerto Vallarta, **Careyes** fut aménagée à la fin des années 1960 par un entrepreneur italien, qui créa le « style Careyes ». Avec ce mélange coloré d'architecture méditerranéenne et mexicaine, Careyes dota la station de vastes espaces publics et de maisons aux immenses toits de palmes ou *palapas*. Les plus fortunés peuvent y louer des villas de rêve perchées sur les falaises.

Les baies de Chamela, Tenacatita et Cuastecomate proposent un hébergement meilleur marché. En outre, la baignade y est plus sûre que sur les plages ouvertes sur l'océan, aux grosses vagues et courants dangereux. La baie la plus au sud est **Bahía de Navidad**, qui comprend la station familiale de **Melaque** et le village de pêcheurs de

Barra de Navidad. La plupart des petits restaurants et hôtels modestes de Barra se pressent sur une étroite langue de sable, bénéficiant de superbes couchers de soleil sur le Pacifique et, à l'est, d'une vue sur un lagon paisible. Les petits bateaux de Barra emmènent les visiteurs dans les restaurants rustiques de **Colimilla,** hameau en bord de lagon au pied d'un impressionnant promontoire boisé. Ce dernier est dominé par la grande station d'Isla Navidad, avec sa réserve écologique et son golf panoramique à 27 trous.

Manzanillo ❻

Colima. 👥 *124 000.* ✈ 🚂 🛈 *bd Miguel de la Madrid 1033, (314) 333 22 77.* 🎉 *Fiestas de Mayo (1er-10 mai), tournoi international de pêche au voilier (1re sem. de nov.).*

Port commercial le plus important de la côte ouest, Manzanillo est aussi la première station balnéaire du Colima et la « capitale mondiale de l'espadon-voilier ». Les maisons colorées du vieux port s'accrochent à une

colline dominant le port principal, et la ville récente couvre une bande de sable séparant un lagon de l'océan. La plupart des hôtels et restaurants de Manzanillo bordent le sable blanc de **Las Brisas** et **Playa Azul.**

La péninsule séparant Bahía de Manzanillo et Bahía de Santiago est occupée par **Las Hadas** (les Fées), hôtel de luxe de style mauresque équipé d'un golf. ouvert dans les années 1970. Aujourd'hui, des hôtels bordent presque toute la Bahía de Santiago, de La Audiencia à Playa Miramar. Le **Museo Universitario de Arqueología** renferme une remarquable collection d'objets précolombiens de la région.

🏛 **Museo Universitario de Arqueología**
Glorieta San Pedrito. 📞 *(314) 332 22 56.* 🕐 *mar.-sam.* 🎟 *sauf dim.* 📷 *sur réservation.* ♿

Cuyutlán ❼

Colima. 👥 *940.* 🚂 🎉 *Fiesta de la Santa Cruz (2-3 mai).*

À l'extrémité de son immense lagon, qui s'étire sur 32 km vers le sud à partir de Manzanillo, Cuyutlán, station traditionnelle de la côte centrale du Colima, se caractérise par son sable noir volcanique, le bruit des vagues sur les récifs, et les touristes mexicains qui y déferlent le week-end. À l'époque coloniale, le sel de la région était un ingrédient essentiel du traitement du minerai. Le modeste **Museo de la Sal** donne un aperçu de l'industrie du sel. Au printemps, on assiste sur la côte au phénomène spectaculaire de la *ola verde :* ces vagues vertes

L'élégant hôtel-résidence Las Hadas à Manzanillo

Le Volcán de Fuego, vu de la route quittant Colima pour Guadalajara

translucides où luisent des organismes marins phosphorescents peuvent atteindre 10 m de haut.

⛫ Museo de la Sal

Juárez. ◐ haute saison : t.l.j. ; basse saison : ven.-dim. &

Kiosque du tropical Jardín de Libertad, Colima

Colima ❽

Colima. 🏃 130 000. 🛪 🚋 ⓘ Hidalgo 96, (312) 312 83 60. 🎭 San Felipe de Jesús (fév.), Feria de Todos los Santos (27 oct.-11 nov.).

C ette gracieuse ville provinciale, capitale d'un des plus petits États du Mexique, est la première cité espagnole bâtie sur la côte Ouest. Colima fut reconstruite plusieurs fois depuis 1522, à la suite de séismes successifs, mais son centre s'orne toujours de bâtiments néoclassiques, musées, et jardins tropicaux comme le **Jardín de Libertad.**

La Campana, site archéo-logique aux abords de la ville, grande implantation précolom-bienne entre 700 et 900, montre des vestiges plus anciens remontant à 1500 av. J.-C. Autour de 1995, des fouilles approfondies ont mis au jour des places et édifices monu-mentaux. **Le Museo de las**

Culturas de Occidente présente des céramiques et des figurines humaines et animales trouvées dans des tombes à puits. Le **Museo Universitario de Artes Populares** expose l'artisanat régional et national.

Aux environs : la route qui quitte la ville vers le nord offre d'impressionnantes vues du **Volcán de Fuego**, toujours actif, avec à l'arrière le **Nevado de Colima**, plus élevé mais éteint. On peut atteindre le pied des volcans en voiture.

⛫ Museo de las Culturas de Occidente

Angle de Galván et Ejército Nacional. ☎ (312) 312 31 55. ◐ mar.-dim. 🖾

⛫ Museo Universitario de Artes Populares

Gabino Barreda et Manuel Gallardo. ☎ (312) 312 68 69. ◐ t.l.j. 🖾 sauf dim. ⬛ &

Tequila ❾

Jalisco. 🏃 35 500. 🚌 ⓘ José Cuervo 33, (33) 3668 16 47. 🎭 Fiesta Septembrina (16 sept.), Feria Nacional del Tequila (1ᵉʳ-12 déc.).

L a célèbre boisson mexicaine *(p. 313)* y est omniprésente et la ville exhale la senteur puissante de sa bonne douzaine de distilleries. Tequila est entourée de plantations d'*Agave tequilana weber,* dont on utilise depuis le XVIᵉ siècle le cœur *(piñas)* pour produire le précieux liquide. Premier producteur mexicain, la ville exporte dans près de cent pays. La visite des distilleries est toujours suivie d'une dégustation. Parmi les plus grandes et plus anciennes, La Perseverancia et La Rojeña ont conservé leur équipement et leur foyer d'origine.

Récolte de l'*Agave tequilana weber*, dans des champs près de Tequila

Guadalajara ❿

I l y a quelques décennies, la capitale du Jalisco était une paisible ville de province. Un boom industriel l'a rapidement transformée en métropole moderne, la deuxième après Mexico. Une vaste ceinture industrielle et des banlieues tentaculaires entourent aujourd'hui son centre historique. Mais le charme classique de cette « perle de l'Ouest » ou « cité des roses » subsiste sur la suite de grandes places, bordées de majestueux édifices coloniaux, qui forment le cœur de la ville. Les banlieues de Guadalajara, qui autrefois étaient des villages indépendants, sont également intéressantes, comme Zapopan et sa basilique sacrée, et Tlaquepaque *(p. 190)*.

La cathédrale de Guadalajara,
vue de la Plaza de Armas

🛡 Cathédrale

La construction de ce monument débuta peu après la fondation de la ville en 1542, mais ne s'acheva qu'au début du XVIIIᵉ siècle, dans un mélange de styles. En 1750 et 1818, des séismes détruisirent la façade et les tours d'origine. Elles furent remplacées au milieu du XIXᵉ siècle par des flèches jumelles couvertes de céramique jaune, aujourd'hui emblèmes de la ville.

L'intérieur, austère, est rehaussé par plus d'une dizaine d'autels, principalement néoclassiques. La sacristie abrite des peintures des XVIIIᵉ et XIXᵉ siècles, dont une *Assomption de la Vierge* attribuée à Murillo.

🏛 Museo Regional de Guadalajara

Angle d'Av. Hidalgo et Liceo. 📞 (33) 3614 99 57. ◯ mar.-dim. 🎫 sauf mar. et dim. 📷

Un merveilleux séminaire du XVIIIᵉ siècle, doté de plusieurs cours et d'une chapelle, abrite le Museo Regional de Guadalajara. Les galeries du rez-de-chaussée traitent de paléontologie, préhistoire et archéologie. On y voit un

squelette entier de mammouth retrouvé dans l'État, et la reproduction d'une tombe à puits découverte à Zapopan. L'étage regroupe des présentations ethnologiques de tribus indiennes, une galerie illustrant l'histoire locale depuis la Conquête, et des toiles d'artistes originaires du Jalisco. À la sortie du musée, on peut louer une calèche pour une promenade dans le centre historique.

🏛 Palacio de Gobierno

Angle de Moreno et Av. Corona. 📞 (33) 3668 18 02. ◯ t.l.j.

Achevé en 1774 dans le style baroque, le Palacio de Gobierno est le siège du gouvernement de l'État. Des *murals* de José Clemente Orozco ornent l'escalier principal, la coupole de l'ancienne chapelle et les salles d'assemblée de l'étage. Ils célèbrent le héros de l'indépendance Miguel Hidalgo, qui en 1810 a proclamé ici l'abolition de l'esclavage au Mexique. La porte principale en bois, finement sculptée de bustes féminins dénudés, fut créée à l'origine pour la cathédrale.

La Plaza de Armas, à la sortie, possède un kiosque ouvragé où se tiennent des concerts les jeudis et dimanches soirs.

🏛 Teatro Degollado

Plaza de la Liberación. 📞 (33) 3613 11 15. ◯ t.l.j.

Une rangée de huit colonnes corinthiennes surmontée d'une frise triangulaire d'Apollon et les neuf Muses forment le portique du Teatro Degollado. Les spectacles ont lieu dans une salle rouge et or à cinq niveaux de 1 400 places, sous des lustres étincelants et une coupole ornée de scènes de *La Divine Comédie* de Dante. Depuis son inauguration en 1866, le théâtre a été remanié plusieurs fois.

🏛 Instituto Cultural Cabañas

Cabañas 8. 📞 (33) 3617 43 22. ◯ mar.-dim. 🎫 sauf dim. ♿ 📷 📄 ✏

Statue sur
la Plaza
de Armas

Fondé en 1805 par l'évêque Juan Cruz Ruiz de Cabañas, cet ancien hospice est le plus grand édifice colonial des Amériques, et l'un des plus beaux bâtiments néoclassiques du Mexique. Son architecte Manuel Tolsá le dota d'un immense dôme central et de 23 cours. L'orphelinat abrita jusqu'à 3 000 enfants. Après sa fermeture en 1979, il fut restauré et transformé en centre d'expositions temporaires et permanentes ; il abrite également une école des beaux-arts et des arts du spectacle.

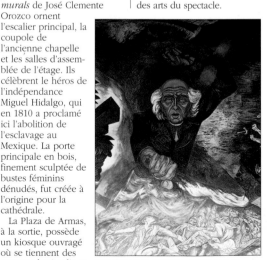

Mural **de Miguel Hidalgo, œuvre de José Clemente Orozco, Palacio de Gobierno**

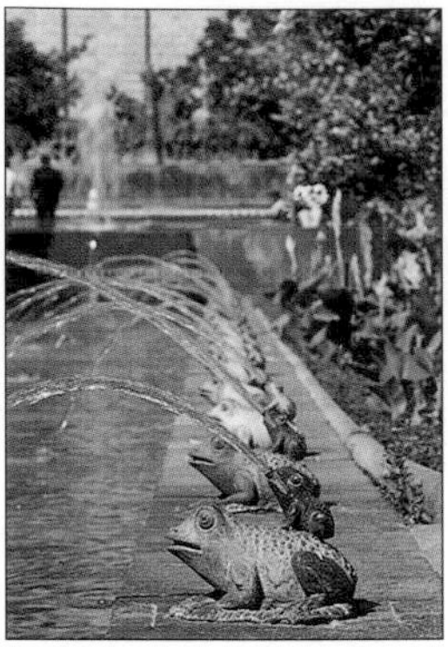

Fontaines-grenouilles de la Plaza Tapatía, réservée aux piétons

Des fresques d'Orozco couvrent les murs de l'ancienne chapelle, centrées autour de l'*Homme en feu,* sous la coupole. Cette grande œuvre reprend les thèmes de la Conquête, de la répression, et de la déshumanisation de l'homme moderne.

Devant le bâtiment, la Plaza Tapatía termine la vaste zone piétonnière qui s'étend jusqu'à la cathédrale.

✝ Les églises

Près de la cathédrale, on découvre à pied plusieurs belles églises coloniales. Le **Templo de San Juan de Dios,** à la décoration intérieure or, blanc et bleu, tourne le dos à une place investie par les *mariachis* et leur public.

Au sud se dresse le **Templo de San Francisco Neri,** à la superbe façade plateresque. Le temple et la **Capilla de Aranzazú,** en face, faisaient autrefois partie d'un couvent franciscain. La chapelle abrite trois autels churrigueresques ouvragés.

Au nord-ouest, la façade latérale du **Templo de Santa Mónica** est un parfait exemple de « baroquisation ».

✝ Basílica de Zapopan

Zapopan, 7 km au N.-O. du centre. ☎ *(33) 3633 66 14.* 🕒 *t.l.j.* 📷 ♿

La Basílica de Zapopan, du XVIIIe siècle, renferme une des reliques les plus vénérées du Mexique, la Vierge de Zapopan. Cette petite statue de pâte de maïs, offerte au XVIe siècle aux Indiens de la région par un moine franciscain, protégerait des catastrophes naturelles. À droite de l'entrée, un petit musée expose des objets d'artisanat huichole *(p. 184).*

MODE D'EMPLOI

Jalisco. 👥 *1,6 million.* ✈ *17 km au S.* 🚌 *Calle Salvador Hinojosa (33) 3600 03 91.* ℹ *Morelos 102, (33) 3668 16 00.* 🎉 *Virgen de Zapopan (12 oct.).*

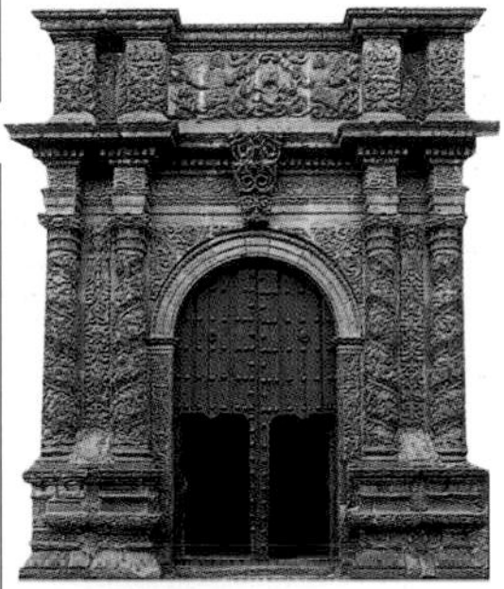

Porte latérale baroque du Templo de Santa Mónica

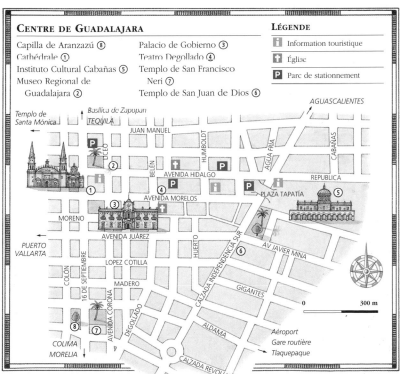

CENTRE DE GUADALAJARA

Capilla de Aranzazú ⑧
Cathédrale ①
Instituto Cultural Cabañas ⑤
Museo Regional de Guadalajara ②
Palacio de Gobierno ③
Teatro Degollado ④
Templo de San Francisco Neri ⑦
Templo de San Juan de Dios ⑥

LÉGENDE

ℹ Information touristique
✝ Église
[P] Parc de stationnement

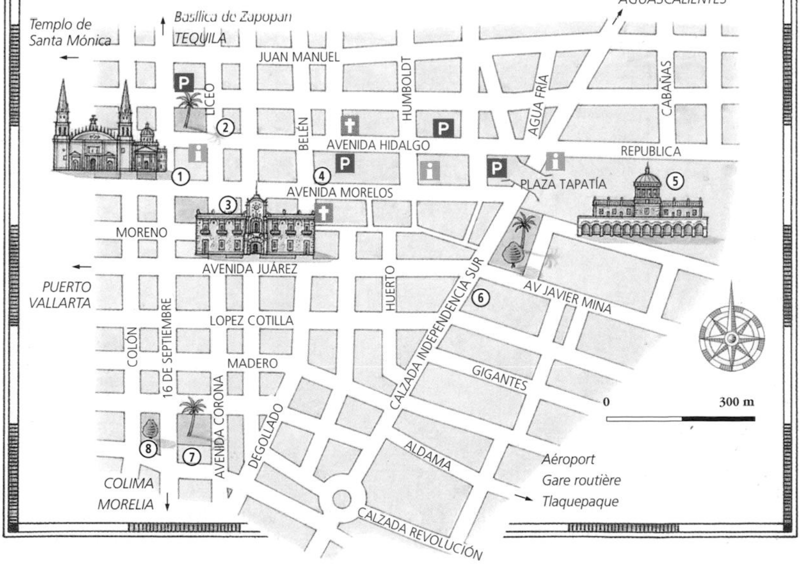
AGUASCALIENTES
Basílica de Zapopan
TEQUILA
Templo de Santa Mónica
JUAN MANUEL
HUMBOLDT
LICEO
AGUA FRÍA
CABAÑAS
BELÉN
AVENIDA HIDALGO
REPUBLICA
PLAZA TAPATÍA
AVENIDA MORELOS
MORENO
AVENIDA JUÁREZ
PUERTO VALLARTA
HUERTO
CALZADA INDEPENDENCIA SUR
AV JAVIER MINA
COLÓN
16 DE SEPTIEMBRE
LOPEZ COTILLA
MADERO
GIGANTES
AVENIDA CORONA
DEGOLLADO
0
300 m
ALDAMA
COLIMA
MORELIA
Aéroport
Gare routière
Tlaquepaque
CALZADA REVOLUCIÓN

Tlaquepaque ⓫

Jalisco. 🚌 *Guadalajara.* ℹ️ *Morelos 288, (33) 3635 57 56.* 🎉 *Fiestas de Tlaquepaque (juin).*

Cet ancien village de potiers et lieu de villégiature des habitants aisés de Guadalajara (p. 188-189) est devenu une banlieue de la grande ville. Elle a su cependant garder son âme et propose un choix extraordinaire d'objets dans ses boutiques d'artisanat : poterie, verre soufflé, tissu, métal, bois et papier mâché.

On y trouve aussi de nombreux restaurants. El Parián, le plus populaire, est situé sur la charmante place centrale fleurie de Tlaquepaque. Il se veut la plus grande *cantina* du monde : 34 lieux qui permettent de se restaurer et de boire entourent sa cour immense et au centre, une estrade accueille régulièrement des *mariachis.*

Le **Museo Regional de la Cerámica** expose les plus belles céramiques de Tlaquepaque et sa région. Il occupe une vieille demeure superbe, dont la cuisine du XVIᵉ siècle présente beaucoup d'intérêt.

Beaucoup des objets en vente

Vue du Laguna de Chapala, le plus grand lac du Mexique

Statuettes de *mariachis* de Tlaquepaque

à Tlaquepaque sont réalisés dans le faubourg voisin de Tonalá. Celui-ci était un village à l'extérieur de Guadalajara, et le lieu de résidence de tribus indiennes. Le jeudi et le dimanche, les rues de Tonalá accueillent un marché d'artisanat en plein air.

🏛 Museo Regional de la Cerámica

Independencia 237. 📞 *(3) 635 54 04.* 🕐 *mar.-dim.* 📷 🚻

Laguna de Chapala ⓬

Jalisco. 🚌 *Chapala, Ajijic.* ℹ️ *Madero 407 Altos, Chapala, (376) 5 31 41.*

Le plus grand lac naturel du Mexique est en voie d'assèchement, à cause notamment des besoins croissants en eau de la population et de l'industrie en expansion de sa voisine Guadalajara.

Le Laguna de Chapala est bordé sur sa rive nord-ouest par la station fréquentée de la Ribera. Avec son climat presque idéal, celle-ci a reçu, pendant des décennies, des flots de visiteurs grâce à la proximité de la deuxième ville mexicaine. La zone construite s'étire sur 21 km à partir de la vieille station de **Chapala,** où séjourna le romancier D.H. Lawrence, jusqu'au village de Jocotepec, à l'extrémité ouest du lac. **Ajijic,** une colonie d'artistes, est le village le plus pittoresque de Ribera avec ses rues pavées, ses boutiques d'artisanat, ses galeries et une chapelle du XVIᵉ siècle. Plus à l'ouest, la station thermale de **San Juan Cosalá** dispose de piscines et d'un geyser.

De Chapala, on rejoint en bateau l'île boisée **Isla de los Alacranes** et ses restaurants de poisson, ou **Mezcala,** un îlot dont le fort, en ruines, a été tenu quatre ans par des Mexicains luttant pour l'indépendance, avant qu'ils ne se rendent, en 1816, aux Espagnols.

La route touristique qui suit la rive sud, presque vierge, offre des vues superbes sur le lac de Chapala.

San Juan de los Lagos ⓭

Jalisco. 👥 *50 000.* 🚌 ℹ️ *Fray Antonio de Segovia 10, (395) 785 09 79.* 🎉 *La Candelaria (25 jan.-2 fév.), Fiesta de la Primavera (fin mai).*

L'imposante cathédrale du XVIIIᵉ siècle de San Juan de los Lagos est un des grands sanctuaires catholiques du Mexique. Près de neuf millions de pèlerins s'y rendent chaque année pour honorer la Virgen de San Juan de los Lagos, petite statue en pâte de maïs du XVIᵉ siècle,

Étal de confiseries dans la Calle de Independencia, Tlaquepaque

placée dans un autel réalisé à l'origine pour Sainte-Marie-des-Anges, à Rome.

Haute de 68 m, la cathédrale possède un intérieur somptueux. La vaste sacristie abrite un ensemble de grandes toiles des XVIIᵉ et XVIIIᵉ siècles, dont six attribuées à Rubens. Les murs de la salle voisine sont couverts d'*ex-voto* émouvants remerciant la Vierge pour les grâces accordées.

Les rues étroites de San Juan ont peu conservé leurs maisons coloniales, mais la **Capilla de los Milagros** et la **Casa de la Cultura** sont de beaux témoignages de l'architecture du XVIIᵉ siècle.

Mural coloré décrivant la vie mexicaine, San Juan de los Lagos

Lagos de Moreno ⓮

Jalisco. 🏙 130 000. 🚌 🛈 Juárez 426 Centro, (474) 742 24 66. 🎎 Feria de Agosto (fin juil. déb. août).

Peu de touristes fréquentent ce joyau d'architecture, riche de nombreux édifices des XVIIIᵉ et XIXᵉ siècles, surnommé « l'Athènes du Jalisco ».

À l'époque coloniale, Lagos de Moreno se trouvait sur la route de l'argent reliant Zacatecas à Mexico. La splendide **église paroissiale** baroque, le **Templo y Ex-Convento de Capuchinas,** plus sobre, et un pont au décor néoclassique datent de cette époque. Au XIXᵉ siècle, la ville, qui devint un centre d'élevage de bétail, s'enrichit et s'offrit le charmant **Teatro Rosas Moreno.** Deux nobles résidences néoclassiques de cette époque, sur le parc central, abritent le **Palacio Municipal** et l'**Hotel de París.**

La cour centrale à arcades du Palacio de Gobierno, Aguascalientes

Aguascalientes ⓯

Aguascalientes. 🏙 640 000. 🛬 🚌 🛈 Plaza de la Patria, (449) 915 11 55. 🎎 Feria de San Marcos (mi-avr.-mi-mai), Las Calaveras (déb. nov.).

Aguascalientes doit son nom à ses sources chaudes ; la ville attire toujours les curistes mais est plus connue pour la Feria de San Marcos *(p. 185)*.

Le **Palacio de Gobierno** colonial, rouge et rose, possède un dédale impressionnant d'arcades, de colonnes et d'escaliers. Il abrite des *murals* peints par Oswaldo Barra Cunningham, élève de Diego Rivera. De l'autre côté de la Plaza de la Patria, se dressent la **cathédrale** du XVIIIᵉ siècle, dotée de peintures coloniales, et le **Teatro Morelos** néoclassique.

Le **Museo de Arte Contemporáneo** montre des œuvres contemporaines primées, tandis que le **Museo José Guadalupe Posada** présente les gravures du

La cathédrale du XVIIIᵉ siècle, Plaza de la Patria, Aguascalientes

célèbre dessinateur satirique mexicain. Le **Museo Descubre,** lui, abrite des présentations scientifiques interactives.

🏛 **Museo de Arte Contemporáneo**
Juan de Montoro 222. 📞 (449) 918 69 01. ⏱ mar.-dim. 🎫 sauf dim.

🏛 **Museo José Guadalupe Posada**
Díaz de León. 📞 (449) 915 45 56. ⏱ mar.-dim. 🎫 sauf dim. ♿ 📷 sur réservation.

🏛 **Museo Descubre**
Av. San Miguel. 📞 (449) 978 03 38. ⏱ t.l.j. 🎫 ♿ 🛒 🖥 📷

La Quemada ⓰

Zacatecas. Mex 54, 57 km au S.-E. de Zacatecas. 🚌 de Zacatecas. ⏱ t.l.j. 🎫

Le site archéologique de La Quemada couvre une colline abrupte dominant une grande vallée aride. À partir des années 350, ce fut un important centre religieux et politique et un pôle de commerce entre la région et Teotihuacán *(p. 134-137)*. Après 700, la cité aurait substitué la guerre au commerce, et vers 1100 aurait trouvé une fin violente, en dépit d'un mur défensif de 800 m de long et 4 m de haut élevé sur sa pente nord.

Il faut compter deux heures environ pour explorer le site. Suivre le sentier raide et rocailleux qui mène de la chaussée principale et de la salle des Colonnes à la Citadelle.

Façade churrigueresque de la cathédrale de Zacatecas

Zacatecas **⑰**

Zacatecas. 🏙 124 000. ✈ 🚌
ℹ Av. Hidalgo 403, (492) 922 34 26.
🎭 La Morisma (août), Feria de
Zacatecas (1re et 2e sem. de sept.).

Fondée en 1546, peu après
la découverte de gisements
métallifères dans la région,
Zacatecas devint bientôt le
fournisseur d'argent de la
couronne d'Espagne.
Remarquable par ses édifices
baroques en grès, la ville
emplit une vallée étroite prise
entre des collines désolées. La
noblesse a bordé rues et
petites places de manoirs
opulents, couvents et églises.

⛪ Cathédrale
La profusion ornementale des
trois ordres de la façade passe
pour un des meilleurs
exemples du style
churrigueresque au Mexique
(p. 24-25). Apôtres, anges,
fleurs et fruits ornent piliers,
supports, colonnes et niches
dans un foisonnement

étourdissant. L'exubérance de
l'extérieur contraste
étrangement avec l'intérieur,
aux trésors évanouis dans la
tourmente de la Réforme
(p. 52) et de la révolution
(p. 54). Élevée pour
l'essentiel entre 1730 et 1775,
la cathédrale n'a vu sa tour
nord achevée qu'en 1904. Les
façades latérales sont
relativement sobres. Celle qui
donne au nord sur la Plaza de
Armas et ses palais du
XVIIIe siècle montre un Christ
en croix.
    Côté est de la place, le plus
beau de ces palais, le Palacio
de Gobierno, abrite
aujourd'hui des bureaux.

⛪ Ex-Templo de San Agustín
Plazuela de Miguel Auza. 📞 (492)
922 80 63. ⭘ mar.-dim.
La grande église des augustins
et son couvent ont été
saccagés pendant la Réforme
(p. 52). Leur splendeur
baroque a encore souffert
lorsqu'on les a transformés en
hôtel et casino. Dans les
années 1880, des
presbytériens américains ont
racheté l'église et entrepris
d'éliminer tout ornement
catholique, abattant la tour,
dénudant la façade principale,
n'épargnant que la
magnifique entrée latérale
plateresque. Des blocs
ouvragés de l'extérieur
s'empilent à l'intérieur comme
les pièces d'un puzzle géant,
rappel brutal de la grandeur
passée d'une façade
aujourd'hui morne et blanche.
    L'église sert de centre
d'exposition et de congrès ;
l'ancien couvent est le siège
de l'évêché de Zacatecas.

🏛 Museo Pedro Coronel
Plaza de Santo Domingo. 📞 (492)
922 80 21. ⭘ ven.-mer. 📷
Peintre et sculpteur de
Zacatecas, Pedro Coronel a
créé cette collection
d'art unique qui
embrasse civilisations
et continents, allant du
sarcophage de momie
égyptienne aux
œuvres de Goya et
de Hogarth. Elle
occupe le dédale des
étages d'un ancien
collège et séminaire
jésuite, avec une
superbe bibliothèque
de 25 000 volumes,
qui couvrent
plusieurs siècles,
du XVIe au XIXe siècle.
À côté se dresse le
Templo de Santo Domingo,
aux autels latéraux baroques
ouvragés et dorés.

Sculptur
Pedro Co

Le Palacio de Gobierno, une des belles demeures de la Plaza de Armas

🏛 **Museo Rafael Coronel**

Angle d'Abasolo et Matamoros. 📞 *(492) 922 81 16.* ⭘ *jeu.-mar.* 📷 ♿

Les collections de Rafael, frère de Pedro, occupent les vestiges restaurés de l'Ex-Convento de San Francisco. Artiste amoureux des arts populaires, Rafael Coronel a rassemblé 10 000 masques rituels et de danse de tout le Mexique. Près d'un tiers sont exposés, parmi une quantité de belles pièces d'art populaire mexicain, des poteries précolombiennes et coloniales, des dessins d'architecture et des projets de *murals* par Diego Rivera, beau-père de Coronel.

Quelques-uns des nombreux masques du Museo Rafael Coronel

🏛 **Museo Francisco Goitia**

Enrique Estrada 102. 📞 *(492) 922 02 11.* ⭘ *mar.-dim.* 📷

Dans une villa néoclassique, résidence officielle du gouverneur de l'État jusqu'en 1962, sont exposés peintures, paravents en soie et sculptures des frères Coronel et de différents artistes de Zacatecas. Les jardins à la française dominent le Parque Enrique Estrada, vallonné, qui descend vers les ruines d'un aqueduc du XVIIIe siècle et l'hôtel Quinta Real, aménagé autour des anciennes arènes de la ville *(p. 301)*.

🚠 **Cerro de la Bufa**

La colline au nord-est de la ville fut le théâtre da batailles sanglantes. Le musée du sommet garde le souvenir de la victoire de « Pancho » Villa en 1914 *(p. 173)*. Le téléphérique qui rejoint en 650 m le Cerro del Grillo offre des vues splendides.

🚠 **Cerro del Grillo**

L'attrait principal de la colline est la visite de trois des sept niveaux de la légendaire mine

L'aqueduc et les anciennes arènes de Zacatecas, près du Museo Goitia

d'argent Eden, avec un parcours en wagonnet sur 600 m de tunnel.

🏛 **Templo y Museo de Guadalupe**

Jardín Juárez Oriente, Guadalupe. 📞 *(492) 923 23 86.* ⭘ *t.l.j.* 📷 *sauf dim.* ♿

À 10 km à l'est du centre, dans le petit village de Guadalupe, l'imposante église et l'ancien séminaire franciscains abritent le deuxième musée d'art religieux colonial du Mexique après celui de Tepotzotlán *(p. 140-143)*. Signalons des œuvres de Miguel Cabrera, Rodríguez Juárez, Cristóbal Villalpando et Juan Correa. Près de l'église principale dorée, se dresse la Capilla de Nápoles ; cette merveille du XIXe siècle passe pour le sommet du néoclassique mexicain

AUX ENVIRONS : la ville historique de **Jerez** se trouve à environ 45 km au sud-ouest de Zacatecas. Ses rues et places paisibles, ses bâtiments des XVIIIe et XIXe siècles, oubliés des restaurateurs, ont un charme certain.

Zacatecas vue du sommet du Cerro de la Bufa

Real de Catorce ⑱

San Luis Potosí. 🏚 *1 200.* 🚌 ℹ️ *Carretera Federal 57, (488) 882 50 05.* 📅 *Feria de San Francisco de Asís (sept.-oct.).*

Caché dans les hauteurs de la Sierra Madre Oriental, Real de Catorce n'est accessible que par un tunnel de 2,5 km. Les maisons délabrées et l'atmosphère fantomatique du bourg témoignent de la fortune changeante des villes minières mexicaines. Au début du XXe siècle, Real de Catorce, qui se targuait de compter 40 000 habitants, avait des journaux, un théâtre, un grand hôtel et un tramway électrique. Mais, frappée de plein fouet par la chute du cours de l'argent, la ville amorça un rude déclin. Seules quelques familles, témoins du délabrement des mines et des bâtiments, sont restées. Son atmosphère de ville fantôme en a fait le décor de plusieurs westerns mexicains.

La **Parroquia de San Francisco** est le seul bâtiment entretenu. Cette église néoclassique abrite une statue miraculeuse de saint François d'Assise et de nombreux *ex-voto,* que vénèrent les pèlerins, qui envahissent la ville une fois l'an. En face se dresse la **Casa de Moneda,** entrepôt d'argent et bâtiment de la Monnaie des années 1860, très délabrés. La gloire passée de la ville se reflète dans les silhouettes élégantes des manoirs, ses arènes en ruines et une enceinte octogonale réservée aux combats de coqs.

Depuis peu, on recherche, dans au moins une de ses ruines de nouveaux filons de métal précieux.

San Luis Potosí ⑲

San Luis Potosí. 🚶 670 000. 🚌 ℹ️
Álvaro Obregón 520, (444) 812 99 39.
🎭 *San Luis Rey de Francia (25 août).*

L a richesse minière amassée
par San Luis Potosí au
XVIIᵉ siècle se reflète dans ses
bâtiments historiques et ses
trois grandes places. La plus
centrale, la **Plaza de Armas,**
est dominée par la cathédrale
et le noble **Palacio de
Gobierno,** où Benito Juárez
refusa la grâce de l'empereur
Maximilien en 1867 *(p. 53).*
Derrière, la **Real Caja,** Trésor
royal, dispose d'un grand
escalier qui permettait aux
mulets d'atteindre les
entrepôts de l'étage.

Un ancien collège jésuite et
deux églises du XVIIᵉ siècle,
l'**Iglesia de la Compañía** et
la jolie **Capilla de Loreto,**
se dressent sur la deuxième
place, la **Plaza de los
Fundadores.**

Côté est de la ville, la
dernière place, la **Plaza del
Carmen,** porte l'église du
même nom, l'imposant
Teatro de la Paz et le **Museo
de la Máscara**.

🏛 Museo Nacional de la Máscara

Villerías 2. 📞 *(444) 812 30 25.*
⭕ *mar.-dim.* ♿ 📷
Les murs de cette ancienne
résidence sont couverts de
plus de 1 000 masques
décoratifs et rituels.
L'exposition regroupe des
masques venant de chaque
région du Mexique.

La Capilla de Aranzazú, dans
l'Ex-Convento de San Francisco

🔒 Templo del Carmen

Bâtie au milieu du XVIIIᵉ siècle,
cette église churrigueresque
est de loin la plus spectaculaire de la ville, avec sa façade
principale à trois ordres, sa
tour ouvragée et ses
dômes multicolores.
L'intérieur, encore
plus fabuleux, abrite
des autels latéraux
baroques et un
maître-autel dû à
Francisco Eduardo
Tresguerras. Mais
son joyau est
l'exubérant Altar de
los Siete Principes.
Celui-ci ressemble
plus à une haute
façade intérieure
encadrant l'entrée
d'une chapelle laté-
rale, le Camarín de la Virgen,
qu'à un autel. Sa surface en
stuc blanc est émaillée de
statues d'anges polychromes.

Détail du Templo
de San Francisco

🏛 Ex-Convento de San Francisco

Galeana 450. 📞 *(444) 814 35 72.* ⭕
mar.-dim. ♿ *sauf dim.* 📷 ♿ *r.-d.-c.*
L'ordre franciscain fut le
premier arrivé à San Luis
Potosí, mais il n'entreprit
qu'en 1686 la construction de
l'ambitieux complexe, église
et couvent, qui dura un siècle.
Le vaste couvent renferme
aujourd'hui le Museo Regional
Potosino et sa collection
d'objets précolombiens et
coloniaux, avec une
présentation de la culture
huastèque du sud-est de l'État.

On découvre à l'étage la
Capilla de Aranzazú,
somptueuse chapelle privée
des anciens résidents. Joyau
baroque unique, en dépit des
couleurs criardes choisies pour
sa restauration, elle montre un
rare atrium couvert et un
portail en bois finement
sculpté. Derrière le
couvent, le Templo de
San Francisco borde
la place romantique
du même nom. Sa
façade baroque
classique ouvre sur
une nef
somptueusement
aménagée mais
restaurée, plusieurs
chapelles latérales,
et une sacristie
originale à coupole
ornée de précieuses
peintures, comme la
Sala de Profundis
voisine. Le chœur abrite des
peintures et les vestiges d'un
orgue baroque monumental.

AUX ENVIRONS : les collines
arides à 27 km à l'est abritent
la ville fantôme de **Cerro de
San Pedro,** qui assit sa
fortune sur les mines.
Au sud-ouest, à 45 km environ
de San Luis Potosí, **Santa
María del Río** est réputée
pour ses soieries tissées à la
main et ses *rebozos,* châles
soyeux. À la Escuela del
Rebozo, on assiste à la teinture
traditionnelle, au tissage
et à la confection des franges
nouées. Autour de **Villa de
Reyes,** à 57 km au sud de
San Luis Potosí, d'anciennes
haciendas illustrent le système
social qui a causé la révolution
et s'est achevé avec elle
(p. 54).

La Real Caja, bâtiment baroque de la fin du XVIIIᵉ siècle

Huasteca Potosina ⑳

San Luis Potosí. 🚌 Ciudad Valles.
ℹ Carretera Tamazuchale.

Avec ses vallées tropicales, ses montagnes verdoyantes, ses rivières cristallines et ses cascades grandioses, le sud-est de l'État de San Luis Potosí mérite le nom de Tamoanchán, « paradis terrestre ». Tombant de 105 m dans un canyon, Tamul est la cascade la plus impressionnante ; sa largeur atteint 300 m à la saison des pluies. Elle est accessible en bateau au départ de Tanchanchín, au sud-ouest de Ciudad Valles.

Le site d'**El Consuelo,** près de Tamuín, à l'est, conserve les vestiges d'un autel polychrome et des plates-formes cérémonielles à gradins.

Las Pozas ㉑

San Luis Potosí. Par la Mex 120, 3 km au N.-O. de Xilitla. 🚌
jusqu'à Xilitla, puis en taxi. 🚕

Dans les montagnes, au sud de Ciudad Valles, près du site spectaculaire de Xilitla, s'étend le domaine tropical créé par Edward James, artiste anglais excentrique et millionnaire. Il cultiva d'abord les orchidées, puis aménagea un zoo. Enfin, avec l'aide des habitants (jusqu'à 150 ouvriers), il entreprit la construction d'une fantaisie architecturale, qui dura 30 ans. Parmi ses centaines de sculptures surréalistes en métal et béton,

Floraison, sculpture en béton d'Edward James, Las Pozas

Sculpture de mains, Las Pozas

beaucoup, inachevées ou déjà délabrées, émaillent un domaine à l'épaisse végétation subtropicale avec sources, cascades et bassins. Des sentiers glissants serpentent entre des structures massives comme *Hommage à Max Ernst, Avenue des Serpents, Plateforme du champignon.*

Sierra Gorda ㉒

Querétaro. 🚌 Cadereyta, Jalpan.

La chaîne des monts semi-arides de la Sierra Gorda, au nord-est de Querétaro *(p. 196-197),* est l'une des plus vastes régions sauvages du centre du Mexique. La chaîne dépasse les 3 000 m. Seul le monolithe géant **La Peña de Bernal,** qui surplombe de 445 m le village de Bernal, tranche sur la verdure de son piémont.

Après **Cadereyta** aux églises de couleurs vives, les crêtes escarpées proches de San Joaquín, à l'est de la Mex 120, abritent les sites archéologiques de **Toluquilla** et **Las Ranas.** Les édifices cérémoniels précolombiens qui y furent élevés, entre le VIIe et le XIe siècle, ressemblent à des forteresses.

La Mex 120 traverse les montagnes en direction du nord et accentue sa pente avant la descente sur **Jalpan,** site d'une des cinq missions franciscaines fondées au milieu du XVIIIe siècle pour convertir les Indiens des montagnes. Les autres missions, situées à Concá, Tilaco, Tancoyól, Landa de Matamoros, occupent un site pittoresque, et montrent une influence indienne dans l'exubérante décoration au mortier de leur façade.

EDWARD JAMES (1907-1984)

Le créateur du domaine de Las Pozas était, selon son ami Salvador Dalí, « plus fou que tous les surréalistes réunis. Eux font semblant, mais pas lui ». Né dans une riche famille anglaise, Edward Frank Willis James est un poète et un peintre au succès limité. Mais c'est un excellent protecteur des arts : il publie des livres, fonde des ballets, finance de grandes expositions et collectionne les œuvres de Dalí, Picasso et Magritte, dont il fréquente le cercle. Son unique mariage avec une danseuse hongroise s'achève par un divorce scandaleux. Ses dernières années se passent auprès de la famille de son vieil employé et compagnon mexicain Plutarco Gastelum Esquer, qui l'aide à créer son éden tropical de Las Pozas. À la mort de James, les enfants d'Esquer héritèrent du domaine.

L'excentrique Edward James dans sa demeure surréaliste tropicale

Querétaro ㉓

L'expansion moderne de Querétaro cache les trésors coloniaux de son centre, inscrit en 1996 au patrimoine mondial de l'UNESCO. La situation de Querétaro en Nouvelle-Espagne fit sa prospérité, mais au début du XIXᵉ siècle, un déclin s'amorça, interrompu seulement en 1848, lorsque l'envahisseur américain en fit brièvement la capitale mexicaine. C'est là que fut signé le traité cédant la moitié du territoire mexicain aux États-Unis et que l'empereur Maximilien fut fusillé *(p. 53)*.

Fontaine, Jardín Guerrero

♖ Plaza de la Independencia

Avec son austère fontaine coloniale, ses bougainvillées et ses nobles demeures anciennes, cette place intime du XVIIIᵉ siècle est un petit coin d'Espagne transposé au Mexique. Bureaux du gouvernement, assemblée et haute cour de l'État occupent la plupart des résidences, dont la somptueuse **Casa de Ecala.** L'unique façade blanche, à moulures et balcons sobres, appartient à la **Casa de la Corregidora,** bâtie en 1700 pour le représentant du roi à Querétaro. Entièrement restaurée en 1981, c'est le siège du gouvernement de l'État. Son arrière-cour conserve des cellules de prison. La statue en bronze qui couronne la fontaine sur la place honore le marquis de la Villa del Villar, protecteur de la ville au début du XVIIIᵉ siècle.

Façade de manoir colonial, Plaza de la Independencia

♜ Museo Regional

Corregidora Sur 3. ☎ (442) 212 20 31. ☐ mar.-dim. ☒ sauf dim. ☒
Le musée d'État occupe l'ancien couvent de San Francisco, remarquable pour son cloître, ses dômes et ses piliers en pierre. Le rez-de-chaussée est dédié aux sections ethnographique, archéologique et coloniale, l'étage expose armes, mobilier et des photographies retraçant le rôle clé de Querétaro dans l'histoire mexicaine depuis la lutte pour l'indépendance.

Le couvent et le Templo de San Francisco, commencés par des franciscains en 1540, ont été achevés au début du XVIIIᵉ siècle dans un mélange de styles. L'église, qui a la plus haute tour de la ville, abrite des peintures en trompe l'œil.

La tour de l'église du couvent de San Francisco est le plus haut monument de Querétaro

♙ Templo de Santa Clara et Templo de Santa Rosa

Les intérieurs churrigueresques de ces deux églises de religieuses du XVIIIᵉ siècle (les couvents sont proches) rivalisent d'exubérance. Chacune abrite des retables richement sculptés, qui couvrent la hauteur du mur d'un foisonnement de feuillages, coquillages, nuées et *putti*. La nef montre un chœur séparé pour les religieuses, enclos par un écran en fine ferronnerie et treillis doré. Toutes ces merveilles sont dues à Francisco Martínez Gudiño. Santa Rosa renferme dans sa sacristie des statues grandeur nature du Christ et des douze apôtres. Non loin, s'ouvre le paisible Jardín Guerrero, avec sa fontaine de Neptune.

♜ Museo de Arte

Allende Sur 14. ☎ (442) 212 23 57. ☐ mar.-dim. ☒ sauf mar.
Dans l'Ex-Convento de San Agustín du XVIIIᵉ siècle, une vaste collection de peintures mexicaines (XVIIᵉ-XIXᵉ siècle) côtoie des expositions temporaires d'art et quelques peintures et photographies contemporaines. On admirera l'église du couvent pour sa façade platéresque finement sculptée et son dôme octogonal revêtu de céramique blanche et bleue. Le cloître principal, merveille d'élégance baroque, est considéré comme le plus beau de toute l'Amérique. Ses riches éléments sculptés comprennent des motifs symboliques et des cariatides.

♙ Convento de la Santa Cruz

Independencia et Felipe Luna. ☎ (4) 212 02 35. ☐ mar.-jeu. ☒ ☒
Ce sobre monastère a une longue histoire. En 1531, un ermitage fut fondé sur le site de la dernière bataille entre Chichimèques et Espagnols. Une croix miraculeusement apparue dans le ciel avait entraîné la reddition et la conversion des Indiens : sa réplique, vieille de 450 ans, surmonte toujours le maître-autel de la petite église. En 1683, l'ermitage était devenu le premier collège de mission

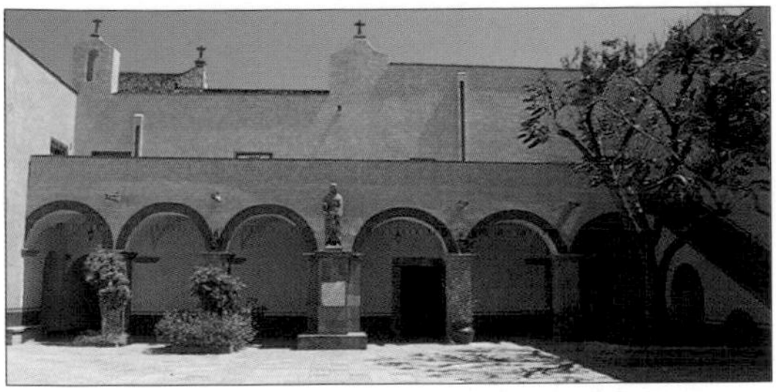

Le Convento de la Santa Cruz ressemble à une forteresse

des Amériques. En 1848, les troupes américaines firent du couvent leur quartier général. On voit la cellule chichement meublée où a vécu l'empereur Maximilien avant son exécution en 1867.

Los Arcos

Au XVIIe siècle, le marquis de la Villa del Villar a financé un des plus grands aqueducs du monde : 74 arches, 23 m de haut et 8 km de long.

Cerro de las Campanas

La colline désolée où l'empereur Maximilien a été fusillé avec deux de ses officiers le 19 juin 1867 est aujourd'hui un parc municipal planté d'arbres. Un grand escalier mène à une chapelle néogothique, don de la famille de l'empereur pour marquer la reprise en 1900 des relations diplomatiques entre le Mexique et l'Empire austro-hongrois. À l'intérieur, trois dalles de marbre indiquent le lieu de l'exécution. La peinture de l'autel est une copie du cadeau de mariage de sa mère à Maximilien, le bois de la croix provient de la frégate qui l'a amené pour la première fois au Mexique, et qui a rapporté son corps en Europe.

MODE D'EMPLOI

Querétaro. 👥 *640 000.* 🚌 *prolongation de Luis Vega et Monroy 800 (442) 229 01 81.* ℹ *Luis Pasteur n° 4, (442) 283 50 00.* 🎉 *Fundación de Querétaro (25 juil.), Fiestas de Diciembre (déc.).*

Le petit musée voisin illustre la chute du second Empire mexicain. Au sommet de la colline, une statue massive du héros mexicain Benito Juárez, adversaire de Maximilien *(p. 52-53)*, domine tout le site.

AUX ENVIRONS : à 50 km au sud-ouest, **San Juan del Río** est renommé pour son artisanat et ses pierres fines. Les plus vieux bâtiments de la ville sont l'hôpital et le couvent de San Juan de Dios, fondés en 1661, et le couvent de Santo Domingo, de 1690.

À 20 km environ au nord-est de San Juan, la pittoresque station thermale de **Tequisquiapan** offre le charme de ses sentes pavées et des arcades de sa place centrale.

LE CENTRE DE QUERÉTARO

Casa de Ecala ②
Casa de la Corregidora ③
Convento de la Santa Cruz ⑦
Museo de Arte ⑥
Museo Regional ④
Plaza de la Independencia ①
Templo de Santa Clara ⑤

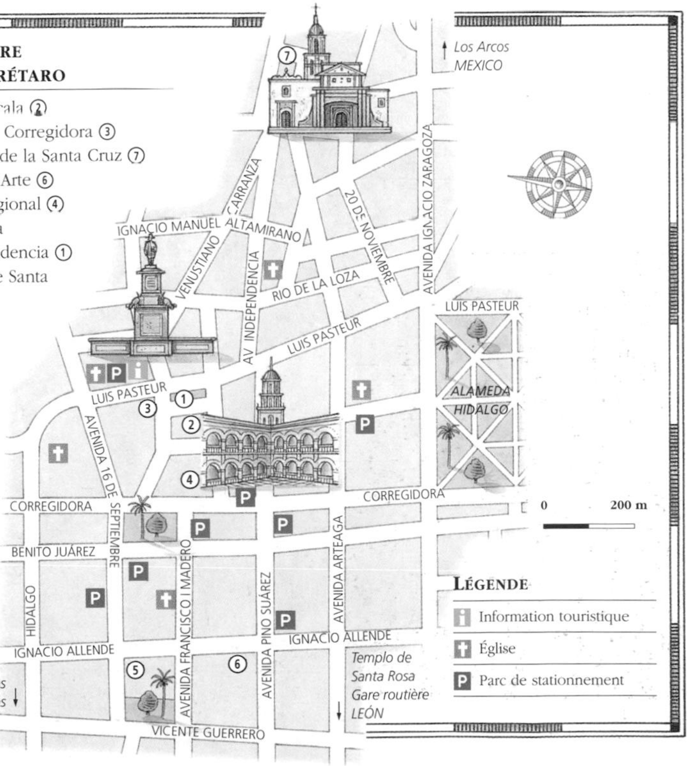

LÉGENDE

ℹ Information touristique
✝ Église
[P] Parc de stationnement

San Miguel de Allende pas à pas ⓳

**Statue de prêtre,
San Felipe Neri**

Merveilleuse ville coloniale, San Miguel de Allende regorge de demeures opulentes et de belles églises. Cette destination touristique était autrefois un grand carrefour de convois muletiers transportant or et argent vers la capitale, et chargés au retour de merveilles européennes. Sa vie culturelle animée allie le charme des traditions à une ambiance cosmopolite venant de sa grande proportion d'habitants non mexicains.

Templo de la Concepción
*Une immense coupole de
1891 surplombe l'autel doré
de cette église.*

Escuela de Bellas Artes
*Dans un ancien couvent,
l'école d'art montre un
mural inachevé de David
Alfaro Siqueiros (p. 26)
des années 1940.*

**La Casa del Mayorazgo
de la Canal,** de style
néoclassique et baroque,
est la plus belle
résidence de la ville.

La Casa Allende,
la maison natale
d'Ignacio Allende,
héros de
l'indépendance, est
aujourd'hui un musée
historique.

**La Casa del
Inquisidor**
hébergeait les
envoyés de
l'Inquisition
espagnole. Bâtie en
1780, elle présente
de beaux balcons et
fenêtres.

**La Casa de la
Inquisición**
aurait servi de
prison
pendant
l'Inquisition.

★ **La Parroquia**
*L'église paroissiale à
l'extraordinaire extérieur
néogothique a été remaniée
à la fin du XIXᵉ siècle par
l'architecte autodidacte
local Zeferino Gutiérrez.*

LÉGENDE

– – – Itinéraire conseillé

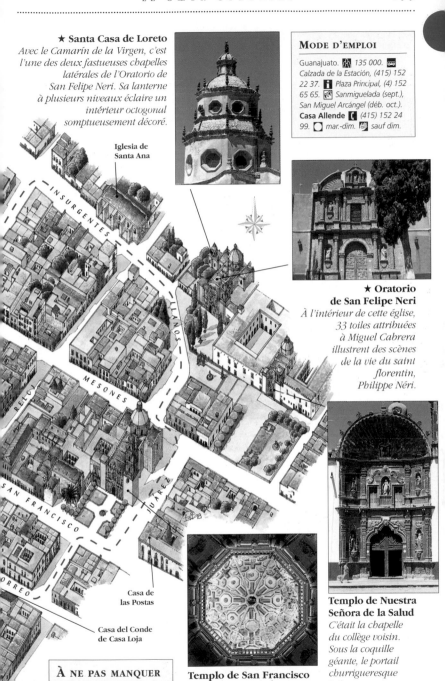

★ **Santa Casa de Loreto**
Avec le Camarín de la Virgen, c'est l'une des deux fastueuses chapelles latérales de l'Oratorio de San Felipe Neri. Sa lanterne à plusieurs niveaux éclaire un intérieur octogonal somptueusement décoré.

Iglesia de Santa Ana

MODE D'EMPLOI

Guanajuato. 🏘 135 000. 🚌 Calzada de la Estación, (415) 152 22 37. 🛈 Plaza Principal, (4) 152 65 65. 🎭 Sanmiguelada (sept.), San Miguel Arcángel (déb. oct.). **Casa Allende** 🗓 (415) 152 24 99. ◯ mar.-dim. 🎫 sauf dim.

★ **Oratorio de San Felipe Neri**
À l'intérieur de cette église, 33 toiles attribuées à Miguel Cabrera illustrent des scènes de la vie du saint florentin, Philippe Néri.

INSURGENTES
LLANOS
MESONES
RELOJ
SAN FRANCISCO
JUAREZ
ORREO

Casa de las Postas

Casa del Conde de Casa Loja

À NE PAS MANQUER

★ **Santa Casa de Loreto**

★ **Oratorio de San Felipe Neri**

★ **La Parroquia**

Templo de San Francisco
La tour néoclassique de cette église du XVIIIᵉ siècle contraste avec ses deux façades churrigueresques ouvragées. Plafond décoré et hautes fenêtres atténuent la solennité de l'intérieur.

Templo de Nuestra Señora de la Salud
C'était la chapelle du collège voisin. Sous la coquille géante, le portail churrigueresque précoce montre une forte influence indienne.

0   75 m

Guanajuato pas à pas ⓐ

L a plus belle des villes de l'argent mexicaines part d'un ravin escarpé pour gravir les collines dénudées, qui fournissaient le quart de l'argent de la Nouvelle-Espagne. Les exploitants miniers ont émaillé ses étroites rues sinueuses et ses places charmantes de nobles demeures et de majestueuses églises. Une prospérité tardive, à la fin du XIXᵉ siècle, embellit encore la ville. En outre, les ingénieurs du XXᵉ siècle ont creusé un ingénieux réseau de tunnels. Le résultat est unique : le centre, sans feux de circulation ni néons, fut inscrit, en 1988, au patrimoine mondial de l'UNESCO.

Balcons typiques des rues de Guanajuato

La Casa del Real Ensaye, bâtie au XVIIIᵉ siècle, abritait le bureau royal de contrôle de l'argent.

Casa Diego Rivera
La maison où est né Rivera, en 1886, expose plus de 100 de ses œuvres, dont des croquis de murals (p. 204).

La Plaza de los Angeles est le rendez-vous des étudiants.

Callejón del Beso (la ruelle du baiser) ne fait par endroits que 68 cm de large. Une légende y conte la mort tragique de deux amants, surpris en train d'échanger un baiser de deux balcons opposés.

La Casa Rul y Valenciana est une magnifique résidence de la fin du XVIIIᵉ siècle qui abrite le tribunal.

Calle Hidalgo
Cette rue souterraine est un ancien lit de rivière, aménagé en 1965 pour faciliter la circulation. Elle serpente sous le centre, faisant surface par endroits.

À NE PAS MANQUER

★ **Templo de la Compañía**

★ **Jardín de la Unión**

★ **Teatro Juárez**

◁ **Vue de Guanajuato à partir du monument Pípila, au sud du centre-ville**

★ **Templo de la Compañía**
Emblème de la ville, le dôme néoclassique de cette église jésuite a remplacé celui qui s'est effondré en 1808. La façade est un exemple des débuts du churrigueresque.

Le Museo del Pueblo expose une collection d'art régional dans une demeure du XVIIe siècle (p. 204).

L'université, ancien séminaire jésuite fondé en 1732, a été remaniée dans le style mauresque en 1955.

MODE D'EMPLOI

Guanajuato. 141 000.
32 km à l'O. 7 km au S.-O.,
(473) 733 13 33. Plaza de
La Paz 14, (473) 732 15 74.
San Juan y Presa de la Olla
(juin), Festival Cervantino (oct.).

LÉGENDE

– – – Itinéraire conseillé

★ **Jardín de la Unión**
Aménagée en 1861, cette place ombragée de lauriers, cœur de la ville, est appréciée des habitants. L'orchestre municipal s'y produit.

La Plazuela del Baratillo, qui accueillait autrefois un marché animé, se pare d'une fontaine, don de l'empereur Maximilien.

0   50 m

LASCURÁIN DE RETANA

PLAZA DE LA PAZ

AYUNTAMIENTO

EL TRUCO

OBREGÓN

ALLENDE

PLAZUELA DE LA CONSTANCIA

Iglesia de San Diego

★ **Teatro Juárez**
Colonnes doriques, statues monumentales et salle tendue de velours donnent le ton de ce théâtre somptueux (p. 204).

La Basílica de Nuestra Señora de Guanajuato abrite une belle statue de la Vierge (p. 204).

À la découverte de Guanajuato

La plupart des monuments de Guanajuato sont proches du centre, et un des plaisirs de la visite de ce joyau colonial est de se promener, au gré des rues tortueuses, en admirant les ouvrages architecturaux. Différents bus locaux mènent aux sites en dehors du centre ; l'office de tourisme organise des circuits.

Statue de la Madone, Basílica de Nuestra Señora de Guanajuato

🛕 Basílica de Nuestra Señora de Guanajuato

Sur la Plaza de La Paz, cette église du XVIIᵉ siècle renferme une statue de la Vierge patronne de la ville. Cette statue, ornée de bijoux, sur un socle d'argent massif fut donnée à la ville, en 1557, par Charles Iᵉʳ et Philippe II d'Espagne. Elle daterait du VIIᵉ siècle et serait le plus ancien exemple d'art chrétien au Mexique. Le soir, l'intérieur est extraordinaire dans la lumière des lustres vénitiens.

🎭 Teatro Juárez

Jardín de la Unión. 📞 (473) 732 01 83. ⭘ mar.-dim. ▨

Les Muses couronnent la façade du théâtre néoclassique. Elles dominent un large escalier flanqué de têtes de lions en bronze, qui mène à un foyer majestueux et une salle mauresque. C'est la scène principale du Festival Cervantino (p. 32).

🏛 Museo del Pueblo

Pocitos 7. 📞 (473) 732 29 90. ⭘ mar.-dim. ▨

L'ancien palais d'un riche exploitant minier expose des œuvres d'art de l'époque précolombienne à nos jours, mettant l'accent sur l'art religieux colonial.

🏛 Casa Diego Rivera

Pocitos 47. 📞 (473) 732 11 97. ⭘ mar.-dim. ▨ 🏠

La maison natale de Diego Rivera (p. 27) est un musée consacré à sa vie et son art. Ses œuvres emplissent les salles de l'étage tandis que le rez-de-chaussée conserve les pièces familiales avec leur mobilier de la fin du XIXᵉ siècle.

🏛 Alhóndiga de Granaditas

Mendizábal 6. 📞 (473) 732 11 12. ⭘ mar.-dim. ▨ sauf dim.

Cet ancien magasin à grain, bâti à la fin du XVIIIᵉ siècle, a été le théâtre de la première grande victoire de l'indépendance. En 1810, les révolutionnaires ont brûlé ses portes et tué la plupart des soldats du gouvernement. Les murs criblés de balles et quatre crochets où ont été pendues les têtes des quatre chefs de la rébellion sont de macabres souvenirs de la bataille.

La grande bâtisse est aujourd'hui un musée régional d'art, d'ethnographie et d'archéologie. L'escalier est orné de *murals* de José Chávez Morado illustrant l'histoire de la ville.

L'imposante façade de l'historique Alhóndiga de Granaditas

🏛 Museo Iconográfico del Quijote

Manuel Doblado 1. 📞 (473) 732 67 21. ⭘ mar.-dim.

Ici sont rassemblées des centaines d'objets relatifs à Don Quichotte, du timbre poste au *mural* géant. Cette collection comprend des œuvres de Dalí, Picasso et Daumier.

🎭 La Valenciana

5 km au N. du centre. ⭘ t.l.j. ▨

L'exploitation des mines d'or et d'argent débuta ici au milieu du XVIᵉ siècle, et connut un boom deux siècles plus tard avec la découverte d'un nouveau filon, juste à l'ouest. La Bocamina de Valenciana, premier puits ouvert en 1557, s'enfonce de 100 m dans la roche. Un escalier abrupt, celui-là même que les mineurs utilisaient, permet de descendre 50 m sous terre. Le petit musée de l'entrée retrace l'histoire de la mine.

Parois pyramidales de la mine La Valenciana, devant le Templo de San Cayetano

🔓 Templo de San Cayetano

Près de la mine se dresse la plus spectaculaire église de la ville, également appelée « La Valenciana ». Elle fut financée entre 1765 et 1788 par le comte de Valenciana, propriétaire de la mine. Sa façade à trois ordres, en grès rose, foisonne de pilastres churrigueresques. L'intérieur baroque montre trois splendides autels dorés polychromes et une chaire incrustée de nacre et d'ivoire.

🏛 Museo de las Momias

Explanada del Panteón. 📞 (473) 732 06 39. ⏰ t.l.j. 📷 ♿

Au sud-ouest du centre se trouve un musée macabre, symptomatique de l'obsession des Mexicains pour la mort. Ses salles caverneuses exposent plus de 100 corps exhumés d'un cimetière voisin, où ils se sont momifiés.

🏛 Museo Ex-Hacienda de San Gabriel de la Barrera

Marfil, 2,5 km au S.-O. de la ville. 📞 (473) 732 06 19. ⏰ t.l.j. 📷

Cette hacienda restaurée a été construite à la fin du XVIIᵉ siècle comme centre de traitement du minerai. Après restauration, elle fut transformée en musée de mobilier européen du XVIIᵉ au XIXᵉ siècle. Seize jardins, de style différent, ont été aménagés.

AUX ENVIRONS : la petite ville de **Dolores Hidalgo,** à 54 km au nord-est, est un lieu historique ; c'est ici qu'a débuté la lutte pour l'indépendance, quand le père Miguel Hidalgo a lancé de l'église son célèbre appel aux armes, *El Grito (p. 49).*

Élégant jardin de la Hacienda de San Gabriel de la Barrera

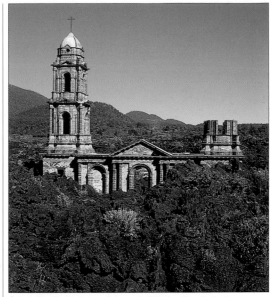

Église à demi enfouie sous la lave pétrifiée du volcan Paricutín

Paricutín 26

Michoacán. 38 km au N.-O. d'Uruapan. 🚌 Angahuan.

Le Paricutín, un des plus jeunes volcans du monde, naquit en février 1943. Dans le fracas des éruptions, un cône de plus de 350 m s'éleva en l'espace d'une année. Cendre et coulées de lave recouvrirent deux villages. L'éruption ne tua personne, mais plus de 4 000 villageois durent fuir. Le volcan fut en activité jusqu'en 1952, laissant un cône nu de 424 m (2 575 m d'altitude) surgissant d'une mer de lave pétrifiée noire.

Le belvédère *(mirador)* d'Angahuan offre une vue spectaculaire du champ de lave de 25 km² au pied du Paricutín. Le clocher qui dépasse appartient au village englouti de San Juan Parangaricutiro. Ceux qui veulent s'approcher peuvent marcher 3 km, ou louer guide et cheval pour descendre la falaise et traverser le terrain volcanique. La rude ascension du volcan (30 mn) en vaut la peine : la vue du double cratère et du paysage lunaire environnant est stupéfiante.

Angahuan conserve son caractère authentique en dépit du flot de visiteurs du Paricutín. Presque tous les habitants parlent purépecha, la langue tarasque, et les femmes portent un costume traditionnel très coloré.

Uruapan 27

Michoacán. 🏠 450 000. ✈ 🚌 ℹ Juan Ayala 16, (452) 524 71 99. 🎭 Coros y Danzas (fin oct.).

Deuxième ville du Michoacán, Uruapan est un centre agricole animé blotti contre la Sierra de Uruapan, reliant les hautes terres froides *(tierra fría)* aux terres basses humides *(tierra caliente)* qui s'étirent vers le Pacifique. Son climat subtropical entretient une végétation exubérante et d'immenses plantations d'avocats.

En 1533, le moine espagnol Juan de San Miguel fonda la ville et la divisa en six quartiers ou *barrios,* qui conservent leurs traditions distinctes. Il a aussi bâti **La Huatapera,** une chapelle et un hôpital qui renferment un beau musée d'artisanat du Michoacán.

🏛 La Huatapera

Plaza Morelos. 📞 (452) 524 34 34. ⏰ mar.-dim.

Circuit autour du lac Pátzcuaro 28

La route qui contourne ce merveilleux lac est émaillée de joyaux d'architecture précolombienne et coloniale et de bourgs de riche tradition artisanale. Pátzcuaro, Tzintzuntzán et Quiroga sont des destinations courues. En revanche, la rive occidentale et les zones marécageuses au sud sont moins fréquentées, bien que la route sinueuse y offre des vues spectaculaires du lac.

Tzintzuntzán ②
Près de la ville, les *yácatas*, soubassements de temples à degrés, reflètent son histoire d'ancienne capitale tarasque. Le couvent franciscain du XVIe siècle et le marché d'artisanat méritent aussi une visite.

Santa Fé de la Laguna ④
Outre son église du XVIIe siècle, Sante Fé montre en bord de route des étals de poterie noire locale.

Quiroga ③
Cette ville de marché animée commercialise les produits agricoles et l'artisanat de tout le Michoacán, notamment les récipients et plateaux en bois laqués de fleurs vives.

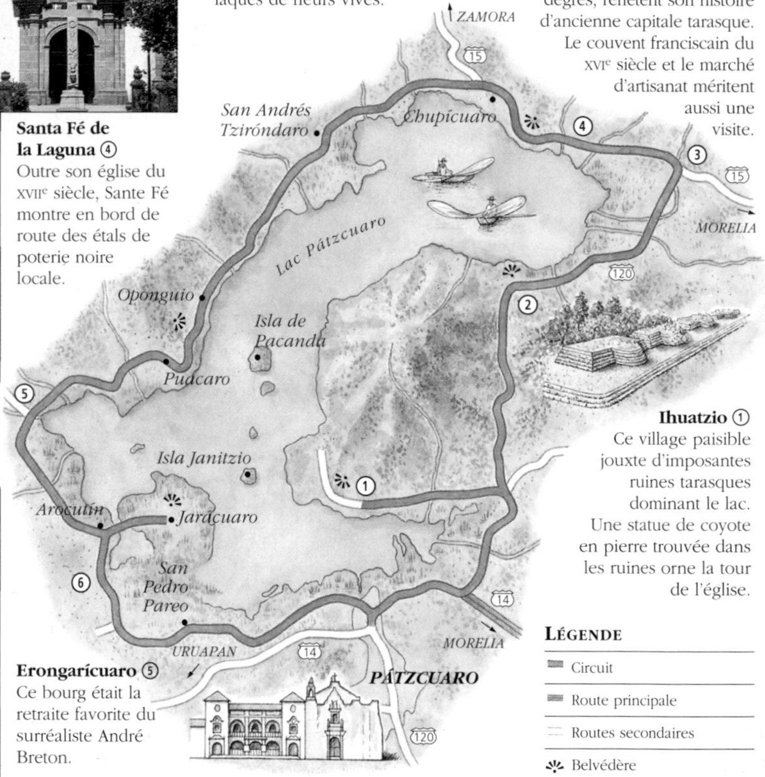

ZAMORA
15
San Andrés Tzirondaro
Chupícuaro
④
③
15
MORELIA
Lac Pátzcuaro
120
②
Oponguio
Isla de Pacanda
⑤
Puácaro
Isla Janitzio
①
Arocutín
Jarácuaro
⑥
San Pedro Pareo
14
URUAPAN
14
MORELIA
PÁTZCUARO
120

Ihuatzio ①
Ce village paisible jouxte d'imposantes ruines tarasques dominant le lac. Une statue de coyote en pierre trouvée dans les ruines orne la tour de l'église.

Erongarícuaro ⑤
Ce bourg était la retraite favorite du surréaliste André Breton.

Légende

- Circuit
- Route principale
- Routes secondaires
- Belvédère

0 5 km

Tocuaro ⑥
La ville a la réputation de fabriquer les plus beaux masques en bois. Plusieurs ateliers, non signalés, produisent ces créations fantastiques.

Conseils aux automobilistes

Circuit *de 89 km.* ***Étapes :*** *excepté Pátzcuaro, les meilleurs endroits pour déjeuner sont un restaurant rustique entre Erongarícuaro et Arocutín* (p. 321) *et une petite plage près de Chupícuaro.*

Vue d'Isla Janitzio, la plus grande des six îles du lac Pátzcuaro

Pátzcuaro ㉙

Michoacán. 🏛 48 000. 🚌
ℹ Buenavista 7, (434) 342 12 14.
🎭 Año Nuevo Purépecha (fin jan.),
Jour des Morts (1ᵉʳ-2 nov.).

Parmi les prés et les pinèdes de la côte sud du lac Pátzcuaro, cette ville historique était autrefois un grand centre religieux et politique tarasque. Sa splendeur coloniale doit beaucoup au premier évêque du Michoacán, Vasco de Quiroga, qui en fit le pôle administratif, religieux et culturel de l'État.

La **Basílica de Nuestra Señora de la Salud** devait avoir cinq nefs pour accueillir des dizaines de milliers de fidèles. En réalité, une seule nef fut finie, et incendies et séismes ravagèrent le bâtiment. L'église fut enfin achevée en 1833 dans une confusion de styles. De nombreux fidèles indiens viennent aujourd'hui encore honorer la tombe de l'évêque.

Juste au sud, le **Museo de Artes Populares,** installé dans le Colegio de San Nicolás, du XVIᵉ siècle, montre un *troje* en forme de cabane meublé dans le style purépecha, sur une ancienne plate-forme de pyramide.

Le **Templo del Sagrario** est un monument baroque. Le couvent de dominicaines du XVIIIᵉ siècle et son charmant cloître à arcades abritent la **Casa de los Once Patios,** un centre artisanal avec ateliers et boutiques.

D'immenses frênes ombragent l'élégante et tranquille **Plaza Vasco de Quiroga.** Beaucoup des maisons coloniales qui la bordent ont été converties en magasins, restaurants et hôtels. Mais le vrai cœur commerçant de la ville qui donne sur le marché couvert est la **Plaza**

La cour paisible du Museo de Artes Populares

Gertrudis Bocanegra voisine, du nom d'une héroïne et martyre locale de l'indépendance. Le vendredi, les rues qui mènent au **Santuario de Guadalupe** (1833), église néoclassique, s'emplissent d'étals. On vend de la poterie sur la Plazuela de San Francisco, à quelques pas au sud.

AUX ENVIRONS : des circuits permettent de gagner les îles du lac Pátzcuaro au départ des quais au nord de la ville. **Janitzio,** qui abrite un grand monument à Morelos (p. 49), est la plus fréquentée.

🏛 **Museo de Artes Populares**
Angle d'Enseñanza et Alcantarilla. 📞
(434) 342 10 29. ⬤ mar.-dim. 📷
sauf dim. 🎫
🏛 **Casa de los Once Patios**
Madrigal de las Altas
Torres. ⬤ t.l.j. 📷

Le Templo del Sagrario du XVIIIᵉ siècle, Pátzcuaro

LE JOUR DES MORTS

La nuit du 1ᵉʳ novembre, tous les Mexicains commémorent leurs défunts (p. 34-35), mais les cérémonies sur l'île de Janitzio et dans les villages autour du lac Pátzcuaro sont particulièrement spectaculaires, à cause du cadre, unique, et des profondes racines indiennes de leurs habitants. Toute la nuit, des bateaux décorés de fleurs et de bougies, chargés de chanteurs, circulent entre les quais de Pátzcuaro et l'île. L'air empli de fumées d'encens vibre du son des cloches. Les tombes des cimetières sont recouvertes d'objets personnels, nourritures choisies, photographies et jouets, supposés amener le défunt à participer à la fête.

Squelette en bois

Morelia pas à pas 🚳

Capitale du Michoacán, l'ancienne Valladolid fut fondée au milieu du XVIᵉ siècle sur des terres fertiles autrefois gouvernées par les rois tarasques. Les premiers colons, des nobles et des représentants des ordres religieux espagnols, aménagèrent palais, églises et couvents le long d'avenues dallées et autour de places magnifiques. Le centre historique a gardé son caractère espagnol. Le nom de la ville changea en 1828 en l'honneur de José María Morelos *(p. 49),* qui y est né et a joué un rôle déterminant dans l'indépendance.

★ Conservatorio de las Rosas
La musique des élèves qui répètent au conservatoire (p. 210) *agrémente la cour paisible de cet ancien couvent de dominicaines.*

Templo de las Rosas *(p. 211)*

Teatro Ocampo

ZARAGOZA

SANTIAGO TAPIA

PRIETO

NIGROMANTE

MELCHOR OCAMPO

FRANCISCO I MADERO

GALEA

★ Palacio Clavijero
Des bureaux du gouvernement entourent la cour de cet ancien collège jésuite (p. 210). *L'austère bâtiment baroque porte le nom d'un historien du XVIIIᵉ siècle.*

Le Colegio de San Nicolás, établissement éducatif depuis le XVIᵉ siècle, a eu pour élèves plusieurs Mexicains illustres.

Centro Cultural

Palacio Municipal

Templo de la Compañia de Jesús
Bâtie au XVIIᵉ siècle pour le palais Clavijero voisin, cette ancienne église abrite, depuis 1930, la bibliothèque municipale.

À NE PAS MANQUER

★ **Conservatorio de las Rosas**

★ **Palacio Clavijero**

★ **Cathédrale**

0   50 m

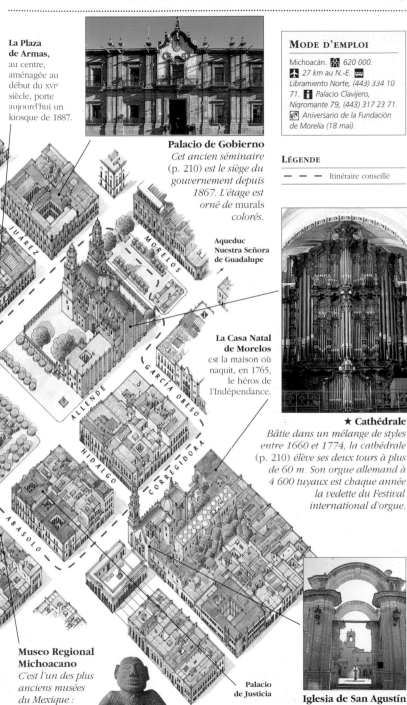

La Plaza de Armas, au centre, aménagée au début du XVIᵉ siècle, porte aujourd'hui un kiosque de 1887.

Palacio de Gobierno
Cet ancien séminaire (p. 210) est le siège du gouvernement depuis 1867. L'étage est orné de murals colorés.

Aqueduc Nuestra Señora de Guadalupe

La Casa Natal de Morelos est la maison où naquit, en 1765, le héros de l'Indépendance.

Museo Regional Michoacano
C'est l'un des plus anciens musées du Mexique : ses collections vont de l'ère précolombienne aux Temps modernes (p. 210).

Palacio de Justicia

MODE D'EMPLOI

Michoacán. 🏛 620 000.
✈ 27 km au N.-E. 🚌
Libramiento Norte, (443) 334 10
71. ℹ Palacio Clavijero,
Nigromante 79, (443) 317 23 71.
🎉 Aniversario de la Fundación
de Morelia (18 mai).

LÉGENDE

— — — Itinéraire conseillé

★ Cathédrale
Bâtie dans un mélange de styles entre 1660 et 1774, la cathédrale (p. 210) élève ses deux tours à plus de 60 m. Son orgue allemand à 4 600 tuyaux est chaque année la vedette du Festival international d'orgue.

Iglesia de San Agustín
Cette église d'un ancien couvent augustinien du XVIᵉ siècle présente une sobre façade platéresque, aperçue ici au travers des arches de la cour qui la devance.

À la découverte de Morelia

La quasi-totalité des monuments de Morelia est
facilement accessible à pied en partant de l'avenue
Francisco I. Madero ou de la Plaza de Armas. Les rues
coloniales et l'intéressante architecture espagnole en
font une promenade agréable. Un court trajet en bus
ou taxi mène à l'est du centre, à l'impressionnant
aqueduc qui court le long du parc.

🏛 Cathédrale
Commencé en 1660, ce
majestueux édifice en trachyte
rose n'a été achevé qu'un
siècle plus tard. Le mélange
des styles, néoclassique,
herreresque, baroque, est
visible sur les tours jumelles
qui dominent le centre historique. Les fonts baptismaux en
argent, dans une chapelle
latérale, et une statue en pâte
de maïs du XVIe siècle, le Señor
de la Sacristía, qui porte une
couronne en or offerte par
Philippe II d'Espagne, témoignent d'un passé glorieux.

🏛 Palacio de Gobierno
Av. Francisco I. Madero 63.
📞 *(443) 313 07 07.* ⏰ *t.l.j.*
Ce bâtiment colonial de 1770
abrita le séminaire de Trente,
fréquenté par plusieurs
personnages clés de
l'indépendance *(p. 49)* et de la
Réforme *(p. 52-53),* avant de
devenir le siège du gouvernement. Dans les années 1950,
Alfredo Zalce peignit dans
l'escalier et à l'étage des
murals à thèmes régionaux.

**Pierre finement ouvragée,
cathédrale de Morelia**

🏛 Templo y Conservatorio de las Rosas
Les dominicaines arrivèrent ici
en 1590, mais la plupart des
bâtiments d'origine furent
remplacés au XVIIe siècle et au
début du XVIIIe. La façade
baroque de l'église qui donne
sur le Jardín de las Rosas
montre des portails jumeaux,
typiques des couvents de
religieuses. On remarque aussi
les curieuses
gargouilles en forme
de crocodile et, à
l'intérieur, trois
autels dorés. Le
couvent, qui fut
transformé en
orphelinat, abrite
depuis 1904 une
école de musique.

🏛 Palacio Clavijero
Nigromante 79. 📞 *(443)
312 80 81.* ⏰ *t.l.j.*
On apprécie mieux
de sa grande cour
principale les
proportions
majestueuses et le
profil baroque de
l'ancien Colegio de
San Francisco
Javier, collège
jésuite du

***Mural* d'Alfredo Zalce au-dessus du grand
escalier, Palacio de Gobierno**

XVIIe siècle. Les élégantes
arcades du rez-de-chaussée
contrastent avec les
28 fenêtres à sobres moulures
du cloître fermé de l'étage.
Les motifs géométriques
du pavé reprennent le dessin
des jardins qui entouraient la
fontaine centrale octogonale.
Des bureaux, dont
l'information touristique de
l'État, occupent le bâtiment.

🏛 Museo Regional Michoacano
Allende 305. 📞 *(443) 312 04 07.*
⏰ *mar.-dim.* 🏷 *sauf dim.* 📷
Depuis plus d'un siècle, le
musée rassemble des objets
illustrant l'écologie et l'histoire
de la région, des temps
précolombiens à nos jours.
   Près d'un cinquième de ses
trésors sont exposés dans le
palais baroque où résidait
l'empereur Maximilien, à
Morelia *(p. 53).* Ne manquez
pas les codex indiens, une
Bible rare du XVIe siècle écrite
en trois langues, et la célèbre
peinture du début du
XVIIIe siècle, *Traslado de las
Monjas (Le Déplacement des
Religieuses).* C'est l'un des
rares portraits réalistes de la
société coloniale mexicaine :
le tableau illustre le transfert
des moniales d'un couvent à
un autre, escortées par des
dignitaires, observées par des
dames élégantes, des danseurs
indiens et des musiciens noirs.

🏛 Casa de Artesanías
Fray Juan de San Miguel 129.
📞 *(443) 312 08 48.* ⏰ *t.l.j.*
Le Convento de San
Buenaventura, du XVIe siècle,
restauré dans les années 1970,
expose aujourd'hui la riche
tradition artisanale du
Michoacán. Les pièces autour
de la cour à arcades montrent
une sélection d'objets,
poterie, textiles et laques. On
peut voir à l'étage les artisans
au travail.

🏛 Aqueduc et Calzada Fray Antonio de San Miguel
Avenida Acueducto.
Cet aqueduc du XVIIIe siècle
distribuait l'eau aux
30 fontaines publiques et
150 points d'eau privés de la
ville. Il était alimenté par un
puits distant de 8 km. La
dernière section comprend

La coupole colorée du Santuario de Nuestra Señora de Guadalupe

253 arches, certaines ont une hauteur de 10 m. L'aqueduc, illuminé la nuit, offre un spectacle grandiose.

C'est l'évêque Fray Antonio de San Miguel qui le fit construire, ainsi que la *calzada* (avenue), esplanade piétonnière plantée de frênes qui mène du bout de l'aqueduc au sanctuaire de Guadalupe. Bancs baroques et manoirs du XVIIIᵉ siècle lui confèrent un air suranné.

La fontaine Las Tarascas, où l'aqueduc rejoint la *calzada*

🏠 Santuario de Nuestra Señora de Guadalupe

À l'autre extrémité de la *calzada,* cette église du XVIIIᵉ siècle, à la façade baroque sobre, cache un intérieur remarquable : rosettes d'argile et autres motifs floraux dorés ou de couleur vive recouvrent murs, plafond et coupole. Toutes ces décorations, ajoutées au début du XXᵉ siècle, mêlent baroque, Art nouveau et styles populaires.

AUX ENVIRONS : au nord de Morelia, un circuit tranquille d'une journée permet de découvrir deux monastères augustiniens superbement préservés. Le premier se trouve à **Cuitzeo,** village de pêcheurs à 34 km de Morelia, au bout d'une chaussée traversant un grand lac peu profond. Le second et le plus grand des monastères est à **Yuriria,** 32 km plus loin au nord. Les deux monastères possèdent des façades plateresques avec une touche indienne, des voûtes gothiques et des cloîtres élégants.

Sanctuaire des papillons monarques El Rosario ③

Michoacán. Par la Mex 15, 13 km à l'E. d'Ocampo. 🚌 *Ocampo.* ⭘ *nov.-mars. : t.l.j.* 📷 🎫

D ans les montagnes à l'ouest de Mexico, deux sanctuaires de la réserve de la biosphère des papillons monarques sont ouverts au public. En hiver, El Rosario accueille sur 160 km² près de 100 millions de monarques migrateurs, venus du Canada et du nord des États-Unis. Leur lieu d'hivernage était encore inconnu dans les années 1970, jusqu'à la découverte du zoologiste canadien Fred Urquhart.

La meilleure saison pour les voir est fin février : la montée des températures incite les papillons à butiner ou à repartir vers le nord.

AUX ENVIRONS : le **sanctuaire de Sierra Chincua** est moins fréquenté que son voisin, El Rosario. On y trouve des chevaux pour suivre ses sentiers plus rustiques, ainsi que des guides.

🦋 Sanctuaire des papillons monarques de Sierra Chincua

Llano de las Papas, 9 km N.-E. d'Angangueo. ⭘ *nov.-mars. : t.l.j.* 📷

LA MIGRATION DU PAPILLON MONARQUE

La migration annuelle du papillon monarque *(Danaus plexippus linneo)* débute au nord de l'Amérique au début de l'automne. Une génération spéciale de papillons éclot, avec une espérance de vie de près de neuf mois, quatre fois celle de ceux du printemps ou de l'été. Fuyant l'hiver, ils s'envolent vers le sud par centaines. Couvrant près de 300 km par jour, ils atteignent un mois plus tard le centre du Mexique et les forêts de

Papillon monarque

pins *oyamels* où ils hivernent. Au printemps, ils s'accouplent et repartent vers le nord. Chaque femelle pond environ 500 œufs. La progéniture prend le relais, et poursuit vers le nord, qu'elle atteint début juin. Aucun des migrateurs d'origine ne repart pour le Mexique l'année suivante.

LE SUD DU MEXIQUE

CHIAPAS • GUERREO (SUD) • OAXACA

S es atouts diversifiés – magnifiques villes coloniales, sites précolombiens monumentaux, baie mondialement connue d'Acapulco – font de la région Sud un microcosme de l'ensemble du pays. De nombreuses communautés indiennes du pays y vivent : leurs langues, traditions et costumes animent les villages et les marchés des villes.

Le climat tempéré et les sols fertiles du Sud ont attiré certains des peuplements les plus anciens de Méso-Amérique. La vallée d'Oaxaca fut habitée dès le VIIe siècle av. J.-C. Trois cents ans plus tard, les Zapotèques bâtirent Monte Albán, leur capitale, qui devait dominer la vallée pendant des siècles avant de faire place à des cités plus petites. En même temps, à l'est, les Mayas, à leur apogée, fondaient la magnifique cité de Palenque.

Au XVIe siècle, la Conquête espagnole eut un impact énorme, souvent destructeur, sur la région, mais elle entraîna également une fusion unique des cultures précolombiennes et coloniale. Le mode de vie des Indiens actuels témoigne de ce mélange. Seules les langues des communautés indiennes sont restées intactes, l'espagnol étant aujourd'hui parlé par une minorité à l'extérieur des grandes villes.

Mais cette intégration ne s'est pas faite sans difficultés, et la résurgence d'anciens griefs a entraîné une montée de la criminalité et l'émergence de la révolution zapatiste dans le Chiapas, dont certaines régions sont fermées aux visiteurs.

Le Sud est dominé par les montagnes de la Sierra Madre del Sur, obstacles à la communication mais offrant des paysages spectaculaires. Avec ses plages de sable frangées de palmiers, la côte pacifique est, pour l'essentiel, demeurée sauvage.

Paisible et colorée, la Plaza Santo Domingo, dans la charmante ville coloniale d'Oaxaca

◁ **Villageois devant l'église peinte de couleurs vives de San Juan Chamula, près de San Cristóbal de las Casas**

À la découverte du Sud

La côte sud compte de nombreuses stations balnéaires : Acapulco, la plus renommée ; Ixtapa et Zihuatanejo, Puerto Escondido et Huatulco, en pleine expansion ; Puerto Ángel et Zipolite, moins connues et plus intimes. La côte étant ouverte sur l'océan, la mer, souvent agitée, rend la baignade dangereuse en dehors des baies abritées.

Les arrières-pays du Chiapas et de l'Oaxaca sont connus pour leurs villes coloniales, Oaxaca ou San Cristóbal de las Casas, et surtout pour leurs sites précolombiens. Monte Albán, sur une éminence, et Palenque, enfouie dans la jungle, sont faciles d'accès et méritent toutes deux une longue visite. Yagul et Mitla sont des sites moins connus mais intéressants ; Yaxchilán et Bonampak, plus difficilement accessibles, révèlent de superbes peintures murales.

Femmes et enfants tzotziles, Chiapas

CIRCULER

Le meilleur mode de transport pour circuler au sud du Mexique est l'avion ou l'autocar de grande ligne. Acapulco, Zihuatanejo, Puerto Escondido et Huatulco ont des aéroports internationaux, Oaxaca et Tuxtla Gutiérrez des aéroports régionaux. Fiables et fréquents, les bus relient toutes les villes importantes. Pour les trajets plus courts, les minibus *(collectivos),* sont bon marché mais inconfortables. Terrain montagneux, rareté des stations-service et état des routes rendent la conduite pénible. Il est recommandé de conduire seulement le jour. L'accès à certaines zones du Chiapas est limité à cause des troubles zapatistes (p. 230).

Monte Albán, vue de la plate-forme sud

Détail de la façade de la Basílica de la Soledad, Oaxaca

LES SITES D'UN COUP D'ŒIL

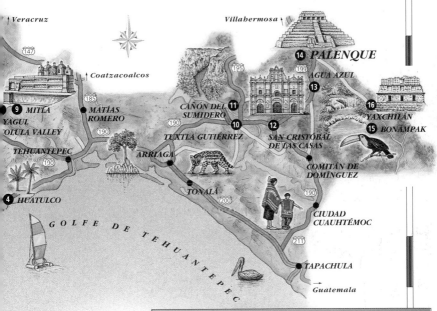

Veracruz
Villahermosa
(147)
Coatzacoalcos
(195)
14 PALENQUE
13 AGUA AZUL
(199)
9 MITLA
(185)
MATÍAS ROMERO
CAÑÓN DEL SUMIDERO **11**
16 YAXCHILÁN
YAGUL
OLULA VALLEY
(190)
10
12 SAN CRISTÓBAL DE LAS CASAS
15 BONAMPAK
TUXTLA GUTIÉRREZ
TEHUANTEPEC
(190)
ARRIAGA
COMITÁN DE DOMÍNGUEZ
4 HUATULCO
TONALÁ
(200)
(190)
CIUDAD CUAUHTÉMOC
GOLFE DE TEHUANTEPEC
(211)
TAPACHULA
Guatemala

LÉGENDE

- Autoroute
- Route principale
- Route secondaire
- Rivière

VOIR AUSSI

- *Hébergement* p. 301-302
- *Restaurants* p. 323-325

L'une des nombreuses plages désertes de la côte sud du Mexique

Ixtapa et Zihuatanejo ❶

Guerrero. 🏛 *1 200.* ✈ *à Zihuatanejo.* 🚌 ℹ *Bd Ixtapa, (755) 553 19 67.*

L es deux stations d'Ixtapa et de Zihuatanejo n'en forment en réalité qu'une. À 10 km au nord-ouest de sa voisine, Ixtapa est une brillante station moderne aux nombreux immeubles d'hôtels de luxe. Le long de Playa Palmar, sa belle plage de 4 km doucement incurvée, serpente une spacieuse avenue plantée de palmiers et bordée de restaurants, boutiques et night-clubs.

En revanche, Zihuatanejo et ses constructions basses offrent l'ambiance intime d'un village de pêcheurs. Ceux-ci viennent vendre leur prise du jour le long de sa baie abritée. Les deux stations proposent

La magnifique plage de Zihuatanejo

une pêche sportive en pleine mer et une plongée sur la côte pacifique. Elles permettent également d'explorer les spectaculaires plages isolées de la côte.

Acapulco ❷

p. 218-219

Puerto Escondido ❸

Oaxaca. 🏛 *15 000.* ✈ 🚌 ℹ *Bd Benito Juárez, (954) 582 01 75.* 🏄 *Festival de surf (fin nov.).*

P uerto Escondido, le « port caché », a bien porté son nom pendant des siècles. Mais il fut découvert par la communauté hippie dans les

Les plages de l'Oaxaca

B ien que dotée de certaines des plus belles plages et lagunes du pays, la côte de l'Oaxaca a été épargnée par le tourisme jusqu'aux années 1970. Depuis, un aménagement touristique contrôlé s'est développé : les 480 km de côte, au charme intact, comptent seulement quelques grandes stations. La flore et la faune y sont remarquables, surtout dans les lagunes d'eau douce à l'ouest de Puerto Escondido. L'océan est tentant, mais la baignade y est dangereuse ; les courants sous-marins peuvent être puissants. La criminalité est aussi un problème, surtout la nuit sur les plages et les routes.

Laguna Manialtepec, « lieu des eaux de source », est une lagune naturelle. Entourée de mangrove, elle abrite de nombreux oiseaux, espèces végétales et animales. Ses belles plages sont accessibles en bateau.

ACAPULCO

San Pedro Tututepec

Río Grande

Charco Redondo

San Gabriel Mixtepec

San Pedro Mixtepec

Laguna Manialtepec

Puerto Escondido

Le Parque Nacional Lagunas de Chacahua est une réserve écologique qui comporte des plages isolées et quelques villages de pêcheurs. Une ferme de crocodiles est située à côté de Puerto Escondido.

Puerto Escondido, paradis des surfeurs, est une formule intermédiaire réussie entre les modestes stations de l'Oaxaca et le luxe de Huatulco.

LÉGENDE

🛣 Route principale

🛣 Route secondaire

〜 Rivière

années 1970 et devint une grande destination touristique. Malgré quelques signes de surexploitation, la station a su garder son caractère de village de pêcheurs.

Playa Marinero, la plage principale, est autant appréciée des visiteurs que des habitants de Puerto Escondido. Ombragée de palmiers, elle donne sur une petite anse émaillée de barques de pêche. Playa Zicatela, à l'ouest, est plus grande et attire les surfeurs, surtout dans les derniers mois d'été quand les vagues sont les plus hautes.

Fin novembre, la ville s'anime pour le Festival international de surf qui a lieu en même temps qu'une fête locale avec musique et danses. Puerto Escondido est aussi une bonne base pour explorer les lagunes d'eau douce voisines, comme la Laguna Manialtepec.

Huatulco ❹

Oaxaca. 🏘 25 000. ✈ 🚌
🛈 Bd Benito Juárez, Bahia de Tangolunda, (958) 581 01 76.

Après le succès de Cancún (p. 279), le Gouvernement mexicain chercha une station équivalente sur la côte pacifique et lança Huatulco, jusque-là pratiquement inconnue, sauf des Zapotèques de la région. Aménagée autour de neuf baies et 35 km de plages, la station, magnifique, surgit du maquis mexicain dans les années 1980, avec petit aéroport international, golf et marina. Malgré un succès croissant, elle est encore très préservée.

Bateaux au mouillage, marina Santa Cruz, Huatulco

Le Centro Mexicano de Tortuga, créé en 1991, se consacre à la sauvegarde et à l'étude des tortues marines menacées. Plusieurs espèces viennent pondre sur les plages de la côte et les visiteurs peuvent admirer les tortues à différents stades de développement.

Puerto Ángel, petit village de pêcheurs assoupi, offre un cadre idéal pour se détendre : jolie plage et restaurants de fruits de mer.

Zipolite, sans doute la station la plus décontractée du Mexique, a un air de bohème. C'est l'un des rares endroits où le nudisme est toléré. La criminalité y est toutefois préoccupante.

Huatulco était un repaire de pirates à l'époque coloniale ; ses plages fabuleuses et son vaste choix de sports nautiques attirent aujourd'hui les vacanciers.

Acapulco **❷**

Bordant l'une des plus belles baies de la côte pacifique, Acapulco est la station la plus célèbre du Mexique. Les Espagnols fondèrent la ville au xvie siècle, et elle servit pendant trois siècles de porte principale vers l'Extrême-Orient. Dans les années 1940, le président Miguel Alemán choisit Acapulco comme première station touristique. Des vedettes de Hollywood, John Wayne, Errol Flynn, Elizabeth Taylor, arrivèrent peu après, entraînant la construction de grands immeubles d'hôtels et renforçant la célébrité d'Acapulco.

Vue sur la baie d'Acapulco du promontoire sud-est

CARTE DE LA BAIE D'ACAPULCO

À la découverte d'Acapulco

Acapulco se divise en deux parties distinctes : à l'ouest, la zone du centre historique, ou **Centro** ; à l'est, les implantations récentes, sur une bande le long de la **Costera Miguel Alemán.** Cette route côtière de 11 kilomètres est bordée d'hôtels, de boutiques, de restaurants et de night-clubs.

Señor Frog's, restaurant populaire surplombant la baie (p. 323)

Le Centro abrite, sur sa place principale, une **cathédrale,** des années 1930, les arènes et les docks. **La Quebrada** est le quartier des falaises où les plongeurs offrent leur spectacle quotidien de renommée mondiale. Un peu à l'est de La Quebrada, se dresse une maison où Diego Rivera (p. 27) a vécu vers la fin de sa vie. Elle est ornée des mosaïques colorées réalisées par l'artiste.

La ville possède des plages magnifiques et une réputation mondiale de luxe.

C'est aussi un port actif et la qualité de l'eau dans la baie, pas toujours excellente, baisse sensiblement à la saison des pluies (juin-octobre).

Mosaïque de Quetzalcoatl par Rivera, ornant une maison

♠ Fuerte de San Diego

Costera Miguel Alemán. **(** (744) 482 38 28. ☐ mar.-dim. ✍ sauf dim. ☐ Le Fuerte de San Diego est l'un des rares témoignages restants de l'histoire d'Acapulco. Ce fort en forme d'étoile, du début du xviie siècle, renferme le musée de la ville où l'histoire d'Acapulco et sa vocation commerciale, des temps précolombiens à l'indépendance, sont retracées.

Hôtels aux couleurs vives devant Playa Icacos

🚇 Les plages

La baie principale, large de 7 km, se divise en plusieurs plages. La **Playa Caletilla** et la **Playa Caleta**, sur la péninsule au sud du Centro, sont plus petites et plus intimes que les autres plages. Leurs eaux propres et calmes attirent les familles. On y prend des bateaux pour rejoindre en 10 minutes l'**Isla Roqueta**, petite île de la côte dotée de restaurants, d'un zoo modeste et de plages.

Sur la côte nord de la même péninsule, juste au sud de la grand-place, la **Playa Honda**, la **Playa Larga** et la **Playa Manzanillo**, populaires dans les années 1930 et 1940, sont principalement des ports pour

les expéditions de pêche au gros. Au centre de la baie, la **Playa Hornos** et la **Playa Hornitos,** familiales, sont parfois très fréquentées le week-end. Plusieurs restaurants en bord de mer et le parc voisin de Papagayo, qui propose canotage, promenades à cheval et loisirs pour enfants, ajoutent à leur charme.

Plus à l'est, la **Playa Condesa** est la plus connue et la plus bondée de toutes. Cette plage « branchée » a la faveur des jeunes. Sur le côté est de la baie, la **Playa Icacos,** qui court du Presidente Hotel à la base navale, est souvent moins saturée.

AUX ENVIRONS : Pie de la Cuesta, à seulement 25 minutes en voiture à l'ouest, possède une grande belle plage bordée de palmiers, mais la baignade y est parfois dangereuse à cause des courants. Tout près, la **Laguna de Coyuca** est un grand plan d'eau douce : des scènes des premiers *Tarzan*, d'*African Queen* et de *Rambo II* y furent tournées. Pêcheurs et skieurs nautiques partagent le site avec une grande diversité d'oiseaux et d'animaux sauvages. Splendides couchers de soleil.

À **Puerto Marqués,** vaste

MODE D'EMPLOI

Guerrero. 🏠 690 000. ✈ 30 km au S.-E. 🚌 Ejido 47, (7) 469 20 81. 🛈 Costera Miguel Alemán 4455, (7) 481 11 60. 🎭 Festival Acapulco (fin mai), Virgen de Guadalupe (6-12 déc.).

baie à l'est de la ville où la baignade est sûre, on trouve quelques hôtels de luxe et des stands d'alimentation sur la plage. Plus à l'est, la **Playa Revolcadero** a des eaux dangereuses à cause du courant, mais elle est peu fréquentée et on peut y faire du surf, des balades à cheval (location).

LES PLONGEURS DE LA QUEBRADA

Les téméraires plongeurs de La Quebrada constituent l'attraction la plus célèbre et la plus spectaculaire d'Acapulco. De jeunes hommes escaladent d'abord une falaise de 38 m au bord d'une petite anse. Au sommet, après avoir fait une prière à un petit autel, ils se précipitent dans la mer peu profonde. Le saut doit coïncider avec l'arrivée d'une vague pour éviter au plongeur de se fracasser sur les rochers aigus. On peut assister au spectacle cinq fois par jour *(à 12 h 45 et le soir)* d'une plate-forme spéciale ou de l'hôtel El Mirador *(p. 301).* Les deux derniers plongeons se font avec des torches.

La Laguna de Coyuca frangée de palmiers, ouest de la ville

Monte Albán ❺

Crâne, Monte Albán

Dans un site spectaculaire, sur un sommet surplombant de 400 m la vallée d'Oaxaca, Monte Albán est la plus grande des cités zapotèques. Prouesse d'ingénierie : la pointe de la montagne fut nivelée pour aménager le site cérémoniel. Sa longue histoire débute vers 500 av. J.-C. avec les Olmèques *(p. 254)*. La cité domina peu à peu la vie culturelle, religieuse et économique de la région. Tombant sous la coupe de Teotihuacán au sommet de sa puissance *(p. 134-137),* Monte Albán déclina par la suite, pour être abandonnée vers 800. Les Mixtèques l'adoptèrent plus tard, et y enterrèrent leurs morts dans des tombes couvertes d'or.

★ **Los Danzantes**
Cette série de sculptures montre des hommes dans d'étranges positions torturées. Ce sont peut-être des prisonniers de guerre.

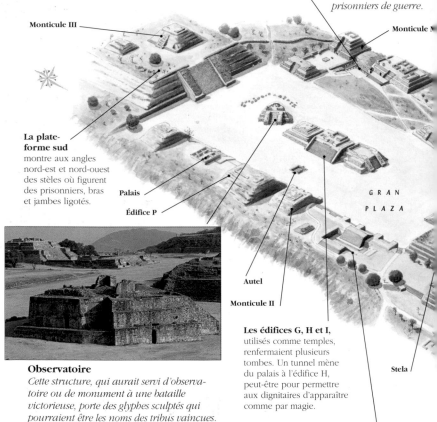

Monticule III

Monticule N

La plate-forme sud montre aux angles nord-est et nord-ouest des stèles où figurent des prisonniers, bras et jambes ligotés.

Palais

Édifice P

GRAN PLAZA

Autel

Monticule II

Les édifices G, H et I, utilisés comme temples, renfermaient plusieurs tombes. Un tunnel mène du palais à l'édifice H, peut-être pour permettre aux dignitaires d'apparaître comme par magie.

Stela

Observatoire
Cette structure, qui aurait servi d'observatoire ou de monument à une bataille victorieuse, porte des glyphes sculptés qui pourraient être les noms des tribus vaincues.

Jeu de balle
Cette installation typique en forme de I servait à la cérémonie du jeu de balle (p. 277). *Au sommet de chaque côté incliné devait se trouver un anneau de pierre servant de « but ».*

L'immense Gran Plaza, qui suit un axe nord-sud

Le système IV est presque identique au monticule M, deux pyramides bien conservées qui devaient être surmontées d'un temple en bois à une seule chambre.

La cour en contrebas entoure un autel central.

Édifice B

★ La tombe 104
Cette urne en céramique en forme de figure assise sur un trône de jaguar surmonte l'entrée de la tombe 104. Une image du dieu zapotèque de la pluie Cocijo figure au centre de sa coiffe. À l'ouverture de la tombe en 1937, on a découvert une chambre funéraire voûtée contenant un squelette entouré d'urnes, de vases à parfums et d'autres offrandes.

Tombe 103

À NE PAS MANQUER

★ **Los Danzantes**

★ **La tombe 104**

0   75 m

Musée, tombe 7 et entrée

Plate-forme nord
Un large escalier monte à la plate-forme nord, le plus grand édifice de Monte Albán. À son sommet, les deux rangées de colonnes brisées auraient autrefois supporté un toit plat.

Oaxaca

Figure d'arbre généalogique

Dans une vallée fertile à 1 500 m d'altitude dans la Sierra Madre del Sur, Oaxaca (prononcer oua-aca) est une des villes coloniales les plus charmantes et les mieux préservées du pays. Fondée en 1529 dans une région autrefois dominée par les Mixtèques et les Zapotèques, la colonie espagnole devint rapidement la plus grande ville du Sud. Aujourd'hui grand centre commerçant et industriel, elle conserve malgré tout un petit air provincial, en partie dû à la présence de nombreux Indiens.

Façade principale de la cathédrale, donnant sur l'Alameda de León

Le centre

La **Plaza de Armas** ou *zócalo* est le centre géographique et social de la ville. Fermée à la circulation, elle s'anime d'une foule de vendeurs, étudiants, touristes et villageois en costumes colorés venus en ville. C'est l'endroit idéal pour se détendre en observant les passants aux terrasses de ses nombreux cafés. Juste au nord-ouest, l'**Alameda de León** est une charmante place où des étals de marché proposent art et artisanat.

La cathédrale

Sur le côté nord du *zócalo*, elle donne sur l'Alameda de León. Elle fut élevée en 1553 mais une série de séismes entraîna sa reconstruction en 1730, ce qui explique la robustesse de ses murs et ses tours asymétriques. Au-dessus du portail principal de la belle façade baroque figure un fin bas-relief de l'Assomption de la Vierge. Mais le joyau de la cathédrale est un splendide autel en bronze réalisé en Italie.

🏛 Museo de Arte Contemporáneo

Macedonio Alcalá 202. 📞 (951) 514 28 18. ⬤ mer.-lun. 🈲 sauf dim.

Le musée d'art contemporain de la ville occupe un bâtiment du XVIᵉ siècle soigneusement restauré, appelé Casa de Cortés ; il aurait été construit par l'intrépide conquistador. Apprécié pour ses expositions temporaires et autres manifestations culturelles, le musée expose des œuvres reconnues d'artistes modernes locaux et étrangers, dont Francisco Toledo et Rodolfo Morales.

Iglesia de Santo Domingo

C'est la plus extraordinaire des nombreuses églises de la ville. Commencée en 1572, elle fut achevée plus de 200 ans plus tard, son coût total s'élevant à plus de 12 millions de pesos d'or. Sa façade sobre contraste avec l'intérieur, étincelant de plâtres dorés et stucs colorés,

BENITO JUÁREZ (1806-1872)

Portrait du réformateur Benito Juárez par Ángel Bracho

L'un des grands réformateurs libéraux du Mexique naquit au nord d'Oaxaca. D'ascendance zapotèque, il fut cependant éduqué par des prêtres catholiques car il perdit ses parents à trois ans. Il devint le défenseur des réformes agraires et des droits des Indiens. Président du Mexique en 1858, il ordonna, en 1867, l'exécution de l'empereur Maximilien *(p. 53)*. Il poursuivit sa politique de réforme jusqu'à sa mort.

Ornement doré, Centro cultural Santo Domingo

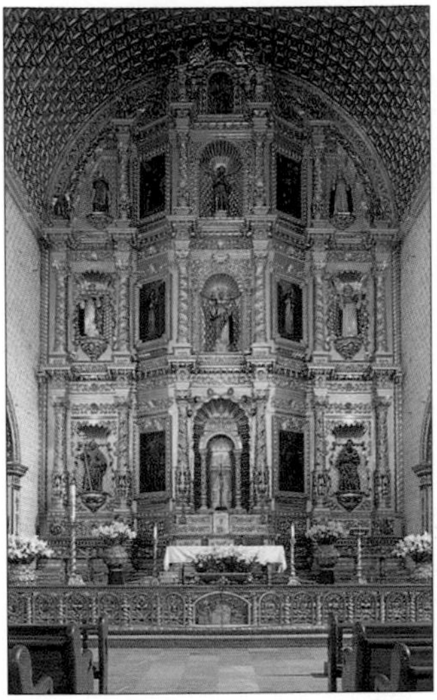

Maître-autel de l'Iglesia de Santo Domingo

mélange sublime des styles gothique, roman, baroque et mauresque. Côté sud, la Capilla del Rosario, recouverte de dorures, est ornée de nombreuses peintures de saints et de madones de toutes tailles. Le plafond bas qui précède son entrée principale porte un curieux arbre généalogique de saint Dominique.

🏛 Centro Cultural Santo Domingo

Angle d'Alcalá et Gurrión. ☎ *(951) 514 97 34.* 🕒 *mar.-dim.* $ 📷 🛍 ♿

Dans l'ancien couvent rattaché à l'Iglesia de Santo Domingo, le centre culturel rassemble un musée, un jardin botanique, une bibliothèque universitaire et une librairie. Le musée se consacre aux objets précolombiens des anciennes cités de l'Oaxaca. On y voit certains des trésors découverts à Monte Albán *(p. 220-221)*, notamment l'extraordinaire cachette d'objets d'art et de bijoux mixtèques trouvés dans la tombe 7. Ce trésor comprend des pièces superbement travaillées en albâtre, obsidienne, jade et autres matières précieuses. Les objets en or sont considérés comme les plus beaux de toute l'Amérique.

MODE D'EMPLOI

Oaxaca. 👥 *257 000.*
✈ *8 km au S.*
🚌 *Calz Niños Héroes 1036, (951) 515 12 14.*
[i] *Av. Independencia 607, (951) 516 01 23.*
🎉 *Guelaguetza (fin juil.) ; Noche de Rábanos (23 déc.).*

🏛 Casa de Juárez

García Vigil 609. ☎ *(951) 516 18 60.* 🕒 *mar.-dim.* $ *sauf dim.*

La maison où Benito Juárez a vécu entre 1818 et 1828 abrite un musée retraçant la vie du grand homme et son époque. Autour d'un patio ombragé, les pièces, qui ont conservé l'ameublement de Juárez, donnent un passionnant aperçu du mode de vie des classes moyennes du Mexique au XIXe siècle.

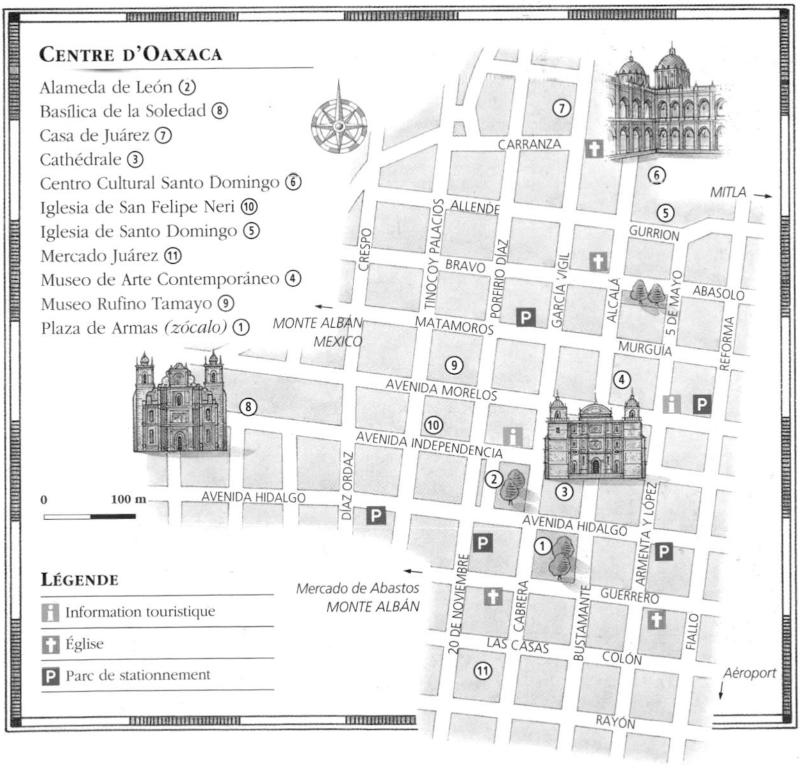
CENTRE D'OAXACA
Alameda de León 2
Basílica de la Soledad 8
Casa de Juárez 7
Cathédrale 3
Centro Cultural Santo Domingo 6
Iglesia de San Felipe Neri 10
Iglesia de Santo Domingo 5
Mercado Juárez 11
Museo de Arte Contemporáneo 4
Museo Rufino Tamayo 9
Plaza de Armas (zócalo) 1
CARRANZA
MITLA
ALLENDE
GURRION
CRESPO
TINOCO Y PALACIOS
BRAVO
PORFIRIO DÍAZ
GARCÍA VIGIL
ALCALÁ
5 DE MAYO
ABASOLO
MONTE ALBÁN
MEXICO
MATAMOROS
REFORMA
MURGUÍA
AVENIDA MORELOS
AVENIDA INDEPENDENCIA
0
100 m
AVENIDA HIDALGO
DÍAZ ORDAZ
ARMENTA Y LÓPEZ
Mercado de Abastos
MONTE ALBÁN
20 DE NOVIEMBRE
CABRERA
BUSTAMANTE
GUERRERO
LAS CASAS
COLÓN
FIALLO
Aéroport
RAYÓN
LÉGENDE
Information touristique
Église
Parc de stationnement

À la découverte d'Oaxaca

Oaxaca possède des musées intéressants et des églises coloniales, mais son vrai charme réside dans le riche mélange de cultures qui colore ses rues. Zapotèques, Mixtèques et de nombreuses autres communautés s'y rassemblent en nombre le samedi, grand jour du Mercado de Abastos, le plus grand marché indien du Mexique, pour vendre leur artisanat traditionnel. Les générations se transmettent les techniques de réalisation des textiles, céramiques, objets en bois et métal, qui sont mises en œuvre dans les villages environnants.

Figure féminine préclassique du Veracruz, Museo Rufino Tamayo

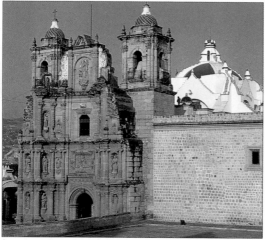

Dôme et façade imposants de la Basílica de la Soledad

🔒 Basílica de la Soledad

La Basílica de la Soledad est surtout connue pour sa façade, haute de 24 m, de style baroque précoce, semblable à un retable, et pour son intérieur richement doré. Elle fut élevée entre 1682 et 1690 pour accueillir la statue de la Vierge de la Solitude, patronne d'Oaxaca. Celle-ci, visible à l'intérieur de la basilique, est incrustée de 600 diamants et porte une couronne en or de 2 kg. Un petit musée religieux est rattaché à l'église.

🏛 Museo Rufino Tamayo

Av. Morelos 503. ☎ *(951) 516 47 50.* ◯ *mer.-lun.* 🏷️ 📷 *sur réservation.* 🔒
Dans une charmante maison du XVIIᵉ siècle, ce musée superbement présenté expose la collection d'art précolombien de l'artiste Rufino Tamayo *(p. 87)*. Tamayo avait entrepris de collecter des pièces précolombiennes afin d'éviter qu'elles ne tombassent aux

mains des trafiquants d'art. Il les légua à son pays pour que ses compatriotes prissent conscience de leur patrimoine. Les présentations, passionnantes sont organisées suivant des critères esthétiques.

🔒 Iglesia de San Felipe Neri

C'est dans cette église, à la façade en forme de retable, que Benito Juárez, le président le plus connu du pays, se maria. Elle abrite un superbe retable doré de style churrigueresque *(p. 25)*.

🏪 Mercado Juárez

Angle de 20 de Noviembre et Las Casas. ◯ *t.l.j.* ♿
Autrefois grand marché de la ville, le Mercado Juárez, qui concentre toujours l'artisanat des villages alentour, est un endroit idéal pour choisir vêtements traditionnels, articles en cuir et célèbres poteries d'Oaxaca.

🏪 Mercado de Abastos

Angle de Periférico et Las Casas. ◯ *t.l.j.* ♿
L'essentiel des échanges se déroule dans cet immense marché au sud-ouest du

---

LA CÉRAMIQUE NOIRE ET VERTE D'OAXACA

Tout l'État produit une céramique caractéristique, verte ou noire. La céramique noire, fabriquée à San Bartolo Coyotepec, a été diffusée par Doña Rosa Real, qui a enseigné cet art ancien jusqu'à sa mort en 1980. La céramique verte, réalisée à Santa María Atzompa, est superbement décorée. Il vaut mieux acheter les céramiques dans leur village d'origine.

Potier à l'ouvrage dans le célèbre atelier Doña Rosa, San Bartolo Coyotepec

Vase à glaçure verte et motifs en relief de Santa María Atzompa

La Vierge de la Solitude à cape de velours
noir, Basílica de la Soledad

centre, un des plus animés du
Mexique, qui propose
céramique, bijoux et animaux
en bois peint. Mais son
attrait essentiel
réside dans
son ambiance :
bruit, chaleur,
senteurs et couleurs
se mêlent,
composant une
atmosphère inimitable.
Marchands et clients   **Figurine**
négocient en dialecte   **en bois peint**
zapotèque et mixtèque
autour d'étals présentés avec
un soin extrême. Le samedi est
le jour le plus animé.

AUX ENVIRONS : le village de
Santa María Atzompa, à
8 km au nord-ouest de la ville,
abrite des centaines d'artisans,
spécialistes de la
céramique vernissée
verte qui a rendu le
village célèbre. **San
Antonio Arrazola,**
près de Monte Albán
(p. 220-221), produit
des figurines
animales en bois
peint, très colorées.
    L'ancien couvent
de **Cuilapan de
Guerrero,** à 10 km
au sud-ouest par la
Mex 131, s'est établi
en 1550 sur le site
d'une pyramide
zapotèque.
Abandonné deux
siècles après, il
conserve d'imposants
éléments
architecturaux et des
peintures murales.
Privée de toit, la
chapelle montre une
façade Renaissance,
une élégante nef à
colonnes et d'épais murs
contre les séismes. Le héros de
l'indépendance Vicente
Guerrero *(p. 49)* y a été
emprisonné avant son
exécution, en 1831.
    Un monument
rappelle sa
mémoire.
    Zaachila, à
16 km au sud-ouest
d'Oaxaca par la
Mex 131, est le site de
la dernière capitale
zapotèque. On peut
visiter une pyramide et deux
tombeaux impressionnants.
    San Bartolo Coyotepec, à
10 km au sud, est le lieu où
l'on fabrique la poterie noire
brillante *(barro negro
brillante)* si répandue dans les
boutiques de souvenirs.

**Danseurs de la Guelaguetza,
Oaxaca**

Guelaguetza *(2 derniers
lun. de juil.),* Oaxaca.
Vêtus de costumes
traditionnels et de
coiffures de plumes, des
danseurs de tout l'Oaxaca
rejouent des cérémonies
zapotèques et mixtèques.
Semaine sainte *(mars-
avr.),* San Juan Chamula et
Zinacantán (Chiapas).
Cérémonies catholiques et
rites païens se mêlent dans
des festivités colorées.
Feria de San Cristóbal
(25 juil.), San Cristóbal de
las Casas. Une procession
aux flambeaux en
l'honneur du saint du
village mène à l'église de
San Cristóbal, ouverte au
public uniquement ce
jour-là.
Noche de los Rábanos
(23 déc.), Oaxaca.
Pendant la nuit des Radis,
les habitants font des
concours de légumes
sculptés.

La chapelle de l'ancien couvent de Cuilapan de Guerrero ; à l'arrière-plan, l'église principale

Circuit dans la vallée de Tlacolula ❼

La région autour d'Oaxaca, notamment les 50 km de la vallée de Tlacolula, est depuis le VIIᵉ siècle av. J.-C. un haut lieu historique et culturel. Plus de 2 500 ans de civilisation y ont laissé les vestiges des héritages olmèque, zapotèque, mixtèque, aztèque et espagnol.

Teotitlán del Valle ④
Teotitlán, la plus ancienne ville de la vallée, est réputée pour ses tapis zapotèques aux teintures naturelles. Un petit musée et des ruines zapotèques complètent la visite.

Santa María del Tule ①
L'Arbol del Tule, dans le cimetière du bourg, aurait plus de 2 000 ans. C'est l'un des plus grands arbres du monde.

San Jerónimo Tlacochahuaya ②
L'église du village, du XVIᵉ siècle, faisait partie d'un couvent dominicain. Sa décoration est l'œuvre d'artisans zapotèques. Elle possède un orgue à soufflets ouvragé.

Dainzú ③
Cette ancienne cité zapotèque conserve une pyramide à gradins, un jeu de balle, plusieurs tombes et une série unique de bas-reliefs en pierre montrant des joueurs de balle.

LÉGENDE
▬ Itinéraire du circuit
▬ Autoroute
═ Autres routes
❀ Point de vue

Yagul ❽

Oaxaca. Mex 190, 36 km au S.-E. d'Oaxaca. 🚌 d'Oaxaca. ◐ t.l.j. 📷

La cité de Yagul fut d'abord occupée par les Zapotèques vers 500 av. J.-C., mais elle n'obtint son pouvoir religieux et politique dans la région qu'après le déclin de Monte Albán (p. 220-221), à la fin du VIIIᵉ siècle ; la plupart des édifices du site datent de cette époque. Yagul fut reprise ensuite par les Mixtèques, puis abandonnée après l'arrivée des Espagnols sur le sol mexicain.

La cité, érigée sur un spectaculaire site en hauteur, était difficilement attaquable. Elle se divise en deux zones principales : la partie basse, appelée l'**Acropolis,** montre un grand jeu de balle, plus de 30 tombes et un dédale de bâtiments appelé Palais des six patios. Au sommet du rocher, offrant une vue superbe, se dresse la **forteresse** entourée d'un mur solide.

Ruines zapotèques, partie basse de la cité de Yagul

Mitla ❾

Oaxaca. Par la Mex 190, 44 km au S.-E. d'Oaxaca. ☎ (951) 568 03 16. 🚌 d'Oaxaca. ◐ t.l.j. 📷 sauf dim. 🔲 🔲

Grande cité-État zapotèque après le déclin de Monte Albán (p. 220-221), Mitla compta, à son apogée, environ 10 000 habitants. Elle fut ensuite occupée par les Mixtèques, qui auraient fortement influencé l'architecture et la décoration des bâtiments. Les Espagnols détruisirent beaucoup de temples quand ils conquirent la région ; ils utilisèrent les pierres pour bâtir l'Iglesia de San Pablo qui domine aujourd'hui le site.

Cinq grands groupes de bâtiments demeurent, dont deux sont faciles d'accès. À l'est du site, le **Grupo de las Columnas** est un ancien palais, formé de trois grandes salles organisées autour de tombes et d'une cour. Les murs y sont ornés des motifs

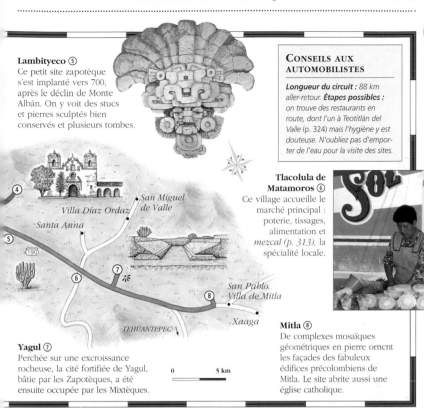

Lambityeco [5]
Ce petit site zapotèque s'est implanté vers 700, après le déclin de Monte Albán. On y voit des stucs et pierres sculptés bien conservés et plusieurs tombes.

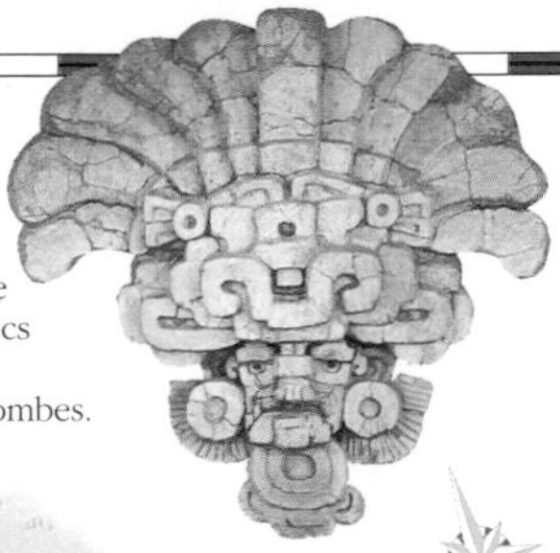

Conseils aux automobilistes

Longueur du circuit : *88 km aller-retour.* ***Étapes possibles :*** *on trouve des restaurants en route, dont l'un à Teotitlán del Valle (p. 324) mais l'hygiène y est douteuse. N'oubliez pas d'emporter de l'eau pour la visite des sites.*

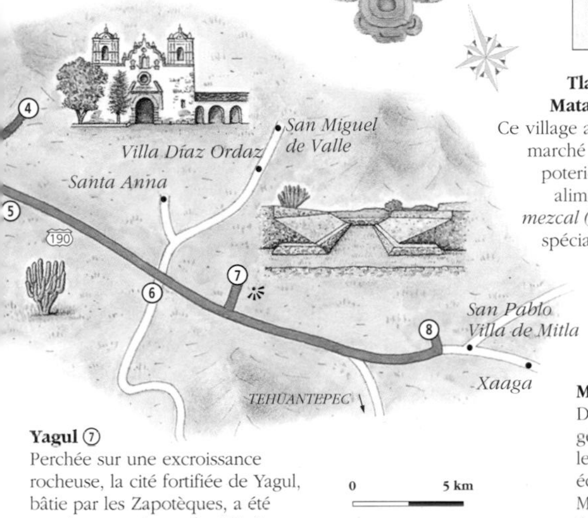

Tlacolula de Matamoros [6]
Ce village accueille le marché principal : poterie, tissages, alimentation et *mezcal (p. 313),* la spécialité locale.

Yagul [7]
Perchée sur une excroissance rocheuse, la cité fortifiée de Yagul, bâtie par les Zapotèques, a été ensuite occupée par les Mixtèques.

Mitla [8]
De complexes mosaïques géométriques en pierre ornent les façades des fabuleux édifices précolombiens de Mitla. Le site abrite aussi une église catholique.

L'église catholique de Mitla, entourée d'édifices précolombiens ornés de remarquables mosaïques géométriques

de mosaïque géométriques qui caractérisent le site de Mitla. Chaque frise savante se compose de près de 100 000 pièces de pierre taillée. À l'intérieur, une des pièces, le Salón de las Columnas, renferme six piliers monolithiques qui supportaient autrefois un toit. Autour de l'église coloniale au nord, on trouve le **Grupo de la Iglesia.** Ces édifices précolombiens, qui ont survécu à la construction de l'église, sont conçus comme ceux du premier groupe, en plus petit. Ils gardent des traces de peintures. Le **Museo Frisell de Arte Zapoteco Mitla** (fermé pour rénovation depuis 2001), en ville, expose des objets trouvés sur le site.

🏛 **Museo Frisell de Arte Zapoteco Mitla**
Benito Juárez 2. ☎ *(951) 568 01 94.*

Les Apôtres sur le clocher de la cathédrale, grand-place de Tuxtla Gutiérrez

Tuxtla Gutiérrez ⓰

Chiapas. 👥 434 000. ✈ 🚌
🛈 bd Belisario Domínguez 950, (961) 602 50 74. 🎭 San Sebastián (15-23 janv.), San Marcos (20-25 avr.).

Capitale de l'État du Chiapas, la ville moderne et active de Tuxtla Gutiérrez est la porte principale des sites touristiques de l'État.

Comédiens et musiciens de rue animent souvent la Plaza Civica, la place centrale très fréquentée. Sur son côté sud, la **cathédrale**, de la fin du XVIe siècle a été remaniée dans un style plus moderne dans les années 1980. Quand les cloches sonnent l'heure, les statues en bois des douze apôtres apparaissent au clocher.

À l'ouest, juste au sud

Comédien de rue sur la Plaza Cívica

d'Avenida Central, le **Monument de la Bandera** (monument au drapeau), délabré mais imposant, commémore l'union du Chiapas et du Mexique. Sur la même rue, plus à l'ouest, le hall de l'hôtel Bonampak (p. 302) est orné de reproductions des peintures murales de Bonampak (p. 232). Au nord-est du centre, le **Museo Regional** développe la géographie et l'histoire du Chiapas. Près du musée, le **Jardín Botánico** abrite une collection de plantes natives de l'État, dont de superbes orchidées. Dans les collines au pied de la Sierra Madre de Chiapas, l'excellent **Zoológico Miguel Alvarez del Toro,** ouvert en 1980, contribue à éviter l'extinction des animaux natifs de l'État. Sur 1 000 m, on traverse une jungle luxuriante où plus de 150 espèces évoluent dans leur habitat naturel.

🏛 **Museo Regional**
Calzada de los Hombres Ilustres.
☎ (961) 613 44 79. 🕐 mar.-dim.
🆓 sauf dim. ♿
🦁 **Zoológico Miguel Alvarez del Toro**
Angle de Calzada Cerro Hueco et Libramiento Sur. ☎ (961) 614 47 00.
🕐 t.l.j. 🖼 🚻

Le Cañon del Sumidero, de près de 1 000 m de profondeur

Cañón del Sumidero ⓱

Chiapas. 🚌 Chiapa de Corzo.
🕐 t.l.j. 🖼 🛥 en bateau, de Chiapa de Corzo ou de Cahuaré.

L'extraordinaire canyon du Sumidero se trouve au cœur d'un très beau parc national. La légende dit qu'au milieu du XVIe siècle plusieurs centaines d'Indiens, acculés par l'envahisseur espagnol, ont choisi de se précipiter dans son ravin plutôt que de se soumettre.

Profond de près de 1 000 m, long d'environ 14 km, le canyon a été creusé au cours de millions d'années par la Grijalva, important cours d'eau qui coule du Guatemala au golfe du Mexique.

Cinq belvédères du côté ouest offrent des vues sensationnelles sur les murs vertigineux du canyon. On peut aussi suivre un circuit en bateau sur la rivière (2 h). Les bateaux partent de deux points d'embarquement. Le premier est situé à Cahuaré (rive ouest de la Grijalva, Mex 190) et, le second, sur les quais de Chiapa de Corzo. Grottes et cascades se succèdent ; c'est l'occasion de voir des plantes peu courantes et beaucoup d'animaux et d'oiseaux, notamment des singes, des crocodiles, des iguanes, des hérons et des martins-pêcheurs.

LE SOULÈVEMENT ZAPATISTE

Le 1er janvier 1994, l'EZLN (Ejercito Zapatista de Liberación Nacional), mené par un homme masqué, le sous-comman-dant Marcos, s'empara de San Cristóbal de las Casas. Son programme, inspiré d'Emiliano Zapata (p. 54), demande la redistribution du pouvoir et des ressources de l'État pris à quelques personnes fortunées. Chassés par l'armée, les

Détail d'un mural en faveur des rebelles zapatistes du Chiapas

zapatistes se réfugièrent dans la forêt. Un cessez-le-feu fut signé en 1995, mais les territoires occupés par les zapatistes restent sous étroite surveillance de l'armée. En dépit des pourparlers, les deux parties ne sont pas, jusqu'à présent, parvenues à un accord.

◁ Flamboyante façade de la cathédrale, San Cristóbal de las Casas

San Cristóbal de las Casas ⑫

Chiapas. 🚶 *132 000* 🛬 🚌
ℹ️ *Plaza 31 de Marzo, (967) 678 06 60.* 🎉 *Primavera y Paz (1 sem. avant Pâques), San Cristóbal (25 juil.).*

Fondée en 1528 par les Espagnols et marquée par des siècles d'isolement, San Cristóbal dégage une atmosphère de ville coloniale assoupie. Mais la cité a une longue histoire de conflits entre Indiens et descendants des colons espagnols. C'est ici que débuta le mouvement zapatiste en 1994, et la présence militaire y est toujours importante.

À 2 300 m d'altitude dans les monts du Chiapas, San Cristóbal jouit d'un climat frais et agréable. La place principale, la Plaza 31 de Marzo, est dominée par le **Palacio Municipal** et la **cathédrale.** La construction de l'église, commencée au XVIᵉ siècle, s'est poursuivie jusqu'au début du XIXᵉ siècle. Son intérieur somptueux renferme une chaire ouvragée incrustée d'or et plusieurs retables remarquables. Un peu

Détail d'un retable ouvragé et doré, Templo de Santo Domingo

plus loin, au nord, s'élève le **Templo de Santo Domingo ;** une impressionnante église dominicaine du XVIᵉ siècle. Elle montre une complexe façade rose et un intérieur baroque doré, avec plusieurs retables magnifiques et une chaire sculptée dans une seule pièce de chêne. Plus au nord, sur General Utrilla, le grand marché rassemble les Indiens des collines environnantes.

Du côté est de la ville, le musée-centre de recherches, fondé en 1950, **Na Bolom** est consacré à l'étude et la protection des Indiens de la région, les Lacandóns, et de leur domaine, la forêt tropicale. Le centre a permis d'éviter l'extinction de la tribu.

Sur les hauteurs, l'**Iglesia de San Cristóbal,** à l'ouest, et l'**Iglesia de Guadalupe,** à l'est, offrent de belles vues sur la ville.

AUX ENVIRONS : plusieurs villages indiens sont situés à environ 10 km de San Cristóbal, dont **San Juan Chamula** et sa très belle église. Ses habitants de langue tzotzile donnent au visiteur un aperçu du mélange des traditions chrétiennes et précolombiennes. Les fêtes et marchés du village font partie des plus extraordinaires du Mexique. Les visiteurs sont toutefois priés de ne pas prendre de photos, surtout dans les églises.

Près de 84 km au sud-est de San Cristóbal, la charmante ville frontière de **Comitán de Domínguez** sert de base à la visite des ruines de **Chinkultic,** pyramides, jeu de balle et stèles. Près de Chinkultic, les **Lagos de Montebello** forment un chapelet de plus de 50 lacs dont les eaux féeriques se déclinent de l'azur au vert foncé.

🏛 **Na Bolom**
Av. Vicente Guerrero 33. 📞 *(967) 678 14 18.* 🕐 *t.l.j. (visite guidée seul. à 11 h 30, 16 h 30).* 📷 ♿
💻 🚻
🏛 **Chinkultic**
par la Mex 190, 41 km au S.-E. de Comitán de Domínguez. 🕐 *t.l.j.* 📷

La foule devant l'église de San Juan Chamula

Agua Azul ⑬

Chiapas. Par la Mex 199, 125 km au N.-E. de San Cristóbal de las Casas. de Palenque ou de San Cristóbal de las Casas.

Séduisante étape sur la route de San Cristóbal de las Casas à Palenque, le Parque Nacional Agua Azúl abrite plus de 500 des plus belles cascades du Mexique, de 3 à 30 m de hauteur, et une collection de bassins naturels vert émeraude. La baignade y est un plaisir dans la moiteur de ces terres basses, sauf là où des panneaux signalent des courants dangereux. Il vaut mieux éviter de se baigner à la saison des pluies (de juin à septembre), car l'eau des bassins devient trouble.

AUX ENVIRONS : à 22 km environ de Palenque en venant d'Agua Azul, se dessine la spectaculaire cascade de **Misol-Ha**, haute de 30 m. Nichée dans une luxuriante forêt tropicale, la cascade permet, comme dans le Parque Nacional Agua Azul, de prendre un bain rafraîchissant après une journée de visite.

Palenque ⑭

p. 234-237.

Une des magnifiques et spectaculaires cascades d'Agua Azul

Bonampak ⑮

Chiapas. 153 km au S.-E. de Palenque. de Palenque. circuits au départ de Palenque. mar.-dim.

Découvert dans les années 1940, le site maya de Bonampak est très ancien. Il atteignit son apogée sous Yahaw Chan Muwan (776-790). Ce dernier, cité par trois superbes stèles sur le site, a fait élever le remarquable temple des Peintures. Les murs et les voûtes de ses trois salles sont couverts de peintures murales de couleurs vives, donnant un vivant aperçu de la vie de cour de la noblesse de Bonampak et de l'apparat dont les Mayas entouraient la guerre. Les deux salles extérieures (1 et 3) montrent des dignitaires vêtus de riches costumes et de coiffes sophistiquées, au-dessous figurent musiciens et danseurs et au plafond animaux et symboles des constellations de l'univers maya.

Les deux peintures principales de la salle du milieu (2) décrivent une victoire des guerriers mayas sur l'ennemi, et les sévices infligés aux prisonniers.

À défaut de se rendre sur le site, on pourra admirer des reproductions des peintures dans un hôtel de Tuxtla Gutiérrez *(p. 230).*

Yaxchilán ⑯

Chiapas. 130 km au S.-E. de Palenque. de Palenque. circuits au départ de Palenque. mar.-dim.

Yaxchilán, à 20 m au-dessus de la rivière Usumacinta en pleine forêt des Lacandóns, est un des plus spectaculaires sites mayas. Il est accessible uniquement en avion, ou en empruntant un bus puis un bateau sur la rivière.

Le site fut élevé entre 350 et 800, mais sa puissance se développa au VIIIe siècle sous le règne de ses souverains les plus connus, « Jaguar-bouclier » et son fils « Jaguar-oiseau ». Le site abonde en glyphes, stèles, linteaux sculptés, crêtes faîtières en stuc et temples, dont le temple 33, le mieux préservé.

Yaxchilán est le foyer des Lacandóns *(p. 231),* dernier peuple indien païen du Mexique, vivant en dehors de la société hispanisée.

Le temple 33 de Yaxchilán possède une crête faîtière proéminente

L'art des Mayas

Les Mayas sont le peuple méso-américain qui a produit les œuvres les plus nombreuses et les plus durables. L'art maya se distingue par son approche naturaliste, qui le rend plus accessible au regard moderne que celui d'autres cultures anciennes du Mexique. Les Mayas emploient différents matériaux pour orner leurs constructions et fabriquer leurs objets sacrés et fonctionnels : pierre, bois, céramique, stuc, coquille, jade et os. Les peintures murales de Bonampak et les bas-reliefs de Palenque donnent un aperçu de leur mode de vie, de leur stratégie guerrière, de leurs costumes, de leurs croyances et de leurs nombreuses coutumes.

Les glyphes (p. 46-47), sculptés dans la pierre ou modelés dans le stuc, présentent souvent biographies ou hauts faits royaux.

Les stèles, pierres levées placées sur les sites rituels, retracent habituellement la vie des souverains et leurs victoires. Celle-ci vient de Yaxchilán.

Panache en plumes

Grand ornement d'oreille

Bracelet en jade

La céramique servait à façonner des statuettes. Cette figurine, sans doute un souverain, vient d'une tombe maya de l'île côtière de Jaina, près de Campeche (p. 260).

Les bas-reliefs, comme ce détail du panneau des Esclaves au musée de Palenque (p. 237), montrent que les Mayas excellaient à se représenter.

Les vases, comme celui-ci où figure un jaguar surnaturel, étaient peints d'une couverte minérale avant cuisson.

Les peintures murales de Bonampak décrivent, à l'aide de couleurs vives et avec un grand réalisme, des scènes de la vie maya à l'époque classique. Sur ce détail de la bataille de la salle 2, un guerrier vêtu d'une peau de jaguar saisit un ennemi par les cheveux. D'autres fresques remarquables sont visibles à Cacaxtla (p. 156).

Palenque

Détail d'un glyphe, cour de Palenque

L es édifices monumentaux de ce site mystérieux et impressionnant, au cœur de la jungle, ont été particulièrement bien préservés. Les Mayas s'y installèrent dès 100 av. J.-C mais c'est entre 600 et 800 que Palenque atteignit son apogée et devint la capitale régionale. Après un déclin brutal, au début du Xᵉ siècle, elle fut abandonnée à la jungle tentaculaire. Les fouilles ont mis au jour des ruines ornées de belles sculptures et de stucs magnifiques.

Le temple de la Croix foliée doit son nom à un panneau montrant un plant de maïs cruciforme.

Le temple de la Croix, à l'impressionnante crête faîtière, abrite des sculptures.

Temple XIV
Bien que très endommagé, ce temple a été en grande partie reconstruit. Il contient des glyphes et sculptures bien conservés, dont ce portrait du souverain Ken Balam II, qui porte une coiffure à plumes.

Sentier vers les groupes B et C, les cascades et le musée *(p. 237)*

Jeu de balle

Centre de Palenque
Les grands édifices du site, présentés ci-contre, forment le groupe principal.

À NE PAS MANQUER

★ **Temple des Inscriptions**

★ **Palais**

Groupe nord
Il consiste en cinq temples sur une seule plate-forme, dont la base porte cette sculpture du dieu Tlaloc,

Le temple du Comte a été occupé pendant deux ans, dans les années 1830, par un aristocrate européen excentrique.

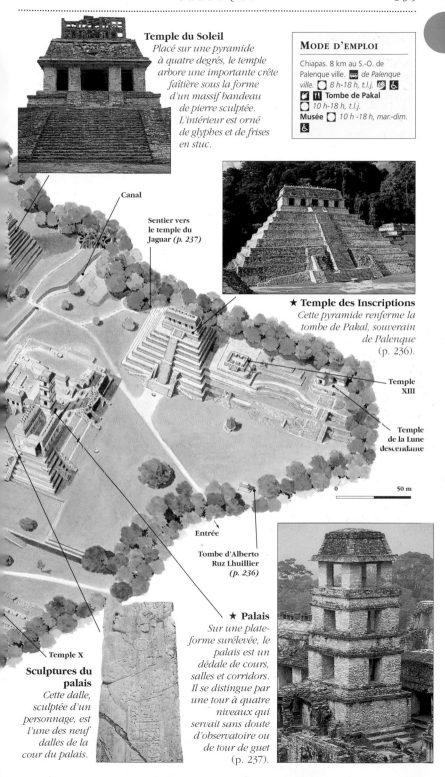

Temple du Soleil
Placé sur une pyramide à quatre degrés, le temple arbore une importante crête faîtière sous la forme d'un massif bandeau de pierre sculptée. L'intérieur est orné de glyphes et de frises en stuc.

MODE D'EMPLOI

Chiapas. 8 km au S.-O. de Palenque ville. 🚌 *de Palenque ville.* ◯ 8 h-18 h, t.l.j. 🅿 ♿
🎫 🍴 **Tombe de Pakal**
◯ 10 h-18 h, t.l.j.
Musée ◯ 10 h -18 h, mar.-dim.
♿

Canal

Sentier vers le temple du Jaguar *(p. 237)*

★ **Temple des Inscriptions**
Cette pyramide renferme la tombe de Pakal, souverain de Palenque (p. 236).

Temple XIII

Temple de la Lune descendante

0   50 m

Entrée

Tombe d'Alberto Ruz Lhuillier *(p. 236)*

★ **Palais**
Sur une plate-forme surélevée, le palais est un dédale de cours, salles et corridors. Il se distingue par une tour à quatre niveaux qui servait sans doute d'observatoire ou de tour de guet (p. 237).

Temple X

Sculptures du palais
Cette dalle, sculptée d'un personnage, est l'une des neuf dalles de la cour du palais.

Le temple des Inscriptions

Le plus grand et le plus imposant édifice de Palenque, est montré ci-dessous au complet, tel qu'il existait, avec sa crête faîtière. Il fut élevé pendant le règne de Pakal qui dura 68 ans, de 615 à 683 apr. J.-C. La crypte funéraire du souverain de Palenque fut découverte seulement en 1952, par Alberto Ruz Lhuillier. Beaucoup des objets et bijoux trouvés dans la tombe sont exposés au Museo Nacional de Antropología de Mexico *(p. 90-95)*.

On accède à la tombe par deux volées de marches abruptes descendant sur 25 m. L'escalier, empli de gravats, fut découvert en 1949 : trois ans de déblayage ont été nécessaires pour atteindre la tombe.

La volée de marches du grand escalier de la pyramide

RECONSTITUTION DU TEMPLE DES INSCRIPTIONS
À l'époque maya classique, ce temple aurait été recouvert de plâtre et peint en rouge vif. Le détail des sculptures du temple et de la crête était souligné par d'autres couleurs vives.

La crête faîtière aurait été sculptée de divinités et motifs animaliers.

Le temple qui surmonte la pyramide se divise en deux salles.

Deux puits situés au-dessus du palier laissaient pénétrer l'air et la lumière du jour.

Les inscriptions, qui donnent son nom au temple, sont visibles sur les murs du sanctuaire. Il y a en tout 617 glyphes sculptés, présentés sur trois panneaux de pierre. Ils n'ont pas été entièrement déchiffrés à ce jour.

La tombe de Pakal est une chambre voûtée de 9 m sur 4 m, et de près de 7 m de haut. Neuf figures en stuc, représentant des précurseurs de la dynastie, ornent les murs. Le lourd couvercle en pierre du sarcophage est superbement orné d'une scène symbolisant la résurrection de Pakal, arraché au monde souterrain.

À la découverte de Palenque

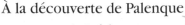

L e groupe principal *(pages précédentes)* rassemble les édifices les plus intéressants et les mieux conservés. Plusieurs temples moins connus sont accessibles par des sentiers faciles dans la jungle.
Un autre chemin mène du groupe principal au musée en passant devant des cascades.

Temple XX
Temple XVIII
Groupe C
Temple du Jaguar
Temple XXI
Temple des Inscriptions
Groupe B
Palace
Guichet
Groupe Nord
Groupe des Chauves-Souris
Groupes I et II
Entrée
Cascades
PALENQUE ET AÉROPORT
Musée
0   200 m

LÉGENDE

☐ Groupe principal *(p. 234-235)*

Le palais

Le complexe du palais, dû à de nombreux rois successifs, se dresse sur une plate-forme d'environ 100 m sur 80 m et 10 m de haut. Les édifices les plus anciens furent construits pendant le règne de Pakal, mais le soubassement cache des étapes antérieures, dont certaines subsistent sous forme de galeries souterraines. Le palais abritait la famille royale et sa suite Les bâtiments sont décorés de stuc et de sculpture, dont les remarquables captifs de la cour *(p. 235)*, démonstration de puissance des rois de Palenque destinée à impressionner les visiteurs. Le panneau ovale décrit l'intronisation de Pakal : les insignes de sa fonction lui sont remis par sa

Panneau ovale, Palenque

mère, dont le règne fut bref.

Le temple du Jaguar

Un court sentier, derrière le temple des Inscriptions, mène à ces ruines. Le nom du temple vient d'une figure de roi assis sur un trône de jaguar, aujourd'hui détruite. Non déblayé, envahi par la végétation, il donne une idée de l'aspect du site à la fin du XVIIIe siècle, avant les fouilles.

Les autres temples

Deux sentiers bien balisés partent de l'avant du temple du Soleil pour conduire aux temples XVIII et XXI et à d'autres édifices isolés, proches mais cachés par les

Le temple du Jaguar est caché dans la jungle

arbres. D'autres bâtiments sont visibles sur le sentier qui mène au musée et qui passe devant le groupe B et celui des Chauves-Souris.
Ce sentier donne sur d'autres chemins conduisant aux groupes C, I et II. Des centaines d'autres structures, similaires mais moins accessibles, sont cachées dans la jungle de Palenque.

Le musée

Sur la route entre la ville de Palenque et le site, ce bâtiment moderne retrace le développement de la cité maya et présente une foule d'objets trouvés sur le site, dont le panneau des Esclaves *(p. 233)*.

Le palais domine le centre de Palenque

LA CÔTE DU GOLFE

TABASCO • VERACRUZ

Les luxuriantes plaines tropicales qui bordent le golfe du Mexique
ont porté autrefois trois grandes cultures précolombiennes, les
énigmatiques Olmèques, « culture mère » de la civilisation antique
mexicaine ; les Totonaques du Veracruz central ; les Huastèques. Des
siècles plus tard, la côte revint au cœur de l'histoire mexicaine lorsque
les Espagnols entreprirent la conquête de l'Empire aztèque.

Cette région verte et fertile s'étend de Tampico et la région huastèque, au nord, à la jungle basse et chaude de l'isthme de Tehuantepec, l'étroit goulot mexicain, au sud. La plaine côtière produit l'essentiel de la canne à sucre, des fruits tropicaux, du cacao et du café du Mexique. À l'intérieur, les températures chutent avec la montée vers les sommets de la Sierra Madre Oriental et les neiges du Pico de Orizaba, point culminant du pays à 5 747 m.

La civilisation olmèque se développa dans le sud de cette région vers 1000 av. J.-C. Plus tard, les Mayas utilisèrent les grandes rivières qui traversent le Tabasco comme routes commerciales. Pendant ce temps, d'autres Indiens élevaient de grandes cités au nord de la région, notamment El Tajín. En 1519, Hernán Cortés débarqua sur la côte du Veracruz. Il brûla ses vaisseaux et fit alliance avec les Totonaques avant d'entreprendre la conquête des Aztèques. Le port de Veracruz expédia pendant les trois siècles qui suivirent de formidables quantités d'or et d'argent vers l'Europe et, à la même époque, des villes coloniales comme Tlacotalpan grandirent et prospérèrent. Ces dernières décennies, un nouveau boom économique, issu cette fois de l'exploitation du pétrole, a transformé une partie du Tabasco et la région sud du Veracruz.

Plantation de canne à sucre, une des nombreuses cultures de la région humide de la côte du golfe

◁ Les palmiers offrent une ombre bienvenue sur la Plaza de Armas, place centrale d'El Puerto de Veracruz

À la découverte de la côte du golfe

La région humide de la côte du golfe possède un riche héritage précolombien. Les œuvres de ses différentes cultures sont présentées au musée de Xalapa, un des meilleurs du Mexique. Le parc archéologique de Villahermosa expose l'art monumental de la civilisation olmèque et les vestiges de la cité d'El Tajín, dédiée au dieu du tonnerre, sont spectaculaires. Le port animé de Veracruz et les charmantes villes coloniales de Tlacotalpan et Coatepec attirent aussi les visiteurs.

Macaques de l'île de Tanaxpillo, dans la Laguna de Catemaco

TAMPICO

PÁNUCO

105

NARANJOS

↓ *Pachuca*

127

180

127

TUXPAN

POZA RICA

EL TAJÍN ❶   *PAPANTLA*

Mexico

NAUTLA

MARTÍNEZ DE LA TORRE

FILOBOBOS

❷ *QUIAHUIZTLAN*

CEMPOALA

XALAPA ❸   140   ❺

Puebla   ❹ *COATEPEC*

❻ *EL PUERTO DE VERACRUZ*

BOCA DEL RÍO

ORIZABA ❼

CIUDAD MENDOZA   ❽ *CÓRDOBA*

❾ *TLACOTALPAN*

SANTIAGO TUXTLA ❿

COSAMALOAPAN   145

⓫

LAGUNA DE CATEMACO

Oaxaca

ACA...

Tehuantep...

GOLFE DU MEXIQU...

Fermier aux champs, avec en arrière-plan le Pico de Orizaba

LES SITES D'UN COUP D'ŒIL

Bateaux de pêche du port de Veracruz

CIRCULER

Deux grands aéroports, à Veracruz, vols intérieurs et principaux vols internationaux, et Villahermosa, essentiellement lignes intérieures, desservent la région. Les grandes villes sont reliées par des autoroutes et des lignes régulières d'autocars. La région nord, moins visitée, est également moins desservie. Le moyen le plus simple de gagner El Tajín est l'avion à destination de Poza Rica. Au sud, la plaque tournante de Villahermosa offre des routes pour le Yucatán *(p. 256-287)* et un accès à Palenque *(p. 234-23/)*.

LÉGENDE

🟦 Autoroute

🟦 Autre route principale

🟦 Route secondaire

🟦 Rivière

Les arcades de couleurs vives de la ville préservée de Tlacotalpan

Campeche

COMALCALCO **12**

COATZACOALCOS

LA VENTA

VILLAHERMOSA **13**

MINATITLÁN

CÁRDENAS

Palenque

SAN LORENZO TENOCHTITLÁN

0   50 km

VOIR AUSSI

• *Hébergement* p. 303

• *Restaurants* p. 325

El Tajín ❶

Développée sur une première implantation, la cité d'El Tajín était un centre politique et religieux pour la civilisation totonaque. Beaucoup de ses bâtiments datent des débuts du postclassique, entre 900 et 1150. Décorés de panneaux en relief et de sculptures, les édifices étaient peints de couleurs franches, rouge, bleu, noir. Le noyau de cette spectaculaire cité fut mis au jour sur près de 1 km², mais la ville entière, qui comptait 25 000 habitants, couvrait une surface totale de 10 km².

★ Pyramide des Niches
Autrefois couronnée d'un temple, elle montre 365 niches figurant les jours de l'année. Chacune contenait peut-être une offrande.

Édifice 12

Édifice 10

★ Jeu de balle sud
Sur les murs latéraux du terrain, six bas-reliefs illustrent le rituel du jeu (p. 277), incluant le sacrifice d'un ou plusieurs joueurs.

Entrée, centre des visiteurs, musée et *voladores*

★ Statue de Dios Tajín
Cette petite statue représente sans doute Tajín, dieu des éclairs et du tonnerre, grande divinité du peuple d'El Tajín.

Plaza del Arroyo
Quatre pyramides, parmi les plus vieux édifices de la cité, marquent les points cardinaux sur cette vaste place.

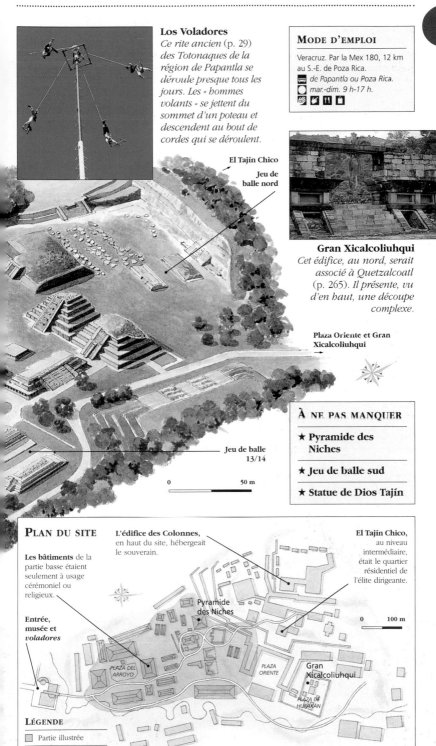

Los Voladores
Ce rite ancien (p. 29) des Totonaques de la région de Papantla se déroule presque tous les jours. Les « hommes volants » se jettent du sommet d'un poteau et descendent au bout de cordes qui se déroulent.

MODE D'EMPLOI

Veracruz. Par la Mex 180, 12 km au S.-E. de Poza Rica.
🚍 de Papantla ou Poza Rica.
🕐 mar.-dim. 9 h-17 h.

Gran Xicalcoliuhqui
Cet édifice, au nord, serait associé à Quetzalcoatl (p. 265). Il présente, vu d'en haut, une découpe complexe.

El Tajín Chico

Jeu de balle nord

Plaza Oriente et Gran Xicalcoliuhqui

Jeu de balle 13/14

0   50 m

À NE PAS MANQUER

★ **Pyramide des Niches**

★ **Jeu de balle sud**

★ **Statue de Dios Tajín**

PLAN DU SITE

L'édifice des Colonnes, en haut du site, hébergeait le souverain.

El Tajín Chico, au niveau intermédiaire, était le quartier résidentiel de l'élite dirigeante.

Les bâtiments de la partie basse étaient seulement à usage cérémoniel ou religieux.

Entrée, musée et *voladores*

Pyramide des Niches

PLAZA DEL ARROYO

PLAZA ORIENTE

Gran Xicalcoliuhqui

PLAZA DE HURAKAN

0   100 m

LÉGENDE

☐ Partie illustrée

La montée abrupte de la pyramide des Niches offre des vues spectaculaires ▷

Petits tombeaux de pierre au cimetière totonaque de Quiahuiztlan

Quiahuiztlan ❷

Veracruz. Mex 180, 24 km au N. de Cempoala. 🚌 pour Cerro de los Metates, puis 2 km à pied.
🔲 t.l.j. 📷

La cité totonaque de Quiahuiztlan comptait 15 000 habitants. Cette forteresse fut bâtie au sommet d'une colline à la fin de l'époque classique. Malgré son cercle de murs, la cité fut prise deux fois, au IXe siècle par les Toltèques, puis au XIIIe siècle par les Aztèques.

Aujourd'hui, la seule partie du site en gradins qui se visite est le cimetière, où 100 petits tombeaux ont été découverts, chacun à l'image d'un temple précolombien. La majorité des chambres funéraires, à la base des tombeaux, renfermaient crânes et ossements humains. À l'arrière des tombes, des ouvertures permettaient peut-être aux familles de communiquer avec les défunts.

De l'autre côté de la Mex 180, Villa Rica de la Vera Cruz, village de pêcheurs, fut la première implantation espagnole au Mexique.

Xalapa ❸

Veracruz. 🏠 390 000. 🚌 ℹ️ Torre Animas 5, (228) 841 85 00, poste 4330. 📷 Feria de los Flores (avr.).

La capitale du Veracruz, Xalapa ou Jalapa, réputée pour son université et sa vie culturelle, possède le deuxième musée d'anthropologie (p. 248-249) du Mexique. La ville jouit d'un cadre magnifique : de la place principale, le Parque Juárez, on a, par temps clair, une vue splendide du Cofre de Perote (4 250 m). Sur un côté de cette place, le **Palacio de Gobierno,** néoclassique, renferme dans l'escalier un *mural* de Marío Orozco Rivera (1930-1998). En face du Palacio se dresse la **cathédrale** du XVIIIe siècle. Il faut gravir la colline pour découvrir les maisons aux couleurs vives, aux toits de tuiles et balcons en fer forgé qui bordent les jolies rues pavées autour du marché.

AUX ENVIRONS : au XIXe siècle, le très controversé général Santa Anna (p. 52) acheta la **Hacienda Lencero.** Cette ancienne auberge du XVIe siècle est aujourd'hui un musée qui expose mobilier, ustensiles et objets décoratifs de l'époque.

Les **Filolobos,** assez éloignés de Xalapa, sont deux sites archéologiques datant de 700 à 1200, distants de 4 km. On accède au plus proche de la route, El Cuajilote, par un circuit organisé en raft sur le Bobos, ou une spectaculaire marche touristique de 8 km.

🏛 **Palacio de Gobierno**
Calle Enriques. 📞 (228) 841 74 00.
🔲 lun.-ven. ♿
🏛 **Hacienda Lencero**
10 km à l'E. de Xalapa. 📞 (228) 820 02 70. 🔲 mar.-dim. 📷 📹 📷
🏛 **Filobobos**
Par une route secondaire de Tlapacoyan à Plan de Arroyos, 110 km au N.-O. de Xalapa. 🔲 mar.-dim. 📷

Charmante rue pavée aux maisons colorées, proche du marché de Xalapa

Le site de Las Chimeneas doit son nom aux piliers creux du dernier niveau

Coatepec ❹

Veracruz. 🕴 73 000. 🚌 🛈 Matías Rebolledo 1, (228) 816 09 64. 📷 San Jerónimo (29-30 sept.), Feria del Café (30 avr.-1er mai).

Cette ville séduisante est réputée pour son café, ses liqueurs de fruits, ses orchidées et ses restaurants de poissons et fruits de mer. Ses maisons élégantes aux toits de tuiles et balcons ouvragés ont été bâties grâce aux fortunes du boom du café du début du xxe siècle. Au centre, une hacienda reconvertie abrite un des plus charmants hôtels du Mexique, la Posada Coatepec (p. 303). Tout près, se dresse la belle Basílica Menor de Nuestra Señora de Guadalupe.

AUX ENVIRONS : de climat semi-tropical humide, la région de Coatepec a une végétation exubérante ; l'herbe pousse dru, même sur les fils du

Basílica Menor de Nuestra Señora de Guadalupe, Coatepec

téléphone. Le paisible bourg colonial de **Xico**, à 9 km au sud, mérite une visite, surtout le dimanche, jour de marché. De Xico, un sentier mène, au travers de plantations de café et bananeraies, aux **chutes Texolo,** hautes de 40 m.

Cempoala ❺

Veracruz. Mex 180, 44 km au N. de Veracruz. 🚌 de Veracruz. ⬭ t.l.j. 📷

Peu après leur arrivée au Mexique en 1519 (p. 43), Cortés et ses hommes firent halte dans la cité totonaque sur le site de l'actuelle Cempoala, ou Zempoala. Comme bien d'autres villes de l'époque, celle-ci subissait le joug aztèque ; son gouverneur collabora avec Cortés en échange de sa protection.

Les murs entourant les vestiges de la cité totonaque touchent la ville moderne. Autour d'une esplanade, les bâtiments, recouverts de galets de rivière lisses et arrondis, dénotent une forte influence aztèque. Droit devant l'entrée, le **Templo Mayor,** pyramide à treize degrés, porte un sanctuaire couvert à l'origine d'un toit de palmes. Près de là, un *chac-mool (p. 44)* a été trouvé dans le site de **Las Chimeneas,** ou cheminées (le nom est dû à ses piliers creux) prouvant que le site pourrait avoir un lien avec les Mayas. Orientée vers l'est, la **Gran Pyrámide** était un temple dédié au culte du soleil.

LES FÊTES DE LA CÔTE DU GOLFE

Carnival (fév.-mars). Le carnaval, fêté presque partout, est spécialement spectaculaire à Veracruz, Villahermosa et Tenosique (Tabasco). La mise à feu d'une énorme effigie de la « mauvaise humeur », généralement à l'image d'un politicien impopulaire, marque le début du carnaval, suivie de chars, parades et danses. Tenosique est célèbre pour sa « guerre

Carnaval de Veracruz

de la farine » (guerra de Pocho y Blanquitos).
Candelaria (sem. avant le 2 fév.). Célébrée dans tout le Mexique, la fête chrétienne de la Chandeleur est particulièrement animée à Tlacotalpan et Catemaco. Nombreux stands de rue, danse et musique. À Tlacotalpan, la Vierge, suivie de centaines de bateaux, conduit une procession sur la rivière.
Corpus Christi (mai-juin). La Fête-Dieu est surtout associée à Papantla. Les célèbres *voladores (p. 243)*, en tournoyant dans les airs, suspendus tête en bas à un grand mât, y effectuent un rite ancien spectaculaire, qui invoque le soleil et la fertilité.
Feria de Santiago Tuxtla (26 juil.). Pour la fête de la Saint-Jacques, des poupées géantes *(mojiganga)* sont promenées dans la ville et l'on danse avec des masques de jaguar les *Danzas de los liseres*.

Le Museo de Antropología de Xalapa

Jouet huastèque

euxième en importance après le musée d'Anthropologie de Mexico, ce musée remarquable présente, dans de grandes salles de marbre et des patios en plein air, sculptures et objets des grandes cultures précolombiennes de la côte du golfe, découverts sur différents sites de la région. Les premières salles sont consacrées à la civilisation olmèque (p. 254), les suivantes au centre du Veracruz et aux Totonaques ; la dernière expose les sculptures stylisées de la culture huastèque.

Le patio olmèque dominé par El Rey

SUIVEZ LE GUIDE !

Débutant par l'entrée principale, on descend à travers une série de salles et de patios, reliés par des marches et des rampes pour handicapés. Les objets y sont présentés dans l'ordre chronologique. Les jardins montrent une flore représentative de différentes régions du Veracruz.

Urne funéraire olmèque
Lorsqu'elle fut découverte à Catemaco, cette grosse urne, en terre cuite, renfermait les restes d'un petit enfant et des offrandes rituelles.

El Señor de Las Limas
Cette statue en néphrite (900–400 av. J.-C.) trouvée à Las Limas aurait servi aux rites d'accession. Ce seigneur porte un petit « jaguar-garou », important symbole olmèque de pouvoir divin.

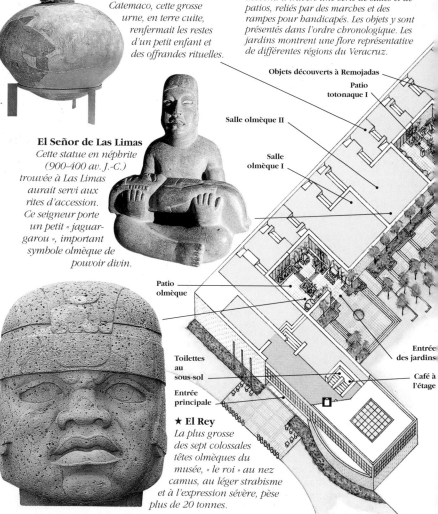

Objets découverts à Remojadas

Patio totonaque I

Salle olmèque II

Salle olmèque I

Patio olmèque

Entrée des jardins

Café à l'étage

Toilettes au sous-sol

Entrée principale

★ El Rey
La plus grosse des sept colossales têtes olmèques du musée, « le roi » au nez camus, au léger strabisme et à l'expression sévère, pèse plus de 20 tonnes.

Mictlantecuhtli
Cette extraordinaire figure de squelette (600-900) en terre cuite, peinte au goudron, représente le dieu de la mort Mictlantecuhtli.

Patio totonaque II

Seconde entrée

Salle huastèque

Maquette d'El Tajín

Le chien à roulettes, jouet d'enfant huastèque, est exposé ici.

★ Tlaloc
Cette terre cuite expressive (600-900) d'El Zapotal (p. 250) pourrait être Tlaloc, dieu de la pluie des hautes terres centrales, un joueur de balle ou encore un guerrier.

Objets découverts à El Zapotal

Los Gemelos,
« les jumeaux » (600-900) sont exposés dans cette salle.

Objets découverts à El Tajín

Cihuateotl
Cette figure (600-900) montre Cibuateotl, divinisée après sa mort en couches. Les yeux fermés et la bouche ouverte évoquent les visages terrifiés des femmes sacrifiées en son honneur.

Figure souriante du Veracruz
Caractéristiques du centre du Veracruz, ces figures souriantes (600-900) peuvent avoir joué un rôle important dans des fêtes.

Xipe-Totec
La surface écailleuse de cette terre cuite (1200-1521) figure les peaux écorchées des sacrifiés que revêtaient les prêtres pour le culte à Xipe-Totec, dieu du printemps.

À NE PAS MANQUER

★ **El Rey**

★ **Tlaloc**

El Puerto de Veracruz ❻

Veracruz. 🏛 *457 000.* ✈ 🚌
ℹ *Palacio Municipal, (229) 989 88
17.* 🎭 *Carnaval (fév.-mars).*

Veracruz est avant tout un
lieu de distractions. La vie
de la ville tourne autour de la
Plaza de Armas (*zócalo*) et du
malecón, promenade du front
de mer, idéale pour flâner et
regarder les bateaux. La Plaza
de Armas bordée d'arbres
porte l'élégant **Palacio
Municipal** du XVIIᵉ siècle et la
cathédrale, au dôme couvert
de céramique de Puebla
(*p. 153*), couronné d'une
lanterne et d'une petite croix.
En face de la cathédrale, les
Portales (arcades) alignent
hôtels et cafés. Tout le jour et
presque toute la nuit, on y
joue de la musique ; le soir,
on y danse un frénétique
zapateo ou un *danzón* plus
calme. Le carnaval de la ville
(*p. 247*) est très célèbre.

Sur le *malecón,* le **Gran
Café de la Parroquia**
(*p. 325*), animé et convivial,
est une institution ouverte
depuis 1808 aux Mexicains
comme aux touristes. Plus au
sud, l'**Acuario de Veracruz** se
veut le plus grand et le
meilleur aquarium d'Amérique
latine. Des circuits en bateau
au départ du *malecón* longent
l'Isla de los Sacrificios et le
port jusqu'au fort de **San Juan
de Ulúa,** fortifié en 1692. C'est
là que la dernière garnison
espagnole lutta contre
l'indépendance du Mexique
(*p. 49*). Le fort a subi, depuis,
plusieurs invasions étrangères ;
la plus récente, en 1914, fut
perpétrée par les États-Unis.
C'est aussi la plus célèbre
prison du Porfiriato (*p. 53*).
Première terre foulée par les
Espagnols (*p. 43*), la petite

Le Palacio Municipal, avec au fond l'agitation du port

Isla de los Sacrificios doit
son nom aux restes de sacrifices humains découverts par
les conquistadores.

Occupant l'ancienne
académie navale
dans le centre, le
**Museo Histórico
Naval,** le meilleur
de Veracruz,
raconte l'histoire
du port. On y voit
plus de 300 sortes
de nœuds marins
et de fines maquet-
tes de bateaux.

En 1880,
l'enceinte fortifiée
de Veracruz fut
abattue, ne laissant
qu'un des neuf bastions
d'origine, le **Baluarte de
Santiago.** Ce fortin bâti en
1635 abrite une belle collection
de bijoux précolombiens en or.

**Marins sur leur navire
dans le port de Veracruz**

mais elles sont assez peu
séduisantes. Plus loin sur la
côte, **Boca del Río** est réputée
pour ses produits de la mer.
Dans les années 1970, les
fouilles d'**El
Zapotal**, à 75 km
au sud de Veracruz,
ont mis au jour des
centaines de
statuettes en argile,
offrandes à
Mictlantecuhtli,
dieu du monde
souterrain (*p. 265*).
La plupart sont
exposées au
Museo de
Antropología de
Xalapa (*p. 248-
249*) mais la figure centrale de
Mictlantecuhtli, en argile crue,
se trouve toujours à Zapotal.

🍴 **Acuario de Veracruz**
Boulevard Manuel Avila Camacho.
📞 *(229) 932 79 84.* ⏰ *t.l.j.* 📷 ♿
⚓ **San Juan de Ulúa**
Calle Pedro Sainz de Baranda. 📞
(229) 938 51 51. ⏰ *juil.-août : t.l.j. ;
sept.-juin : mar.-dim.* 📷 *sauf dim.* ♿
🏛 **Museo Histórico Naval**
Calle Arista 418. 📞 *(229) 931 40 78.*
⏰ *mar.-dim.* 🔲 ♿
⚓ **Baluarte de Santiago**
Calle Francisco Canal. 📞 *(229) 931
10 59.* ⏰ *juil.-août : t.l.j. ; sept.-juin :
mar.-dim.* 📷 *sauf dim.*

AUX ENVIRONS :
à quelques
kilomètres au sud,
les banlieues de
Playa de Oro et
Mocambo
disposent de
nombreux hôtels.
Les plages sont
plus propres et
moins bondées
qu'à Veracruz,

Le fort San Juan de Ulúa du XVIIᵉ siècle

Un des cafés servant le généreux café local, Portal de Zevallos, Córdoba

Orizaba ❼

Veracruz. 🏛 *118 000.* 🚌
ℹ️ *El Palacio de Hierro.* 🎭 *San Miguel (29 sept.).*

Cette garnison aztèque, puis espagnole, était située aux XVe et XVIe siècles sur la route commerciale reliant Veracruz à Mexico. Dominée par le sommet le Cerro del Borrego, c'est aujourd'hui une ville industrielle qui a su conserver son caractère colonial.

L'**Iglesia de San Miguel,** du XVIIe siècle, se dresse à l'angle de la place principale, le Parque Apolinar Castillo. L'**Ex-Palacio Municipal,** également sur la place, est un édifice Art nouveau sophistiqué. Il a été construit en Belgique à la fin du XIXe siècle, puis ses éléments furent apportés à Orizaba et remontés.

Calle Colón, le **Palacio Municipal** néoclassique, centre d'éducation des travailleurs après la révolution, abrite un *mural* de José Clemente Orozco (*p. 27*), *Reconstrucción* (1926).

Le **Museo de Arte del Estado** renferme dans dix salles superbement restaurées une collection de peintures de l'époque coloniale à nos jours.

AUX ENVIRONS : point culminant du Mexique (5 747 m), le volcan **Pico de Orizaba,** à 23 km au nord-ouest, a connu sa dernière éruption en 1546. Les Aztèques l'appelaient Citlatépetl, « mont étoile », à cause du reflet éclatant de la lune sur sa cime enneigée. La **Sierra de Zongolica,** au sud d'Orizaba, renferme certaines des grottes les plus profondes du monde.

🏛 **Museo de Arte del Estado**
Angle de 4 Oriente et 23 Sur.
📞 *(272) 724 32 00.* 🕐 *mar.-dim.*
🎟️ *sauf dim.* 🔲

Córdoba ❽

Veracruz. 🏛 *177 000.* 🚌
ℹ️ *Palacio Municipal, (271) 717 17 00, poste 1778.* 🎭 *Expo Feria (mai).*

Córdoba est une ville moderne active, mais des traces de son héritage colonial subsistent encore autour de sa Plaza de Armas centrale. C'est le vice-roi Diego Fernández de Córdoba qui ordonna sa construction en 1618 pour protéger les marchands, sur la route de Veracruz à Mexico, des attaques d'un groupe d'esclaves noirs évadés.

C'est au **Portal de Zevallos** du XVIIIe siècle, arcade au nord-ouest de la Plaza de Armas, que fut signé, en 1829, le traité de Córdoba accordant l'indépendance au Mexique. La place abrite également l'élégant **Palacio Municipal** néoclassique et la **Parroquia de la Inmaculada Concepción.** L'église renferme une statue expressive de la Virgen de la Soledad, la Vierge de la Solitude, patronne de Córdoba.

La Virgen de la Soledad, patronne de Córdoba

AUX ENVIRONS : à l'ouest, la spectaculaire gorge **Barranca de Metlac** est enjambée par quatre ponts, dont un ouvrage ferroviaire du XIXe siècle.

Point culminant du Mexique, le Pico de Orizaba domine la côte du golfe

Des colonnades ornent les maisons colorées de la ville de Tlacotalpan

Tlacotalpan ⑨

Veracruz. 🚶 *15 000*. 🚌 **ℹ** *Palacio Municipal, Plaza Zaragoza, (288) 884 20 50.* 📅 *Candelaria (2 fév.), San Miguelito (29 sept).*

L a visite de cette ville merveilleuse renvoie un siècle en arrière. Ses rues paisibles sont bordées de maisons impressionnantes, précédées de colonnes, peintes de tons flamboyants. L'auteur mexicain Elena Poniatowska résume bien la ville : « quand on veut sourire, on pense à Tlacotalpan ».

La cité est traversée par le Río Papaloapan ou « rivière des papillons », large de plus de 300 m. La plupart des élégantes maisons aux portes de style mozarabe datent de la seconde moitié du XVIIIᵉ siècle, époque des grandes plantations de coton et de canne à sucre. En 1762, le blocus par les Anglais de La Havane, autre possession espagnole, entraîna le déplacement des grands chantiers navals. Pendant cette période, Tlacotalpan fut la première ville du sud du Veracruz et un grand port international, plus souvent en liaison avec l'Europe et Cuba qu'avec le reste du Mexique. Mais la ville ne fut pas reliée par le chemin de fer, ce qui entraîna le déclin de son rôle commercial. Cet isolement lui a cependant permis de rester pittoresque.

Le **Museo Jarocho Salvador Ferrando,** du nom d'un peintre de la ville, est le plus intéressant de la ville. Il renferme nombre de ses portraits et paysages du XIXᵉ siècle, mais aussi du mobilier et différents objets d'artisanat local de la même époque.

🏛 **Museo Jarocho Salvador Ferrando**
Manuel María Alegre 6. ◯ *t.l.j.*

Santiago Tuxtla ⑩

Veracruz. 🚶 *54 000*. 🚌 📅 *San Juan (24 juin), Santiago (22-27 juil.).*

S antiago Tuxtla ouvre une porte sur le monde des anciens Olmèques *(p. 254),* qui vivaient il y a plus de 3 000 ans. Une tête de pierre colossale, typique de cette culture, orne le milieu de sa place principale. Haute de 3,40 m et lourde d'une cinquantaine de tonnes, c'est la plus grosse des têtes géantes découvertes à ce jour. C'est aussi la seule à avoir les yeux fermés, ce qui lui enlève de son réalisme. Sur un côté de la place, le **Museo Tuxteco** présente une intéressante collection d'objets trouvés sur des sites voisins. Vous y verrez la tête « El Negro », dont les sorciers locaux exploitaient autrefois les pouvoirs légendaires. Vous y découvrirez les pratiques olmèques de déformation des crânes et de·taille des dents, probable expression de la beauté et du rang ainsi qu'une autre tête colossale venant de San Lorenzo Tenochtitlán et des objets à usage cérémoniel et domestique en jade et en pierre.

Durant les fêtes de juin et juillet à Santiago Tuxtla, perdure la tradition précolombienne de la *danza de los liseres,* dans laquelle les danseurs portent le masque d'un dieu-jaguar.

AUX ENVIRONS : une route défoncée mène en 20 km au travers d'une végétation tropicale luxuriante à **Tres Zapotes,** centre, vers 400 av. J.-C., de la culture olmèque après l'abandon de

Tête olmèque colossale, place principale de Santiago Tuxtla

LES SORCIERS DU VERACRUZ

Les sorciers exercent toujours dans l'État du Veracruz, autour de San Andrés Tuxtla et Catemaco. Plantes médicinales, potions, charmes, images de saints et démons, poupées piquées d'aiguilles, magie blanche ou magie noire, sont sensés guérir tous les maux et résoudre problèmes conjugaux ou professionnels. La pratique, héréditaire, des sorciers remonte à un lointain passé précolombien.

Sorcier muni des instruments de son art

Le Salto de Eyipantla, près de San Andrés Tuxtla

La Venta *(p. 254)*. Le site n'est plus qu'une suite de monticules, mais le résultat des fouilles est exposé au musée du village voisin de Tres Zapotes.

À 14 km à l'est de Santiago, le centre commerçant tentaculaire **San Andrés Tuxtla** est réputé pour ses cigares. La route est bordée de champs de tabac et d'étals.

À 3 km à pied de San Andrés, on rejoint par une piste la **Laguna Encantada**. Le niveau de ce « lac enchanté » s'élève curieusement à la saison sèche, pour baisser pendant la saison des pluies. Le **Salto de Eyipantla**, chute de 50 m, est accessible par une route goudronnée au milieu de montagnes et de champs de bananiers, papayers, tabac et canne à sucre. Guides improvisés, les enfants de la région accompagnent les visiteurs au bas des 244 marches menant au pied de la chute.

🏛 Museo Tuxteco
Parque Juárez. **[** (294) 947 01 96. **◯** *t.l.j.* **💰** *sauf dim.*

Laguna de Catemaco ⑪

Veracruz. ▦ **ℹ** *Palacio Municipal, Av. Carranza, Catemaco, (294) 943 02 58.* 🎭 *Candelaria (2 fév.), Carmen (16 juil.).*

Ce lac pittoresque occupe le cratère d'un volcan éteint. Son climat chaud et humide convient aux perroquets, toucans et crocodiles. Au départ de Catemaco, des excursions en bateau font le tour du lac et de l'île **Tanaxpillo**, peuplée d'une colonie de macaques.

On peut rejoindre en voiture ou en bateau deux réserves écologiques sur la rive nord. La plus intéressante, **Nanciyaga**, est une vaste forêt tropicale, où l'on peut pratiquer des rites précolombiens comme le *temazcal* (bain de vapeur), ou nager dans des bassins d'eau de source.

La ville de Catemaco est dominée par les tours jumelles de l'**Iglesia del Carmen**, peinte de couleurs vives. À l'intérieur, la statue de la Virgen del Carmen étincelle de mille bijoux et breloques, offerts par les pèlerins.

AUX ENVIRONS : c'est à **San Lorenzo Tenochtitlán**, à 37 km au sud-est d'Acayuyan, que 10 des 17 têtes olmèques colossales découvertes à ce jour furent trouvées. Ce grand centre cérémoniel olmèque a prospéré de 1200 à 900 av. J.-C., avant d'être détruit. La plupart des pièces découvertes ayant été emportées, le site a peu d'intérêt, mais trois petits musées locaux présentent des objets à **Potrero, El Azuzul** et **Tenochtitlán**. Celui d'El Azuzul renferme la statue *Los Divinos Gemelos* (les Jumeaux divins).

Un des Jumeaux divins de San Lorenzo

🌺 Nanciyaga
7 km au N.-E. de Catemaco. **[** (294) 943 01 99. **◯** *t.l.j. ; jeu.-mar. (oct.-nov.)* 📷 🖥 🚻

Promenade en bateau autour de l'île Tanaxpillo, peuplée de macaques

Comalcalco ⓬

Tabasco. Par la Mex 187, 58 km au
N.-O. de Villahermosa.
🚌 *de Comalcalco-ville, Villahermosa
ou Cardenas.* ⭘ *mar.-dim.* 📷

L es ruines mayas de
Comalcalco se nichent au
nord-ouest de Villahermosa,
dans une région productrice
de cacao, verte et luxuriante.
Datant pour l'essentiel de la
fin de la période classique
maya (700-900), leur
architecture diffère nettement
de celle de Palenque *(p. 234-
237)*, habitée à la même
époque. Ainsi contrairement à
Palenque et à d'autres sites
mayas, Comalcalco est bâti en
briques, liées au mortier de
coquille d'huître, parfois
gravées de figures ou de
glyphes avant séchage. Les
grands édifices sont deux
pyramides, Gran Acrópolis,
Acrópolis Este, et Plaza Norte.
À l'origine, de nombreux
bâtiments étaient couverts de
hauts-reliefs en stuc. Le
masque du dieu El Señor del
Sol, au pied de Gran
Acrópolis, est l'un des plus
remarquables qui nous soit
parvenu aujourd'hui.

Masque d'El Señor del Sol, au pied de la Gran Acrópolis de Comalcalco

Villahermosa ⓭

Tabasco. 🏚 *520 000.* ✈ 🚌
ℹ️ *Av. de los Ríos, (993) 316 36 33.*
📷 *Marathon nautique du Río
Usumacinta (mars-avr.), Fête du
Tabasco (avr.-mai).*

L a capitale du Tabasco fut
fondée sur les rives de la
Grijalva, à la fin du XVIᵉ siècle,
par une communauté de la
côte, fuyant à l'intérieur des
terres les attaques des pirates.
La ville animée et accueillante,
possède deux très bons

musées, le **Parque-Museo de
La Venta** et le **Museo
Regional de Antropología
Carlos Pellicer.** Ce dernier
renferme de très intéressantes
pièces olmèques, mayas et de
différentes cultures méso-
américaines, poteries, figurines
d'argile, jades sculptés.

AUX ENVIRONS : la réserve
écologique **Yum-Ká,** à l'est de
Villahermosa, est rapidement
accessible en voiture. Elle porte
le nom d'un nain mythique
maya, protecteur de la forêt.
Des animaux peuplent ses
100 hectares d'habitat naturel :
ocelots (espèce menacée),
lamantins, singes hurleurs.
À 117 km à l'ouest de
Villahermosa, **La Venta,** le
plus grand des sites olmèques,
peut se visiter, mais ses
grandes sculptures se trouvent
au Parque-Museo de La Venta.

🏛 **Museo Regional de
Antropología Carlos Pellicer**
Av. Carlos Pellicer Cámara 511.
📞 *(993) 312 63 44.* ⭘ *mar.-dim.*
📷 ♿
🐾 **Yum-Ká**
À 16 km à l'E. de Villahermosa.
📞 *(993) 356 01 15.* ⭘ *t.l.j.* 📷 ✔
🍴 🚻 ♿

LES OLMÈQUES

La civilisation olmèque, souvent appelée *cultura madre,*
culture mère, à cause de son influence sur les cultures
suivantes, est la première véritable civilisation du Mexique.
Les Olmèques, qui demeurent à ce jour
assez mystérieux, s'établirent sur la
côte chaude et humide du golfe
vers 1200 av. J.-C. Les grands sites
de San Lorenzo et La Venta
instaurèrent leur pouvoir
politique, économique et
religieux sur de vastes régions
et de nombreux Indiens. San
Lorenzo *(p. 253)* fut le
premier détruit, vers
900 av. J.-C. À peu près en
même temps, plus à l'est, La
Venta, à son apogée, devint
un grand centre religieux et
politique, et traça des routes
commerciales lointaines. Vers le
début du millénaire, la culture
Tête olmèque colossale   olmèque tomba dans l'oubli. Ses
vestiges les plus impressionnants sont
les énormes têtes sculptées en pierre, dont la première fut
découverte à l'époque moderne, à Tres Zapotes *(p. 252).*
Réalisées dans de massifs blocs de basalte pesant jusqu'à
20 tonnes, elles étaient déplacées par les Olmèques sur de
grandes distances, sans doute au moyen de radeaux.

**Un ocelot, une des espèces
menacées de la réserve de Yum-Ká**

Le Parque-Museo de La Venta

Pendant près de 600 ans, de 1000 à 400 av. J.-C. La Venta fut le centre de la civilisation olmèque. Dans les années 1950, ses trésors furent menacés par la découverte de pétrole à proximité. Aussi le poète et anthropologue du Tabasco, Carlos Pellicer, les fit-il transporter vers ce musée en plein air sur la rive de la Laguna de las Ilusiones. Les sentiers qui serpentent à travers la jungle offrent un cadre magnifique à 33 belles pièces : têtes olmèques, *altares* (plus proches de trônes que d'autels), stèles et mosaïques. Une partie du parc est une réserve animale. La section archéologique abrite aussi des animaux.

Mode d'emploi

Boulevard Adolfo Ruíz Cortínes, Villahermosa. ☎ *(993) 314 16 52.* 🚌 *de Central Camionera ou Mercado.* 🕐 *8 h-16 h, t.l.j.* ♿ ♿ 🍴 🛍

Légende

1. La Abuela (la grand-mère)
2. Jaula de Jaguar (prison du jaguar)
3. Personajes con Niños (personnages avec enfants)
4. Jaguar Humanizado (homme-jaguar)
5. Gran Altar (grand autel)
6. Mosaico del Jaguar (mosaïque du jaguar)
7. El Rey (le roi)
8. Cabeza Colossal I (tête géante I)
9. La Diosa Joven (la jeune déesse)

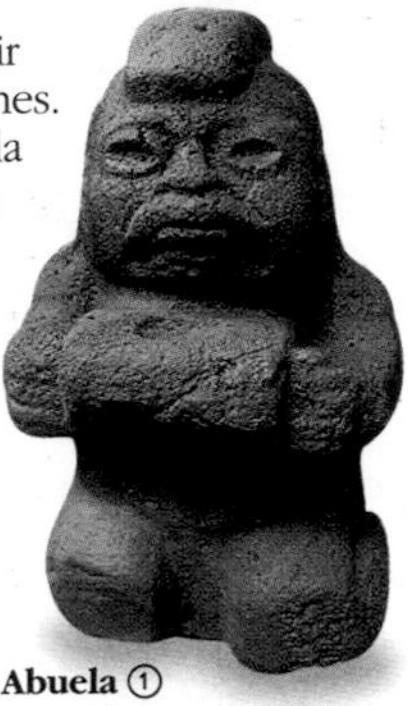

La Abuela (1)
Cette vieille femme à genoux porte un récipient, peut-être une offrande ?

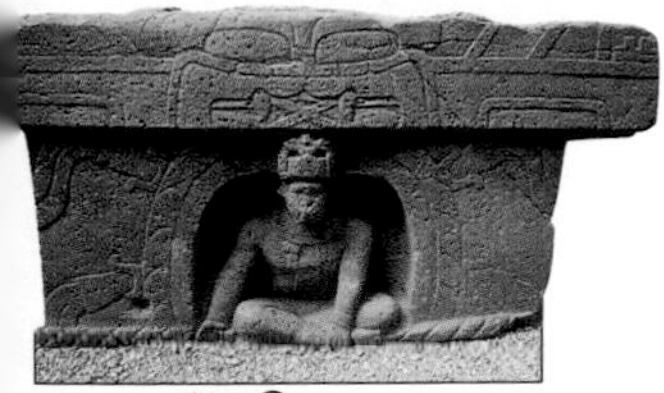

Gran Altar (5)
Le personnage de face tient une corde reliant deux hommes sculptés sur les côtés, sans doute des captifs.

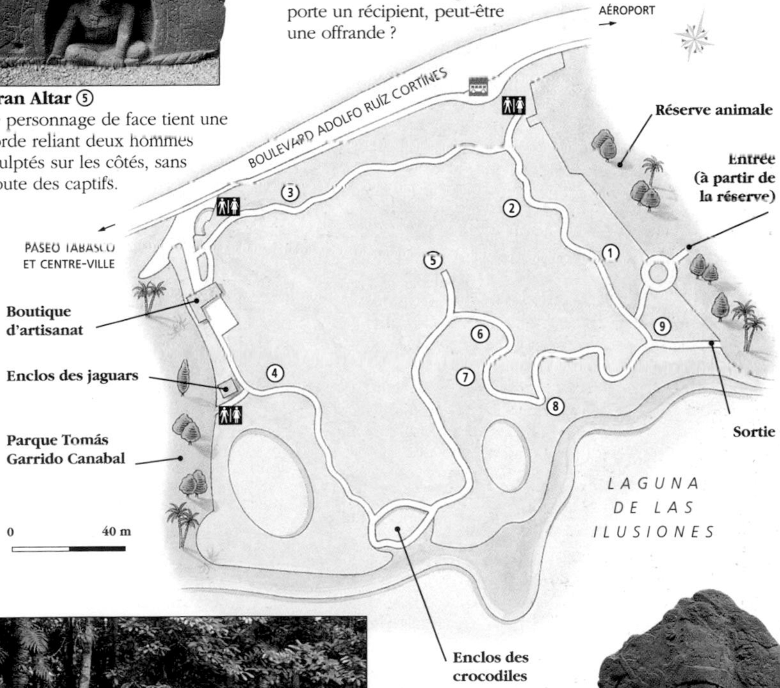
AÉROPORT
BOULEVARD ADOLFO RUÍZ CORTÍNES
Réserve animale
Entrée (à partir de la réserve)
PASEO TABASCO ET CENTRE-VILLE
Boutique d'artisanat
Enclos des jaguars
Parque Tomás Garrido Canabal
0 40 m
Sortie
LAGUNA DE LAS ILUSIONES
Enclos des crocodiles

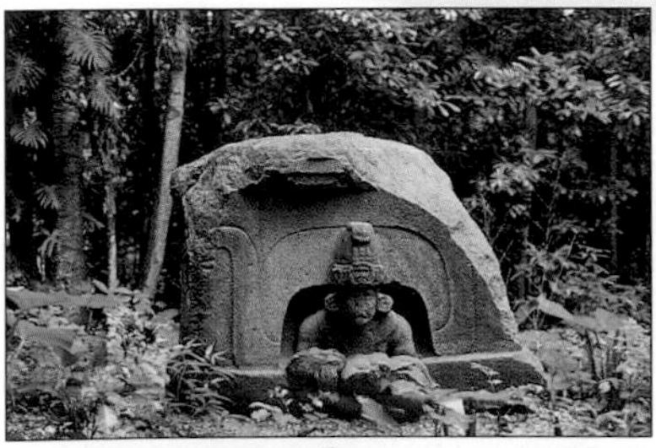

Personajes con Niños (3)
Assis devant cet autel (ou trône), un personnage tient un enfant dans les bras.

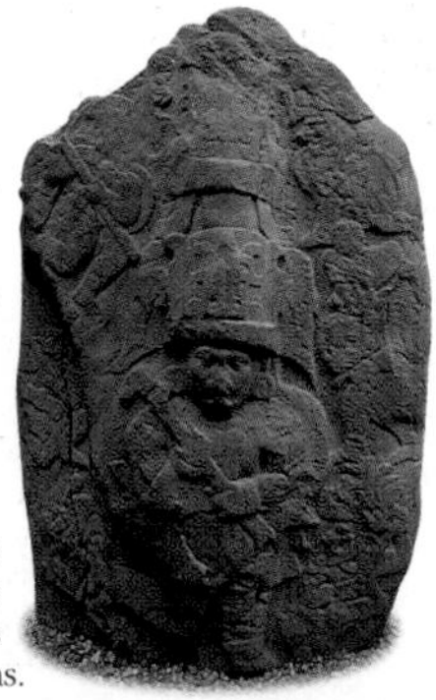

El Rey (7)
Haute coiffure, bâton de commandement sur la poitrine, la figure centrale de cette stèle est entourée de six personnages plus petits portant les mêmes costumes et les mêmes bâtons.

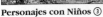

LA PÉNINSULE DU YUCATÁN

CAMPECHE • QUINTANA ROO • YUCATÁN

Les ruines fascinantes des célèbres cités et centres cérémoniels mayas sont une raison suffisante pour visiter le Yucatán, mais les belles plages de sable blanc des Caraïbes de la « Riviera maya » donnent aussi à la péninsule un attrait irrésistible. Le Yucatán est suffisamment riche pour remplir un long séjour, aussi demeure-t-il pour de nombreux visiteurs le premier, voire le seul contact avec le Mexique.

Quand les Espagnols arrivèrent en 1517 dans la péninsule, ils découvrirent une des civilisations les plus remarquables des Amériques. Mais les soldats, et les moines franciscains qui les suivirent, ne tinrent aucun compte de l'organisation sociale sophistiquée des Mayas, de leurs grandes connaissances en astronomie et de leur système d'écriture élaboré. Ils les soumirent rapidement, colonisèrent leurs terres et détruisirent l'essentiel de leurs documents historiques. Devenus les maîtres du Yucatán, les Espagnols fondèrent Mérida, Campeche et de nombreuses villes coloniales, bastions contre les flibustiers anglais, français et hollandais qui luttaient pour le contrôle des Caraïbes. Après l'indépendance du Mexique (1847), une guerre civile éclata au Yucatán entre les habitants d'origine européenne et les descendants des anciens Mayas, grandement exploités. Cette guerre des Castes se termina par la défaite des Mayas et fut suivie de représailles sanglantes.

À la fin du XIXe siècle et au début du XXe siècle, la culture du sisal *(henne-quen)* pour la confection de toile et de cordes apporta la prospérité au Yucatán. Aujourd'hui, le pétrole est l'industrie dominante, suivi du tourisme, centré sur la station en plein essor de Cancún. Mais, loin des côtes, les Mayas vivent quasiment comme autrefois dans des villages de huttes aux toits de palmes, préservant leur langue, leurs traditions et leur culture.

Couleurs vives des arcades d'Izamal, ville coloniale du nord de la péninsule

◁ **Sculptures du dieu Chac à l'angle d'un édifice d'Uxmal, ancienne cité maya**

À la découverte de la péninsule du Yucatán

La péninsule du Yucatán abrite certains des plus beaux sites archéologiques des Amériques : les extraordinaires Chichén Itzá et Uxmal, mais aussi des sites moins connus, comme Cobá, Edzná, Tulum, Ekbalam. À l'intérieur de la péninsule, la forêt tropicale est en partie préservée. Sur la côte est, la Riviera maya offre certaines des plus belles plages du Mexique. De nombreux visiteurs viennent au Yucatán voir les îles de la côte, Cozumel ou Isla Mujeres, plonger ou nager avec masque et tuba autour des superbes récifs de la grande barrière de corail méso-américaine, la deuxième du monde. Campeche, Mérida, Valladolid et Izamal, et les églises franciscaines de plusieurs villes au sud de Mérida, recèlent des trésors d'architecture coloniale.

L'ancien Templo de San José dans le centre de Campeche

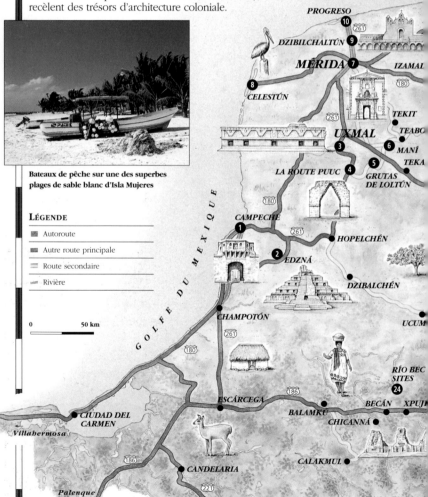

Bateaux de pêche sur une des superbes plages de sable blanc d'Isla Mujeres

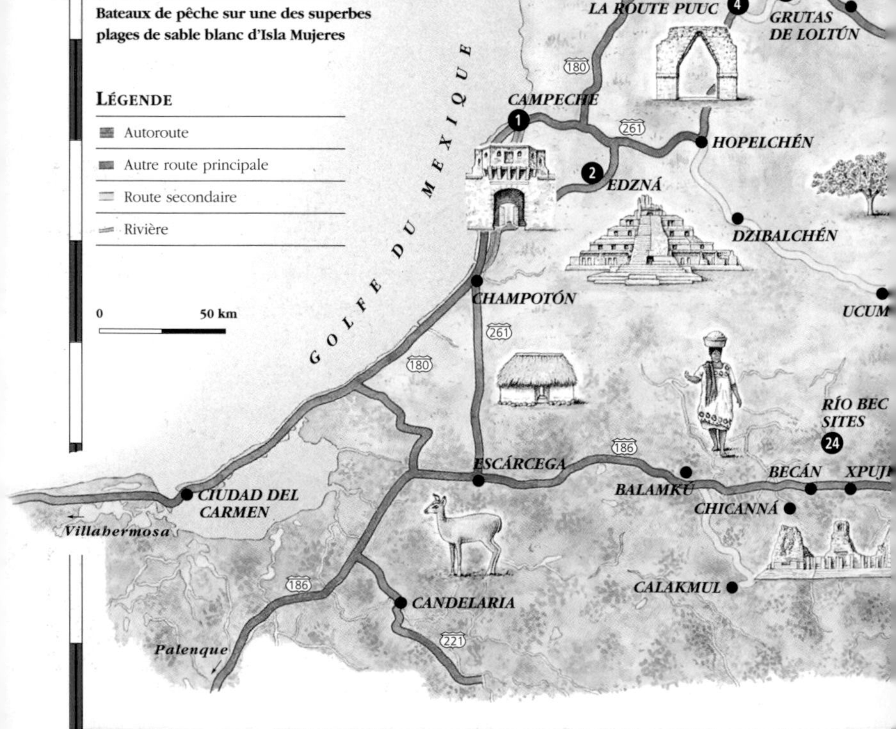
PROGRESO 10
261
DZIBILCHALTÚN 9
MÉRIDA 7
IZAMAL
180
8 CELESTÚN
261
TEKIT
UXMAL
TEABO
3
6 MANÍ
5
TEKA
LA ROUTE PUUC 4
GRUTAS DE LOLTÚN
180
CAMPECHE 1
261
HOPELCHÉN
2 EDZNÁ
DZIBALCHÉN
GOLFE DU MEXIQUE
CHAMPOTÓN
UCUM
261
180
RÍO BEC SITES 24
186
ESCÁRCEGA
BALAMKÚ
BECÁN
XPUJ
CIUDAD DEL CARMEN
CHICANNÁ
Villahermosa
186
CALAKMUL
CANDELARIA
221
Palenque
LÉGENDE
Autoroute
Autre route principale
Route secondaire
Rivière
0 50 km

LES SITES D'UN COUP D'ŒIL

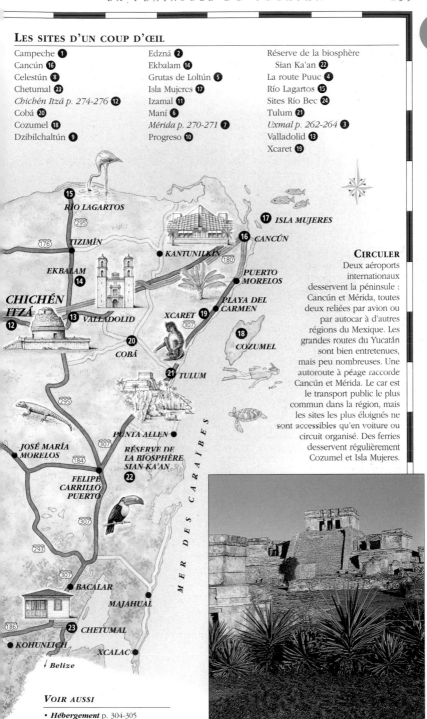

CIRCULER

Deux aéroports internationaux desservent la péninsule : Cancún et Mérida, toutes deux reliées par avion ou par autocar à d'autres régions du Mexique. Les grandes routes du Yucatán sont bien entretenues, mais peu nombreuses. Une autoroute à péage raccorde Cancún et Mérida. Le car est le transport public le plus commun dans la région, mais les sites les plus éloignés ne sont accessibles qu'en voiture ou circuit organisé. Des ferries desservent régulièrement Cozumel et Isla Mujeres.

Tulum, dernière implantation maya sur la côte

VOIR AUSSI

• *Hébergement* p. 304-305

• *Restaurants* p. 326-327

Éclatantes façades des maisons coloniales au centre de Campeche

Campeche ❶

Campeche. 🏙 217 000. ✈ 🚌
ℹ Av. Ruiz Cortines, (981) 816 67
67. 🎭 Carnaval (fév.-mars), Cristo
Negro de San Román (15-30 sept.)

La colonie espagnole de Campeche s'installa à l'emplacement d'un village de pêcheurs maya vers 1540. Grand port de la péninsule du Yucatán à l'époque coloniale, elle exportait vers l'Europe du bois et des racines utilisées en teinture textile, en grandes quantités.

La prospérité de Campeche en fit la cible d'attaques fréquentes des flibustiers anglais, français et hollandais. Ces derniers harcelèrent ses navires, pillèrent et détruisirent la ville à plusieurs reprises. Le plus terrible assaut eut lieu en 1663 et fut suivi de massacres de nombreux habitants.

Des murs épais furent alors montés autour de la ville et renforcés de huit *baluartes* (bastions), dont sept furent aménagés et se visitent aujourd'hui. Au milieu de la muraille qui fait face à la mer, le plus grand, le **Baluarte de la Soledad,** renferme une collection de stèles mayas *(p. 233),* dont beaucoup proviennent du site funéraire de l'île de Jaina, à 40 km au nord. Dans l'angle nord-ouest des murailles, le **Baluarte de Santiago** est un jardin botanique enclos de murs, peuplé de plus de 200 espèces de plantes subtropicales. Vers l'intérieur des terres, le **Baluarte de San Pedro** expose et vend une petite sélection d'artisanat local. La **porte de la Mer** et la **porte des Terres** donnent accès à la vieille ville.

Masque de jade,
Fuerte de
San Miguel

De l'une à l'autre court la Calle 59, bordée de maisons coloniales à un seul niveau, restaurées et peintes avec des couleurs vives, rose, ocre et bleu. L'une des plus belles, la **Casa de Teniente del Rey** (maison du Lieutenant du roi) est l'ancienne résidence du roi du Yucatán. Elle a été transformée en bureaux mais on peut visiter sa superbe cour.

Le centre de la vieille ville est le **Parque Principal,** grand-place aux élégantes arcades, ornée d'un kiosque moderne et sophistiqué. C'est le point de départ des visites de la ville à bord de tramways ouverts sur les côtés. Dans l'angle nord, la **cathédrale** est l'une des premières églises bâties sur la péninsule, mais l'essentiel du bâtiment, de style baroque est plus récent. Derrière, dans la Calle 10, la **Mansión Carjaval,** siège d'administrations, est un bon exemple d'architecture hispano-mauresque du XIXe siècle. L'**Ex-Templo de San José,** ancienne église jésuite transformée en centre culturel, montre une façade raffinée, couverte de céramique bleue et jaune.

Deux forts sur les collines situées à l'extérieur de la ville, aujourd'hui transformés en musées, complétaient les défenses de Campeche. Au nord, le **Fuerte de San José** se consacre à l'histoire

Portail orné de céramique
de l'Ex-Templo de San José

LES PANAMAS

La ville de Becal, entre Campeche et Mérida, est réputée pour ses chapeaux. D'abord appelé *jipis,* ils prirent le nom de panama en devenant la coiffure des ouvriers du canal de Panamá. Leur fabrication n'a pas changé : on fend et on tisse des feuilles de palmier dans des grottes, dont la température et l'humidité assouplissent les fibres. Les plus raffinés *(finos),* lisses et soyeux au toucher, peuvent se rouler si serré qu'ils passent dans une alliance d'hommes et retrouvent leur forme première.

Le monument au panama
sur la place principale de Becal

L'Edificio de los Cinco Pisos, l'édifice aux cinq étages d'Edzná

FÊTES DU YUCATÁN

Équinoxes (*21 mars et 21 sept.*). Chichén Itzá. On peut observer une illusion d'optique créée par les anciens Mayas : le soleil projette sur la face nord d'El Castillo (*p. 276*) une ombre qui descend les marches en serpentant jusqu'aux deux têtes de serpent à sa base.

La pyramide à degrés El Castillo, Chichén Itzá

Carnival (*fév.-mars*). Il est surtout célébré à Campeche. Une figure en papier mâché de « Juan Carnaval » est promenée, déposée dans un cercueil puis brûlée symboliquement pour clore la fête.

Cristo de las Ampollas (*27 sept.*). Mérida. Festivités et processions honorent le « Christ aux ampoules », statue de bois faite à Ichmul et transportée à la cathédrale de Mérida (*p. 270*). Lors de l'incendie de l'église paroissiale d'Ichmul, la statue aurait noirci et se serait couverte d'ampoules, sans brûler.

militaire coloniale. Au sud, le **Fuerte de San Miguel,** dont la construction commença en 1771, est protégé par des douves. Il renferme de remarquables masques en jade de Calakmul (*p. 287*) et des figurines en céramique de l'île de Jaina.

Sur la route du Fuerte de San Miguel, l'**Iglesia de San Román** est le sanctuaire le plus vénéré de la ville. L'église doit sa célébrité à un grand Christ en ébène qui a la réputation de détenir des pouvoirs miraculeux.

Masque en stuc, Templo de los Mascarones, Edzná

🏛 **Baluarte de la Soledad**
Calle 8 Circuito Baluartes (côté mer.)
⭕ *mar.-dim.* 📷 *sauf dim.*
🏠 **Casa de Teniente del Rey**
Calle 59 n° 38, angle de calle 14.
📞 *(981) 816 91 11.* ⭕ *lun.-ven.* 📷
🏛 **Fuerte de San José**
Av. Morazán. ⭕ *mar.-dim.*
📷 *sauf dim.*
🏛 **Fuerte de San Miguel**
Av. Escénica. ⭕ *mar.-dim.*
📷 *sauf dim.*

Edzná ❷

Campeche. Mex 180 et 186, 60 km au S.-E. de Campeche. 🚌 *de Campeche.* ⭕ *t.l.j.* 📷 📹

Un réseau de canaux élaborés rayonne à partir du centre de cette cité maya vers les terres agricoles environnantes. Créés d'abord pour le transport de marchandises, ces canaux avaient peut-être un rôle défensif. La fondation d'Edzná pourrait remonter à 600 av. J.-C. À son apogée (entre 600 et 900), la cité aurait compté environ 25 000 habitants. L'édifice principal, Gran Acropolis, est dominé par l'Edificio de los Cinco Pisos (édifice aux cinq étages). Autre bâtiment intéressant, le Temple de los Mascarones (temple des Masques) montre des masques en stuc caractéristiques.

Le Fuerte de San Miguel, jadis partie intégrante des défenses de Campeche sur la mer

Uxmal ❸

U xmal, qui veut dire « trois fois construit », est un site maya de la fin de l'époque classique. C'est l'une des expressions les plus harmonieuses et les plus complexes de l'architecture Puuc *(p. 268)*.

Masque à l'entrée du site

L'histoire de la ville est incertaine, mais la plupart des bâtiments, dont on ne connaît pas la fonction, datent des VIIᵉ-Xᵉ siècles, époque où Uxmal dominait la région. Uxmal n'a pas de cenote ou puits *(p. 275)* : on recueillait l'eau dans des citernes faites par l'homme *(chultunes)*, dont on voit un exemple à l'entrée. La rareté de l'eau explique peut-être le nombre de représentations de Chac, dieu de la pluie, sur les bâtiments.

Le quadrilatère des Nonnes et la pyramide du Magicien, vus du sud du site

Groupe du cimetière

Pigeonnier
La forme étrange de sa crête faîtière donna son nom à ce palais en ruines. C'est un des endroits les plus paisibles et les plus évocateurs d'Uxmal.

Grande Pyramide
L'escalier de la pyramide de 30 m permet d'atteindre le temple orné de masques de Chac et d'aras. Ces symboles du feu suggèrent qu'il était dédié au soleil.

Temple sud

À NE PAS MANQUER

★ Palais du gouverneur

★ Quadrilatère des Nonnes

★ Pyramide du Magicien

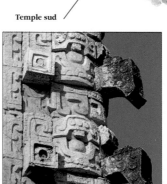

★ **Palais du Gouverneur**
Chef-d'œuvre de l'architecture Puuc, le palais des IXᵉ-Xᵉ siècles est un ensemble de trois bâtiments reliés par des voûtes mayas. Les nez crochus, caractéristiques des masques de Chac, ressortent sur la frise en mosaïque.

★ Le quadrilatère des Nonnes

Cet ensemble impression-nant doit son nom inappro-prié aux Espagnols. Ceux-ci trouvèrent que les 74 petites pièces entourant la cour ressemblaient aux cellules d'un couvent. Les murs sont couverts de dentelles de pierre, de complexes masques de Chac et de serpents sculptés.

MODE D'EMPLOI

Yucatán. Mex 261, 78 km au S. de Mérida. 🚌 circuits au départ de Mérida. ⭕ 8 h-17 h, t.l.j. 🎫 🚻 🅿 🚻 🚻

Entrée du site

★ La pyramide du Magicien

Cette spectaculaire pyramide, haute de 35 m, est l'édifice le plus élevé d'Uxmal. Sa construction commença au VIᵉ siècle, mais dura 400 ans (p. 264).

Jeu de balle

Trône-jaguar

Ce trône fut sculpté de deux têtes de jaguar, animal associé aux chefs et aux rois.

Pyramide de la Vieille femme

0   100 m

Maison des tortues

Le niveau supérieur de cet élégant bâtiment rectangu-laire s'orne simplement de colonnes. Au-dessus, une frise de petites tortues marines en fait le tour. Leur présence suggère que le bâtiment était consacré à un dieu de l'eau.

La pyramide du Magicien

Haute et escarpée, sur une base ovale inhabituelle, la pyramide du Magicien est le monument le plus frappant d'Uxmal. La légende dit qu'elle a été bâtie en une nuit par un nain aux pouvoirs surnaturels, le Magicien. En fait, elle montre cinq phases successives de construction, du VIe au Xe siècle. À chaque étape, un nouveau temple fut élevé, soit au-dessus du dernier, soit en le masquant. Cinq temples furent ainsi édifiés sur la pyramide. Malheureusement, il est désormais interdit de grimper au sommet pour éviter l'érosion.

Vue de la pyramide montrant l'escalier ouest et les façades des temples I et IV

La façade du temple IV est un masque de Chac expressif : grands yeux rectangulaires, moustache incurvée. La bouche grande ouverte, emplie de dents, forme l'entrée. Le temple III se trouve derrière.

Le temple V, dernière phase de construction, datant de l'an 1000, semble être une reproduction en réduction du palais du Gouverneur *(p. 262).* Il cache la première crête faîtière qui couronnait les temples II et III.

L'escalier est donne accès au temple II, aujourd'hui une simple salle obscure.

Entrée du temple IV

Masques de Chac sur la façade du temple I

Entrée du temple I (barrée aujourd'hui)

Le temple I, bâti au VIe siècle (datation au carbone 14), est aujourd'hui recouvert par la pyramide. En partie effondré et empli de débris, il ne se visite pas.

RECONSTITUTION DE LA PYRAMIDE DU MAGICIEN
Cela donne une idée de l'aspect de la pyramide vers l'an 1000. Elle était sans doute peinte en rouge, avec des détails en bleu, jaune et noir. Plâtre et peinture ont disparu, mettant le calcaire à nu.

L'escalier ouest, à l'avant de la pyramide, est flanqué de représentations de Chac, le dieu de la pluie. L'escalier est extrêmement raide puisqu'il gravit la pyramide à un angle de 60°. L'ascension au sommet devait être particulièrement pénible.

Les dieux de l'ancien Mexique

Les civilisations anciennes de Méso-Amérique *(p. 44-45)* vénèrent toutes sortes de dieux et déesses. Certains sont liés aux corps célestes, étoiles, soleil et lune ; d'autres jouent un rôle dans le calendrier ; d'autres encore règnent sur la création, la mort ou les différents aspects de la vie quotidienne.

La déesse Xilonen

Souvent transmis d'une culture à une autre, ils changent couramment de nom. Auteurs et régulateurs de l'univers, craints autant que respectés, les dieux peuvent facilement détruire le monde qu'ils ont créé, aussi faut-il constamment les apaiser, souvent au moyen de sacrifices humains.

DIVINITÉS DE LA PLUIE

Une pluie abondante et régulière était vitale pour les agriculteurs : toutes les anciennes cultures du Mexique vénèrent des dieux de la pluie et de la foudre.

Tlaloc est le dieu de la pluie et de la foudre du Mexique central. On le reconnaît à ses « lunettes » rondes et ses dents de jaguar, comme sur cette sculpture de Tenochtitlán (p. 134-137).

Dents proéminentes — **Ornements d'oreille**

Regard fixe

Long nez épais et reptilien

Chac, le dieu maya des éclairs et de la pluie, est souvent représenté sur les bâtiments. Ici, son masque orne un palais de Kabah, au Yucatán (p. 268).

QUETZALCOATL

Le plus célèbre des dieux mexicains, Quetzalcoatl, le serpent à plumes (Kukulcán pour les Mayas), est une combinaison d'oiseau-quetzal et de serpent à sonnettes. Ses premières représentations remontent aux Olmèques. On en trouve ensuite dans de nombreux sites anciens. Ce bas-relief orne la pyramide du Serpent à plumes à Xochicalco *(p. 145)*.

DIVINITÉS CRÉATRICES

Les sociétés méso-américaines avaient plusieurs versions de la création. Suivant un mythe, Tonacatecuhtli réside avec son épouse Tonacacihuatl dans le treizième et ultime ciel, d'où ils envoient sur terre les âmes des enfants à naître.

Tonacatecuhtli

LE DIEU SOLEIL

Il est associé au jaguar, symbolisant la vigueur et la puissance du soleil levant. Les Mayas des époques classique et postclassique vénèrent Kinich Ahau, « grand soleil » ou « seigneur à l'œil de soleil », représenté sous la forme d'un énorme masque à Kohunlich *(p. 287)*.

Kinich Ahau

DIVINITÉS DU MONDE SOUTERRAIN

Seuls ceux qui meurent de mort violente vont directement à l'un des paradis. Les autres âmes sont condamnées à descendre les neufs niveaux du monde souterrain : dans la mythologie aztèque, l'âme doit affronter une série de dangers avant de gagner le cercle le plus bas, le redouté Mictlan, règne de Mictlantecuhtli et de son épouse Mictecacihuatl. Les Aztèques donnent à leur dieu de la mort l'aspect d'un squelette effrayant, telle cette figure trouvée au Templo Mayor de Mexico *(p. 68-70)*.

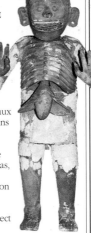

Mictlantecuhtli, dieu aztèque de la mort

Le palais Codz Poop de Kabah, orné de centaines de masques de Chac

La route Puuc ❹

Yucatán. Débute sur la Mex 261, 20 km au S.-E. d'Uxmal. 🚌 circuits au départ de Mérida. **Tous les sites :** 🔲 t.l.j. 📷 sauf dim.

À 100 km environ au sud de Mérida, les collines Puuc, arête basse qui traverse la partie ouest du Yucatán, apportent un agréable changement après la plate monotonie du reste de la péninsule.

Malgré le manque d'eau, elles offraient aux anciens Mayas une solide position défensive, et des sols fertiles pour cultiver maïs, courges et autres légumes. On y a découvert plusieurs implantations mayas, qui auraient toutes atteint leur apogée entre environ 600 et 900. Elles partagent l'étonnant style architectural et décoratif connu sous le nom de style Puuc. Celui-ci se caractérise par des façades dont les murs, sobres à la base, montrent dans la partie supérieure de complexes mosaïques formant des masques, souvent de divinités. Certains sites sont reliés entre eux et à leur contemporain Uxmal (p 262-264) par des sacbeob ou « chemins blancs », essentielle-ment à usage cérémoniel.

Traversant quatre sites mayas, la route Puuc commence par **Kabah,** dont le grand monument est le Codz Poop. La façade de ce palais est décorée de plus de 250 masques du dieu de la pluie Chac, au nez crochu caractéristique (p. 265).

Kabah est le site le plus proche de la grande cité d'Uxmal. Une arche unique sans ornementation enjambe sa route d'accès.

À près de 10 km au sud de Kabah, **Sayil** est le site qui illustre le mieux le mode de vie des anciens Mayas de la région. On a mis au jour beaucoup d'habitations ordinaires, en bordure de site, et des résidences de l'élite dirigeante au centre. Plus de 8 000 personnes habitaient jadis à Sayil et autant dans les hameaux qui l'entouraient. L'immense palais à trois niveaux des souverains de Sayil est un magnifique exemple de la richesse du style Puuc. Privé de sources d'eau accessibles en surface, Sayil est doté de plusieurs grands *chultunes* ou citernes artificielles.

À 8 km à l'est de Sayil, **Xlapak** conserve surtout un palais, aux entrées surmontées de masques de Chac, dieu de la pluie. Des éléments remarquables retiennent l'attention sur d'autres bâtiments, par exemple une frise de colonnes, mais il reste encore beaucoup à déblayer. **Labná,** dernier site de la route Puuc, est situé à 5 km au nord-est de Xlapac. Son arche est la plus connue des spectaculaires constructions du site. Autrefois élément d'un bâtiment qui reliait deux cours, elle est ornée de plusieurs masques de Chac et

Serpent tenant dans sa gueule une tête humaine, angle du palais de Labná

Le magnifique palais à trois niveaux de Sayil et sa frise de petites colonnes

◁ Détail des masques de Chac, façade du palais Codz Poop de Kabah

Une crête de 4 m couronne El Mirador (l'Observatoire), Labná

de deux représentations de chaumières mayas. À côté, l'édifice surmonté d'une haute crête est El Mirador (l'Observatoire), peut-être un ancien temple.

À l'autre extrémité du site, le palais principal à deux niveaux montre une frise de masques et des treillis de pierre. Dans un angle, une puissante tête de serpent sculptée tient dans sa gueule une tête humaine.

Une frise court autour du temple des Colonnes, autre édifice impressionnant, orné de petites colonnes.

Grutas de Loltún ❺

Yucatán. Par la Mex 180, 20 km au S.O. de Maní. 🚌 circuits au départ de Mérida. ◯ t.l.j. 🖼 ✓

Les visiteurs suivent un parcours guidé sur plus d'1 km au travers des grottes de Loltún, le complexe de cavernes le plus étendu du Yucatán. Des ossements de bison, mammouth et autres animaux, suggèrent que Loltún était habité juste après la dernière glaciation. Les grottes renferment de fascinantes peintures rupestres de différentes époques, dont des personnages et animaux stylisés et le superbe Guerrier de Loltún. Mais ce sont les stalactites et stalagmites qui ont donné aux grottes leur nom, *Loltún*, « fleurs de pierre », qui sont les plus spectaculaires.

Maní ❻

Yucatán. 🏠 4 700. 🚌 🖼 Fiesta tradicional (20 août).

À partir des années 1540, des religieux, notamment des moines franciscains, arrivèrent d'Espagne pour convertir les Mayas du Yucatán. Ils implantèrent un réseau d'églises et de monastères immenses, à allure de forteresses, généralement à l'emplacement d'anciens temples mayas. L'**Iglesia de San Miguel Arcángel**, qui domine la ville de Maní, est la plus imposante. Son vaste atrium, sa chapelle ouverte et son couvent de 114 cellules ont

Détail du magnifique retable de l'église franciscaine de Maní

Iglesia de la Candelaria, église franciscaine de Tecoh

été bâtis par près de 6 000 esclaves sur un terrain considéré comme sacré par les Mayas. Devant l'église, on aperçoit un cenote, puits naturel qui était vénéré par les Mayas.

AUX ENVIRONS : les villes autour de Maní possèdent aussi des églises franciscaines. L'église d'**Oxkutzcab,** à 10 km au sud, fut bâtie en 1693-1699 ; elle abrite un merveilleux retable baroque. Commencée en 1694, l'Iglesia de San Pedro Apóstol de **Teabo,** à l'est de Maní, a conservé des vestiges de peintures murales. La route de Teabo à Tecoh, vers le nord, traverse **Tekit,** qui a aussi une église franciscaine. L'église de **Tecoh** renferme un immense retable en bois rouge et bleu, et une belle croix en bois ornée de scènes de la Passion.

Mayapán, entre Tekit et Tecoh, est devenue la capitale maya du nord de la péninsule après la chute de Chichén Itzá. Elle fut ensuite abandonnée au milieu du XVe siècle. Son édifice le plus remarquable est la pyramide de Kukulcan à neuf niveaux, couronnée d'un temple.

🏛 Mayapán
60 km au N. de Maní. ◯ t.l.j. 🖼

Mérida ❼

L e conquistador Francisco de Montejo le Jeune fonda la ville en 1542 sur les ruines d'une vaste implantation maya, qui lui rappelaient les vestiges de la ville romaine de Mérida, en Espagne. Ville importante à l'époque coloniale, Mérida connut un nouvel essor au tournant du XXᵉ siècle grâce au commerce du sisal, produit local dont on fait des cordes. Mérida avait la réputation, dans les premières années du siècle, de compter plus de millionnaires que toute autre ville du monde. Sa prospérité se reflète dans de grandioses manoirs, places, parc et statues. La Mérida moderne, grande ville industrielle et d'affaires, est aussi un pôle universitaire et culturel.

Les hautes voûtes de la grandiose Catedral de San Ildefonso

Palacio Municipal, Plaza Grande

À la découverte de Mérida
Comme la plupart des villes coloniales espagnoles, Mérida suit un plan en damier centré sur sa place principale, la Plaza Grande (appelée aussi Plaza Mayor ou Plaza de la Independencia). Le soir et le dimanche, danses et concerts s'y tiennent devant l'hôtel de ville, le **Palacio Municipal.** L'édifice, construit dans un mélange de styles, comporte une remarquable tour-horloge des années 1920.

Côté sud de la place, la **Casa de Montejo** *(p. 22)*, palais bâti entre 1543 et 1549 pour les premiers gouverneurs espagnols, a été transformée en banque. Elle a conservé son portique d'origine avec les armes des Montejo et deux statues de conquistadores, dressées triomphalement sur des têtes d'Indiens mayas.

En face de l'hôtel de ville, la **cathédrale,** la plus ancienne des Amériques, a été commencée au début des années 1560 et achevée en 1598. Les arcs des trois portes de son imposante façade ouvrent sur un intérieur tout en hauteur à voûte en berceau et croisillons.

Une immense statue en bois du Christ domine le maître-autel. La petite chapelle sur la droite en abrite une autre, le *Cristo de los Ampollas* (le Christ aux ampoules, *p. 261*). C'est la copie d'une statue apportée à Mérida après qu'elle eut miraculeusement réchappé d'un incendie. L'original, détruit par la suite, se serait couvert d'ampoules, comme une peau humaine, au lieu de brûler.

Voisin de la cathédrale, le **Palacio de Gobierno,** du XIXᵉ siècle, abrite l'administration de l'État du Yucatán. On admirera les nombreux et grands *murals* qui en ornent la cour, l'escalier et le hall de l'étage. Peints dans les années 1970 par Fernando Castro Pacheco, artiste local, ils illustrent la vision de l'artiste de l'histoire mexicaine, des premiers Mayas au XIXᵉ siècle.

Ouvrant sur la Calle 60, une des artères de la ville, le **Parque Cepeda Peraza**, petite place très animée, accueille les visiteurs avec ses nombreux musiciens, vendeurs de rue et cafés en plein air. Au nord de la place, l'imposant **Templo de la Tercera Orden** (église jésuite du Tiers ordre), du XVIIᵉ siècle, montre un immense portail et deux étroits clochers. L'intérieur a pour seuls ornements son autel doré et des frises de scènes bibliques.

Mérida se veut la capitale culturelle du Yucatán : le **Teatro José Peón Contreras** est une de ses grandes salles, bâtie à la fin du XXᵉ siècle avec la fortune du sisal. Cette extravagante création néoclassique, pêche et blanc, arbore dans son foyer gigantesque des lustres sophistiqués. La petite **Iglesia de Santa Lucía** est l'une des

***Mural** de Fernando Castro Pacheco, Palacio de Gobierno*

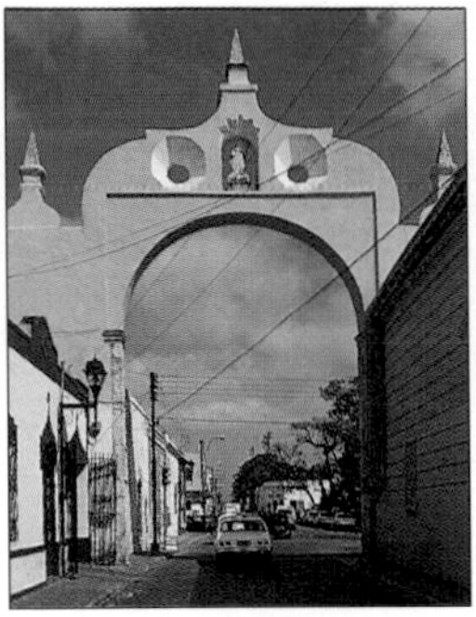

L'Arco de San Juan, une des huit portes bâties par les Espagnols

plus anciennes et plus harmonieuses de la ville. Les Indiens mayas étaient encouragés à venir y prier. À sa gauche, le Parque Santa Lucía accueille des spectacles culturels et de danse et, le dimanche, un marché aux puces animé. Dans les angles nord et ouest, se dressent deux des huit portes bâties à l'origine par les Espagnols. La troisième, l'**Arco de San Juan,** la plus belle, s'ouvre au sud-ouest de la Plaza Grande.

Au nord de la Calle 60, le **Paseo Montejo** s'étire sur plusieurs kilomètres, bordé par les élégants manoirs des planteurs de *henequen* ou sisal et les banques privées établies à la fin du XIXe siècle. Beaucoup des résidences, œuvre d'architectes italiens, combinent tous les éléments du néoclassique. Une des plus belles, le Palacio Cantón, abrite l'excellent **Museo Regional de Antropología,** dont les présentations précolombiennes comportent un trône-jaguar trouvé à Uxmal *(p. 262-264),* un chac-mool de Chichén Itzá *(p. 274-276)* et de nombreux beaux exemples d'offrandes funéraires.

À l'extrémité nord du Paseo Montejo, l'**Altar de la Patria,** impressionnant monument du XXe siècle dû à Romulo Rozo, sculpté de personnages historiques et de sculptures animalières, renferme une flamme éternelle, symbole de l'indépendance du Mexique.

AUX ENVIRONS : à Yaxcopoil, quelques kilomètres au sud-ouest de Mérida au cœur d'une plantation de *henequen,* la **Hacienda Yaxcopoil,** est un musée illustrant la vie dans les haciendas *(p. 50-51).*

MODE D'EMPLOI

Yucatán. 👥 *703 000.* ✈ *5 km au S.* 🚌 *Calle 70 n° 555, (999) 924 78 68.* [i] *angle de Calle 57 et Calle 60.* 🎉 *Cristo de las Ampollas (27 Sept.).* [W] *www.yuc.gob.mx*

🏛 **Museo Regional de Antropología**
Palacio Cantón, Paseo Montejo 485. ☎ *(999) 923 05 57.* 🕐 *mar.-dim.* 💲 *sauf dim.* ♿ *sur réservation.*

🏠 **Hacienda Yaxcopoil**
35 km S.-O. de Mérida. ☎ *(999) 927 26 06.* 🕐 *t.l.j.* 💲 ♿ 🛍

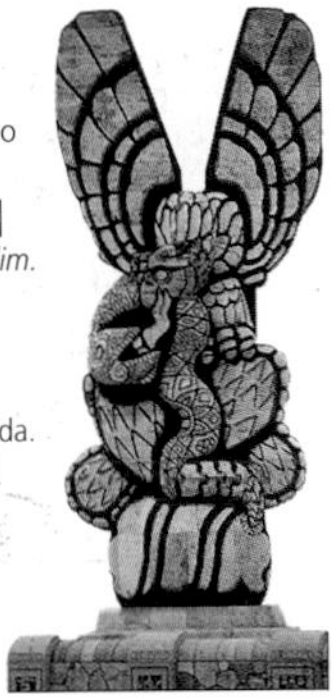

Statue d'aigle au serpent, détail de l'Altar de la Patria

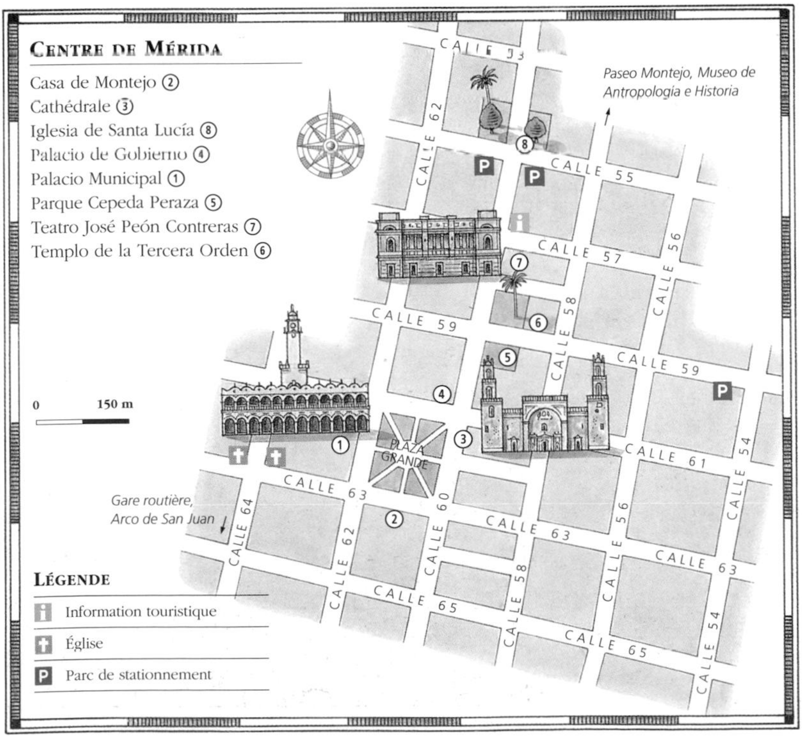
CENTRE DE MÉRIDA
Casa de Montejo 2
Cathédrale 3
Iglesia de Santa Lucía 8
Palacio de Gobierno 4
Palacio Municipal 1
Parque Cepeda Peraza 5
Teatro José Peón Contreras 7
Templo de la Tercera Orden 6
Paseo Montejo, Museo de Antropología e Historia
CALLE 55
CALLE 57
CALLE 59
CALLE 61
CALLE 63
CALLE 65
CALLE 62
CALLE 60
CALLE 58
CALLE 56
CALLE 54
CALLE 64
PLAZA GRANDE
0 150 m
Gare routière, Arco de San Juan
LÉGENDE
Information touristique
Église
Parc de stationnement

Celestún ❽

Yucatán. 🏃 6 000. 🚌

Le petit village de pêcheurs de Celestún occupe une langue de terre presque détachée de la côte et bordée, à l'ouest du bourg, par plusieurs kilomètres de plages frangées de palmiers. Mais la plupart des visiteurs viennent ici pour voir les flamants roses de l'estuaire, côté est. On approche des flamants roses, mais aussi des pélicans et de divers échassiers, en barques.

Flamants roses de l'estuaire

Beaucoup de visiteurs viennent trop près et dérangent les oiseaux en train de se nourrir, les forçant à s'envoler fréquemment. Pour observer leur comportement, demandez au guide de rester à distance.

Si le temps le permet, différentes excursions en bateau sont organisées, comme la visite du *bosque petrificado*, forêt pétrifiée créée par l'excès de sel sur l'Isla de Pájaros au sud de Celestún.

Dzibilchaltún ❾

Yucatán. Par la Mex 261, 15 km au N. de Mérida. 🚌 *de Mérida*. ⭕ *t.l.j.* 🖼 📷

Dzibilchaltún, « lieu des écritures sur les pierres plates », est l'un des plus importants centres du Yucatán précolombien, et l'un des premiers établis. Il a été exploré dans les années 1940.

Le site s'organise en cercles concentriques. Un *sacbe* ou « chemin blanc » mène de l'esplanade centrale à l'impressionnant temple des Sept Poupées. Celui-ci tient son nom de statuettes d'argile, enfouies devant l'autel, et mises au jour. Plusieurs présentent des malformations ; on pense qu'elles servaient pour des rituels. Elles sont présentées dans le musée

Le Cenote de Dzibilchaltún offre une baignade rafraîchissante

ultramoderne et remarquablement aménagé du site. À voir aussi, les stèles et sculptures des jardins qui montent au musée, les figures en céramique, les retables d'époque coloniale en bois, et une intéressante présentation sur les pirates qui écumaient les mers du Yucatán aux XVIe et XVIIe siècles. Écrans interactifs et commentaires audiovisuels expliquent la vision maya du monde, la vie maya aujourd'hui ou la culture du *bennequen*.

On verra aussi les vestiges d'une chapelle franciscaine, datant sans doute de la fin du XVIe siècle et bâtie suivant les méthodes mayas. C'est ici que les moines prêchaient aux Indiens.

Le Cenote de Dzibilchaltún, bassin naturel d'eau turquoise de plus de 40 m de profondeur, offre un bain rafraîchissant après la visite des sites. On y a découvert beaucoup d'objets.

Temple des Sept Poupées, Dzibilchaltún

Progreso ❿

Yucatán. 🏃 48 700. 🚌 ℹ *Calle 80 n° 176, (969) 935 01 04.*

Sur la côte nord du Yucatán, Progreso était autrefois un port important. Dans les années 1880, l'ouverture du chemin de fer qui le reliait à Mérida entraîna un boom économique intense. Mais aujourd'hui c'est une ville paisible aux maisons basses, aux abords envahis de mangrove. Les tentatives pour faire de Progreso une station internationale n'ont pas abouti jusqu'à présent. Cependant, la ville s'anime le week-end et pendant les vacances avec la venue de nombreux habitants de Mérida.

Progreso possède peut-être la plus longue jetée du monde, souvent envahie de promeneurs. Près de son départ se dresse un beau phare du XIXe siècle. De bons restaurants de produits de la mer bordent le rivage.

La jetée en pierre de Progreso, peut-être la plus longue du monde

L'imposant Convento de San Antonio de Padua, œuvre des franciscains espagnols

Izamal ⓫

Yucatán. 🏚 23 000. 🚌 🎭 Cristo de Sitilpeth (18 oct.), Virgen de la Inmaculada (7-8 déc.).

Site jadis aussi important que Chichén Itzá, Izamal aurait été fondé vers 300. Le village maya est devenu une grande cité-État qui, dès 800, gouvernait la région environnante. La ville moderne est un mariage séduisant de vestiges précolombiens et de bâtiments coloniaux espagnols. On voit encore une vingtaine d'édifices de style maya classique, dont l'imposante pyramide K'inich K'ak'Mo', du nom du souverain « Ara de Feu Grand Soleil ». C'est l'une des plus grandes du Yucatán.

Izamal avait commencé à décliner avant l'arrivée des Espagnols, au milieu du XVIᵉ siècle. Mais le site conservait une influence religieuse suffisante pour que les franciscains y bâtissent le spectaculaire Convento de San Antonio de Padua. Ils démolirent un temple maya et conservèrent son grand soubassement pour y élever leur église, en position dominante. L'immense atrium entouré d'un cloître ouvert conserve des fresques franciscaines anciennes.

L'église prit plus d'importance quand l'évêque Diego de Landa y déposa la statue de la Virgen de la Inmaculada qu'il avait apportée du Guatemala.

La population maya de la région lui prêta d'emblée des pouvoirs surnaturels et, en 1949, la Vierge devint la sainte patronne du Yucatán. Dans l'église, un petit musée rappelle qu'en 1993, année internationale des peuples indigènes, le pape Jean-Paul II est venu à Izamal apporter le soutien de l'Église aux Indiens mayas. Deux jolies places à arcades s'ouvrent à côté de l'église ; la plupart des façades des maisons basses coloniales sont peintes d'un ocre éclatant, comme dans les rues voisines, donnant à Izamal son surnom de Ciudad Amarilla, « Ville jaune ».

Massive pyramide maya de K'inich K'ak'Mo' à Izamal

LES HAMACS

De nombreux étals des marchés de Campeche, Mérida et Izamal proposent des hamacs de couleurs vives. Le hamac a été importé au Mexique par les colons espagnols des Caraïbes, mais beaucoup de Mexicains du Yucatán s'en servent pour dormir. Les hamacs les plus courants sont aujourd'hui en coton ou en soie alors que le hamac traditionel est tissé en fibre de henneguen, espèce d'agave qui peuple toute la péninsule. Les feuilles des cactées sont coupées puis écrasées pour obtenir de longues fibres que l'on fait sécher. Elles sont ensuite teintes, puis nattées ou tissées en ficelles ou en cordes. Le henneguen est aussi utilisé pour fabriquer des sacs et des tapis.

Vente de hamacs traditionnels, Mérida

Chichén Itzá ⑫

Ce site maya le mieux préservé du Yucatán laisse les archéologues perplexes. La date de fondation de la partie sud, plus ancienne, reste incertaine, mais on sait que la partie nord a été bâtie au XIᵉ siècle à l'occasion d'une « renaissance ».

Figure sculptée, temple des Guerriers

Des similitudes avec Tula *(p. 144)* et des légendes rapportant l'exil de son dieu-roi toltèque Quetzalcoatl (devenu Kukulcán) à Chichén Itzá suggèrent une invasion toltèque. Mais d'autres théories soutiennent que Tula a été influencé par les Mayas et non l'inverse. On peut cependant avancer que Chichén Itzá, centre commerçant, religieux et militaire, fut à son apogée environ jusqu'au XIIIᵉ siècle et qu'il comptait plus de 35 000 habitants.

★ Jeu de balle
Long de 168 m, c'est le plus grand jeu de balle de Méso-Amérique. Les deux anneaux sculptés par où devait passer la balle (p. 277) sont toujours visibles.

★ Observatoire
Appellé aussi El Caracol (colimaçon) à cause de son escalier en spirale, ce bâtiment servait d'observatoire astronomique (p. 47). Les ouvertures étroites des murs corrsepondent aux positions de certains corps célestes à des dates clés du calendrier maya.

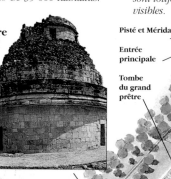

Pisté et Mérida

Entrée principale

Tombe du grand prêtre

Temple des Nonnes
Les petites pièces de ce grand édifice, probablement un palais, rappelaient aux Espagnols les cellules d'un couvent. La façade de l'annexe côté est (ci-dessus) montre de remarquables sculptures et ciselures de pierre.

Chichén Viejo

L'église, ou Iglesia, possède un décor sculpté de masques du dieu de la pluie Chac et de *bacabs,* quatre animaux mythiques mayas qui soutenaient le ciel.

0   150 m

Le Tzompantli est une plate-forme basse sculptée sur son pourtour de crânes grimaçants. Les archéologues pensent qu'on y exposait les têtes des victimes des sacrifices humains, pratiqués à Chichén Itzá dans sa dernière période.

MODE D'EMPLOI

Yucatán. Par la Mex 180, 40 km à l'O. de Valladolid. 🚌 de Mérida, Valladolid ou Cancún. ⬜ 8 h-17 h, t.l.j. 🅿️ sauf dim. 📷 📦
🏛 Intérieur de la pyramide d'El Castillo ⬜ 11 h-15 h.

Cenote sacré
Un sacbe (chemin maya) mène à cet immense puits naturel. La demeure du dieu de la pluie Chac aurait abrité des sacrifices humains.

Plate-forme des jaguars et des aigles

★ El Castillo
Bâtie au-dessus d'un édifice plus ancien, qui se visite aussi, cette pyramide de 24 m (p. 276) est dédiée à Kukulcán, version maya de Quetzalcoatl. Sa hauteur et sa silhouette géométrique spectaculaire dominent l'ensemble du site.

Le groupe des Mille colonnes, colonnades de pierre sculptée bordant sur deux côtés une vaste esplanade, était peut-être un marché.

Entrée
↓ **Valladolid et Cancún**

À NE PAS MANQUER

★ **Jeu de balle**

★ **Observatoire**

★ **El Castillo**

Temple des Guerriers
Couronnant une petite pyramide, ce temple est orné de sculptures de Chac et Kukulcán, le serpent à plumes. Un chac-mool (p. 44) et deux colonnes sculptées figurant des serpents en gardent l'entrée.

El Castillo

L' édifice le plus impressionnant de Chichén Itzá est la pyramide El Castillo (le château) élevée autour de 800. Sa conception est parfaite au plan astronomique : les quatre escaliers sont orientés vers les points cardinaux, divers éléments correspondent aux principes du calendrier maya *(p. 46-47)* et sur l'escalier nord, deux fois par an au lever du soleil, une illusion d'optique déroutante se produit *(p. 261)*. Le sommet bénéficie d'une vue spectaculaire. Une pyramide plus ancienne, à l'intérieur de l'édifice, se visite aussi.

El Castillo, vu du pied de la plate-forme des jaguars et des aigles

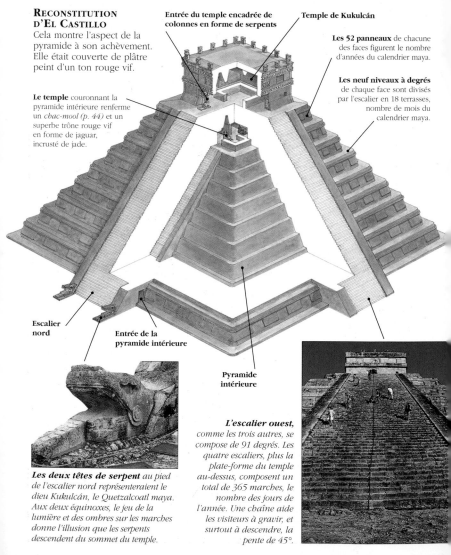

RECONSTITUTION D'EL CASTILLO
Cela montre l'aspect de la pyramide à son achèvement. Elle était couverte de plâtre peint d'un ton rouge vif.

Entrée du temple encadrée de colonnes en forme de serpents

Temple de Kukulcán

Les 52 panneaux de chacune des faces figurent le nombre d'années du calendrier maya.

Les neuf niveaux à degrés de chaque face sont divisés par l'escalier en 18 terrasses, nombre de mois du calendrier maya.

Le temple couronnant la pyramide intérieure renferme un *chac-mool (p. 44)* et un superbe trône rouge vif en forme de jaguar, incrusté de jade.

Escalier nord

Entrée de la pyramide intérieure

Pyramide intérieure

Les deux têtes de serpent *au pied de l'escalier nord représenteraient le dieu Kukulcán, le Quetzalcoatl maya. Aux deux équinoxes, le jeu de la lumière et des ombres sur les marches donne l'illusion que les serpents descendent du sommet du temple.*

L'escalier ouest, *comme les trois autres, se compose de 91 degrés. Les quatre escaliers, plus la plate-forme du temple au-dessus, composent un total de 365 marches, le nombre des jours de l'année. Une chaîne aide les visiteurs à gravir, et surtout à descendre, la pente de 45°.*

Le jeu de balle

Plus qu'un sport ou un divertissement, le jeu de balle, pratiqué dans toute la Méso-Amérique, a une dimension rituelle. Deux équipes s'affrontent, cherchant à faire passer une grosse balle de caoutchouc au travers d'un anneau de pierre, fixé en hauteur, dans le mur latéral du terrain. On pense que

Figurine de joueur de balle maya

l'équipe vaincue était ensuite mise à mort. Tous les grands sites précolombiens possèdent des jeux de balle, et le plus grand se trouve à Chichén Itzá. Les cités de Cantona *(p. 157)* et El Tajín *(p. 242-243)* en possédaient un grand nombre. Les Indiens de l'État du Sinaloa pratiquent toujours un dérivé du jeu de balle appelé *hulama (p. 178)*.

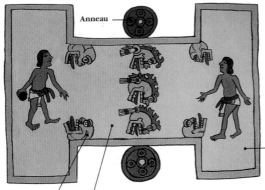

Anneau

Terrain extérieur

LE TERRAIN DE JEU
Il y avait certainement plusieurs versions du jeu, mais le terrain est toujours en forme de I, comme le montre cette illustration d'un codex aztèque. La taille du terrain varie ; les plus anciens sont généralement orientés nord-sud, les plus récents orientés est-ouest.

Des bornes en pierre servaient certainement à compter les points.

Le terrain central est bordé de grands pans inclinés.

La lourde balle en caoutchouc, à peu près de la taille d'une tête d'homme, est ici exagérément grossie.

Le joueur de balle porte des protections. La balle ne doit pas tomber au sol, mais on ne peut la toucher qu'avec les hanches, coudes et genoux, jamais les mains ou les pieds.

Protège-bras

L'anneau de jeu de balle est un but miniature au travers duquel la balle doit passer, une des façons de marquer. Ce qui devait être rare, vu la virtuosité que cela suppose.

Protection de hanche rembourrée

LE SORT DES VAINCUS

Les vaincus étaient souvent sacrifiés après le jeu, mais leur mort faisait partie des morts honorables. Ce bas-relief, un des six qui ornent le jeu de balle sud à El Tajín, montre deux vainqueurs sacrifiant un des perdants avec un couteau d'obsidienne. Un troisième joueur les observe. Un dieu de la mort à l'aspect féroce descend du ciel, frise supérieure du panneau, pour recevoir l'offrande humaine.

Valladolid

Yucatán. 57 000. *Palacio Municipal, Calle 40 n° 200, (985) 856 20 63, poste 211. Candelaria (2 fév.).*

Presque à mi-chemin entre Mérida et Cancún, Valladolid est la troisième ville du Yucatán. Les Espagnols fondèrent la cité sur une ancienne implantation maya appelée Zaci. Elle devint bientôt un grand centre religieux, accueillant, en 1552, les premiers bâtiments bâtis au Yucatán par les franciscains : l'**Iglesia de San Bernardino de Siena** et l'**Ex-Convento de Sisal** voisin. Récemment restaurés, ils montrent des fresques d'origine, derrière deux autels latéraux de l'église. Les petites maisons coloniales de la Calle 41-A qui relie l'église au centre-ville ont également été restaurées.

Le *zócalo* ou place centrale est le cœur où bat la vie de cette jolie ville paisible. Les Indiennes mayas y vendent leurs *huipiles,* longues chemises brodées. Dans l'angle nord-est, de petits restaurants bon marché servent jus de fruits et savoureuses spécialités jusque tard dans la nuit. L'élégante façade de la **cathédrale**

Les stalactites se mirent dans l'eau turquoise du Cenote de Dzitnup

domine la place et l'hôtel de style colonial **El Mesón del Marqués** *(p. 305).* Le **Palacio Municipal** donne également sur le *zócalo.* Le hall de l'étage est orné de panneaux peints illustrant l'histoire de Valladolid depuis l'époque maya, et de portraits de chefs militaires locaux qui se sont engagés dans la révolution *(p. 54).* Un peu plus loin, les églises **Santa Ana** (4 pâtés de maisons vers l'est) et **Santa Lucía** (6 vers le nord) sont de beaux exemples de l'austère architecture franciscaine. Fréquentées au départ par les Indiens convertis, ce sont les églises les plus populaires de la ville.

AUX ENVIRONS : à l'ouest de la ville, le **Cenote de Dzitnup,** un puits naturel, aurait été découvert par un porc dans les années 1950. On peut descendre les marches abruptes qui mènent à son bassin souterrain, lieu spectaculaire éclairé par une ouverture de la voûte et la lumière artificielle.

À l'ouest, près de Chichén Itzá, on découvrit en 1959 les **Grutas de Balamkanché.** Ces immenses cavernes, qui renfermaient des

Peintures sophistiquées du maître-autel,
Iglesia de San Bernardino de Siena, Valladolid

objets mayas, auraient été, dès 300 av. J.-C., un lieu de culte du dieu de la pluie Chac. Les guides montrent certains des objets restés sur place, dont des meules à grain miniatures et des brûle-parfum décorés. Un petit musée existe sur le site.

Statue ornant le *zócalo* de Valladolid

Cenote de Dzitnup
7 km à l'O. de Valladolid.
t.l.j.

Grutas de Balamkanché
Par la Mex 180, 35 km à l'O. de Valladolid.
t.l.j.

Ekbalam

Yucatán. Par la Mex 295, 25 km au N. de Valladolid. *Temozón puis taxi.* *t.l.j.*

Mise au jour récemment, Ekbalam (« jaguar noir »), grande cité et centre religieux maya, s'est développée surtout de 700 à 1000. Le site, assez concentré, présente une double enceinte inhabituelle. L'entrée principale passe sous un bel arc maya, mais le joyau du site reste la tour, massive pyramide à degrés de 30 m, que l'on peut gravir. À chaque étage de la pyramide, des cavités incluses dans l'édifice seraient des *chultunes,* citernes mayas. À partir d'ouvertures dans les murs d'enceinte aux quatre points cardinaux, des chemins processionnels mayas, ou *sacbeob (p. 285),* rayonnent sur plus de 1,5 km.

Río Lagartos 🚐

Yucatán. Mex 295, 104 km au N. de
Valladolid. 🚌 *de Valladolid et
Mérida.* ◯ *t.l.j*

Les lagunes saumâtres de la
réserve naturelle de Río
Lagartos, sur la côte nord de la
péninsule abritent plus de
260 espèces d'oiseaux, dont
des colonies de flamants roses
qui s'y reproduisent en été.
Les nids des flamants sont
protégés d'avril à juin, mais
des excursions en bateau,
organisées le reste de l'année
au départ de Río Lagartos,
permettent d'observer ces
élégants oiseaux. On peut
parfois voir des serpents et
des tortues d'eau.

Abris de palmes de la Playa Marlín, près de l'hôtel Sheraton, Cancún

Les eaux sûres de Playa Langosta, Cancún

Cancún 🚐

Quintana Roo. 🏨 419 000. ✈ 🚌
⛴ ℹ *Calle Pecari 23, (998) 881 90
00.* 🎷 *Festival de jazz (mai), Festival
culturel des Caraïbes (nov.).*
Ⓦ *www.qroo.gob.mx*

Avant 1970, Cancún n'était
qu'une île sablonneuse
avec un hameau d'à peine
100 âmes. Le gouvernement
décida d'en faire une station
nouvelle ; la construction
débuta hardiment à la fin des
années 1960. Depuis, la
population se compte en
centaines de milliers, et plus
de deux millions de visiteurs
(surtout non mexicains) s'y
rassemblent tous
les ans pour
profiter de ses
plages de sable
blanc et de son
climat idéal.
Il y a en fait
deux Cancún.
Le centre-ville,
sur la côte, offre
peu d'hôtels et
aucune plage.
En revanche, le Cancún
touristique, **Isla Cancún** ou
la *zona hotelera,* en possède
à foison. Cette île étroite,
– 23 km –, en forme de L, est
reliée à la côte par deux ponts.
Au Mexique, les hôtels ne
disposent pas de plages
privées car toutes les plages
sont publiques et accessibles
à tous. Les plages situées
devant les hôtels Hyatt
Cancún et Sheraton sont
particulièrement superbes,
mais Cancún dispose de
plages « publiques », tout aussi
belles. **Playa Linda, Playa
Langosta** et **Playa Tortugas,**
au nord de l'île, offrent une
baignade sûre dans la paisible
Bahía Mujeres. De grosses
vagues et de beaux
panoramas caractérisent
**Playa Chac-Mool, Playa
Marlín,** et **Playa Ballenas,**
dont le côté est, ouvert sur
l'océan. Protégée entre Isla
Cancún et la côte, la **Laguna
Nichupté** est idéale pour les
sports nautiques.
Vers l'extrémité sud de l'île,
le petit site maya d'**El Rey**
(le roi), occupé de 1200 à la
Conquête, conserve une
pyramide basse et deux
esplanades. Protégée havre culturel
paisible, à l'écart de
l'animation des plages.
Quelques ferries partent
d'un quai proche de Playa
Linda pour Isla Mujeres
(p. 281), mais la plupart
des bateaux partent de
Puerto Juárez ou Punta Sam,
situés tous deux au nord
de Cancún.

Pyramide et autres vestiges d'El Rey avec, à l'arrière-plan, un des nombreux hôtels de Cancún

La Riviera maya

L'essor de Cancún *(p. 279)* et de stations plus petites a profondément modifié la côte est du Yucatán. Appelée « Riviera maya », la côte est une importante destination touristique : ses plages de sable paradisiaques, ses eaux tièdes et sa barrière de corail, la deuxième du monde, offrent des conditions idéales pour la plongée et la découverte des fonds sous-marins.

Le dauphin, un des animaux du parc de Xcaret *(p. 284)*

Playa del Carmen est la deuxième station de la côte, après Cancún. L'atmosphère y est détendue. Petites boutiques, cafés et restaurants traditionnels bordent la rue principale, la Quinta Avenida. Les ferries pour Cozumel partent d'un quai proche de la place centrale animée.

Akumal, moins fréquentée, est aménagée dans une ancienne plantation de cocotiers. Sa plage superbe est un lieu de ponte des tortues vertes et, en décembre et janvier, on voit parfois passer des requins-baleines au large. Depuis une dizaine d'années, sa baie abritée attire de plus en plus de véliplanchistes et d'amateurs de plongée.

VALLADOLID

0   20 km

La réserve naturelle Xel-Ha, chapelet de lagons reliés entre eux, émaillés de rochers et grottes spectaculaires, abrite toutes sortes de poissons tropicaux. Elle fut mollement gérée, pendant des années, par le gouvernement. Aujourd'hui administrée par la société qui gère Xcaret, elle a retrouvé sa vitalité, pour le bonheur des amoureux de plongée.

Xcaret *(p. 284)* est un complexe comprenant zoo, station balnéaire, zone archéologique et parc d'attractions.

VALLADOLID

Playa del Carmen

Pamul

Tulum Playa, station la plus décontractée de la côte, aligne cabanes de plage et restaurants en rapide expansion le long d'une splendide plage de sable. Ellle est voisine du site maya de Tulum (p. 284-285).

LAGUNA EL CONTINENTE

COBÁ

307

Xel-Ha

Akumal

Puerto Aventuras fut construite pour accueillir les touristes. Elle propose un éventail d'équipements, dont un golf de 18 trous et une marina.

Tulum

Tulum Playa

CHETUMAL

Puerto Morelos est l'endroit le moins développé de la Riviera. Aménagée autour d'un village de pêcheurs, la station permet de découvrir un merveilleux récif.

Isla Mujeres, proche de la barrière de corail, est appréciée des plongeurs.

Cancún, la gigantesque, est la station qui attire le plus de visiteurs au Mexique.

Cozumel (p. 282) est l'un des meilleurs sites de plongée du monde.

LÉGENDE

Voir rabat de couverture

Flotille de bateaux d'excursion au mouillage, port d'Isla Mujeres

Isla Mujeres ⑰

Quintana Roo. 🚤 *navette passagers au départ de Puerto Juárez, car-ferry de Punta Sam.* ℹ️ *Palacio Municipal, Av. Hidalgo, (998) 877 00 98.*

Cette petite île de 8 km de long sur 1 km de large seulement tient sans doute son nom d'« île des femmes » des statuettes féminines mayas qui y furent découvertes, puis détruites par les Espagnols. Sa popularité dans les années 1960 entraîna son développement, mais la ville compte peu de grands immeubles. Elle jouit d'une atmosphère paisible, notamment le soir, quand les visiteurs, venus de Cancún pour la journée, sont partis.

La bicyclette et le scooter sont les meilleurs moyens d'explorer l'île, dont la partie centrale est occupée par un lagon saumâtre et une piste d'atterrissage pour petits avions. On y trouve aussi les vestiges de la **Mundaca Hacienda,** demeure que le pirate Fermín Mundaca aurait bâtie pour gagner le cœur d'une belle de l'île.

Juste au nord de la seule ville de l'île, **Playa Los Cocos** offre une plage de sable immaculé à l'eau tiède et peu profonde. À la pointe sud, assez escarpée, s'étendent le **parc national Garrafón** et **Playa de**

Mirador de maître-nageur-sauveteur

Garrafón. Le récif de corail proche de la côte offre des plongées extraordinaires. La découverte avec masque et tuba est aussi excitante, mais la plage est bondée en milieu de journée. On voit, à proximité du phare moderne, les ruines de ce qui serait un ancien phare maya.

AUX ENVIRONS :
Isla Contoy est un îlot à 30 km d'Isla Mujeres, au large de la pointe nord du Yucatán. Il affleure tout au nord de la barrière de corail, là où le golfe du Mexique rejoint la mer des Caraïbes. Le mélange des courants y crée des conditions idéales pour le plancton, nourriture de nombreux poissons, qui à leur tour attirent beaucoup d'oiseaux. Plus de 50 espèces, dont des nuées d'aigrettes, de pélicans, de frégates et de flamants, peuplent l'île, aujourd'hui réserve naturelle protégée.

Bas-relief travaillé de l'arche d'entrée de la Mundaca Hacienda

Cozumel 18

Quintana Roo. ✈ 🚢 *car-ferry au départ de Puerto Morelos, navette passagers depuis Playa del Carmen.*

Bateaux à quai, San Miguel de Cozumel

Au large de la côte est de la péninsule du Yucatán, Cozumel, du maya *Cuzamil,* ou « lieu des oiseaux », est la plus grande île du Mexique (14 km sur 50 km). Autrefois important lieu de culte d'Ixchel, déesse de la fertilité, de la grossesse et de la naissance, elle montre à plusieurs endroits des traces de la présence maya, notamment à **El Cedral** et **San Gervasio.** Ces sites sont envahis par la végétation, mais ils offrent l'occasion de voir les nombreux oiseaux qui peuplent la jungle typique de l'intérieur de l'île. Le plus grand site, San Gervasio, compte plusieurs bâtiments restaurés. Au sud de l'île, le sanctuaire maya isolé d'**El Caracol** aurait servi d'amer pour les navires. Les Espagnols sont aussi venus à Cozumel : en 1518, la première messe du Mexique y a été célébrée.

Le pélican, un des hôtes de Cozumel

Chaleureusement accueilli par les habitants, Hernán Cortés y a préparé la conquête du reste du pays.

Aujourd'hui, Cozumel est une station très touristique et l'un des premiers centres du monde pour la plongée. Les navettes de la côte accostent à **San Miguel de Cozumel,** seul bourg de l'île.

Boutiques et restaurants touristiques se pressent près du quai, mais un peu plus loin la ville garde une atmosphère plus traditionnelle et paisible, avec, sur la grand-place, l'unique et belle église **San Miguel Arcángel.**

À quelques pâtés de maisons vers le nord, le **Museo de la Isla** offre un bon aperçu de l'histoire de l'île.

Cozumel est entourée de plages extraordinaires, dont beaucoup ne sont accessibles qu'en véhicule 4 × 4. Celles de la côte est, au vent, sont splendides mais dangereuses, à cause des courants forts et des vagues imposantes. Les plages protégées sont situées sur la côte ouest et regroupent les meilleurs sites de plongée, surtout autour des récifs **Colombia, Palancar, San Francisco** et **Santa Rosa.** Le **parc Chankanaab,** également sur la côte ouest, abrite des centaines d'espèces de plantes tropicales. Près du parc, le lagon peu profond est idéal pour la nage avec tuba.

🏛 **Museo de la Isla**
Angle d'Av. Rafael Melgar et Calle 6 Norte. 📞 *(987) 872 14 34.* 🕐 *t.l.j.* 🚫 *sauf dim.* 📷 🚻

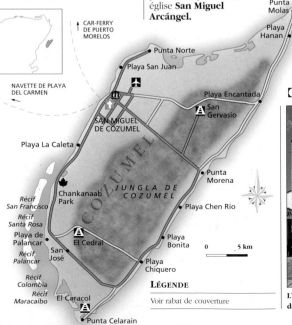

L'Iglesia de San Miguel Arcángel, dans l'unique bourg de Cozumel

La plongée dans les Caraïbes mexicaines

La grande barrière de corail méso-américaine s'étire sur plus de 1 000 km le long des côtes est du Yucatán, du Belize, du Guatemala et du Honduras. Peuplées d'une extraordinaire diversité d'animaux marins, les eaux côtières cristallines du Yucatán sont le paradis des plongeurs,

Découverte des eaux claires tropicales autour de Cozumel

débutants ou professionnels, avec tuba ou avec bouteilles. Les meilleurs sites sont situés à Cozumel. De nombreuses écoles de plongée de la côte vendent ou louent le matériel, proposent des leçons, et emmènent les plongeurs plus expérimentés explorer les récifs.

Le chromis bleu, hôte habituel des eaux de Cozumel.

Le grondin à raies bleues, souvent en bancs, s'abrite le jour dans les récifs et se nourrit la nuit.

Le mérou tigré peut changer de couleur pour se fondre sur un fond de coraux ou de rochers.

L'ovule langue de flamant
Ce mollusque différent des autres recouvre sa coquille d'un manteau en guise de camouflage. Il se nourrit et se reproduit sur les coraux mous.

La branche de mer, sorte de gorgone, possède des spicules internes au lieu d'un squelette.

L'éventail de mer aux couleurs souvent éclatantes est une gorgone très fragile.

Le corail de feu est ainsi nommé à cause de ses cellules urticantes.

Les éponges tubulaires peuvent atteindre 2 m. Leur taille dépend de leur âge, de leur alimentation et de leur milieu.

Les polypiers forment la base des récifs. Ils ne poussent que de 3 mm par an, mais peuvent atteindre plus de 10 m de diamètre.

LE JARDIN DE CORAUX DU YUCATÁN
L'extraordinaire paysage sous-marin du Yucatán montre des jardins de coraux colorés dont la moindre anfractuosité abrite mille créatures marines en quête d'abri et de nourriture.

Crapaud de mer
Il vit la nuit. Le jour, ses barbules acérées et sa tête rayée trahissent sa cachette.

Tortue à écaille
Cette tortue, de plus en plus rare, est une espèce protégée. Elle pond sur la côte est de Cozumel.

Astrophyton ou « étoile panier »
Cette étoile de mer qui sort la nuit pour se nourrir peut dépasser 1 m de diamètre.

Xcaret ⓙ

Quintana Roo. Mex 307, 7 km au S.
de Playa del Carmen. ☎ (998) 883
31 43. 🚌 de Cancún et Playa del
Carmen. ◻ t.l.j. 🖼 🗀 🖋

Plages en bord de lagon dans le parc de Xcaret

Ce grand « parc éco-archéologique » combinant zoo, attractions et station balnéaire entoure les ruines de Polé, grande implantation côtière maya de l'époque postclassique. Beaucoup de visiteurs sont fascinés par la descente, à la lumière naturelle, des deux rivières souterraines aux eaux claires qui le traversent. On peut aussi nager avec les dauphins dans une piscine d'eau de mer. Le parc abrite chauves-souris, papillons et tortues marines, et pumas et jaguars sur deux « îles des Félins ». Entre autres attractions, il propose une reconstitution de village maya et, le soir, un spectacle son et lumière sur les Mayas.

**Puma sur l'une des
îles des félins de Xcaret**

Cobá ⓴

Quintana Roo. 47 km au N.-O. de
Tulum. 🚌 de Valladolid et Cancún.
◻ 8 h-17 h, t.l.j. 🖼

Établi autour d'un ensemble de lacs, Cobá est un des sites archéologiques les plus intéressants du Yucatán. Cette cité, prospère entre 300 et

Tulum ⓵

Tulum a été érigé sur une falaise spectaculaire surplombant la mer des Caraïbes. Ce site maya d'époque tardive fut à son apogée entre environ 1200 et l'arrivée des Espagnols. Son nom de « mur » ou « enclos » est sans doute récent. On pense qu'il se nommait à l'origine Zama, « l'aube », à cause de sa situation sur la côte est et de l'alignement est-ouest de ses bâtiments. Ses habitants commerçaient avec Cozumel, Isla Mujeres, le Guatemala et le Mexique central.

La maison du Cenote,
*construite au-dessus d'un puits
naturel ou cenote.*

Un mur d'enceinte de 5 m de
large, percé de cinq portes, longe
trois côtés du site.

**Maison du
Nord-est**

**Maison du Halach
Uinic, ou chef suprême**

**Maison
des Colonnes,
ou grand
palais**

Le temple des Fresques,
*observatoire servant à suivre les
mouvements du soleil, montre
des murs intérieurs richement
décorés de peintures à motif
répété de serpents mythiques.*

**Maison
du Chultún**

Entrée

1000 environ, est au centre d'un réseau de *sacbeob*, « chemins blancs ». Ces voies processionnelles rectilignes couvertes de calcaire reliaient entre eux des bâtiments ou des implantations mayas. C'est à Cobá que ces routes ont été trouvées en plus grand nombre.

Cette immense cité aurait compté, grâce à l'abondance de l'eau, jusqu'à 40 000 habitants. Mais seule une fraction du site a été mise au jour et beaucoup d'édifices sont encore enfouis sous la jungle.

On visite trois groupes principaux de bâtiments, séparés par de longs trajets à pied. Près de l'entrée du site, le **groupe de Cobá** a pour édifice principal une **pyramide,** nommée La Iglesia par les habitants, qui

Jeu de balle, un des grands vestiges de Cobá

voient en elle un sanctuaire. À côté, se trouve un jeu de balle *(p. 277)*. Un chemin débutant sur l'autre rive du Lago Macanxoc mène au **groupe de Macanxoc** et sa collection de stèles mayas gravées d'inscriptions historiques. À 1,5 km environ

au nord, le **groupe de Nohoch Mul** entoure la pyramide de même nom, la plus haute du Yucatán avec 42 m. L'ascension jusqu'au temple du sommet est rude, mais on y découvre une vue merveilleuse des lacs et de la jungle.

Le temple du Dieu descendant montre au-dessus de la porte une sculpture de personnage qui défaille ou chute. On retrouve la même (peut-être un dieu associé au soleil couchant ?) sur El Castillo et d'autres édifices du site.

MODE D'EMPLOI

Quintana Roo. Mex 307, 128 km au S. de Cancún.
🚌 de Cancún.
🕐 8 h -17 h, t.l.j. ♿

Temple du Vent

Le temple couronnant El Castillo montre trois niches au-dessus de l'entrée. Celle du centre abrite une belle sculpture du dieu descendant.

Temple des Premières Séries

El Castillo sur son site spectaculaire en sommet de falaise

Vers le temple de la Mer

El Castillo (le château), le plus grand et le plus imposant édifice du site, aurait servi d'amer aux marins. Le grand escalier extérieur monte au temple, du postclassique tardif.

Plate-forme cérémonielle

Réserve de la biosphère Sian Ka'an ㉒

Quintana Roo. 🚌 circuits au départ de Cancún ou Tulum. 🏢 Amigos de Sian Ka'an, Crepúsculo 18, (998) 848 21 36.

Avec plus de 4 500 km² de jungle basse et de marais et 110 km de récif corallien, Sian Ka'an abrite une gamme d'habitats naturels qui en fait l'une des plus grandes réserves du Mexique. Géré par un organisme gouvernemental, son but premier n'est pas de promouvoir le tourisme ; les routes de la réserve ont de quoi décourager les plus aventureux ! Mais les *Amigos de Sian Ka'an* proposent des circuits de nuit pour ceux qui veulent voir les crocodiles de la mangrove. Avec un peu de chance, vous apercevrez dans les marais qui entourent Boca Paila, dans la partie nord, les nombreux oiseaux, sédentaires ou migrateurs, dont le rare jabirú, des lamantins et des tortues, discrets habitants de ces eaux côtières.

Le jabirú, cigogne de Sian Ka'an

Au sud de Boca Paila, toujours dans la réserve, le petit village de pêcheurs de **Punta Allen,** dont la ressource principale est le homard, pratique encore l'ancienne méthode de pêche maya.

Le site maya de Kohunlich, près de Chetumal

Chetumal ㉓

Quintana Roo. 👥 115 000. ✈ 🚌 🏢 Calzada del Centenario 622, (983) 835 08 60.

Fondée en 1898 sur l'estuaire du Río Hondo, Chetumal est aujourd'hui la capitale du Quintana Roo. Proche du Belize, c'est une ville de frontière typique qui comprend une grande base navale et une zone de magasins hors taxes de produits de luxe du monde entier. Les gens du Belize et du Guatemala qui viennent y faire leurs achats apportent une ambiance exotique à la ville. Un cyclone a détruit en 1950 la plupart des maisons de bois à toit en tôle ; la ville a été reconstruite autour de larges avenues, dont certaines aboutissent toujours dans le maquis.

Le spacieux **Museo de la Cultura Maya** de Chetumal explore le monde maya : astronomie, vie quotidienne, codex mayas. Beaucoup de pièces sont des reproductions, mais panneaux explicatifs et écrans interactifs sont très intéressants.

Emblème du Quintana Roo

AUX ENVIRONS : à 40 km au nord-ouest de Chetumal, le village de **Bacalar** possède un bassin naturel de plus de 60 m de fond, idéal pour la baignade, appelé pour sa couleur **Cenote Azul.** Dominée à l'ouest par le fort de Bacalar, la **Laguna de Siete Colores** voisine est aussi populaire. Le long de la Mex 186, les champs laissent place, vers l'ouest, à la jungle,

Un bateau de plaisance fend les eaux calmes de la Laguna de Siete Colores, près de Chetumal

cadre du site maya de **Kohunlich** et de son temple des Masques, dédié au dieu maya du soleil. Les marches de cette pyramide du VIᵉ siècle sont flanquées de masques orientés vers le couchant. À environ 29 km au nord de Kohunlich s'étendent les ruines assez quelconques mais séduisantes de **Dzibanché.**

🏛 **Museo de la Cultura Maya**
Angle d'Av. Héroes et Cristobal Colón.
📞 (983) 832 68 38. ⭕ mar.-dim.
📷 sauf dim. 🅿 ♿
🅰 **Kohunlich et Dzibanché**
⭕ t.l.j. 📷

Sites Río Bec ㉔

Campeche. Mex 186, 120 km à l'O. de Chetumal. 🚌 *Xpujil.* **Tous les sites.** ⭕ t.l.j. 📷

L e terme Río Bec regroupe un ensemble de sites mayas de même style à l'ouest de Chetumal. Beaucoup sont cachés par la jungle, mais trois, assez proches de la route (Mex 186), sont aisément accessibles : Xpujil, Becán et Chicanná. On peut les visiter en une journée au départ de Chetumal, ou en arrivant de Villahermosa *(p. 254)* ou Palenque *(p. 234-237).*

La région aurait été occupée dès 550 av. J.-C., mais le style Río Bec, commun aux trois sites, a dominé entre 600 et 900. Il se caractérise par des plates-formes et édifices tout en longueur, flanqués de tours élancées aux angles arrondis. Ces tours sont de faux temples-pyramides : les marches sont trop abruptes pour qu'on les gravisse. Elles semblent être dépourvues de chambres et n'avoir qu'une fonction décorative. Leur ornement essentiel est la figure d'Itzamná, dieu de la création, maître de la vie et de la mort.

En arrivant de Chetumal, le premier site, bien visible de la route, est **Xpujil,** juste après la frontière de l'État du Campeche. Sa place centrale est entourée de 17 groupes de bâtiments, mais l'édifice le plus spectaculaire est le temple principal, trois tours de 15 m surgissant d'une

L'édifice X de Becán et son décor de pierre sculptée

plate-forme basse. Bel exemple d'architecture Río Bec, ces tours pointues énigmatiques dominent la jungle environnante.

À seulement 6 km vers l'ouest, une piste au nord de la route principale mène à **Becán.** Ce site fut édifié aux alentours de 550 av. J.-C. et aurait été le grand centre maya de la région Río Bec. Le nombre important d'objets importés trouvés au cours des fouilles laisse penser que c'était un pôle du commerce reliant les deux côtés de la péninsule. Fait inhabituel, les bâtiments principaux sont entourés d'un fossé, ou douve, aujourd'hui asséché, d'environ 2 km de pourtour, atteignant 5 m de profondeur et 16 m de large.

Le site compte différentes tours Río Bec, mais se différencie par les chambres découvertes dans l'édifice

VIII. Sans lumière ni aération, elles ont peut-être servi pour des rites religieux exigeant obscurité et isolement.

Chicanná, à 5 km encore vers l'ouest, au sud de la route principale, montre l'architecture la plus extraordinaire des trois sites. Son nom signifie « maison de la gueule du serpent », en référence à l'édifice II, dont la façade, complexe mosaïque de pierre, figure une tête de serpent. Ce saisissant bâtiment zoomorphe, où la gueule du reptile forme l'entrée, représente le dieu Itzamná. À l'écart de la place principale, l'édifice XX à deux niveaux rappelle le style de l'édifice II ; des masques du dieu de la pluie Chac *(p. 265)* en ornent les côtés.

AUX ENVIRONS : près du village de Conhuás, à 60 km à l'ouest de Xpujil, une route secondaire s'ouvre vers le sud et rejoint après encore 60 km **Calakmul,** l'une des plus importantes cités mayas de la période classique. Sa pyramide de 50 m est la plus haute du Mexique. Une centaine de stèles demeurent sur le site, mais les masques de jade découverts dans les tombes sont exposés à Campeche *(p. 260).*

Juste à l'ouest de Conhuás, **Balamkú,** découvert par hasard en 1990, a pour joyau une longue frise en stuc de 17 m, ornant la « maison des Quatre Rois » ; elle représenterait le lien entre les souverains mayas et le cosmos.

Trois tours de style Río Bec dominent le grand temple de Xpujil

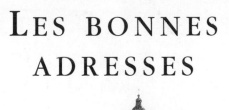

LES BONNES ADRESSES

HÉBERGEMENT

L'augmentation du nombre de visiteurs au Mexique s'accompagne d'un choix plus grand dans les hébergements : hôtels, bien sûr, mais aussi pensions, appartements, auberges de jeunesse, campings et même location de hamacs. L'offre va du motel bon marché à l'hôtel international de luxe, situé dans un cadre exceptionnel. Les prix varient beaucoup suivant la saison, la région, la localisa-

Femmes de chambre

tion, la renommée de l'établissement et ses prestations. Il faut savoir que les hôtels bon marché peuvent être en dessous du standard en usage en Europe ou aux États-Unis. Nous proposons une sélection (p. 292-305) des meilleurs hôtels du Mexique, dans tous les styles et toutes les catégories de prix, hôtels de chaîne moderne, petites pensions de famille typiques ou splendides haciendas reconverties.

L'entrée d'El Gran Hotel, Mérida (p. 305)

CLASSIFICATION DES HÔTELS

Le prix des chambres est réglementé par l'État. Les hôtels sont classés de une à cinq étoiles, hors catégorie et Grand Tourisme. À partir de une étoile, les prestations comprennent toilettes et douche privés et nettoyage quotidien des chambres, avec changement des draps. Les hôtels Grand Tourisme sont très luxueux et disposent habituellement d'une salle de sport, d'un night-club et d'un bon restaurant. Les hôtels hors catégorie sont des monuments historiques et ne sont pas dotés d'étoiles.

CHAÎNES HÔTELIÈRES

De nombreuses chaînes offrent des services et des prix variés. **Presidente Intercontinental** et **Fiesta Americana** sont deux chaînes

locales proposant de fiables prestations ; les chambres des **Quinta Real** et **Camino Real** sont luxueuses. Les chaînes internationales **Westin, Sheraton** et **Marriott** sont aussi représentées ; **Calinda** et **Howard Johnson** sont des chaînes de gamme moyenne.

BÂTIMENTS HISTORIQUES

De nombreux couvents, manoirs et haciendas (p. 50-51) ont été reconvertis en hôtels exceptionnels. Beaucoup sont classés monuments nationaux et conservent leur mobilier et décor d'origine. Les haciendas ont souvent de grands jardins et des équipements modernes. Mais certains anciens couvents ou manoirs n'ont pas été autorisés à modifier leur aménagement pour installer tout le confort moderne.

HÉBERGEMENTS BON MARCHÉ

On trouve beaucoup d'hôtels bon marché dans les villes et villages mexicains, mais demandez à jeter un coup d'œil avant de vous prononcer : les prestations varient énormément. Les pensions familiales ou *casas de huéspedes* sont une bonne solution. Le camping a du succès. Il est autorisé sur toutes les plages car celles-ci dépendent du domaine public. Il y a de nombreux terrains de camping, notamment en Baja California, sur la côte pacifique et au Yucatán. Dans le Sud, on peut passer une nuit à moindre coût en louant une *cabaña* (cabane de plage), ou un hamac qu'on peut suspendre presque n'importe où.

Plan d'eau de la Hacienda San Miguel Regla, près de Huasca (p. 294)

◁ Intérieur somptueux de la Casa de la Marquesa, Querétaro (p. 300)

Le paisible jardin de l'hôtel Las Mañanitas, Cuernavaca *(p. 294)*

RÉSERVATION ET PAIEMENT

Il est recommandé de réserver pour la haute saison : juillet et août, les semaines de Noël et de Pâques et les jours fériés *(p. 31)*. Des services de réservation d'hôtels, dont **Operadora Sidektur, Utell International** et **Corresponsales de Hoteles**, proposent une sélection d'hébergements de qualité.

Autrement, il vaut mieux réserver par une agence de voyages ou par téléphone ou fax. Les arrhes peuvent être versées par carte de crédit, en échange d'un reçu. Certains hôtels demandent une signature sur un bordereau vierge de carte de crédit à l'arrivée. La plupart des hôtels acceptent les traveller's chèques. Certains établissements bon marché ne prennent que l'argent liquide.

La plupart des hôtels ont des prix imposés, variables suivant la saison, les prestations et la chambre choisie. Les hôtels d'affaires proposent souvent des tarifs réduits pour les longs séjours ou le week-end. On ajoute à la taxe IVA normale de 15% une taxe d'hébergement de 2%. Elles ne sont pas toujours comprises dans le prix annoncé. Il est d'usage de laisser un pourboire de 1 à 2 $ aux garçons d'étage et femmes de chambre.

APPARTEMENTS

On trouve partout des appartements confortables, à louer à des prix intéressants. Des agences comme **Condo Corner, Olinalá, GEA Holidays** proposent des appartements à plusieurs endroits, d'autres sont localisées comme **Cozumel Vacation Rentals, Se Renta Luxury Villas** (Acapulco), **Ocean Club Los Cabos** (San José del Cabo) ou **Rent'n Vallarta** (Puerto Vallarta). Appartements et belles villas aux prestations de niveau hôtelier sont à louer dans les stations balnéaires. Les prix varient suivant l'endroit et la saison.

AUBERGES DE JEUNESSE

La plupart des auberges de jeunesse mexicaines sont voisines de centres sportifs et proposent des dortoirs propres, non mixtes. Beaucoup sont gérées par l'**Instituto Mexicano de la Juventud**, mais il y a aussi des auberges privées. **Mundo Joven** est le représentant de la FUAJ au Mexique et s'occupe des réservations pour tout le pays.

Villas aux toits de *palapa* (palmes) près de Careyes *(p. 186)*

CARNET D'ADRESSES

CHAÎNES HÔTELIÈRES

Calinda
☎ 50 80 08 70.
FAX 52 07 03 99.

Camino Real
☎ 52 27 72 00.
FAX 52 50 69 35.
@ reservas@crmexico.com.mx

Fiesta Americana
☎ 53 26 69 00.
FAX 53 26 67 02.

Howard Johnson
☎ 55 31 40 07.
FAX 55 31 98 22.

Marriott
☎ 52 07 10 16.
FAX 55 11 15 81.

Presidente Intercontinental
☎ 53 27 77 77.
FAX 53 27 77 87.

Quinta Real
☎ 55 20 93 00.
FAX 55 40 13 00.

Sheraton
☎ 52 08 15 35.
FAX 52 42 40 84.

Westin
☎ 52 27 05 55.
FAX 52 27 05 15.

SERVICES DE RÉSERVATION

Corresponsales de Hoteles
☎ 55 21 47 68.
FAX 55 18 45 82.

Operadora Sidektur
☎ et FAX 56 24 24 24.
W www.misvacaciones.com.mx

Utell International
☎ 53 87 96 00.
FAX 52 80 79 11.

LOCATION D'APPARTEMENTS

Condo Corner
☎ (314) 822 2781 (US).
FAX (314) 569 0552 (US).

Cozumel Vacation Rentals
☎ et FAX (987) 2 17 74.

GEA Holidays
☎ et FAX 55 53 10 05.
W www.autodromo.com.mx

Olinalá
☎ 52 11 47 14.
FAX 52 11 87 01.

Ocean Club Cabos
☎ (624) 142 11 32.
FAX (624) 142 11 76.

Rent 'n Vallarta
☎ (322) 22 04 77.
FAX (322) 22 17 03.

Se Renta Luxury Villas (Acapulco)
☎ (744) 484 10 60.
FAX (744) 484 12 29.

AUBERGES DE JEUNESSE

Instituto Mexicano de la Juventud
☎ 52 05 60 72.

Mundo Joven
Insurgentes Sur 1510, Mexico.
☎ 56 61 32 33.

Choisir un hôtel

La plupart des hôtels de ce guide ont été sélectionnés pour l'excellence de leurs équipements et prestations. Quand une localité n'a pas d'hôtel de qualité exceptionnelle, nous suggérons l'hébergement qui offre le meilleur rapport qualité-prix possible. Les informations sur les restaurants sont aux pages 314-327.

	NOMBRE DE CHAMBRES	CARTES DE CRÉDIT ACCEPTÉES	PARKING PRIVÉ	PISCINE	RESTAURANT
MEXICO					
CENTRE HISTORIQUE : *Capitol* **Carte 2 D2.** ⓢⓢⓢ República de Uruguay 12. **℃** *55 18 17 50.* **FAX** *55 21 11 49.* **@** *reserv@hotelcapitol.com.mx* Près du Palacio de Bellas Artes, c'est l'un des plus anciens hôtels de la ville. Restaurant de spécialités espagnoles. TV &	75	●			■
CENTRE HISTORIQUE : *Catedral* **Carte 2 E1.** ⓢⓢⓢ Donceles 95. **℃** *55 18 52 32.* **FAX** *55 12 43 44.* **@** *hcatedra@infosel.net.mx* Cet hôtel moderne et bon marché est remarquablement situé, près du Templo Mayor. Chambres confortables et terrasse sur le toit. TV	116	●	■		■
CENTRE HISTORIQUE : *Gillow* **Carte 2 E2.** ⓢⓢⓢ Isabel la Católica 17. **℃** *55 18 14 40.* **FAX** *55 12 20 78.* **@** *hgillow@prodigy.net.mx* Près de l'Iglesia de la Profesa, entre le Zócalo et l'Alameda, cette ancienne demeure de moines, bâtie en 1875, a été transformée en hôtel moderne. Les chambres confortables entourent une cour. TV &	103	●			■
CENTRE HISTORIQUE : *Metropol* **Carte 2 C2.** ⓢⓢⓢ Luis Moya 39. **℃** *55 21 49 01.* **FAX** *55 12 12 73.* **@** *metropol@mail.internet.com.mx* Situé près de l'Alameda. Un pianiste joue le soir dans le bar situé dans le hall. Le restaurant sert des spécialités espagnoles et mexicaines. TV &	156	●	■		■
CENTRE HISTORIQUE : *Best Western Hotel de Cortés* **Carte 2 C1.** ⓢⓢⓢⓢ Av. Hidalgo 85. **℃** *55 18 21 81.* **FAX** *55 12 18 63.* **@** *reservaciones@hoteldecortes.com.mx* Le plus ancien hôtel des Amériques est connu pour sa façade rouge sculptée en *tezontle.* TV &	29	●			■
CENTRE HISTORIQUE : *Gran Hotel* **Carte 2 E2.** ⓢⓢⓢⓢ Av. 16 de Septiembre N° 52. **℃** *et* **FAX** *1083 7700.* **w** *www.granhotel.com* Cet hôtel à la décoration Art nouveau a un plafond à vitraux italien en coupole *(p. 60)* et un restaurant sur le toit surplombant le Zócalo. ☰ TV	122	●	■		■
CENTRE HISTORIQUE : *Best Western Majestic* **Carte 2 E2.** ⓢⓢⓢⓢ Av. Francisco I. Madero 73. **℃** *55 21 86 00.* **FAX** *55 12 62 62.* **@** *majestic@supernet.com.mx* Occupant un site idéal au cœur de la ville, l'hôtel offre une vue magnifique sur le Zócalo depuis son restaurant en terrasse sur le toit. TV &	85	●	■		■
LA REFORMA ET CHAPULTEPEC : *Casa González* **Carte 1 E3.** ⓢⓢ Río Sena 69. **℃** *55 14 33 02.* **FAX** *55 11 07 02.* **@** *j_ortiz_moore@hotmail.com* Juste devant l'ambassade de Grande-Bretagne, deux manoirs du Porfiriato ont été réunis et transformés en pension ; chambres simples.	22				■
LA REFORMA ET CHAPULTEPEC : *Hotel Park Villa* **Carte 2 F2.** ⓢⓢⓢ Gómez Pedraza 68. **℃** *55 15 52 45.* **FAX** *55 15 45 14.* **@** *reservaciones@hotelparkvilla.com.mx.* Près du Parque de Chapultepec, cet hôtel colonial sans prétention, à deux étages, offre des chambres spacieuses et confortables. TV &	45		■		■
LA REFORMA ET CHAPULTEPEC : *Casa Blanca* **Carte 2 A1.** ⓢⓢⓢⓢ Lafragua 7. **℃** *57 05 13 00.* **FAX** *57 05 41 97.* **@** *hotel@hotel-casablanca.com.mx* Près du Monumento a la Revolución, cet hôtel coloré offre une très belle vue de sa terrasse, et dispose d'une piscine sur le toit. ☰ TV &	269	●	■	●	■
LA REFORMA ET CHAPULTEPEC : *Emporio* **Carte 2 F2.** ⓢⓢⓢⓢ Paseo de la Reforma 124. **℃** *55 66 77 66.* **FAX** *57 03 14 24.* **@** *reservaciones@hotelesemporio.com* Dans cet hôtel au décor néoclassique, chaque chambre a son Jacuzzi. Le parking est à deux pâtés de maisons, mais il y a des voituriers. ☰ TV &	145	●	■		■
LA REFORMA ET CHAPULTEPEC : *María Cristina* **Carte 1 E2.** ⓢⓢⓢ Río Lerma 31. **℃** *57 03 18 44.* **FAX** *55 66 91 94.* **w** *www.hotelmariacristina.com.mx* Situé près de l'ambassade des États-Unis, ce paisible hôtel de style colonial offre des chambres ensoleillées donnant sur un patio central. TV	150	●	■		■

Les prix correspondent à une nuit en chambre double pour deux personnes en haute saison, service et taxes compris.
- $ moins de 25 $US
- $$ de 25 à 40 $US
- $$$ de 40 à 80 $US
- $$$$ de 80 à 140 $US
- $$$$$ plus de 140 $US

CARTES DE CRÉDIT ACCEPTÉES
Un symbole indique que les principales cartes, Visa, Mastercard, American Express et Diners Club sont acceptées.

PARKING PRIVÉ
L'hôtel possède un parking ou des emplacements privés, mais pas obligatoirement sur place ni gardés.

PISCINE
Piscine extérieure sauf indication contraire.

RESTAURANT
Il n'est pas nécessairement recommandé. Les très bons restaurants d'hôtels sont mentionnés dans la liste des restaurants.

LA REFORMA ET CHAPULTEPEC : *Polanco* Carte 1 E3. $$$$
Edgar Allan Poe 8, Polanco. ☎ et FAX 52 80 80 82.
Cet hôtel bon marché se trouve près de l'ambassade de France. Chambres propres et mobilier en acajou. Excellent restaurant italien. TV

LA REFORMA ET CHAPULTEPEC : *Calinda Geneve* Carte 1 E3. $$$$
Londres 130, Zona Rosa. ☎ 50 80 08 00. FAX 50 80 08 33. @ calindageneve@hotmail.com
Cet établissement bien tenu a un beau hall accueillant, un centre de remise en forme, et un restaurant apprécié, géré par Sanborn's (p. 328). TV &

LA REFORMA ET CHAPULTEPEC : *Sevilla Palace* Carte 2 A2. $$$$
Paseo de la Reforma 105. ☎ 57 05 28 00. FAX 57 03 15 21. @ reserva@sevillapalace.com.mx
Le Sevilla Palace, moderne, convient aussi bien aux hommes d'affaires qu'aux touristes. Empruntez l'ascenseur de verre pour rejoindre la piscine et le jacuzzi sur le toit : beau panorama sur la ville. ▤ TV &

LA REFORMA ET CHAPULTEPEC : *Camino Real* Carte 1 B3. $$$$$
Mariano Escobedo 700. ☎ 52 63 88 88. FAX 52 63 88 98. @ reservas@caminoreal.com.mx
C'est l'une des créations les plus expressives de l'architecture moderne mexicaine. Le *mural* de Rufino Tamayo, *L'Homme face à l'Eternité*, orne l'entrée de ce somptueux hôtel. Chambres élégantes de style contemporain. ▤ TV &

LA REFORMA ET CHAPULTEPEC : *Casa Vieja* Carte 1 E3. $$$$$
Eugenio Sue 45, Polanco. ☎ 52 82 00 67. FAX 52 81 37 80. W www.casavieja.com
L'un des hôtels les plus chic du Mexique propose dix suites décorées avec art, donnant une idée de la splendeur du baroque mexicain. ▤ TV

LA REFORMA ET CHAPULTEPEC : *Imperial Reforma* Carte 2 A2. $$$$$
Paseo de la Reforma 64. ☎ 57 05 49 11. FAX 57 03 11 22. @ imperial@internet.com.mx
Construit en 1904, l'Impérial est considéré comme un monument historique. L'intérieur a été adapté pour répondre aux besoins d'un hôtel moderne. ▤ TV &

LA REFORMA ET CHAPULTEPEC : *Melia México Reforma* Carte 2 B1. $$$$$
Reforma 1. ☎ 51 28 50 00. FAX 51 28 50 50. @ reservas@melia-mexico.com.mx
Cet hôtel moderne dispose d'un vaste hall tout en hauteur, de chambres calmes, de services pour hommes d'affaires, d'une salle de sport et de trois restaurants. ▤ TV &

LA REFORMA ET CHAPULTEPEC : *Four Seasons* Carte 1 C4. $$$$$
Paseo de la Reforma 500. ☎ 52 30 18 18. FAX 52 30 18 08.
@ mex.reservations@fourseasons.com Un bâtiment de style hacienda entoure une cour fleurie ornée d'une fontaine. Excellent restaurant, salle de sport et de remise en forme, chambres luxueuses, à hauts plafonds. ▤ TV &

LA REFORMA ET CHAPULTEPEC : *María Isabel Sheraton* Carte 1 D3. $$$$$
Reforma 325. ☎ 52 42 55 55. FAX 52 07 06 84.
Hôtel de luxe en face du Monumento a la Independencia. Prestations haut de gamme : centre de remise en forme, deux courts de tennis, sauna, trois bons restaurants, night-club avec *mariachis* et chambres spacieuses. ▤ TV &

LA REFORMA ET CHAPULTEPEC : *Marquis Reforma* Carte 1 C4. $$$$$
Paseo de la Reforma 465. ☎ 52 29 12 00. FAX 52 29 12 12.
@ divetos@marquisreformahl.com Hôtel à décoration Arts déco belle et originale. Salle de sport et de remise en forme. ▤ TV &

LA REFORMA ET CHAPULTEPEC : *JW Marriott* Carte 1 E3. $$$$$
Andrés Bello 29, Polanco. ☎ 30 03 00 00. FAX 59 99 00 01.
Il y a plus de 1 500 hôtels Marriott dans le monde, mais seulement sept ont obtenu la mention JW pour le raffinement du service. Celui-ci en fait partie. ▤ TV &

LA REFORMA ET CHAPULTEPEC : *Nikko* Carte 1 E3. $$$$$
Campos Elíseos 204, Polanco. ☎ 52 23 87 00. FAX 52 80 91 91. @ nikkoal@nikko.com.mx
Cet hôtel japonais est le plus haut de la ville. Les espaces publics y sont ornés de tableaux et de sculptures d'artistes mexicains. ▤ TV &

Hôtel	NOMBRE DE CHAMBRES	CARTES DE CRÉDIT ACCEPTÉES	PARKING PRIVÉ	PISCINE	RESTAURANT
Polanco	77	●	▪		▪
Calinda Geneve	270	●			▪
Sevilla Palace	403	●	▪	●	▪
Camino Real	709	●	▪	●	▪
Casa Vieja	10	●	▪		▪
Imperial Reforma	65	●	▪		▪
Melia México Reforma	490	●	▪		▪
Four Seasons	240	●	▪	●	▪
María Isabel Sheraton	756	●	▪	●	▪
Marquis Reforma	208	●	▪		▪
JW Marriott	311	●	▪		▪
Nikko	744	●	▪		▪

Les prix correspondent à une nuit en chambre double pour deux personnes en haute saison, service et taxes compris.

- $ moins de 25 $US
- $$ de 25 à 40 $US
- $$$ de 40 à 80 $US
- $$$$ de 80 à 140 $US
- $$$$$ plus de 140 $US

CARTES DE CRÉDIT ACCEPTÉES
Un symbole indique que les principales cartes, Visa, Mastercard, American Express et Diners Club sont acceptées.

PARKING PRIVÉ
L'hôtel possède un parking ou des emplacements privés, mais pas obligatoirement sur place ni gardés.

PISCINE
Piscine extérieure sauf indication contraire.

RESTAURANT
Il n'est pas nécessairement recommandé. Les très bons restaurants d'hôtels sont mentionnés dans la liste des restaurants.

	NOMBRE DE CHAMBRES	CARTES DE CRÉDIT ACCEPTÉES	PARKING PRIVÉ	PISCINE	RESTAURANT
LA REFORMA ET CHAPULTEPEC : *Presidente Intercontinental* **Carte 1 E3.** $$$$$ Campos Elíseos 218, Polanco. 53 27 77 00. FAX 53 27 77 30. W www.interconti.com Fréquenté par des hommes d'affaires, l'hôtel possède plusieurs restaurants, un bar avec musique live donnant sur le hall, et des chambres modernes. ▤ TV &	659	●	■		■
EN DEHORS DU CENTRE : *La Casona* **Carte 1 D5.** $$$$$ Durango 280, Roma. 52 86 30 01. FAX 52 11 08 71. @ casona@data.net.mx Cet hôtel de charme occupant un vieux manoir restauré est équipé d'une salle de sport, d'un sauna, d'un hammam et de chambres meublées d'antiquités. ▤ TV	29	●	■		■
EN DEHORS DU CENTRE : *Marriott Aeropuerto* $$$$$ Puerto México 80. 30 33 00 33 FAX 30 33 00 34. @ mexicoarso@dsi.com.mx À côté de l'aéroport international de Mexico. L'hôtel dispose d'un club de remise en forme, d'un centre d'affaires 24 h/24 h et de chambres bien équipées. ▤ TV &	600	●	■	●	■
EN DEHORS DU CENTRE : *Royal Pedregal* **Carte** $$$$$ Periférico Sur 4363, Jardines de la Montaña. 54 49 40 00. FAX 56 45 79 64. W www.hotelesroyal.com.mx Décoré dans le style mexicain, cet hôtel moderne, orné de sculptures, est apprécié des hommes d'affaires. Centre de remise en forme et bon restaurant. ▤ TV &	340	●	■	●	■

LES ENVIRONS DE MEXICO

	NOMBRE DE CHAMBRES	CARTES DE CRÉDIT ACCEPTÉES	PARKING PRIVÉ	PISCINE	RESTAURANT
CHOLULA : *Villas Arqueológicas* $$$ Zona Arqueológica. (222) 247 19 60. FAX (222) 247 15 08. W www.clubmed.com Au pied de la pyramide, avec une superbe vue sur le temple, cet hôtel du Club Méditerranée a un bon restaurant : cuisine française et mexicaine. ▤ TV &	44	●	■	●	●
COCOYOC : *Hacienda Cocoyoc* $$$$ Mex 95, 32 km à l'E. de la ville. (735) 356 22 11. FAX (735) 356 12 12. @ hcocoyoc@prodigy.net.mx Hacienda du XVIIᵉ siècle reconvertie en un hôtel splendide avec golf, courts de tennis, salle de sport et écuries. TV &	287	●	■	●	●
CUERNAVACA : *Hacienda de Cortés* $$$$$ Plaza Kennedy 90, Atlacomulco, Jiutepec. 315 88 44. FAX (777) 315 00 35. @ ventas@haciendadecortes.com Hacienda du XVIᵉ siècle bâtie par Hernán Cortés et restaurée avec goût. Grand jardin et belles chambres. TV &	23	●	■	●	●
CUERNAVACA : *Hostería Las Quintas* $$$$$ Av. Díaz Ordaz 9. (777) 318 39 49. FAX (777) 318 38 95. @ lasquintas@hlasquintas.com Hôtel familial disposant d'un vaste jardin avec une collection de bonsaïs et un bassin aux poissons colorés. Jacuzzis et balnéo avec sauna. ▤ TV &	86	●	■	●	●
CUERNAVACA : *Las Mañanitas* $$$$$ Ricardo Linares 107. (777) 314 14 66. FAX (777) 318 36 72. @ reservaciones@lasmananitas.com.mx Hôtel élégant avec dans la plupart des chambres. Excellent restaurant *(p. 317)*. TV &	22	●	■	●	●
CUERNAVACA : *Rancho Cuernavaca* $$$$$ Callejón del Arrastradero 1, Chamilpa. (777) 313 39 62. FAX (777) 313 78 28. @ eventos@ranchocuernavaca.com.mx Dans un ancien ranch de style colonial, ce complexe luxueux possède chapelle, écuries et jardins.	15	●	■	●	●
HUASCA : *Hacienda San Miguel Regla* $$$$ Huasca de Ocampo. (771) 792 01 02. FAX (771) 792 00 54. Superbe hacienda du XVIIᵉ siècle entourée de jardins et de lacs, avec chapelle privée, aqueducs, bateaux et chambres avec cheminée. TV	95	●	■	●	●
PACHUCA : *Fiesta Inn* $$$$ Mex 130, Venta Prieta. (771) 711 30 11. FAX (771) 711 43 96. W www.fiestainnpachuca.com Près du club de golf Campestre, l'hôtel est un bel exemple d'architecture classique mexicaine : intérieur pastel et agréables jardins. TV &	114	●	■		■

Puebla : *Colonial* $$ — 69
Calle 4 Sur n° 105. ☎ *(222) 246 46 12.* FAX *(222) 246 08 18.* @ *colonial@giga.com*
Cet ancien séminaire jésuite du XVIIIe siècle, reconverti en hôtel de charme, propose de grandes chambres au sol carrelé, avec balcons. 📺

Puebla : *Royalty* $$$ — 45
Portal Hidalgo 8. ☎ *(222) 242 47 40.* FAX *(222) 242 47 43.* W *www.hotelr.com*
Dans un bâtiment du XIXe siècle, au cœur de la vieille ville *(p. 151)*, le Royalty a un restaurant apprécié. Son ascenseur est une « pièce de musée ». 📺 ♿

Puebla : *Holiday Inn Centro Histórico* $$$$ — 78
Av. 2 Oriente n° 211. ☎ *(222) 223 66 00.* FAX *(222) 242 11 76.*
À une centaine de mètres du *zócalo*, l'hôtel occupe un bâtiment du Porfiriato de 1894. Le hall, superbe, a un plafond en vitraux. ▤ 📺 ♿

Puebla : *Real Mesón del Ángel* $$$$$ — 192
Av. Hermanos Serdán 807. ☎ *(222) 223 83 00.* FAX *(222) 223 83 01.*
@ *reservaciones@gruporeal.com.mx*
Cette ancienne hacienda offre trois sortes d'hébergement, un vaste jardin, un centre d'affaires, un court de tennis et des restaurants. ▤ 📺 ♿

Puebla : *Posada San Pedro* $$$$ — 80
Av. 2 Oriente n° 202. ☎ *(222) 246 50 77.* FAX *(222) 246 53 76.* @ *reservaciones.hpsp @seccionamanilla.com.mx* Hôtel colonial, à quelques pas du *zócalo*. Moquette dans les chambres, mobilier moderne, grandes salles de bains. ▤ 📺 ♿

Puebla : *Camino Real* $$$$$ — 83
Av. 7 Poniente n° 105. ☎ *(222) 229 09 10.* FAX *(222) 232 92 51.*
Dans ce couvent du XVIe siècle, les cellules des religieuses de la Inmaculada Concepción ont été transformées en superbes chambres au sol carrelé. Fresques d'origine et meubles anciens. Quatre cours ravissantes. 📺 ♿

Puebla : *Mesón Sacristía* $$$$ — 15
Callejón de los Sapos n° 304. ☎ *(222) 232 45 13.* FAX *(222) 42 35 54.*
W *mesones-sacrista.com*
Au centre de la ville, ce manoir du XVIIIe siècle a été transformé en hôtel de luxe et dispose d'un restaurant raffiné *(p. 317)*. Il est orné d'antiquités, dont beaucoup sont en vente. 📺

Taxco : *Los Arcos* $$ — 21
Juan Ruiz de Alarcón 4. ☎ *(762) 622 18 36.* FAX *(762) 622 79 82.* @ *losarcoshotel @hotmail.com* Dans un ancien couvent du XVIIe siècle, ce plaisant hôtel dispose d'une cour tranquille, de sols carrelés et d'un mobilier colonial.

Taxco : *Agua Escondida* $$$ — 50
Plaza Borda 4. ☎ *(762) 622 07 26.* FAX *(762) 622 13 06.* @ *hotelaguaesc@prodigy.net.mx*
Au cœur de la ville, ce bâtiment ancien tout en coins et recoins a une grande piscine sur le toit et de belles terrasses panoramiques. 📺

Taxco : *Victoria* $$$ — 63
Carlos J. Nibbi 5. ☎ *(762) 622 02 10.* FAX *(762) 622 00 10.*
Cet hôtel calme, au sommet d'une colline, construit dans les années 1940, offre une belle vue sur la ville. Les chambres conservent mobilier et décoration d'origine.

Taxco : *Posada de la Misión* $$$$$ — 125
Cerro de la Misión 32. ☎ *(762) 622 00 63.* FAX *(762) 622 21 98.*
Sur une colline, près de l'autoroute, cet hôtel de style colonial possède un bon restaurant en terrasse, avec une vue panoramique sur Taxco. 📺 ♿

Teotihuacán : *Villas Arqueológicas* $$$ — 39
Zona Arqueológica, San Juan Teotihuacán. ☎ *(594) 956 09 09.* FAX *(594) 956 02 44.*
W *www.teotihuacaninfo.com*
Situé au sud du site archéologique, l'hôtel, qui appartient au Club Méditerranée, ressemble à une hacienda ; les chambres rustiques donnent sur un patio. ▤ 📺 ♿

Tepoztlán : *Posada el Tepozteco* $$$$$ — 20
Paraíso 3, Barrio de San Miguel. ☎ *(739) 395 00 10.* FAX *(739) 395 03 23.* @ *topozhot@prodigy.net.mx* Cet hôtel colonial, au sommet d'une colline, offre panoramas et beaux jardins. Toutes les chambres, décorées d'aquarelles, ont leur terrasse. 📺 ♿

Tequesquitengo : *Hacienda Vista Hermosa* $$$$$ — 105
Mex 95, 7 km au S. ☎ *(734) 345 53 61.* FAX *(734) 345 53 60.* @ *tourbymexico@infosel.net.mx*
Fondée en 1529 par Hernán Cortés, cette ancienne hacienda a des chambres spacieuses, une grande piscine et des écuries. ♿

Légendes des symboles, voir rabat de couverture

Les prix correspondent à une nuit en chambre double pour deux personnes en haute saison, service et taxes compris.
- $ moins de 25 $US
- $$ de 25 à 40 $US
- $$$ de 40 à 80 $US
- $$$$ de 80 à 140 $US
- $$$$$ plus de 140 $US

CARTES DE CRÉDIT ACCEPTÉES
Un symbole indique que les principales cartes, Visa, Mastercard, American Express et Diners Club sont acceptées.

PARKING PRIVÉ
L'hôtel possède un parking ou des emplacements privés, mais pas obligatoirement sur place ni gardés.

PISCINE
Piscine extérieure sauf indication contraire.

RESTAURANT
Il n'est pas nécessairement recommandé. Les très bons restaurants d'hôtels sont mentionnés dans la liste des restaurants.

	NOMBRE DE CHAMBRES	CARTES DE CRÉDIT ACCEPTÉES	PARKING PRIVÉ	PISCINE	RESTAURANT
TLAXCALA : *Calinda et Spa Tlaxcala* $$$$ Carretera Tlaxcala–Apizaco, 10 km au N. (246) 461 00 00. FAX (246) 461 01 78. W hotelescalinda.com.mx Ancienne hacienda avec jardins, centre de remise en forme et courts de tennis.	102	●	■	●	■
TLAXCALA : *Posada San Francisco* $$$$ Plaza de la Constitución 17. (246) 462 60 22. FAX (246) 462 68 18. @ posadasnfrancisco@yahoo.com Avec ses deux ravissantes cours et ses fontaines, ce manoir du XIXe siècle à la façade en pierre grise est classé monument national.	68	●	■	●	■
TOLUCA : *Colonial* $$$ Av. Hidalgo Oriente 103. (722) 215 97 00. FAX (722) 214 70 66. Simple et bon marché, le plus ancien hôtel de la ville est à une centaine de mètres du *zócalo*. Toutes les chambres ont un balcon.	30	●	■		
TULA : *Sharon* $$$ Callejón de la Cruz 1, Panzacola. et FAX (773) 732 35 00. En face de l'hôtel de ville et proche du site archéologique, cet hôtel moderne à 7 étages est apprécié des hommes d'affaires.	120	●	■		■
VALLE DE BRAVO : *Avándaro Golf & Spa Resort* $$$$$ Vega del Río, Fraccionamiento Avándaro. (726) 266 02 00. FAX (726) 266 03 70. W www.grupoavandero.com.mx Dans la Sierra Madre, ce superbe hôtel possède courts de tennis, centre de remise en forme et chambres avec cheminée et vue sur un golf 18 trous.	79	●	■	●	●

LE NORD DU MEXIQUE

	NOMBRE DE CHAMBRES	CARTES DE CRÉDIT ACCEPTÉES	PARKING PRIVÉ	PISCINE	RESTAURANT
BAHÍA DE LOS ANGELES : *Las Hamacas* $$$ Bahía de los Angeles. et FAX (200) 124 91 02. @ hotellashamacas@hotmail.com Cet hôtel, aux abords de la ville, offre de belles vues sur l'océan. Une excursion aux grottes voisines peut être organisée.	10	●	■		■
BATOPILAS : *Margaritas Hacienda* $$ Santo Domingo. (635) 456 00 45. FAX (635) 456 02 45. W www.coppercanyon-mexico.com Cette ancienne hacienda de style colonial, est agréable pour se détendre au bord du fleuve, non loin de la ville. Baignoire dans toutes les chambres.	10		■		■
CABO SAN LUCAS : *Siesta Suites Hotel* $$$ Emiliano Zapata, entre Guerrero et Hidalgo. et FAX (624) 143 27 73. @ siesta@cabonet.net.mx Près de la plage et de la marina, hôtel moderne de 4 étages proposant des suites avec cuisines équipées.	19	●	■		
CABO SAN LUCAS : *The Bungalows Breakfast Inn* $$$$ Antiguo Lienzo Charro. (624) 143 05 85. FAX (624) 143 50 35. W www.cabobungalows.com Carreaux de terre cuite, fontaines en pierre sculptée et plantes exubérantes composent le décor de ce paisible ensemble de bungalows.	16	●	■	●	
CABO SAN LUCAS : *Twin Dolphin* $$$$$ Mex 1, 11 km à l'E. (624) 145 81 90. FAX (624) 145 81 96. @ twindolphin@ twindolphin.com Petit hôtel aux chambres luxueuses sur une anse tranquille avec vue sur la mer de Cortés. Prestations exceptionnelles.	50	●	■	●	■
CHIHUAHUA : *San Francisco* $$$$ Victoria 409. (614) 416 75 50. FAX (614) 415 35 38. W www.hotelsanfrancisco.com.mx La décoration de cet hôtel confortable du centre-ville mêle les styles. Vue panoramique de sa terrasse sur le toit.	131	●	■		■
CIUDAD CUAUHTÉMOC : *Motel Tarahumara Inn* $$$ Allende 373. et FAX (625) 581 19 19. W www.tarahumarainn.com À trois pâtés de maisons de la gare routière, le motel est décoré dans le style indien mexicain : les cadres de lits sont en bois sculpté.	65	●	■		■

CREEL : *Motel Cascada Inn* [W] www.motelcascadainn.com $$$ 33
Av. López Mateos 49. [C] (635) 456 02 53. [FAX] (635) 456 01 51.
Ce motel à étage, parmi les pommiers, possède une piscine chauffée et
une discothèque. Possibilité d'excursions aux sites voisins. [TV] [&]

EL DIVISADERO : *Divisadero Barrancas* $$$$$ 50
Av. Mirador 4516, Residencial Campestre. [C] (614) 415 11 99. [FAX] (614) 415 65 75.
[@] hoteldivisadero@infosel.net.mx Certaines chambres de ce petit hôtel offrent
une vue sur le canyon du Cuivre (p. 176).

DURANGO : *Gobernador* $$$$ 99
Av. 20 de Noviembre n° 257 Oriente. [C] (618) 813 19 19. [FAX] (618) 811 14 22.
[@] hgreservaciones@infosel.net.mx Cette ancienne prison transformée en hôtel
colonial a des chambres avec balcon. Possibilité de chasser. [目] [TV] [&]

ENSENADA : *Baja Inn Hotel Cortés* [W] www.bajainn.com $$$$ 82
Av. López Mateos 1089. [C] (646) 178 23 07. [FAX] (646) 178 39 04.
Cet hôtel colonial propose terrain de basket-ball, salle de sport, et de petites
chambres moquettées avec balcon. Excellent restaurant italien. [目] [TV] [&]

ENSENADA : *Estero Beach Hotel & Resort* [W] www.hotelesterobeach.com $$$$ 112
Playas del Estero, Ejido Chapultepec. [C] (646) 176 62 25. [FAX] (646) 176 69 25.
Près d'un estuaire, l'hôtel est décoré dans le style maya. Il possède 3 courts
de tennis, des équipements nautiques et des chambres avec terrasse. [TV] [&]

GUERRERO NEGRO : *Cabañas Don Miguelito* $$$ 16
Bd Emiliano Zapata, Fundo Legal. [C] & [FAX] (615) 157 01 00. [W] www.malarrimo.com
Cet hôtel de type *cabaña* fait partie du complexe Malarrimo, où des excursions
à la rencontre des baleines sont organisées de janvier à mars (p. 164). [TV] [&]

HERMOSILLO : *Araiza Inn* $$$$ 156
Bd Eusebio Kino 353. [C] (662) 210 27 17. [FAX] (662) 210 45 41. [W] www.araizainn.com.mx
Cet hôtel moderne, de style américain, entoure une piscine. Agréables
jardins et court de tennis. [目] [TV] [&]

HIDALGO DEL PARRAL : *Hotel Acosta* $ 26
Agustín Barbachano 3. [C] (627) 522 02 21. [FAX] (627) 522 06 57.
Tenu par une famille accueillante, cet hôtel simple, à l'excellent rapport qualité-
prix, offre une terrasse panoramique sur la Plaza de Armas et la ville. [目] [&]

LORETO : *Oasis Loreto* [W] www.hoteloasis.com $$$$$ 39
Angle de López Mateos et Baja California. [C] (613) 501 12. [FAX] (613) 507 95.
Hôtel rustique en front de mer, entouré de palmiers-dattiers et décoré de
souvenirs de pêcheurs. Les levers de soleil sont splendides. [目]

MAZATLÁN : *Costa de Oro Beach Hotel* [@] info@costaoro.com $$$$$ 290
Calzada Camarón Sábalo, Zona Dorada. [C] (669) 913 58 88. [FAX] (669) 914 42 09.
En front de mer, cet hôtel de style colonial récent, offre court de tennis,
jardins et vue panoramique sur l'océan. [目] [TV] [&]

MONTERREY : *Crowne Plaza* $$$$$ 403
Av. Constitución 300 Oriente. [C] (81) 8319 60 60. [FAX] (81) 8344 30 07. [W] www.hotelesmilenium
.com À une centaine de mètres de la Macro Plaza, cet hôtel moderne de 18
étages possède un bar, un centre d'affaires et un court de tennis. [目] [TV] [&]

MULEGÉ : *Serenidad* $$$ 49
El Cacheno. [C] (615) 153 05 30. [FAX] (615) 153 03 11. [W] www.hotelserenidad.com
Près de l'estuaire, hôtel paisible de type *cabaña* avec des équipements pour la
pêche et le sport et des bicyclettes. Chambres avec cheminée et véranda. [目] [&]

NUEVO CASAS GRANDES : *Motel Piñon* $$ 50
Av. Benito Juárez 605. [C] et [FAX] (636) 694 01 66.
À 10 km des ruines de Paquimé et près de la cathédrale, l'hôtel présente
des objets retrouvés sur le site archéologique. [目] [TV] [&]

LA PAZ : *La Perla* $$$$ 110
Malecón Álvaro Obregón 1570. [C] (612) 122 08 21. [FAX] (612) 125 53 63.
[@] reservaciones@hotelperlabaja.com
Cet hôtel à trois étages est le plus ancien de la ville. [目] [TV] [&]

LA PAZ : *Los Arcos* $$$$$ 130
Av. Álvaro Obregón 498. [C] (612) 122 27 44. [FAX] (612) 125 43 13. [W] www.losarcos.com
Surplombant la baie, cet hôtel de style colonial offre des chambres avec
balcon et 52 bungalows à toit de chaume. [目] [TV] [&]

Légendes des symboles, voir rabat de couverture

Les prix correspondent à une nuit en chambre double pour deux personnes en haute saison, service et taxes compris.
$ moins de 25 $US
$$ de 25 à 40 $US
$$$ de 40 à 80 $US
$$$$ de 80 à 140 $US
$$$$$ plus de 140 $US

CARTES DE CRÉDIT ACCEPTÉES
Un symbole indique que les principales cartes, Visa, Mastercard, American Express et Diners Club sont acceptées.

PARKING PRIVÉ
L'hôtel possède un parking ou des emplacements privés, mais pas obligatoirement sur place ni gardés.

PISCINE
Piscine extérieure sauf indication contraire.

RESTAURANT
Il n'est pas nécessairement recommandé. Les très bons restaurants d'hôtels sont mentionnés dans la liste des restaurants.

	NOMBRE DE CHAMBRES	CARTES DE CRÉDIT ACCEPTÉES	PARKING PRIVÉ	PISCINE	RESTAURANT
SALTILLO : Camino Real $$$$$ Bd los Fundadores 2000. (844) 430 00 00. FAX (844) 438 00 09. @ slw@caminoreal.com Ce motel moderne, dans le style colonial, propose practice de golf, salle de sports, court de tennis et des chambres confortables.	164	●	■	●	■
SAN IGNACIO : La Pinta $$$ San Ignacio. et FAX 01800 02 63 605. Sur la route principale à l'entrée de la ville, l'hôtel, de style colonial, se niche au milieu des palmiers et dispose d'une cour entourée d'arcades.	28	●		●	
SAN JOSÉ DEL CABO : El Delfín Blanco www.edelfinblanco.net $$$ Calle Delfines, Pueblo la Playa. (624) 142 12 12. FAX (624) 142 11 99. Près du phare, ces petites cabañas à toit de palmes, dominant la mer, sont tenues par un couple mexicain-suédois.	5	●			
SAN JOSÉ DEL CABO : Tropicana Inn $$$$ Bd Mijares 30. (624) 142 09 07. FAX (624) 142 15 90. www.tropicanacabo.com Carreaux de céramique peints à la main et mobilier rustique décorent les chambres de cet hôtel colonial. La cour pavée est ornée de fontaines.	40	●	■	●	■
SAN JOSÉ DEL CABO : Westin Regina Resort $$$$$ Mex 1, 22,5 km au S.-E. (624) 142 90 00. FAX (624) 142 90 11. @ reservations.01087@westin.com Hôtel-villégiature de style mexicain sur le front de mer. Chambres luxueuses ayant toutes un balcon avec une vue superbe. Il compte sept piscines.	295	●	■	●	■
SANTA ROSALÍA : El Morro $$$ Mex 1 Sur, 1,5 km au S. et FAX (615) 152 23 90. Perché sur une falaise, cet hôtel colonial offre de très belles vues. Vastes jardins, cuisine mexicaine et française.	39		■	●	■
TIJUANA : El Conquistador $$$ Boulevard Agua Caliente 10750. (664) 681 79 55. FAX (664) 686 22 51. Proche du champ de courses, cet hôtel de style colonial offre jacuzzi, jardins, sauna et grandes chambres avec des meubles Louis XV.	105	●	■	●	■
LE CŒUR COLONIAL					
AGUASCALIENTES : Quinta Real $$$$$ Av. Aguascalientes Sur 601. (449) 978 58 18. FAX (449) 978 56 16. @ reserva-ags@quinta-real.com Près du musée des Sciences Descubre (p. 191), cet hôtel colonial en pierre est décoré d'antiquités. Luxueuses chambres moquettées avec salle de bains en marbre.	85	●	■		■
ANGANGUERO : Don Bruno $$$ Morelos 92, El Rescate. et FAX (715) 156 00 26. Proche de l'Iglesia de la Inmaculada Concepción, ce pittoresque hôtel colonial propose des chambres moquettées, équipées de cheminées.	29	●	■		
COLIMA : Los Candiles $$$$ Bd Camino Real 399. (312) 312 32 12. FAX (312) 312 17 07. www.loscandiles.com Près de l'entrée de la ville, cet hôtel simple et décontracté est décoré de lustres et de mobilier rustique.	75	●	■	●	■
COSTA CAREYES : The Careyes $$$$$ Mex 200. (315) 351 00 00. FAX (315) 351 01 00. www.luxurycollection.com Les activités de ce merveilleux hôtel devant la plage comprennent l'équitation et l'observation des tortues à minuit, pendant la saison de la ponte.	48	●	■	●	■
GUADALAJARA : La Rotonda $$$ Liceo 130. et FAX (33) 3614 10 17. @ hotelesucasa@yahoo.com Un ancien couvent et hôpital du XIXe siècle offre un cadre charmant à La Rotonda, à quelques minutes de la cathédrale.	32	●	■		■

GUADALAJARA : *Misión Carlton* $$$$ | 193
Av. Niños Héroes 125. *(33) 3614 72 72.* FAX *(33) 3613 55 39.* @ *rvas@prodigy.net.mx*
À une centaine de mètres du *zócalo*, cet hôtel moderne de 20 étages
offre de grandes chambres bien équipées avec de belles vues. 📋 TV ♿

GUADALAJARA : *Quinta Real* $$$$$ | 76
Av. México 2727, Monraz. *(33) 3669 00 00.* FAX *(33) 3669 06 01.*
@ *reserv-gdl@quintareal.com.mx* Élégant hôtel de style colonial avec de
beaux jardins et des chambres originales meublées d'antiquités. 📋 TV ♿

GUANAJUATO : *Posada Santa Fé* $$$$ | 50
Jardín Unión 12. *(473) 732 00 84.* FAX *(473) 732 46 53.* @ *santafe@redes.int.com.mx*
Dans un site exceptionnel, ce manoir du XIXᵉ siècle est aujourd'hui classé
monument national. C'est l'hôtel le plus ancien et les plus apprécié de la ville. TV

GUANAJUATO : *Castillo de Santa Cecilia* $$$$ | 90
Mex 110, 1 km au N.-O. *et* FAX *(473) 732 04 85.* @ *castillstacecilia@yahoo.com.mx*
Englobant les murs d'origine d'une ancienne hacienda, cet hôtel
ressemble à un château médiéval. Lits à baldaquin dans les chambres. TV

GUANAJUATO : *Howard Johnson Parador San Javier* $$$$ | 113
Plaza Aldama 92, San Javier. *(473) 732 06 26.* FAX *(473) 732 31 14.*
@ *hpsjgto@redes.int.com.mx* L'hôtel, installé dans une ancienne hacienda
minière, est entouré de jolis jardins. Chambres bien aménagées. TV ♿

GUANAJUATO : *La Casa de los Espíritus Alegres* $$$$$ | 8
Ex-Hacienda de Trinidad 1, Marfil. *et* FAX *(473) 733 10 13.* @ *casaspirit@aol.com*
Les chambres de cette ancienne hacienda du XVIIIᵉ siècle disposent de
cheminées, balcons, terrasses et patios, dans un décor typique de l'art populaire
mexicain. Petit déjeuner compris, avec vue sur jardin.

HUASTECA POTOSINA : *Posada el Castillo* $$$ | 8
Ocampo 105, Xilitla. *(489) 365 00 38.* FAX *(489) 365 00 55.* @ *info@junglegossip.com*
Sur un flanc de colline, l'hôtel, situé sur le domaine surréaliste de l'artiste
Edward James *(p. 195)*, montre un mélange fantaisiste de styles mexicain,
anglais et mauresque. Vaste salle à manger et bibliothèque bien fournie.

LAGUNA DE CHAPALA : *Nueva Posada* $$$ | 19
Donato Guerra 9, Ajijic. *(376) 766 14 14.* FAX *(376) 766 13 44.*
@ *nuevaposada@laguna.com.mx*
Face au lac Chapala, ce bel hôtel colonial meublé d'antiquités propose
des suites spacieuses et de superbes jardins. 📋 TV ♿

MORELIA : *Soledad* $$$ | 58
Ignacio Zaragoza 90. *(443) 312 18 88.* FAX *(443) 312 21 11.* @ *hsoledad@hsoledad.com*
À cinq minutes de la cathédrale, cet hôtel colonial, du XVIIIᵉ siècle,
possède deux très jolies cours et des chambres à plafonds hauts. TV ♿

MORELIA : *Virrey de Mendoza* $$$$ | 55
Portal Matamoros 16. *(443) 312 49 40.* FAX *(443) 312 67 19.* @ *hvirrey@prodigy.net.mx*
Cette maison coloniale, du XVIIIᵉ siècle, a été transformée en hôtel décoré
avec goût, orné de meubles anciens et lustres. TV ♿

MORELIA : *Villa Montaña* $$$$$ | 38
Patzimba 201, Vista Bella. *(443) 314 02 31.* FAX *(443) 315 14 23.*
@ *hotel@villamontana.com.mx*
Sur la crête Santa María qui domine la ville, ce luxueux petit hôtel
possède des chambres avec poutres, cheminée et mobilier ancien. TV ♿

PARICUTÍN : *Centro Turístico de Angahuan* $ | 9
Centro Turístico de Angahuan, Camino al Paricutín. *et* FAX *(452) 523 39 34.*
Près du volcan Paricutín, ces cabanes rustiques avec cheminées et terrasses,
offrent une vue merveilleuse sur les champs de lave et le volcan *(p. 205)*.

PÁTZCUARO : *Posada la Basílica* $$$$ | 12
Arciga 6. *(434) 342 11 08.* FAX *(434) 342 06 59.* @ *hotelpb@hotmail.com*
En face de l'église, cet hôtel colonial possède une charmante cour, de
grandes chambres avec cheminée, meublées d'antiquités, et une terrasse
panoramique donnant sur la ville, les montagnes et le lac. TV

PUERTO VALLARTA : *Rosita* $$$ | 115
Paseo Díaz Ordáz 901. *(322) 223 20 00.* FAX *(322) 223 43 93.* @ *ventas@hotelrosita.com*
À une extrémité du *malecón* se tient le plus ancien hôtel de la ville (1948).
La plupart des chambres donnent sur la mer et ont un balcon. 📋 ♿

Légendes des symboles, voir rabat de couverture

Les prix correspondent à une nuit en chambre double pour deux personnes en haute saison, service et taxes compris.
- $ moins de 25 $US
- $$ de 25 à 40 $US
- $$$ de 40 à 80 $US
- $$$$ de 80 à 140 $US
- $$$$$ plus de 140 $US

CARTES DE CRÉDIT ACCEPTÉES
Un symbole indique que les principales cartes, Visa, Mastercard, American Express et Diners Club sont acceptées.

PARKING PRIVÉ
L'hôtel possède un parking ou des emplacements privés, mais pas obligatoirement sur place ni gardés.

PISCINE
Piscine extérieure sauf indication contraire.

RESTAURANT
Il n'est pas nécessairement recommandé. Les très bons restaurants d'hôtels sont mentionnés dans la liste des restaurants.

	NOMBRE DE CHAMBRES	CARTES DE CRÉDIT ACCEPTÉES	PARKING PRIVÉ	PISCINE	RESTAURANT
PUERTO VALLARTA : *Bugambilias Sheraton* $$$$$ Francisco Medina Ascencio 999. (*(322) 226 04 04.* FAX *(322) 222 05 00.* W *www.sheratonvallarta.com* Un luxueux hôtel en bord de mer avec 2 piscines, de vastes jardins, une salle de sports, un spa et 4 courts de tennis. ▤ TV ♿	960	●	■	●	■
QUERÉTARO : *La Casa de la Marquesa* $$$$$ Madero 41. (*(442) 212 00 92.* FAX *(442) 212 00 98.* W *www.lacasadelamarquesa.com* Dans un manoir baroque du XVIIIe siècle, en face de l'Iglesia de Santa Clara, ce superbe hôtel, bien entretenu, entoure un patio charmant. Mobilier ancien et chapelle privée. ▤ TV	25	●	■		
REAL DE CATORCE : *El Mesón de la Abundancia* $$$ Lanzagorta 11. (*(488) 887 50 44.* FAX *(488) 887 50 45.* @ *hotelabundancia@hotmail.com* Construit dans l'ancien Trésor du XIXe siècle, cet hôtel familial rustique a conservé portes, clefs et meubles d'origine. Cheminée dans toutes les chambres.	11	●			■
SAN BLAS : *Garza Canela* $$$ Paredes 106 Sur. (et FAX *(323) 285 01 12.* W *www.garzacanela.com* Près de la plage, cet agréable hôtel moderne, niché dans un vaste jardin, possède une boutique d'artisanat et un bon restaurant *(p. 322)*. ▤ TV ♿	45	●	■	●	■
SAN JUAN DEL RÍO : *Fiesta Americana Hacienda Galindo* $$$$$ Carretera San Juan del Río-Amealco, 5 km au S. (*(427) 271 82 00.* FAX *(427) 275 09 99.* Cette ancienne hacienda du XVIe siècle abrite une collection de retables. Chambres avec balcons. Jardins, courts de tennis et écuries. ▤ TV ♿	168	●	■	●	■
SAN LUIS POTOSÍ : *Westin San Luis Potosí* $$$$$ Av. Real de Lomas 1000, Lomas IV Sección. (*(444) 825 01 25.* FAX *(444) 825 02 00.* W *westinslp.com.mx* Élégance et service raffiné font la réputation de cet hôtel luxueux de style colonial. Les chambres possèdent de hautes voûtes et des meubles anciens. ▤ TV ♿	123	●	■	●	■
SAN MIGUEL DE ALLENDE : *Casa Luna* $$$ Pila Seca 11. (et FAX *(415) 152 11 17.* @ *casaluna@unisono.net.mx* Maison coloniale du XVIIe siècle restaurée, aux plafonds hauts, avec un patio où coule une fontaine. Cheminées et mobilier ancien ornent les chambres.	9				
SAN MIGUEL DE ALLENDE : *La Casa de Liza en el Parque* $$$$$ Bajada del Chorro 7, El Chorro. (*(415) 152 03 52.* FAX *(415) 152 61 44.* @ *casaliza@unisono.com.mx* Ces maisons d'hôtes, dans les jardins d'une hacienda du XVIIe siècle, ont été restaurées avec goût et décorées de retables et de meubles anciens. TV	7	●			
SAN MIGUEL DE ALLENDE : *Casa de Sierra Nevada* $$$$$ Hospicio 35. (et FAX *(415) 152 70 40.* @ *sierranevada@prodigy.net.mx* Petit mais luxueux, le Sierra Nevada réunit plusieurs résidences du XVIe siècle. La plupart des chambres, meublées d'antiquités, disposent d'un patio. ▤ TV	33	●	■	●	
SIERRA GORDA : *Misión Concá* $$$ El Salitrillo, Mex 69. (*01800 029 42 40.* FAX *01800 029 42 41.* W *www.hotelesmision.com.mx* Dans cette hacienda du XVIIIe siècle, la majorité des chambres ont un balcon donnant sur un grand domaine, sillonné de cours d'eau.	75	●	■	●	■
TLAQUEPAQUE : *La Villa del Ensueño* $$$ Florida 305. (*(33) 3635 87 92.* FAX *(33) 3659 61 52.* @ *ensueno1@prodigy.net.mx* C'est un *bed & breakfast* du XVIIe siècle de style colonial : patios fleuris, fontaines, statues. Les chambres sont décorées avec goût.	18	●			
URUAPAN : *Mansión del Cupatitzio* $$$$ Parque Nacional. (*(452) 523 21 00.* FAX *(4) 524 67 72.* Ambiance accueillante dans cet hôtel orné de fleurs et de plantes, en bordure du parc national Cupatitzio. TV ♿	57	●	■	●	■

ZACATECAS : *Hostal del Vasco* $$$ 18
Av. Velazco 1. ☎ et FAX *(492) 922 04 28.* @ *lelijo3@prodigy.net.mx*
L'hôtel occupe un manoir colonial du XVIIᵉ siècle avec une cour couverte,
emplie de fleurs. La plupart des chambres ont un balcon. 📋 📺

ZACATECAS : *Mesón de Jobito* $$$$$ 31
Jardín Juárez 143. ☎ *(492) 924 17 22.* FAX *(492) 924 35 00.* @ *hmjobito@loginet.com.mx*
Ce petit hôtel intime et séduisant occupe les deux étages d'une maison
du XIXᵉ siècle. Chambres décorées et meublées avec goût. 📋 📺

ZACATECAS : *Quinta Real* $$$$$ 49
Av. Rayón 434. ☎ *(492) 922 91 04.* FAX *(492) 922 84 40.* @ *reserv-zac@quinta-real.com*
Au pied de l'aqueduc, cet hôtel exceptionnel aménagé dans l'ancienne
arène de taureaux offre un restaurant en plein air, La Plaza, et de vastes
chambres luxueuses avec baignoire ou jacuzzi. 📋 📺 ♿

ZITÁCUARO : *Rancho San Cayetano* @ *ranchosancayetano@hotmail.com* $$$ 12
Mex 51, 2,5 km au S. ☎ *(715) 153 19 26.* FAX *(715) 153 78 79.*
Cette rustique auberge de campagne entretient de beaux jardins emplis d'arbres
fruitiers, un restaurant avec cheminée *(p. 323)* et des chambres spacieuses. ♿

LE SUD DU MEXIQUE

ACAPULCO : *Malibú* @ *acamal@delta.acabtu.com.mx* $$$$$ 80
Costera Miguel Alemán 20. ☎ *(744) 484 10 70.* FAX *(744) 484 09 94.*
Ambiance familiale dans cet hôtel occupant deux bâtiments circulaires en
front de mer. Chambres octogonales avec terrasse et réfrigérateur. 📋 📺 ♿

ACAPULCO : *El Mirador* ☐ *www.hotelmiradoracapulco.com.mx* $$$$ 133
Plazoleta La Quebrada 74. ☎ *(744) 483 11 55.* FAX *(744) 482 45 64.*
Demandez une chambre avec balcon, pour avoir vue sur la mer et sur
les célèbres plongeurs de La Quebrada *(p. 219).* 📋 📺

ACAPULCO : *Las Brisas* ☐ *www.brisas.com.mx* $$$$$ 263
Carretera Escénica Clemente Mejía 5255. ☎ *(744) 469 69 00.* FAX *(744) 446 53 28.*
Paradis pour lune de miel, ce luxueux établissement rose et blanc, à flanc de
colline, propose des *casitas* avec terrasse et vue sur l'océan, et plusieurs
piscines, individuelles ou communes, ornées chaque jour de fleurs fraîches. 📋

ACAPULCO : *Hyatt* $$$$$ 640
Costera Miguel Alemán 1, Icacos. ☎ *(744) 469 12 34.* FAX *(744) 484 30 87.*
☐ *www.hyattacapulco.com.mx*
Cet hôtel moderne donne de ses balcons un beau panorama de l'océan. 📋 📺 ♿

HUATULCO : *Barceló Huatulco Beach Resort* $$$$$ 347
Paseo Benito Juárez. ☎ *(958) 581 00 55.* FAX *(958) 581 01 13.* ☐ *www.barcelo.com*
En front de mer, cet hôtel moderne à 6 étages abrite 3 restaurants, 4 courts de
tennis et un centre de remise en forme avec sauna et hammam. Chambres de
style mexicain contemporain avec balcons. 📋 📺 ♿

IXTAPA : *Radisson Resort* $$$$$ 275
Bd Ixtapa 5-A. ☎ *(755) 553 00 03.* FAX *(755) 553 15 55.* ☐ *www.radisson.com*
Près du golf, cet hôtel moderne propose des chambres spacieuses aux tons
pastel ; les balcons des chambres dominent la mer. 📋 📺 ♿

OAXACA : *Las Golondrinas* $$ 24
Angle de Tinoco et Palacios 411. ☎ *(951) 514 32 98.* @ *lasgolon@prodigy.net.mx*
Cette maison, typique d'Oaxaca, dispose de chambres au sol carrelé
entourant des patios emplis de bougainvillées, de roses et de bananiers.

OAXACA : *Calesa Real* $$$$ 78
García Vigil 306. ☎ *(951) 516 55 44.* FAX *(951) 516 72 32.* @ *cale7310@prodigy.net.mx*
Cet hôtel colonial offre des chambres spacieuses. Sa terrasse et son
restaurant surplombent la piscine et une agréable cour. 📺 ♿

OAXACA : *Hostal de la Noria* $$$$$ 50
Av. Hidalgo 918. ☎ *(951) 514 78 28.* FAX *(51) 516 39 92.* ☐ *www.lanoria.com.mx*
À deux pâtés de maison de la grand-place, l'hôtel, décoré dans le style local,
abrite un restaurant dans sa cour, et des chambres à hauts plafonds. 📋 📺

OAXACA : *Victoria* ☐ *www.hotelvictoriaoax.com.mx* $$$$ 150
Lomas del Fortín 1, Mex 150. ☎ *(951) 515 26 33.* FAX *(951) 515 24 11.*
Entouré de jardins paysagers, le Victoria offre une des plus belles vues de
la ville. Chambres de style moderne. 📋 📺

Légendes des symboles, voir rabat de couverture

	NOMBRE DE CHAMBRES	CARTES DE CRÉDIT ACCEPTÉES	PARKING PRIVÉ	PISCINE	RESTAURANT

Les prix correspondent à une nuit en chambre double pour deux personnes en haute saison, service et taxes compris.
$ moins de 25 $US
$$ de 25 à 40 $US
$$$ de 40 à 80 $US
$$$$ de 80 à 140 $US
$$$$$ plus de 140 $US

CARTES DE CRÉDIT ACCEPTÉES
Un symbole indique que les principales cartes, Visa, Mastercard, American Express et Diners Club sont acceptées.

PARKING PRIVÉ
L'hôtel possède un parking ou des emplacements privés, mais pas obligatoirement sur place ni gardés.

PISCINE
Piscine extérieure sauf indication contraire.

RESTAURANT
Il n'est pas nécessairement recommandé. Les très bons restaurants d'hôtels sont mentionnés dans la liste des restaurants.

Établissement	Chambres	CB	Parking	Piscine	Restaurant
OAXACA : *Camino Real* $$$$$ 5 de Mayo n° 300. (951) 516 06 11. FAX (951) 516 07 32. @ oax@caminoreal.com Dans un ancien couvent du XVIᵉ siècle, ce luxueux hôtel abrite des cours magnifiques et des chambres au confort exceptionnel.	91	●		●	■
PALENQUE : *Hotel Palenque* @ hpalenque@dtmexico.com $$$ Av. 5 de Mayo n° 15. (916) 345 01 88. FAX (916) 345 00 39. Près de l'église, le plus ancien hôtel de Palenque possède des chambres décorées dans le style maya donnant sur un patio central.	35	●	■		■
PALENQUE : *Ciudad Real* $$$$ Pakalna, Mex 199. (916) 345 13 15. FAX (916) 345 13 43. @ reserve@ciudadreal.com.mx À 10 km du site *(p. 234-237)*, cet agréable hôtel dispose d'un restaurant et de chambres confortables autour d'une grande piscine.	72	●	■	●	■
PUERTO ANGEL : *La Buena Vista* $$ Calle de la Buena Compañía. et FAX (958) 584 31 04. @ adriangc@prodigy.net.mx Dans cet hôtel abondamment orné de plantes, situé sur une colline, toutes les chambres, impeccables, possèdent moustiquaire, ventilateur, balcon et hamac.	23		■		■
PUERTO ESCONDIDO : *Flor de María* $$$ Playa Marinero. (954) 582 05 36. FAX (954) 582 26 17. @ pajope@hotmail.com Cet hôtel de type méditerranéen a un bon restaurant. Les chambres carrelées ont été décorées avec art par le propriétaire de *murals* et trompe-l'œil.	24	●		●	■
PUERTO ESCONDIDO : *Santa Fé* W www.hotelsantafe.com.mx $$$$$ Calle del Morro, Marinero. (954) 582 01 70. FAX (954) 582 02 60. Hôtel de style colonial proposant 8 bungalows équipés de cuisines, et des chambres bien conçues avec terrasse. Excellent restaurant offrant cuisine végétarienne et produits de la mer. Deux piscines.	59	●	■	●	■
SAN CRISTÓBAL DE LAS CASAS : *Ciudad Real Centro Histórico* $$$ Plaza 31 de Marzo 10. (967) 678 04 64. FAX (967) 678 57 40. @ reserve@ciudadreal.com.mx Bénéficiant d'une situation centrale, sur le côté sud du *zócalo*, cet hôtel néoclassique possède un restaurant traditionnel dans sa cour couverte.	31	●	■		■
SAN CRISTÓBAL DE LAS CASAS : *Posada de los Angeles* $$$ Francisco I. Madero 17. et FAX (967) 678 43 71. @ hotelangeles@prodigy.net.mx À deux pas du *zócalo*, cet hôtel à trois étages à plafonds voûtés proposent des chambres moquettées au mobilier rustique donnant sur une cour superbe.	20	●	■		■
SAN CRISTÓBAL DE LAS CASAS : *Santa Clara* $$$ Insurgentes 1, angle de Plaza Central. et FAX (967) 678 11 40. @ hotelstaclara@hotmail.com Agréablement situé au cœur de la vieille ville, l'hôtel occupe l'ancienne hacienda du XVIᵉ siècle de Don Diego de Masariegos.	38	●	■	●	■
TUXTLA GUTIÉRREZ : *Bonampak* $$$ Bd Belisario Domínguez 180, Colonia Moctezuma. (961) 602 59 25. FAX (961) 602 59 14. Ce grand hôtel confortable abrite une reproduction des peintures murales de Bonampak *(p. 232)*. Jardin tropical.	70	●	■	●	■
ZIHUATANEJO : *La Casa que Canta* $$$$$ Camino Escénico a Playa la Ropa. (755) 555 70 30. FAX (755) 554 79 00. @ lacasaquecanta@prodigy.net.mx Cette somptueuse retraite, au sommet d'une falaise, passe pour le plus bel hôtel du Mexique. Les chambres avec terrasse offrent une vue splendide.	24	●		●	■
ZIHUATANEJO : *Villa del Sol* $$$$$ Playa la Ropa. (755) 554 32 39. FAX (755) 554 27 58. @ hotel@villasol.com.mx Face à la plage, l'hôtel, petit mais luxueux, est entouré de cascades et d'exubérants jardins. Superbes prestations. Réserver longtemps à l'avance.	70	●	■	●	■

LA CÔTE DU GOLFE

CATEMACO : *La Finca* ⓢⓢⓢⓢ 57
Laguna de Catemaco, Carretera 180. ☎ et FAX *(294) 943 03 22.* @ *lafinca@lafinca.com.mx*
Les chambres de cet hôtel moderne ont des terrasses donnant sur les jardins et le lac. Piscine avec cascade, jacuzzi et toboggan aquatique. 🛗 📺 ♿

CHACHALACAS : *Chachalacas* ⓢⓢⓢⓢ 96
Playa de Chachalacas. ☎ et FAX *(296) 962 52 36.*
À 8 km des ruines de Cempoala, l'hôtel en bord de plage dispose de deux piscines, d'un toboggan aquatique et d'un terrain de basket. 🛗 📺 ♿

COATEPEC : *Posada Coatepec* @ *poscoa@prodigy.net.mx* ⓢⓢⓢⓢ 23
Hidalgo 9, angle d'Aldama. ☎ *(228) 816 06 70.* FAX *(228) 816 00 40.*
Près du *zócalo*, cette demeure coloniale magnifiquement transformée offre à ses clients ses belles cours, ses frises peintes d'origine et ses chambres carrelées, décorées de meubles anciens. 📺 ♿

CÓRDOBA : *Real Villa Florida* @ *vflorida@ver1.telmex.net.mx* ⓢⓢⓢ 81
Avenida 1 n° 3002. ☎ *(271) 716 33 33.* FAX *(271) 716 33 36.*
Cet hôtel moderne a d'admirables jardins et des chambres décorées avec goût ; certaines disposent d'une piscine individuelle ou d'un jacuzzi. 🛗 📺

ORIZABA : *Fiesta Cascada* @ *fcascada@prodigy.net.mx* ⓢⓢⓢ 51
Mex 150, 3 km au N. ☎ *(272) 724 15 96.* FAX *(272) 724 55 99.*
Voisin de la Cascada del Elefante, cet hôtel de style colonial possède de vastes jardins, des courts de tennis et une piscine. 📺

PAPANTLA : *Provincia Express* ⓢⓢⓢ 20
Juan Enríquez 103. ☎ *(784) 842 16 45.* FAX *(784) 842 42 14.*
Le restaurant de l'hôtel sert une cuisine régionale. Les chambres sont vastes, certaines ont de petits balcons avec vue sur le *zócalo*. 🛗 📺

SANTIAGO TUXTLA : *Castellanos* ⓢⓢ 53
Calle Comonfort, angle de 5 de Mayo. ☎ et FAX *(294) 947 04 00.*
Dans un bâtiment circulaire, sur le côté nord du *zócalo*, cet hôtel moderne offre des chambres spacieuses et propres avec de belles vues. 🛗 📺 ♿

TLACOTALPAN : *Doña Lala* ⓢⓢⓢ 36
Carranza 11. ☎ et FAX *(288) 884 25 80.*
Tenu par une famille, cet hôtel du XIXᵉ siècle donnant sur la rivière Papaloapan est un ancien casino. Bon restaurant *(p. 325)* et chambres confortables, dont 20 avec balcon et meubles de tradition. 🛗 📺

VERACRUZ : *Mocambo* ⓢⓢⓢⓢ 103
Calzada Ruíz Cortines 4000, Boca del Río. ☎ *(229) 922 02 00.* FAX *(229) 922 02 12.*
Ⓦ *www.hotelmocambo.com.mx*
Mélange d'architecture Art déco et mauresque, le Mocambo fut construit dans les années 1930. Piscines, sauna, jacuzzi et courts de tennis. 🛗 📺 ♿

VERACRUZ : *Colonial* ⓢⓢⓢ 185
Lerdo 117. ☎ *(229) 932 01 93.* FAX *(229) 932 24 65.* @ *hcolonial@infosel.net.mx*
Sur la Plaza de Armas, cet hôtel colonial offre des chambres pimpantes, une piscine couverte et une vue superbe du bar au dernier étage. 🛗 📺 ♿

VILLAHERMOSA : *Best Western Maya Tabasco* ⓢⓢⓢⓢⓢ 154
Av. Ruíz Cortines 907. ☎ *(993) 312 11 11.* FAX *(993) 312 10 97.*
Cet hôtel moderne accueille surtout des hommes d'affaires. Jardins tropicaux et chambres moquettées au mobilier rustique. 🛗 📺 ♿

VILLAHERMOSA : *Cencali* ⓢⓢⓢⓢ 120
Angle de Juárez et Paseo Tabasco. ☎ et FAX *(993) 315 19 99.* @ *cencali@cencali.com.mx*
Près de la Laguna de las Ilusiones, cet hôtel, de type hacienda, possède un jardin et des chambres confortables avec balcon. 🛗 📺 ♿

XALAPA : *María Victoria* ⓢⓢⓢ 114
Zaragoza 6. ☎ et FAX *(228) 818 66 56.* @ *mariavic@gorsa.net.mx*
Derrière le Palacio de Gobierno, cet hôtel moderne à 6 étages montre une façade coloniale. Bar-restaurant avec musique *live*. 🛗 📺

XALAPA : *Mesón del Alférez* @ *mesonalferez@hotmail.com* ⓢⓢⓢ 28
Angle de Zaragoza et Sebastián Camacho. ☎ *(228) 818 63 51.* FAX *(228) 812 47 03.*
L'hôtel est aménagé dans l'ancienne maison du représentant du vice-roi, datant du XVIIIᵉ siècle. Les chambres ont gardé leurs portes d'origine. 📺 ♿

Légendes des symboles, voir rabat de couverture

Les prix correspondent à une nuit en chambre double pour deux personnes en haute saison, service et taxes compris.
- $ moins de 25 $US
- $$ de 25 à 40 $US
- $$$ de 40 à 80 $US
- $$$$ de 80 à 140 $US
- $$$$$ plus de 140 $US

CARTES DE CRÉDIT ACCEPTÉES
Un symbole indique que les principales cartes, Visa, Mastercard, American Express et Diners Club sont acceptées.

PARKING PRIVÉ
L'hôtel possède un parking ou des emplacements privés, mais pas obligatoirement sur place ni gardés.

PISCINE
Piscine extérieure sauf indication contraire.

RESTAURANT
Il n'est pas nécessairement recommandé. Les très bons restaurants d'hôtels sont mentionnés dans la liste des restaurants.

LA PÉNINSULE DU YUCATÁN

	NOMBRE DE CHAMBRES	CARTES DE CRÉDIT ACCEPTÉES	PARKING PRIVÉ	PISCINE	RESTAURANT
AKUMAL : *Club Akumal Caribe (Villas Maya Club)* $$$$ Mex 307, 104 km au S. de Cancún. (984) 875 90 12. FAX (984) 875 90 15. @ clubakumal@aol.com Les bungalows, meublés confortablement, avec jolis sols carrelés et cuisines bien équipées, font face à la plage. Activités de plongée et sports nautiques.	61	●	■	●	■
BACALAR : *Rancho Encantado* W www.encantado.com $$$$$ Carretera Bacalar-Carrillo Puerto, 3 km au N. et FAX (983) 831 00 37. Ces *casitas* en bord de lac ont une décoration typiquement mexicaine : tapis zapotèques, *murals*, mobilier en acajou. Les prix incluent dîner et petit déjeuner.	13	●	■		■
CAMPECHE : *Baluartes* $$$ Av. 16 de Septiembre 128. (981) 816 39 11. FAX (981) 816 24 10. W www.baluartes.com.mx À quelques minutes du *zócalo*, cet hôtel de type colonial à la superbe façade cache un intérieur moderne. Toutes les chambres bénéficient d'une vue.	104	●	■	●	■
CANCÚN : *Hilton Cancún Golf and Beach Resort* $$$$$ Retorno Lacandones, 17 km au S. (998) 881 80 00. FAX (998) 881 80 80. W www.hiltoncancun.com. Ce complexe de luxe en forme de pyramide possède un golf 18 trous.	426	●	■	●	■
CANCÚN : *Camino Real* @ cun@caminoreal.com $$$$$ Bd Kukulcán, Punta Cancún. (998) 848 70 00. FAX (998) 848 70 01. Dans un site spectaculaire, ce paisible hôtel d'architecture mexicaine possède un lagon privé avec des tortues marines et une plage privée.	381	●	■	●	■
CANCÚN : *Casa Turquesa* $$$$$ Bd Kukulcán, 13,5 km au S. (998) 885 29 24. FAX (998) 885 29 22. @ info@casaturquesa.com Cette élégante demeure de style mexicain, ornée d'une merveilleuse collection d'art latino-américain, offre de spacieuses suites avec balcons.	37	●	■	●	■
CANCÚN : *Krystal Cancún* $$$$$ Bd Kukulcán, 9 km au S. (998) 883 11 33. FAX (998) 883 17 90. W www.nh.hoteles.com Superbement situé à Punta Cancún, ce luxueux hôtel moderne au décor de marbre et de bois a quatre bons restaurants et une discothèque très courue.	325	●	■	●	■
CANCÚN : *Melia Cancún Beach & Spa Resort* $$$$$ Bd Kukulcán, 16,5 km au S. (998) 881 11 00. FAX (998) 881 17 40. @ reservas.melia.cancun@solmelia.com Ce complexe luxueux de pyramides de verre possède un vaste hall empli de plantes, un centre de remise en forme et des courts de tennis.	800	●	■	●	■
CANCÚN : *Ritz-Carlton* $$$$$ Retorno del Rey 36, Zona Hotelera. (998) 885 08 08. FAX (998) 881 07 72. @ emartinez@rc-cancun.com.mx Cet élégant hôtel de luxe comporte un centre de remise en forme et des chambres somptueuses donnant sur la mer des Caraïbes.	365	●	■	●	■
CHETUMAL : *Holiday Inn Puerta Maya* @ hotel@holidayinnmaya.com.mx $$$$ Av. Héroes 171-A. (983) 835 04 00. FAX (983) 832 16 07. Cet hôtel moderne au décor maya propose un service gratuit de navette à l'aéroport. Possibilités d'excursions au Belize.	85	●	■	●	■
CHICHÉN ITZÁ : *Villas Arqueológicas* $$$ Mex 180, au S.-E. du site archéologique. (985) 856 60 00. FAX (985) 856 60 08. W www.clubmedvillas.com Cet hôtel du Club Méditerranée entoure une cour avec piscine ombragée de flamboyants. Chambres petites mais confortables, courts de tennis, bibliothèque et bon restaurant (*p. 326*).	40	●	■	●	■

COBÁ : *Villas Arqueológicas* $$$ 43
Carretera a Valladolid, 42 km au S. de Tulúm. 【 et 🆑 *(985) 858 15 27.*
À 8 min à pied seulement des ruines de Cobá *(p. 284-285),* l'hôtel, qui
appartient au Club Méditerranée, est situé au bord du lac. Beaux jardins,
court de tennis et chambres autour d'une cour avec piscine. 📋 ⬛

COZUMEL : *Meliá Cozumel* $$$$ 212
Carretera Costera Norte. 【 *(987) 872 04 11.* 🆑 *(987) 872 15 99.*
@ *reservas.paradisus.cozumel@solmelia.com*
Ce complexe haut de gamme « tout compris », entouré de jardins, propose
équitation, kayak, planche à voile, bicyclette et salle de sports. 📋 📺

COZUMEL : *Playa Azul* $$$$ 50
Carretera a San Juan, 4 km au N. 【 *(987) 872 00 33.* 🆑 *(987) 872 01 10.*
@ *playazul@playa-azul.com*
À l'extrémité nord de l'île de Cozumel, ce petit hôtel familial possède un
restaurant avec terrasse en front de mer. La plage est à quelques pas. 📋 ♿

ISLA MUJERES : *D'Gomar* $$$ 19
Av. Rueda Medina 150. 【 et 🆑 *(998) 877 05 41.*
Hôtel bon marché face au quai des ferries. Mobilier en rotin dans les
chambres, où les larges fenêtres laissent entrer la brise marine. 📋 ♿

MÉRIDA : *El Gran Hotel* $$$ 32
Calle 60 n° 496. 【 *(999) 923 69 63.* 🆑 *(999) 924 76 22.* @ *granh@sureste.com*
En face de l'Iglesia de San Ildefonso, cet hôtel pittoresque, construit en
1901, a des chambres moquettées avec hauts plafonds et balcons. 📋 📺

MÉRIDA : *Los Aluxes* $$$$ 155
Calle 60 n° 444. 【 *(999) 924 21 99.* 🆑 *(999) 923 38 58.* @ *aluxes@pibil.finred.com.mx*
Près du Parque Santa Lucia très fréquenté, cet hôtel moderne de style
colonial abrite sept *murals.* Jardin botanique. 📋 📺 ♿

MÉRIDA : *Casa del Balam* $$$$ 52
Calle 60 n° 488. 【 *(999) 924 88 44.* 🆑 *(999) 924 50 11.* @ *balamhtl@finred.com.mx*
Charmant hôtel colonial avec arcades de pierre sculptée, sols en marbre
et superbe cour du XVIIIe siècle. Mobilier ancien. 📋 📺 ♿

PLAYA DEL CARMEN : *Continental Plaza* @ *info@mtmcorp.com* $$$$$ 185
Fraccionamiento Playacar, Mex 307. 【 *(984) 873 01 00.* 🆑 *(984) 873 01 05.*
Devant la plage, cet hôtel de style méditerranéen est décoré d'objets
précolombiens trouvés lors de sa construction. 📋 📺

PUERTO AVENTURAS : *Oasis Puerto Aventuras* $$$$$ 296
Mex 307, 90 km au S. de Cancún. 【 *(984) 873 50 50.* 🆑 *(984) 873 50 51.*
@ *dirpuerto@oasishotels.com.mx* Cette résidence propose bicyclettes, salle de
sports, court de tennis, plongée, supermarché et discothèque. 📋 📺

PUNTA ALLEN : *Cuzan Guest House* $$$ 12
Mex 307, 50 km au S. de Cancún. 【 et 🆑 *(983) 834 02 92.*
🌐 *www.flyfishmxc.com* Devant la plage, parmi les palmiers, des *cabañas*
rustiques disposent de porches où l'on suspend les hamacs. Il y a six
bateaux pour la plongée avec tuba et la pêche.

PUNTA BETE : *La Posada del Capitán Lafitte* $$$$ 62
Mex 307, 62 km au S. de Cancún. 【 *(984) 873 02 14.* 🆑 *(984) 873 02 12.*
@ *lafitte@qroo1.telmex.net.mx*
Les bungalows paisibles sont dotés d'un porche avec hamac
donnant sur la mer des Caraïbes. Dîner et petit déjeuner compris. 📋 ♿

RÍO BEC : *Chicanná Ecovillage Resort* $$$$ 32
Mex 186, 144 km à l'E. de Campeche. 【 *(981) 816 22 33.* 🆑 *(981) 811 16 18.*
🌐 *www.hoteldelmar.com.mx*
Proches des sites archéologiques Río Bec *(p. 287),* ces cottages à
l'architecture polynésienne ont des chambres joliment meublées.

TULÚM : *Acuario & Cabañas Cristina's* @ *hotel_acuario@yahoo.com.mx* $$$ 32
Mex 307, 127 km au S. de Cancún. 【 et 🆑 *(984) 871 21 94.*
Cet hôtel familial, à deux étages, est à quelques minutes à pied des ruines. 📋 📺

VALLADOLID : *El Mesón del Marqués* $$$ 72
Calle 39 n° 203. 【 *(985) 856 20 73.* 🆑 *(985) 856 22 80.* @ *h_marques@chichen.com.mx*
En face de la cathédrale, cet hôtel colonial possède une cour du XVIIe siècle.
Son restaurant *(p. 327)* est orné au centre d'une fontaine. 📋 📺

Légendes des symboles, voir rabat de couverture

RESTAURANTS

La cuisine mexicaine est considérée comme l'une des plus riches et des plus créatives du monde. Mariage, pour l'essentiel, d'éléments espagnols et précolombiens, elle a été influencée, plus récemment, par des saveurs venues d'Europe et d'Asie. De nombreux restaurants servent des spécialités de tout le pays. On constatera que l'authentique cuisine mexicaine diffère des plats « Tex-Mex » que l'on peut trouver en France. Elle n'est pas forcément épicée ; ceux qui veulent éviter le piment peuvent toujours commander leurs plats *sin chile*. On trouve nombre de restaurants français et italiens dans les grandes villes, ainsi que des restaurants qui proposent d'autres spécialités étrangères : *sushis* japonais, steaks d'Argentine, *chop suey* chinois. Les restaurants végétariens sont rares, mais beaucoup des plats mexicains sont sans viande.

Serveuse chargée de pâtisseries

Café en plein air au Parque Cepeda Peraza de Mérida *(p. 270)*

RESTAURANTS ET BARS TRADITIONNELS

Les meilleurs endroits bon marché pour goûter la cuisine mexicaine sont les petites *fondas* familiales, qui servent à midi des menus à prix fixe (*menú del día* ou *comida corrida*), généralement quatre plats suivis d'un café ou d'un thé.

Les *taquerías,* quelques tables autour d'une cuisine animée, sont encore plus répandues. On y mange des *tacos* et des tortillas. Les *cantinas (p. 116)* sont des endroits bruyants, souvent remplis de gros buveurs. Elles se reconnaissent à leurs portes battantes de type « saloon ».

Dans les grandes villes, de nombreux bons cafés servent des repas légers.

CHAÎNES DE RESTAURANTS

On trouve partout au Mexique les chaînes de restauration américaines Mac Donald, Burger King, KFC, Pizza Hut. Mais, récemment, quelques chaînes locales de qualité se sont implantées : une des plus connues est VIPS. Elle propose d'excellents petits déjeuners et des plats internationaux, steak ou hamburger. Le principe est celui du *fast-food* et on n'encourage guère le client à s'attarder. Carlos et Charlie et Señor Frog servent le même genre de menus dans une ambiance plus festive.

Ceux qui souhaitent combiner repas et emplettes apprécieront un des nombreux établissements Sanborn's, où CD, livres, magazines et cassettes vidéos voisinent avec le restaurant. Leurs spécialités sont les *enchiladas (p. 310).*

D'autres chaînes sont plus typiquement mexicaines : Taco Inn sert des *tacos* savoureux et originaux, et toute une gamme de plats végétariens. El Fogoncito propose des *tacos al carbon (p. 311).* Potzolcalli a pour spécialité le *pozole (p. 311)* et les *tostadas (p. 310)* ; Pollos Río offre un choix de plats à base de poulet grillé.

Restaurant de la chaîne Sanborn's, Casa de los Azulejos *(p. 314)*

HYGIÈNE ALIMENTAIRE

Dans les régions touristiques, le niveau d'hygiène est généralement satisfaisant, mais mieux vaut prendre quelques précautions. Buvez uniquement de l'eau purifiée, des boissons gazeuses, bière, vin et alcools en bouteille ou en boîte et des boissons chaudes à base d'eau bouillie. Hôtels, restaurants, drugstores et supermarchés fournissent de l'eau en bouteille. Commandez vos boissons *sin hielo* (sans glaçons). Évitez, sauf dans les meilleurs

Café rustique en bord de route près du Laguna de Chapala *(p. 190)*

Le charmant Café Tacuba *(p. 314)*, dans le cœur historique de Mexico

épicés avec des tortillas, parfois même un steak.

Vers 13 h 30, les restaurants sont prêts à servir le déjeuner *(comida)*, traditionnellement le grand repas de la journée. Les Mexicains y consacrent deux à trois heures : les restaurants sont ouverts jusqu'à 16 h ou 17 h.

Entre 18 h et 20 h, c'est la *merienda*, heure des en-cas ou *antojitos (p. 310)*, avec café, thé ou boissons alcoolisées.

Le dîner *(cena)* chez soi consiste habituellement en un repas léger, entre 20 h et 22 h.

restaurants, salades et crudités. Pelez les fruits. Ne consommez pas de lait non pasteurisé, de viande, poisson ou fruits de mer peu cuits. Méfiez-vous des plats proposés dans la rue ou sur les marchés.

HEURE DES REPAS

Les rues regorgent de marchands ambulants proposant toutes sortes d'encas car les Mexicains mangent à toute heure de la journée. Ils prennent souvent deux petits déjeuners *(desayunos)*. Le premier, à la maison, est un repas léger à base de fruits ou pâtisseries accompagnés de café au lait. Il est parfois suivi entre 10 et 11 h d'un autre déjeuner, plus copieux *(almuerzo)*, que les restaurants servent généralement jusqu'au déjeuner : souvent des œufs

DIVERTISSEMENTS

Les Mexicains aiment les repas en musique. Beaucoup de restaurants proposent des spectacles musicaux au moins une fois par semaine, musique classique, *mariachis (p. 28)* entraînants, danseurs en costumes bigarrés, chants *jarocho* du Veracruz, ou encore *música ranchera*, la musique country du Mexique.

PRIX ET PAIEMENT

Les menus à prix fixe comme la *comida corrida* sont en général plus économiques que leur équivalent à la carte. Les prix affichés ne comprennent pas l'IVA de 15 %, ajoutée automatiquement à la note. Le service n'est pas compris, le pourboire est laissé à la

discrétion du client. L'usage veut que l'on laisse 15 % de la note si on est satisfait.

Dans les grandes villes, de nombreux restaurants prennent la carte bleue, mais ce n'est pas le cas dans les villes plus petites. Dans le doute, vérifiez avant de passer commande. La carte VISA est la plus répandue, suivie des cartes Mastercard et American Express ; les Diners Club sont plus rares. Les travellers chèques sont en général acceptés, mais rarement à un taux avantageux.

FAUTEUILS ROULANTS

Presque aucun restaurant n'a d'équipement pour les handicapés, mais le personnel fera de son mieux pour leur venir en aide. L'accès est souvent difficile, et les toilettes spacieuses adaptées aux fauteuils roulants n'existent pas.

Fabrication des tortillas, Oaxaca *(p. 222-225)*

ENFANTS

Les Mexicains aiment beaucoup les enfants et la plupart des restaurants leur font bon accueil. Mais peu disposent de chaises hautes, et il n'y a souvent pas de place pour circuler en poussette. Les menus enfant sont rares mais il est toujours possible de partager un plat à deux.

ZONE FUMEURS

On fume beaucoup à Mexico et il est courant d'allumer une cigarette au cours du repas. Les lois récentes interdisant de fumer dans un lieu public sous peine d'amende sont rarement appliquées. Dans les restaurants, les zones non fumeurs sont très rares.

Dîner dans un restaurant de plage à toit de chaume, Puerto Ángel *(p. 217)*

Que manger au Mexique

Piments

La cuisine mexicaine mêle les influences de l'Ancien Monde et du Nouveau. Tomates, piments, dinde, vanille, chocolat, maïs faisaient partie de l'alimentation précolombienne, alors que d'autres, produits laitiers, bœuf, poulet, blé, oignons et ail ont été introduits par les Espagnols et les Français. Au nord, on consomme haricots, viande séchée, piments et tortillas de blé. Au sud, on mange moins de viande et la nourriture est accompagnée de tortillas de maïs.

*Les **huevos rancheros**, œufs sur le plat nappés de sauce tomate sur tortilla, sont servis le matin ou à midi.*

Orejas

Glaseado

Cuerno (croissant)

*Les **bizcochos** (gâteaux et biscuits), ou les chilindrinas et campechanas figurent souvent au petit déjeuner.*

*Les **tamales** sont des petits pains de maïs à la viande pimentée, cuits à la vapeur dans des feuilles de maïs ou de bananier.*

*Les **chilaquiles**, chips de tortilla à la sauce tomate garnies d'oignons crus et de fromage, sont un plat typique du matin.*

Tortillas de blé

Tortillas de maïs

*Les **tortillas**, crêpes de maïs ou de blé, sont un élément de base servant à envelopper et saisir les aliments. Les tortillas de maïs ont différentes couleurs.*

*Les **tacos** sont des tortillas frites ou chaudes fourrées de viande cuisinée, souvent garnies de guacamole, crème et sauce.*

*Les **haricots**, première source de fibres et de protéines du Mexicain, sont souvent frits deux fois (refritos).*

Salsa de chilpotle

*Le **mole poblano**, le plat national mexicain, vient de Puebla (p. 150-155). Il s'agit de viande de dinde nappée d'une riche sauce aux piments, épices et noix, avec un peu de chocolat amer. Cette sauce accompagne d'autres plats.*

Salsa mexicana

Salsa de tomate verde

Salsa de jitomate

Piments marinés

SALSAS

Les sauces (*salsas*), destinées à relever la saveur des plats, figurent sur toutes les tables mexicaines. Les plus courantes sont la *salsa cruda* (crudités hachées), la *salsa de tomate verde* (tomatillos, coriandre et piments), la *salsa de jitomate* (sauce tomate cuisinée), les *piments marinés* et la *salsa de chipotle* (piments *jalapeño* fumés à la sauce tomate).

L'ensalada de nopalitos
se compose de tendres feuilles
de figuiers de Barbarie garnies
d'oignons et de fromage caillé.

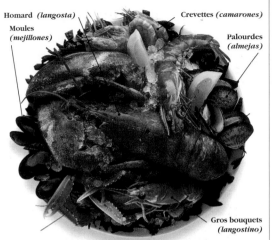

Homard *(langosta)*

Moules
(mejillones)

Crevettes *(camarones)*

Palourdes
(almejas)

Gros bouquets
(langostino)

Les produits de la mer, *abondants, sont souvent servis à la*
plancha (grillés) ou al mojo de ajo (à l'ail). On déguste ainsi
homard, langostino (sorte de petit homard), moules, crevettes et
palourdes. Il faut éviter de consommer les coquillages crus.

*L'***arroz a la Mexicana** *est le*
plat de riz mexicain. Il est
agrémenté et coloré de petits
pois, carottes et tomates.

Les **crepas de cuitlacoche**
(huitlacoche) sont des crêpes
salées fourrées d'une sorte de
champignon de maïs.

Le **pescado a la Veracruzana**
est une daurade rouge nappée
d'une sauce aux tomates, olives
et câpres.

Le **pollo al pibil,** *spécialité*
du Yucatán, est un poulet
rougi à l'achiote (p. 311),
cuit à l'étouffée.

FRUITS TROPICAUX
De nombreux fruits exotiques
poussent au Mexique. Une
assiette de fruits frais peut
composer un petit déjeuner
complet, un délicieux dessert
ou un en-cas.

Le **flan** *ou crème caramel est*
le plus populaire des desserts
mexicains.

Pépins de
grenade

Sauce aux
noix

Viande
hachée et farce
aux amandes

Piments verts

Les **chiles en nogada,** *le « plat*
de l'indépendance », sont aux
couleurs du drapeau mexicain.
Des piments verts fourrés de
viande hachée et d'amandes sont
nappés de sauce aux noix puis
garnis de pépins de grenade.

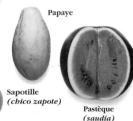

Papaye

Sapotille
(chico zapote)

Pastèque
(saudia)

Chérimole
(chirimoya)

Figue de
Barbarie
(tuna)

Les *antojitos*

L es amuse-gueule mexicains ou *antojitos* ressemblent aux tapas espagnoles. Leur nom vient d'*antojo*, caprice ou envie : en somme, les *antojitos*, c'est ce qui vous tente. Le mot désigne ainsi toutes sortes d'amuse-gueule, du fruit joliment présenté au plat salé, plus substantiel. On les savoure partout et à toute heure, chez des amis, dans les bars, les restaurants, les marchés, les parcs ou la rue. On peut en commander à l'apéritif (on les appelle alors *botanas*) ou en hors-d'œuvre au restaurant.

Tostadas, *ces appétissantes tortillas frites sont garnies de haricots, poulet, salade, guacamole, crème aigre ou fromage.*

Ciboule
Tomate hachée
Totopos
Avocat
Cilantro (coriandre)

Guacamole con totopos *(purée d'avocats et chips de tortilla) : c'est sans doute le plat mexicain le plus populaire. Il sert aussi à farcir les tortillas et accompagne de nombreux plats.*

Sopes, *ces petits bols en pâte de maïs frits remplis de haricots et de sauce, sont saupoudrés de fromage. Garnitures différentes selon les régions.*

Quesadillas, *ce sont des tortillas de blé ou de maïs frites et fourrées de fromage. On peut commander tout un choix de farces différentes.*

Enchiladas, *ces tortillas frites, farcies et roulées, sont nappées de sauce. La farce varie : fromage, oignon, poulet…*

Tacos de rajas poblanas, *ces crêpes de blé ou de maïs sont fourrées de piments cuits et oignons émincés à la sauce tomate.*

Enfrijoladas : *tortillas légèrement frites, pliées puis couvertes d'une sauce onctueuse à base de haricots. On ajoute diverses garnitures.*

Empanaditas : *chaussons de pâte feuilletée, farcis de viande ou de thon. Ils ont peut-être été introduits au Mexique par des mineurs de Cornouailles.*

Tortas compuestas : *savoureux sandwiches faits de petits pains appelés bolillos ou teleras avec tout un choix de garnitures.*

Glossaire des plats mexicains

L e vocabulaire pratique pour le restaurant est fourni dans le lexique *(p. 381-384).* Nous reprenons ici par ordre alphabétique les termes figurant fréquemment sur les menus mexicains, mais pas toutes les variations régionales des plats. Certaines spécialités qualifiées de mexicaines, comme les *burritos,* les *fajitas,* les coquilles en *tacos,* ou les *nachos,* ont, en réalité, été inventées aux États-Unis.

Marché, San Cristóbal de las Casas *(p. 231)*

achiote : pâte rouge de graines de rocouyer.
adobo : version légère de la sauce *mole.*
albóndigas : boulettes de viande.
annatto (rocou) : petites graines rouge foncé utilisées par les Mayas pour colorer et parfumer les aliments.
ate : pâte de fruits, coing et goyave, servie avec du fromage.
atún : thon,
barbacoa : méchoui d'agneau.
buñuelos : dessert à base de crêpes de blé frites et croquantes.
cajeta de Celaya : base de crêpes de blé frites
caldo largo : soupe de poissons et fruits de mer.
carne a la Tampiqueña : fines tranches de bœuf grillé.
carnitas : porc mariné et frit.
cecina : fines tranches de viande à demi séchée et salée.
ceviche : assortiment de poissons crus marinés au citron vert, avec oignons, piments, ail et tomates.
chalupas : barquettes de tortillas de maïs frites garnies de sauce, laitue et oignons.
chicharrón : grillons de porc.
chiles rellenos : piments farcis de fromage ou viande hachée, frits en beignets et nappés de sauce tomate.
chongos : dessert lacté au sirop et à la cannelle.
chorizo : saucisse de porc épicée.
churros : beignets longs sucrés, servis habituellement avec un chocolat chaud.
cochinita pibil : ce cochon de lait cuit dans un *pib,* four creusé dans le sol, est une spécialité maya.

Piments séchés

cuitlacoche (ou *huitlacoche*) : champignon de l'épi de maïs.
dulce de calabaza : potiron cuit au sirop de cannelle.
enchiladas suizas : tortillas de maïs farcies au poulet et garnies de fromage fondu et de crème.
energético : salade de fruits avec yaourt et muesli.
entomatada : tortilla-crêpe à la sauce tomate.
epazote : plante aromatique pour assaisonner haricots, soupes et autres plats.
flor de calabaza : fleur de potiron.
frijoles : haricots, souvent frits deux fois *(p. 308)* ou fraîchement cuits : *frijoles de olla.*
gorditas : tortillas épaisses garnies de fromage.
horno (al) : cuit au four.
huevos a la mexicana : œufs brouillés avec tomates, piments et oignons.
huevos motuleños : tortilla garnie de jambon et œufs sur le plat, avec sauce au fromage, petits pois et tomates.
huevos revueltos : œufs brouillés.
jícama : légume cru proche du navet, salé, assaisonné de citron vert et poivre de Cayenne.
machaca : lanières de bœuf séchées au soleil, plat originaire du Nuevo León.
mole : sauce, en nahuatl. Tous les *moles* sont à base de piments, noix et épices.
moros con cristianos : plat de riz nourrissant, avec

haricots noirs et bananes plantains frites.
nopal : feuille charnue de l'opuntia ou figuier de Barbarie.
panucho : plusieurs couches de tortillas farcies de haricots.
pescado al mojo de ajo : filet de poisson nappé d'une sauce à l'ail relevée.
pipián : sauce aux graines de potiron.
plátano macho frito : banane plantain frite.
pollo verde almendrado : poulet dans une sauce verte de tomatillos et amandes.
pozole : soupe de maïs et de porc.
puntas de filete : pointes de filets de bœuf en morceaux.
queso fresco : fromage blanc qui parsème certains plats cuisinés.
rajas : piments et oignons émincés à la sauce tomate.
sopa : soupe, par exemple *de aguacate* (d'avocat), *de fideo* (potage de poulet aux nouilles), *de lima* (bouillon de poulet au citron).

Ate servi avec du fromage

tacos al carbón : crêpes de maïs enveloppant une viande cuisinée.
tamales : pâte de maïs, viande ou poisson cuite à la vapeur dans une feuille d'épi de maïs ou de bananier *(p. 308).*
tomatillo : baie proche du physalis ou amour en cage, utilisée dans les sauces.
Veracruzana (a la) : poisson cuisiné avec des tomates et des oignons *(p. 309).*

Que boire au Mexique

L e Mexique propose une grande diversité de boissons, alcoolisées ou non, mais il convient d'être prudent pour éviter tout ennui de santé. Ne buvez jamais l'eau du robinet et achetez toujours de l'eau en bouteille dans un supermarché ou un magasin correct. Évitez les jus de fruits, milk-shakes et autres boissons vendues dans les stands de rue et de marché, et choisissez plutôt des boissons non alcoolisées en bouteille, boîte ou carton.

Cantina La Guadalupana,
Mexico *(p. 104)*

LA BIÈRE

L a bière *(cerveza)* a été introduite au Mexique par les mineurs venus d'Allemagne. Il y a beaucoup de bières blondes *(cerveza rubia),* mais aussi plusieurs bonnes bières brunes *(cerveza oscura).* Les marques connues sont Corona, Negra Modelo, XX Dos Equis. La *Michelada,* mélange de bière et jus de citron vert, est servie dans un verre couronné de sel.

**Bières mexicaine
blonde et brune**

AUTRES BOISSONS ALCOOLISÉES

B ars et restaurants mexicains servent toutes sortes d'autres boissons, comme la *kahlúa,* liqueur de café à la vanille, le *ron* (rhum) et le *rompope,* lait de poule de Puebla souvent offert aux enfants et aux plus âgés. L'*aguardiente* est un alcool fort, déconseillé aux « âmes sensibles ». Parmi les cocktails connus, citons la piña colada, mélange frais de jus d'ananas, rhum et noix de coco, et le daiquiri, composé de rhum, sucre et citron vert.

Kahlúa   **Rompope**

BOISSONS CHAUDES

L e *café americano* est servi, en général, pas très fort, avec ou sans lait. Pour goûter le vrai café mexicain, commandez un *café de olla,* sucré et parfumé à la cannelle. Le café noir se dit *café negro, tinto* ou *solo.* Le thé est moins répandu, mais on peut prendre une infusion de camomille *(manzanilla),* de menthe *(hierbabuena)* ou de citron *(té limon).* L'*atole* est une boisson nourrissante à la farine de maïs et au lait, aromatisée au chocolat ou aux fruits. On boit aussi du chocolat chaud *(chocolate caliente)* à la vanille ou à la cannelle.

LE VIN

L e Mexique est le plus ancien producteur de vin des Amériques, mais les Mexicains n'en sont pas de grands buveurs. Les principaux vignobles se trouvent dans le Valle de Guadalupe près d'Ensenada *(p. 162),* base de la Bodega Santo Tomás, une pionnière, et de Monte Xanic. La Baja California a d'autres producteurs, comme Pinson et Cetto. On fait aussi du vin à Querétaro (Cavas de San Juan et Domecq) et Zacatecas (Pinson).

**Vin blanc
Domecq**

BOISSONS FRAÎCHES ET JUS DE FRUITS

O n trouve toutes sortes de boissons sans alcool. Dans un bar ou un restaurant, veillez à ce que l'on ouvre la bouteille devant vous. On peut commander de l'eau plate *(sin gas)* ou gazeuse *(con gas).* Les boissons gazeuses en boîte s'appellent *refrescos.* On trouve toutes les marques internationales. On offre aussi des jus de fruits fraîchement pressés, mais il vaut mieux choisir des fruits qui doivent être pelés. Comme la limonade, la *naranjada* est une boisson rafraîchissante à base de jus d'orange. *L'agua de Jamaica* est une infusion de fleurs d'hibiscus.

**Agua de
Jamaica**   **Jus
d'orange**

Atole   **Café de olla**   **Chocolat chaud**

La tequila et le mezcal

Tequila et mezcal sont deux apéritifs mexicains bien connus, distillés à partir de sève de différentes agaves. La tequila est au mezcal ce que le cognac est au brandy, c'est-à-dire une boisson raffinée pour connaisseurs. Tous deux sont fabriqués avec les mêmes ingrédients et suivant le même procédé, mais la tequila vient uniquement de la région entourant

Statue, Tequila

Tequila, près de Guadalajara (*p. 187*). Ce sont de lointains dérivés du *pulque*, boisson fermentée peu alcoolisée à base d'une autre espèce d'agave, que buvaient les premiers habitants du Mexique. Durant votre séjour au Mexique, on vous offrira probablement un verre de mezcal ou de tequila.

FABRICATION DE LA TEQUILA

La tequila est obtenue par fermentation de la sève de l'agave, suivie de deux distillations du produit.

Le pulque *était fabriqué dès 200 av. J.-C. Les prêtres l'utilisaient pour entrer en transe mystique et pour adoucir la mort des victimes de sacrifices. Le pulque qui n'est jamais bouilli a un goût particulier.*

BIEN ACHETER MEZCAL ET TEQUILA

La meilleure tequila est 100 % à base d'agave bleu. L'étiquette l'indique, garantissant qu'il n'y a pas de sucre ajouté. Il y en existe trois variétés : *blanco* : jeune, transparente, *reposado* et *añejo* : vieillie en fûts de chêne (un et trois ans) et ambrée. Près d'Oaxaca, on fabrique le *mezcal con gusano* : une chenille est placée dans la bouteille pour prouver que le mezcal est assez fort en alcool pour la conserver.

Mezcal con gusano — **Tequila reposado**

Première étape : *l'agave* (Agave tequilana weber) *est récoltée, âgée de 8 à 10 ans, avant sa floraison. On ôte les feuilles pour conserver le cœur compact ou piña.*

Deuxième étape : *les piñas sont cuites à la vapeur, puis pressées pour obtenir la sève, matière première.*

Troisième étape : *on ajoute de la levure. Après fermentation, le liquide est distillé deux fois. La tequila est ensuite mise en bouteilles ou en fûts de chêne.*

COMMENT BOIRE LA TEQUILA

On sert habituellement la tequila avec du citron vert et du sel. La tequila *vampiro* est servie avec un jus de tomate et d'orange appelé *sangrita*. On mélange souvent la tequila blanco à d'autres boissons pour créer des cocktails comme le tequila sunrise (grenadine et jus d'orange) et le margarita (citron vert et triple-sec, le bord du verre couronné de sel).

Tequila, citron et sel

Choisir un restaurant

Les restaurants du guide ont été choisis, autant que possible, pour leur cadre et l'excellence de leur cuisine. Mais certaines régions du Mexique n'ont pas de restaurants qui méritent vraiment cette mention. Dans ce cas, nous proposons un établissement d'un bon rapport qualité-prix. Pour les chaînes de restaurants, voir p. 308.

MEXICO

CENTRE HISTORIQUE : *La Casa de los Azulejos - Sanborn's*. **Carte** 4 D2. $§§
Francisco Madero 4. 55 12 13 31. FAX 55 18 66 76.
Le premier et plus fin restaurant de la chaîne Sanborn occupe une demeure historique du XVIe siècle ornée de carreaux de céramique vernissée. On savoure dans sa belle cour les *enchiladas suizas (p. 311)*, créées ici. ▤ ♿ ⬤ *petit déj., déj., dîn.*

CENTRE HISTORIQUE : *Casino Español 12*. **Carte** 4 D5. $§§
Isabel la Católica 31. 55 21 88 94. FAX 55 18 55 57.
Une excellente cuisine dans une ambiance sympathique Goûtez une spécialité : la *zarzuela de mariscos* (fruits de mer dans une sauce aux amandes). ▤ ♿ ⬤ *déj.*

CENTRE HISTORIQUE : *México Viejo*. **Carte** 4 E1. $§§
Tacuba 87. 55 10 37 48. FAX 55 21 15 85.
Face à la cathédrale, il est décoré de photographies anciennes. Goûtez le Suprema Moctezuma, du poulet au *cuitlacoche (p. 311)*. ♿ ⬤ *petit déj., déj., dîn.* ⬤ *dim. soir*

CENTRE HISTORIQUE : *La Terraza*. **Carte** 4 E2. $§§
Francisco Madero 73-77. 55 21 86 00. FAX 55 12 62 62.
Ce restaurant, au 7e étage de l'hôtel Majestic, bénéficie d'une vue superbe sur le Zócalo. Essayez le poisson au gratin servi sur une feuille de cactus. ⬤ *petit déj., déj., dîn.*

CENTRE HISTORIQUE : *Bar La Ópera*. **Carte** 4 D1. $§§§
5 de Mayo n° 14. 55 12 89 59. FAX 55 18 35 14.
On peut prendre un verre ou commander une paella dans un cadre très raffiné. ♿ ⬤ *déj., dîn.* ⬤ *dim. soir.*

CENTRE HISTORIQUE : *Café Tacuba*. **Carte** 4 D1. $§§§
Tacuba 28. 55 21 20 48. FAX 55 10 88 55.
Fondé en 1912 dans une maison du XVIIe siècle, ce restaurant traditionnel propose, entre autres, des *enchiladas* aux épinards et longs piments verts. ▤ ♿ ⬤ *petit déj., déj., dîn.*

CENTRE HISTORIQUE : *Los Girasoles*. **Carte** 4 D1. $§§§
Xicoténcatl 1. 55 10 32 81. FAX 55 10 06 30.
La vue sur les palais de la Plaza Manuel Tolsá, le décor méditerranéen, la cuisine raffinée (dont le blanc de poulet aux trois jus de fruits) font tout le charme de Los Girasoles. ▤ ⬤ *déj., dîn.*

CENTRE HISTORIQUE : *Hostería Santo Domingo*. **Carte** 4 E1. $§§§
Belisario Domínguez 72. 55 10 14 34. FAX 57 82 18 47.
Établi en 1860, l'Hostería Santo Domingo se veut le plus ancien restaurant du Mexique. On y sert toute l'année des *chiles en nogada (p. 309)*. ♿ ⬤ *petit déj., déj., dîn.*

CENTRE HISTORIQUE : *Danubio*. **Carte** 4 D2. $§§§§
Uruguay 3. 55 12 09 12. FAX 55 21 09 76.
Le restaurant fut fondé, en 1936, par deux Basques. Il offre aujourd'hui plus de 100 plats : le filet de haddock farci aux fruits de mer est délicieux. ♿ ⬤ *déj., dîn.*

CENTRE HISTORIQUE : *Cicero Centenario*. **Carte** 4 E1. $§§§§§
República de Cuba 79. 55 12 15 10. FAX 55 14 47 17.
Ce curieux établissement est un musée vivant, ancien et éclectique. Goûter son choix de vieilles recettes mexicaines est toute une aventure. ▤ ♿ ⬤ *déj., dîn.* ⬤ *dim. soir.*

LA REFORMA ET CHAPULTEPEC : *Tako's Takos* $§
Angle d'Ariosto et Campos Elíseos, Polanco. 52 80 89 48. FAX 52 80 55 65.
Ce restaurant, près du Parque Polanco, sert des plats simples mais délicieux : goutez le *niño envuelto*, fromage frit farci à la viande. ♿ ⬤ *déj., dîn.*

LA REFORMA ET CHAPULTEPEC : *El Farolito* $§§
Newton 130, Polanco. 55 45 34 51. FAX 55 45 53 01.
Ambiance familiale et grande variété de tacos *(p. 308)*. Une immense sculpture d'un *charro* mangeant des tacos a été placée à l'entrée. ▤ ♿ ⬤ *petit déj.,déj., dîn.*

Les prix correspondent à un menu à trois plats pour une personne avec un verre de vin local, taxes et service compris.

$ moins de 10 $US
$$ de 10 à 15 $US
$$$ de 15 à 20 $US
$$$$ de 20 à 25 $US
$$$$$ plus de 25 $US

CARTES DE CRÉDIT ACCEPTÉES
Une ou plusieurs de ces cartes sont acceptées : Visa, Mastercard, American Express, Diners Club.

TABLES À L'EXTÉRIEUR
On peut déjeuner dehors, sur une terrasse, dans une cour ou un jardin, souvent avec une belle vue.

CUISINE VÉGÉTARIENNE
On trouve en général des plats sans viande ni poisson, mais pas nécessairement de plats végétaliens (sans œufs ni lait).

SPECTACLES
Musiciens ou autres artistes animent le dîner ou le déjeuner, ou les deux.

	CARTES DE CRÉDIT ACCEPTÉES	TABLES À L'EXTÉRIEUR	CUISINE VÉGÉTARIENNE	SPECTACLES

LA REFORMA ET CHAPULTEPEC : *Casa Portuguesa*. **Carte** 1 A2. $$
Emilio Castelar 121-K, Polanco. 52 81 00 75.
Ce petit restaurant de cuisine portugaise propose six spécialités de morue accompagnées de porto. *petit déj., déj., dîn.* *Pâques, sam., dim. soir; lun.*

LA REFORMA ET CHAPULTEPEC : *Otro Lugar de la Mancha* $$$
Esopo 11, Chapultepec los Morales. 52 80 48 26. FAX 52 80 48 34.
Ce restaurant inspiré de *Don Quichotte* possède une librairie. On peut y lire, tout en goûtant de délicieuses crevettes à la mangue. *petit déj., déj., dîn.*

LA REFORMA ET CHAPULTEPEC : *Los Almendros* $$$$
Campos Eliseos 164, Polanco. 55 31 66 46. 52 03 46 43.
Le délicieux poisson *tikinxic* à l'*achiote (p. 311)* et sauce au *xnipec* (poivre blanc) est l'une des spécialités de Los Almendros, un des meilleurs restaurants de cuisine du Yucatán de Mexico. *petit déj., déj., dîn.*

LA REFORMA ET CHAPULTEPEC : *La Bottiglia* $$$$
Edgar Allan Poe 8, Polanco. 52 80 06 09. FAX 52 80 95 31.
Ce restaurant italien rustique prépare des spécialités comme les raviolis aux épinards et à la ricotta nappée d'une sauce aux quatre fromages. *petit déj., déj., dîn.* *dim. soir.*

LA REFORMA ET CHAPULTEPEC : *El Rincón Argentino* $$$$
Presidente Masarik 177, Polanco. 52 54 87 75. FAX 55 31 88 77.
Les énormes steaks qu'on y sert sont assez copieux pour deux. Excellents desserts dont l'*Aconcagua* (glace avec cookies, meringue et liqueur d'orange). *déj., dîn.*

LA REFORMA ET CHAPULTEPEC : *Troita*. **Carte** 1 A2. $$$$
Sudermann 336, Chapultepec los Morales. 55 45 93 00. FAX 55 31 52 11.
Cuisine méditerranéenne dans un joli cadre. Goûtez le *trucha rollena* (poisson avec sauce aux légumes). *petit déj., déj., dîn.* *lun., mar., dim. soir.*

LA REFORMA ET CHAPULTEPEC : *Villa María* $$$$
Homero 704, Polanco. 52 50 69 32. FAX 52 03 03 06.
Mêlant avec grand bonheur bon goût et tradition, la Villa María propose des plats créatifs, comme le poisson au tamarin. *déj., dîn.*

LA REFORMA ET CHAPULTEPEC : *Hacienda de los Morales* $$$$$
Av. Vásquez de Mella 525, Del Bosque. 50 96 30 54. FAX 50 96 390 56.
Cette magnifique hacienda ancienne, entourée de très belles cours, de jardins et d'une chapelle, offre une remarquable cuisine internationale et locale, et plus de 480 tequilas. Veste et cravate exigées. *déj., dîn.*

LA REFORMA ET CHAPULTEPEC : *Les Moustaches*. **Carte** 2 E3. $$$$$
Rio Sena 88, Cuauhtémoc. 55 33 33 90. FAX 52 07 71 49.
Avec sa délicieuse cuisine française et sa remarquable carte des vins, Les Moustaches a la réputation d'être un des meilleurs restaurants de Mexico. Goutez le canard à la sauce aux olives vertes. Veste et cravate exigées. *déj., dîn.* *dim.*

COYOACÁN : *Las Lupitas* $
Jardín de Santa Catarina 4. et FAX 55 54 33 53.
Dans un très joli coin de Coyoacán, ce petit restaurant propose d'excellentes spécialités du nord du Mexique. Goûtez à l'*atole* (porridge de maïs) *petit déj., déj., dîn.*

COYOACÁN : *El Jolgorio* $$
Higuera 22. 56 58 83 39. FAX 659 74 59
Découvrez ce que l'entreprenant propriétaire d'El Jolgorio appelle « les arts culinaires du monde », et notamment la délicieuse *Bagna Caôda*, fondue toscane aux champignons. *petit déj., déj., dîn.* *lun. et mar. soir, sam. petit déj.*

COYOACÁN : *Los Danzantes* $$$
Plaza Jardín Centenario 12. 56 58 64 51. FAX 55 54 28 96.
Le restaurant sert une cuisine de l'Oaxaca et accueille ses clients avec un verre de mezcal. Décor de style précolombien. *déj., dîn., sam. et dim, petit déj.*

Légendes des symboles, voir rabat de couverture

Les prix correspondent à un menu à trois plats pour une personne avec un verre de vin local, taxes et service compris.

$ moins de 10 $US
$$ de 10 à 15 $US
$$$ de 15 à 20 $US
$$$$ de 20 à 25 $US
$$$$$ plus de 25 $US

Cartes de crédit acceptées
Une ou plusieurs de ces cartes sont acceptées : Visa, Mastercard, American Express, Diners Club.

Tables à l'extérieur
On peut déjeuner dehors, sur une terrasse, dans une cour ou un jardin, souvent avec une belle vue.

Cuisine végétarienne
On trouve en général des plats sans viande ni poisson, mais pas nécessairement de plats végétaliens (sans œufs ni lait).

Spectacles
Musiciens ou autres artistes animent le dîner ou le déjeuner, ou les deux.

San Angel : *Fonda San Angel* $$
Plaza San Jacinto 3. ☎ *55 50 16 41.* [FAX] *55 50 17 21.*
Fréquenté par les intellectuels, le restaurant occupe une maison du XVIIIe siècle sur l'historique Plaza San Jacinto. La carte traditionnelle propose plus de 100 excellentes spécialités mexicaines. ♿ ○ *petit déj., déj., dîn.*

San Angel : *Vivace* $$$
Av. de la Paz 57. ☎ *56 16 57 80.*
Près de la place del Carmen, Vivace prépare une cuisine italienne et a une bonne sélection de vins. Parmi les spécialités : *fettucine* aux trois fromages et spaghetti au saumon. ▤ ♿ ○ *déj., dîn.*

San Angel : *San Angel Inn* $$$$$
Diego Rivera 50. ☎ *56 16 22 22.* [FAX] *56 16 09 73.*
Dans un ancien Carmel *(p. 101),* ce restaurant de luxe propose des plats délicieux, comme le canard rôti à la sauce aux mûres. Veste et cravate exigées. ♿ ○ *déj., dîn.*

En dehors du centre (Condesa) : *Garufa* $$$
Michoacán 93. ☎ *52 86 82 95.* [FAX] *52 86 26 72.*
L'un des restaurants à l'ambiance bohème du quartier, Garufa sert une cuisine argentine et italienne ; goûtez les *manigotti alla pomarolla* (aubergines farcies à la ricotta dans une sauce tomate). ▤ ♿ ○ *petit déj., déj., dîn.* ● *lun. petit déj.*

En dehors du centre (Condesa) : *El Principio* $$$
Montes de Oca 17. ☎ *52 86 06 57.* [FAX] *52 11 86 16.*
Le célèbre chef français Dumaine a dit : « La grandeur et l'âme de la cuisine résident dans sa simplicité. » El Principio adhère à cette philosophie, avec de superbes plats méditerranéens comme le *filete negro,* sauté de bœuf au beurre noir. ♿ ○ *déj., dîn.*

En dehors du centre (Condesa) : *Spezia* $$$$$
Amsterdam 241. ☎ *et* [FAX] *55 64 13 67.*
Voici un très bon restaurant pour ceux qui désirent goûter la cuisine d'Europe centrale. Le menu alléchant propose le caneton au four farci aux pommes et chou rouge. ♿ ○ *déj., dîn.* ● *dim. soir.*

En dehors du centre (Roma) : *La Tecla.* **Carte** 2 E5. $$
Durango 186-A. ☎ *et* [FAX] *55 25 49 20.*
En face de la Plaza de las Cibeles, ce petit restaurant sert une cuisine mexicaine créative. Spécialité de gros piments verts farcis au crabe. ○ *déj., dîn.* ● *dim. soir.*

En dehors du Centre (Roma) : *Ixchel.* **Carte** 2 E5. $$$
Medellín 65. ☎ *52 08 40 55.* [FAX] *55 25 07 30.*
Le restaurant est situé dans une vieille maison du Porfiriato, près de la Plaza de los Cibeles. Goutez le filet de thon au vinaigre. ▤ ○ *déj., dîn.* ● *dim.*

En dehors du centre (Roma) : *El Discreto Encanto de Comer.* **Carte** 2 F4. $$$$
Orizaba 76. ☎ *55 11 38 60.* [FAX] *55 11 15 50.*
Une maison du XIXe siècle, près de la Plaza Río de Janeiro, abrite ce restaurant de cuisine française et mexicaine raffinées. Sa spécialité est le bar aux mandarines. Bonne carte des vins. ○ *déj., dîn.* ● *dim., lun. et mar. soir.*

En dehors du centre (Tlalpan) : *Enrique* $$$
Insurgentes Sur 4061. ☎ *55 73 99 88.* [FAX] *55 73 64 59.*
Danses mexicaines et *mariachis* animent tous les jours cet accueillant restaurant. Au menu, le *mixiote de carnero,* agneau enveloppé dans un fin parchemin et cuit au four traditionnel, creusé dans le sol. ▤ ○ *déj., dîn.*

En dehors du centre (Tlalpan) : *Antigua Hacienda de Tlalpan* $$$$$
Calzada de Tlalpan 4619. ☎ *56 55 73 15.* [FAX] *55 73 33 95.*
Le restaurant possède de beaux jardins peuplés de cygnes et de paons *(p. 112).* Le blanc de poulet farci de jambon au sel et fromage crémeux, nappé de sauce à la pêche, est un délice. ▤ ♿ ○ *déj., dîn.* ● *dim. soir.*

	Cartes de crédit acceptées	Tables à l'extérieur	Cuisine végétarienne	Spectacles
Fonda San Angel	●	■	●	■
Vivace	●	■	●	
San Angel Inn	●	■	●	■
Garufa	●	■	●	■
El Principio	●	■		■
Spezia	●	■	●	
La Tecla	●			
Ixchel	●	■	●	
El Discreto Encanto de Comer	●			■
Enrique	●		●	■
Antigua Hacienda de Tlalpan	●	■	●	■

LES ENVIRONS DE MEXICO

CHOLULA : *El Portón* $
Av. Hidalgo 302. (*(222) 247 02 73.*
El Portón sert une cuisine traditionnelle familiale. Essayez la *lengua a la Veracruzana*,
langue de bœuf aux olives à la sauce tomate. & ○ *petit déj., déj.* ● *2 nov.*

CHOLULA : *Los Jarrones* $$
Portal Guerrero 7. (*(222) 247 10 98.*
En face du Convento de San Gabriel, ce restaurant rustique propose un menu
éclectique, où figure la *parrillada*, viandes grillées. & ○ *petit déj., déj., dîn.*

CUERNAVACA : *Los Arcos* $
Jardín de los Héroes 4. (*(777) 312 15 10.*
La Plaza de Armas offre un cadre historique spectaculaire à ce restaurant recherché.
Goûtez la *cecina de Yecapixtla*, steak salé au guacamole. & ○ *petit déj., déj., dîn.*

CUERNAVACA : *La Trattoria Marco Polo* $$
Hidalgo 30. (*(777) 312 34 84.* FAX *(777) 318 09 02.*
Avec une vue magnifique sur la cathédrale, cet excellent restaurant italien
prépare un délicieux *pollo della casa*, poulet farci aux épinards, œufs, jambon
et mozarella. Très bon choix de vins italiens. ○ *déj., dîn.*

CUERNAVACA : *Las Mañanitas* $$$$
Ricardo Linares 107. (*(777) 314 14 66.* FAX *(777) 318 36 72.*
Voici l'un des meilleurs restaurants de Mexico. Ses tables donnent sur un
jardin où se pavanent paons et grues africaines. Parmi les spécialités, *tamale*
au foie d'oie et cervelle de veau au beurre noir. & ○ *déj., dîn.*

METEPEC : *Finca de Adobe* $$$
Leona Vicario 763 Poniente, La Purísima. (*(777) 270 25 94.* FAX *(777) 270 25 95.*
Ce restaurant rustique propose une cuisine mexicaine typique. Essayez le *pipián*
verde (dinde aux piments et à la purée de potiron). & ○ *petit déj., déj., dîn.*

PACHUCA : *Alex Steak* $$$$
Glorieta Revolución 102. (et FAX *(771) 713 00 56.*
Comme son nom l'indique, ce restaurant prestigieux est réputé pour ses
steaks, énormes et remarquablement préparés. & ○ *déj., dîn.*

PACHUQUILLA : *Don Horacio* $$
Av. Hidalgo 24. (et FAX *(771) 716 05 25.*
Dans une ville voisine de Pachuca, Don Horacio propose des recettes régionales,
comme le *mixiote de carnero* (agneau cuit dans un parchemin). ○ *petit déj., déj.*

PUEBLA : *La Vaca Negra* $
Av. Reforma 106. (*(222) 246 20 51.*
Ce *fast-food* mexicain offre un menu varié de hot-dogs géants, potages à la
moelle ou à la cervelle, tacos. ▤ & ○ *petit déj., déj., dîn.*

PUEBLA : *1800* $$$
Paseo de San Francisco n° 402. (*(222) 297 67 65.*
Situé dans le centre historique, ce restaurant rustique sert une cuisine régionale.
Essayez le *mole poblano* (dinde aux piments, p. 308). & ○ *petit déj., déj., dîn.* ● *dim.*

PUEBLA : *Fonda de Santa Clara* $$$
Av. 3 Poniente n° 920. (*(222) 242 26 59.* FAX *(222) 232 05 03.*
Dans ce restaurant traditionnel, vous dégusterez de la *tinga poblana* (porc
assaisonné au piment fumé) et des tacos aux tripes. & ○ *petit déj., déj., dîn.*

PUEBLA : *La Guadalupana* $$$
Av. 5 Oriente n° 605, Los Sapos. (*(222) 242 48 86.* FAX *(222) 232 18 51.*
Parmi les spécialités : le filet de bœuf à la sauce tomate. Nombreux plats servis
dans un *molcajete*, plat traditionnel en pierre volcanique. & ○ *petit déj., déj., dîn.*

PUEBLA : *Mesón Sacristía* $$$$
Calle 6 Sur n° 304. (*(222) 242 35 54.* FAX *(222) 232 45 13.*
Dans une cour décorée avec goût, dégustez le *mole poblano* avec un cocktail
cazuela sacristía (gin, vodka, tequila et jus de fruits). & ○ *déj., dîn.* ● *dim. soir.*

PUEBLA : *Bodegas del Molino* $$$$$
Molino de San José del Puente, Puente de México. (*(222) 249 03 99.* FAX *(222) 249 97 49.*
Un moulin fortifié du XVIe siècle abrite ce prestigieux restaurant. Le *huachinango a*
la sal (daurade rouge au sel) est une des spécialités. La cave renferme plus de
7 000 bouteilles. & ○ *déj., dîn.* ● *lun., dim. soir.*

Légendes des symboles, voir rabat de couverture

Les prix correspondent à un menu à trois plats pour une personne avec un verre de vin local, taxes et service compris.

$ moins de 10 $US
$$ de 10 à 15 $US
$$$ de 15 à 20 $US
$$$$ de 20 à 25 $US
$$$$$ plus de 25 $US

CARTES DE CRÉDIT ACCEPTÉES
Une ou plusieurs de ces cartes sont acceptées : Visa, Mastercard, American Express, Diners Club.

TABLES À L'EXTÉRIEUR
On peut déjeuner dehors, sur une terrasse, dans une cour ou un jardin, souvent avec une belle vue.

CUISINE VÉGÉTARIENNE
On trouve en général des plats sans viande ni poisson, mais pas nécessairement de plats végétaliens (sans œufs ni lait).

SPECTACLES
Musiciens ou autres artistes animent le dîner ou le déjeuner, ou les deux.

	CARTES DE CRÉDIT ACCEPTÉES	TABLES À L'EXTÉRIEUR	CUISINE VÉGÉTARIENNE	SPECTACLES
TAXCO : *El Adobe* $$ Plazuela de San Juan 13. (762) 622 14 16. FAX (762) 622 16 83. Pour une expérience mémorable, goûtez le *Don Pancho*, steak aux *jumiles*, scarabées comestibles qu'on trouve uniquement de novembre à janvier. ☐ *petit déj., déj., dîn.*	●	■	●	■
TAXCO : *Bar Paco* $$ Plaza Borda 12. et FAX (762) 622 00 64. Le restaurant s'établit, en 1937, en face de l'Iglesia de Santa Prisca. On recommande le fromage au persil avec des graines de sésame et de la ciboule. ☐ *déj., dîn.*	●	■	●	■
TAXCO : *Del Angel Inn* $$ Celso Muñoz 4. (762) 622 55 25. FAX (762) 622 33 18. Ses deux terrasses bénéficient de charmantes vues. Plats régionaux comme le bœuf cuit avec jambon, fromage, tomates, oignons et *epazote (p. 311)*. ☐ *petit déj., déj., dîn.*	●	■	●	■
TAXCO : *La Parroquia* $$ Plazuela de los Gallos 2. (762) 622 30 96. Le poulet au fromage, au piment et à l'*epazote* de La Parroquia se savoure en appréciant la vue sur l'Iglesia de Santa Prisca. ☐ *petit déj., déj., dîn.*	●	■	●	■
TAXCO : *Señor Costillas* $$$ Plaza Borda 1. et FAX (762) 622 32 15. Le soir, on offre des « muppets » gratuits, tequila à la limonade de pamplemousse. Côtelettes au barbecue et poulet sont les spécialités. ☐ *déj., dîn.*	●	■		
TEOTIHUACÁN : *La Gruta* $$$ Zona Arqueológica 1, Puerta 5. (594) 956 01 27. FAX (594) 956 01 04. Ce restaurant singulier installé dans une grotte est resté ouvert tous les jours depuis 1929. Le blanc de poulet farci de fleurs de courge et de *xoconoxtle* (figue de Barbarie acide) à la sauce tequila-champignons est délicieux. ☐ *déj., dîn.*	●	■	●	■
TEPOTZOTLÁN : *Los Virreyes* $$ Plaza Virreinal 32. 5 876 02 35. FAX 5 876 43 11. Le menu de cet établissement rustique propose le *cabrito* (chevreau avec des frites). ☐ *petit déj., déj., dîn.*	●	■	●	■
TEPOZTLÁN : *Los Colorines* $$ Av. del Tepozteco 13, La Santísima. (739) 395 01 98. Restaurant populaire mexicain aux tables carrelées et aux murs incrustés de faïences. Goûtez le *huazontle*, plante à la sauce tomate. ☐ *petit déj., déj., dîn.* ● *mar. soir.*		■	●	■
TEPOZTLÁN : *El Ciruelo* $$$ Zaragoza 17. (739) 395 12 03. FAX (739) 395 10 37. Déjeunez dans la cour pour profiter de la superbe vue du Cerro Tepozteco *(p. 148)*. Soupe au coriandre et aux amandes, blanc de poulet farci de *cuitlacoche (p. 311)* et au fromage de chèvre sont des spécialités. ☐ *déj., dîn.* ● *mar.-jeu., dim. soir.*	●	■	●	■
TLAXCALA : *Mi Viejo Café* $ Plaza Xicoténcatl 7. et FAX (246) 462 22 75. En contrebas du Convento de San Francisco, ce restaurant régional sert des plats comme le *tizatlán* (soupe de haricots) et le *pollo Tocatlán*, poulet enveloppé d'une feuille de *mixiote*, avec tomates, fromage et *epazote*. ☐ *petit déj., déj., dîn.*	●	■	●	■
TLAXCALA : *Los Portales* $$ Plaza de la Constitución 8. et FAX (246) 462 54 19. On sert ici la soupe *tlaxcalteca* et du filet de bœuf grillé avec une sauce *cuitlacoche*. ♿ ☐ *petit déj., déj., dîn. Ven. et sam. jusqu'à 3 h du matin.*	●	■		■
TOLUCA : *La Cabaña Suiza* $$$$$ Carretera México–Toluca km 63, Paseo Tollocan. (722) 216 33 63. FAX (722) 216 17 70. Pieds de porc, cuisses de grenouille et fondue à la viande font partie des spécialités de ce restaurant suisse. Les enfants seront séduits par les poneys et les lamas qui vivent dans les jardins. ♿ ☐ *petit déj., déj., dîn.* ● *dim. soir.*	●		●	■

TULA : *Los Fresnitos* $$$$ — ● | | ● | ■
Carretera Tula-Refinería km 4,5, El Llano. ☎ *(773) 732 18 42.* [FAX] *(773) 732 26 68.*
Le restaurant sert une cinquantaine de plats, certains sont inhabituels, comme les *escamoles,* œufs de fourmi, et *chinicuiles,* vers d'agave rouges. ♿ ○ *petit déj., déj., dîn.*

VALLE DE BRAVO : *Da Ciro* $$$ — ● | ■ | ● |
Vergel 201. ☎ *(726) 262 01 22.* [FAX] *(726) 262 14 28.*
Les plats italiens de Da Ciro sont cuits dans un four napolitain qui leur donne un goût unique. Bon choix de viandes, poissons et pizzas. ♿ ○ *déj., dîn.* ● *lun.-jeu.*

LE NORD DU MEXIQUE

CABO SAN LUCAS : *Pancho's* $$$$$ — ● | ■ | ● | ■
Angle d'Hidalgo et Zapata. ☎ *(624) 143 09 73.* [FAX] *(624) 143 50 95.*
Ce restaurant est dédié au bandit Pancho Villa devenu révolutionnaire *(p. 173).* On y trouve des crevettes grillées entourées de bacon, du poisson à la mangue et plus de 350 tequilas. ○ *petit déj., déj., dîn.*

CHIHUAHUA : *Gerónimo* $ — ● | | | ■
Aldama 1001. ☎ *(614) 415 50 83.* [FAX] *(614) 416 46 20.*
Le restaurant propose, tous les jours, un buffet bon marché de cuisine mexicaine. Vous pourrez goûter un ragout aux tripes. ▤ ♿ ○ *petit déj., déj., dîn., 24 h/24 ven. et sam.*

CIUDAD CUAUHTÉMOC : *Tarahumara Inn* $$ — ● | | |
Allende 373. ☎ et [FAX] *(625) 581 19 19.*
On sert ici une cuisine régionale traditionnelle. Spécialité de *filete Barba* (steak grillé avec piments émincés, haricots refrits et *nachos*). ▤ ♿ ○ *petit déj., déj., dîn.*

CREEL : *La Cabaña* $ — | | ● |
Av. López Mateos 36. ☎ *(635) 456 00 68.*
Vous apprécierez l'excellent poulet frit et autres viandes de ce restaurant intime et chaleureux, décoré d'artisanat tarahumara. ♿ ○ *petit déj., déj., dîn.*

DURANGO : *La Fogata* $$$$ — ● | ■ | |
Av. Cuauhtemoc 200. ☎ *(618) 817 03 47.*
Des peintures de Durango décorent les murs de ce restaurant populaire pour le déjeuner, proche de la cathédrale. Cuisine mexicaine du nord du pays. ▤ ○ *déj.*

ENSENADA : *El Charro* $$ — | | ● |
Av. López 475. ☎ *(646) 178 38 81.*
La spécialité de cet endroit rustique est le *pollo al pastor,* poulet rôti à l'*adobo,* pâte salée aux piments, herbes, épices, tomates et vinaigre. ♿ ○ *déj., dîn.*

ENSENADA : *Las Cazuelas* $ — ● | | ● |
Agustín San Gines n° 46. ☎ et [FAX] *(646) 176 10 44.*
Ce restaurant mexicain près de la plage offre une superbe vue à travers de grands vitraux. Il s'est spécialisé dans les *cazuelas* (ragouts). ▤ ♿ ○ *petit déj., déj., dîn.*

GUERRERO NEGRO : *Malarrimo* $$$$ — | ■ | |
Bd Emiliano Zapata. ☎ *(615) 157 02 50.* [FAX] *(615) 157 01 00.*
Décoré de souvenirs marins et de milliers de bouteilles, le Malarrimo propose de très bons produits de la mer (homard, bar, coquilles Saint-Jacques). ♿ ○ *petit déj., déj., dîn.*

HERMOSILLO : *Viva Sonora* $$ — ● | ■ | ● | ■
San Pedro el Saucito, 15 km au N.-E. de la ville. ☎ *(662) 237 02 00.* [FAX] *(662) 237 02 01.*
Ce restaurant rural, dans un merveilleux cadre campagnard, prépare de bons plats régionaux : *machaca* (lanières de bœuf séché et salé), *pozole de trigo* (potage de blé) et soupe au fromage fondu. ▤ ♿ ○ *déj.* ● *lun.*

HIDALGO DEL PARRAL : *Turista* $
Plazuela Independencia 14. ☎ et [FAX] *(627) 523 40 24.*
Cet établissement, simple et bon marché, sert une cuisine mexicaine typique. Spécialité d'*alambre* (brochette de bœuf). ♿ ○ *petit déj., déj., dîn.* ● *dim. soir.*

LORETO : *El Nido* $ — | ■ | ● | ■
Av. Salvatierra 154. ☎ *(613) 135 00 27.* [FAX] *(613) 135 02 84.*
Le restaurant, de style Far West, propose de délicieux steaks du Sonora, cuits au bois de *mezquite,* ce qui leur donne une saveur particulière. ▤ ♿ ○ *déj., dîn.*

MAZATLÁN : *Los Arcos* $$ — ● | | | ■
Av. Camarón Sábalo. ☎ *(669) 913 95 77.* [FAX] *(669) 914 09 99.*
Ce restaurant de style colonial a une carte intéressante, riche en produits de la mer : *pescado Culichi* (bar aux piments, à la crème et au fromage), *taco gobernador* aux crevettes et au fromage. ▤ ♿ ○ *déj., dîn.*

Les prix correspondent à un menu à trois plats pour une personne avec un verre de vin local, taxes et service compris.

($) moins de 10 $US
($)($) de 10 à 15 $US
($)($)($) de 15 à 20 $US
($)($)($)($) de 20 à 25 $US
($)($)($)($)($) plus de 25 $US

CARTES DE CRÉDIT ACCEPTÉES
Une ou plusieurs de ces cartes sont acceptées : Visa, Mastercard, American Express, Diners Club.

TABLES À L'EXTÉRIEUR
On peut déjeuner dehors, sur une terrasse, dans une cour ou un jardin, souvent avec une belle vue.

CUISINE VÉGÉTARIENNE
On trouve en général des plats sans viande ni poisson, mais pas nécessairement de plats végétaliens (sans œufs ni lait).

SPECTACLES
Musiciens ou autres artistes animent le dîner ou le déjeuner, ou les deux.

	CARTES DE CRÉDIT ACCEPTÉES	TABLES À L'EXTÉRIEUR	CUISINE VÉGÉTARIENNE	SPECTACLES
MULEGÉ : *Los Equipales* ($)($)		■	●	

MULEGÉ : *Los Equipales* ($)($)
Moctezuma. ((615) 153 03 30. FAX (615) 153 01 90.
Grand choix de recettes de la mer et de plats de viande du Sonora à base de produits de grande qualité, à déguster sur une merveilleuse terrasse. ◯ *petit déj., déj., dîn.*

NUEVOS CASAS GRANDES : *México Español* ($)
Av. Benito Juárez 605. ((636) 694 18 35. FAX (636) 694 17 05.
À 8 km de Paquimé *(p. 170).* On y sert de la cuisine française et mexicaine, et notamment une excellente paella. ▤ & ◯ *petit déj., déj., dîn.* ● *dim. soir.*

LA PAZ : *La Terraza* ($)($)($)
Álvaro Obregón (entre Bravo et Rosales). ((612) 122 08 21. FAX (612) 125 53 63.
Situé dans l'hôtel La Perla *(p. 297),* ce restaurant est spécialisé dans la cuisine mexicaine. Le soir, la vue est splendide. & ◯ *petit déj., déj., dîn.*

SALTILLO : *El Tapanco* ($)($)($)($)($)
Allende Sur 225. ((844) 414 00 43. FAX (844) 412 75 25.
Restaurant calme et confortable installé dans une maison XVIIIᵉ. Cuisine savoureuse comme les crevettes aux pignons de pin. & ◯ *déj., dîn.* ● *dim. soir.*

SAN JOSÉ DEL CABO : *Damiana* ($)($)($)
Bd Mijares 8. ((624) 142 04 99. FAX (624) 14214 70.
Cette agréable hacienda ancienne possède un patio ombragé de bougainvillées. Les ormeaux à l'ail à la sauce *guajillo* (piment doux) sont délectables. ▤ ◯ *déj., dîn.*

SAN JOSÉ DEL CABO : *Tropicana Bar & Grill* ($)($)($)($)($)
Bd Mijares 30. ((624) 142 15 80.
Ce restaurant familial très animé est dans l'hôtel Tropicana. On y sert des produits de la mer et de la cuisine mexicaine traditionnelle. ▤ & ◯ *petit déj., déj., dîn.*

SANTA ROSALÍA : *El Muelle* ($)($)($)
Angle de Constitución et Plaza. ((615) 152 09 31.
Tout près de la cathédrale, El Muelle propose des plats très appétissants, viandes et poissons. Terrasse avec palmiers. ▤ ◯ *petit déj., déj., dîn.*

TIJUANA : *Cien Años* ($)($)($)($)
José María Velasco 1407, Río Tijuana. ((664) 634 30 39. FAX (664) 634 37 94.
Si vous souhaitez faire une découverte, goûtez un des plats originaux du Cien Años, comme les *burritos* de raie manta. Les steaks aussi sont excellents. ▤ & ◯ *déj., dîn.*

LE CŒUR COLONIAL

AGUASCALIENTES : *Capriccio* ($)($)($)
Av. Universissdad 219. ((449) 914 99 76. FAX (449) 918 37 59.
Capriccio propose une cuisine internationale, avec spécialités de fondues et de steaks. Escalier monumental et hauts plafonds. ◯ *dîn.* ● *dim., avr.*

AJIJIC : *La Nueva Posada* ($)($)
Donato Guerra 9. ((376) 766 14 44. FAX (376) 766 20 49.
De la terrasse et des tables du jardin, on a une vue superbe sur le lac (Laguna de Chapala). La truite aux amandes est un délice. & ◯ *petit déj., déj., dîn.*

ANGANGUEO : *La Margarita* ($)
Morelos 83. ((715) 156 01 49.
Ce restaurant rustique propose des plats familiaux comme la longe de porc ou *pechuga al pastor,* ou le blanc de poulet à l'*adobo (p. 311).* ◯ *petit déj., déj., dîn.*

COLIMA : *Ah Que Nanishe* ($)($)
5 de Mayo n° 267. ((312) 314 21 97.
Ah Que Nanishe, « comme c'est bon ! » en zapotèque, sert une cuisine de l'Oaxaca et de différentes régions du Mexique. Spécialités de *tlayuda* (grande tortilla à la viande) et de bananes farcies au fromage et à la viande hachée. & ◯ *déj., dîn.*

GUADALAJARA : *Trattoria Pomodoro* $
Av. Niños Héroes 3051, Jardines del Bosque. **(** (33) 3122 18 17. FAX (33) 3647 40 95.
Près de la Plaza del Sol, cet excellent restaurant italien propose un grand
choix de pâtes, plats de viande et produits de la mer. 🍽 & ○ *déj., dîn.*

GUADALAJARA : *La Chata* $$
Av. Ramón Corona 126. **(** et FAX (33) 3613 05 88.
Décoré d'artisanat de Tonalá, ce restaurant apprécié sert du *jaliscience,* poulet
grillé avec des *enchiladas* et des *sopes (p. 310).* & ○ *petit déj., déj., dîn.*

GUADALAJARA : *Tanto Monta* $$$
Colón 383. **(** et FAX (33) 3614 42 78.
Dans un décor de style XVe siècle, vous dégusterez un *arroz negro* (paella à
l'encre de seiche). Tous les jours flamenco. 🍽 & ○ *déj., dîn.* ● *lun.*

GUADALAJARA : *La Fonda de San Miguel* $$$$
Donato Guerra 25. **(** (33) 3613 08 09. FAX (33) 3613 17 93.
Ce charmant restaurant installé dans un ancien couvent propose de la nouvelle
cuisine mexicaine. Orchestre tous les jours. & ○ *déj., dîn.*

GUANAJUATO : *Las Piñatas Che Café* $
Alonso 34. **(** et FAX (473) 732 97 59.
Un bâtiment du XVIIe siècle abrite ce restaurant de cuisine méditerranéenne et
mexicaine. Spécialité de thon aux câpres, céleri et persil. ○ *déj., dîn.* ● *dim.*

GUANAJUATO : *Restaurante Bar El Tapatío* $
Lascuráin de Retana 20. **(** (473) 732 32 91.
En face de l'Universidad de Guanajuato, ce restaurant de style colonial au décor
rustique (poutres apparentes) est fréquenté pour sa simplicité et ses plats savoureux,
enchiladas et *pozole (p. 311),* entre autres. ○ *petit déj., déj., dîn.* ● *dim. soir.*

GUANAJUATO : *La Hacienda de Marfil* $$$
Arcos de Guadalupe 3, Marfil, 4 km au S.-O. de la ville. **(** (473) 733 11 48. FAX (473) 733 08 36.
Entouré d'un merveilleux jardin, ce petit restaurant luxueux occupe une hacienda du
XVIIIe siècle. Il marie cuisine française et mexicaine dans des plats intéressants comme
la *fondue tequileña,* fondue au fromage et à la tequila. & ○ *déj.* ● *lun.*

GUANAJUATO : *Casa del Conde de la Valenciana* $$$$
Valenciana, 5 km au N. de la ville. **(** et FAX (473) 732 25 50.
La résidence, au XVIIIe siècle, du comte de Valenciana, abrite aujourd'hui un
restaurant qui propose une carte succincte mais bien choisie. On recommandera
le bœuf aux arachides et la longe de porc aux pruneaux. & ○ *déj.* ● *dim.*

MORELIA : *Las Viandas de San José* $$
Álvaro Obregón 263. **(** (443) 312 37 28.
Dans une charmante maison coloniale, ce restaurant sert des spécialités du
Michoacán, telles que *corundas* et *uchepos (tamales, p. 308).* & ○ *petit déj., déj.*

MORELIA : *Fonda las Mercedes* $$
León Guzmán 47. **(** (443) 312 61 13. FAX (443) 313 32 22.
Le restaurant occupe une maison du XVIIe siècle. Goûtez le *Sabaña Mercedes,* steak
à l'ail et sauce au piment doux. ○ *déj., dîn.* ● *dim. soir.*

MORELIA : *San Miguelito* $$$$
Angle d'Av. Camelinas et Beethoven. **(** (443) 324 44 11. FAX (443) 324 23 00.
Des antiquités ornent ce restaurant. Spécialité de *medallones San Miguelito,*
médaillons de bœuf à la *salsa de chipotle (p. 308).* & ○ *déj., dîn.* ● *dim. soir.*

MORELIA : *Las Trojes* $$$
Juan Sebastián Bach 51, La Loma. **(** (443) 324 32 83. FAX (443) 314 73 44.
Dans un ancien *troje,* grande cabane de rondins entourée d'un jardin tropical, ce
restaurant sert des spécialités de la mer. & ○ *déj., dîn.* ● *dim. soir.*

PÁTZCUARO : *Campestre Alemán* $$
Arocutín, 14 km à l'O. de la ville. **(** (434) 344 00 06. FAX (434) 344 02 99.
Ce charmant restaurant campagnard est entouré d'étangs où l'on peut pêcher.
On y déguste une cuisine allemande, soupe à la truite fumée et truite farcie au
jambon salé, dans un cadre paisible. & ○ *déj.*

PÁTZCUARO : *El Primer Piso* $$$
Plaza Vasco de Quiroga 29. **(** (434) 342 01 22.
Les balcons de cette maison du XVIe siècle, restaurée, donnent sur une place
charmante. El Primer Piso propose, en outre, de nombreux plats intéressants, comme
le *pollo hindú,* curry de poulet au yaourt, noix, fruit et riz. ○ *déj., dîn.* ● *mar.*

Légendes des symboles, voir rabat de couverture

Les prix correspondent à un menu à trois plats pour une personne avec un verre de vin local, taxes et service compris.

[$] moins de 10 $US
[$][$] de 10 à 15 $US
[$][$][$] de 15 à 20 $US
[$][$][$][$] de 20 à 25 $US
[$][$][$][$][$] plus de 25 $US

Cartes de crédit acceptées
Une ou plusieurs de ces cartes sont acceptées : Visa, Mastercard, American Express, Diners Club.

Tables à l'extérieur
On peut déjeuner dehors, sur une terrasse, dans une cour ou un jardin, souvent avec une belle vue.

Cuisine végétarienne
On trouve en général des plats sans viande ni poisson, mais pas nécessairement de plats végétaliens (sans œufs ni lait).

Spectacles
Musiciens ou autres artistes animent le dîner ou le déjeuner, ou les deux.

	Cartes de crédit acceptées	Tables à l'extérieur	Cuisine végétarienne	Spectacles
Puerto Vallarta : *Las Palomas* [$][$][$] Paseo Díaz Ordaz 610. ☎ *(322) 222 36 75.* [FAX] *(322) 223 05 54.* Réputé pour sa vue fabuleuse sur l'océan, Las Palomas propose des plats savoureux comme les *chilaquiles* (poulet servi avec tortillas, oignons, fromage, sauce au piment et crème aigre). ◯ *petit déj., déj., dîn.*	●	■	●	■
Puerto Vallarta : *La Dolce Vita* [$][$][$][$][$] Paseo Díaz Ordaz 674. ☎ *et* [FAX] *(322) 222 38 52.* La merveilleuse terrasse de ce restaurant surplombe la baie. La carte très cosmopolite offre entre autres : *antipasti*, pâtes fraîches, crevettes au citron, pizza, et tiramisu. ◯ *déj., dîn.* ⬤ *dim. soir, dernière semaine de sept.*	●	■		■
Querétaro : *Nicos* [$][$] Bd Bernardo Quintana 506, Arboledas. ☎ *(442) 212 66 17.* [FAX] *(442) 212 21 33.* Sous les voûtes en brique de Nicos, on sert de la grande cuisine mexicaine. Fromages de chèvre corsés. 💳 ♿ ◯ *petit déj., déj., dîn.*	●		●	■
Real de Catorce : *El Mesón de la Abundancia* [$] Lanzagorta 11. ☎ *(488) 887 50 44.* Ce restaurant rustique, dans un hôtel *(p. 300)*, sert des plats mexicains, suisses et italiens, comme les *fettucine al pesto* maison avec du pain aillé. ♿ ◯ *petit déj., déj., dîn.*	●	■	●	
San Blas : *El Delfín* [$][$][$] Paredes 106 Sur. ☎ *(323) 285 01 12.* [FAX] *(323) 285 03 08.* On vient de Puerto Vallarta pour manger au restaurant de l'hôtel Garza Canela. Potage aux crevettes au safran, salade de homard et saumon, pâtés de crevettes au vinaigre de coriandre sont délicieux. 💳 ♿ ◯ *petit déj., déj., dîn.*	●	■	●	
San Luis Potosí : *Fonda Orizatlán* [$][$] Pascual M. Hernández 240. ☎ *(444) 814 67 86.* Ce restaurant rustique et coloré, orné de photographies anciennes, propose une cuisine huastèque, spécialité de *tamales.* ♿ ◯ *petit déj., déj., dîn.* ⬤ *dim. soir.*	●	■	●	■
San Miguel de Allende : *Mama Mia* [$][$][$] Umarán 8. ☎ *(415) 152 20 63.* [FAX] *(415) 152 36 79.* On déguste, dans une agréable cour, le *pescado Mama Mia,* poisson aux champignons, bacon, fromage et ciboule. ♿ ◯ *petit déj., déj., dîn.*	●	■	●	■
San Miguel de Allende : *El Rincón Español* [$][$][$] Correo 29. ☎ *(415) 152 29 84.* Dans ce petit restaurant chaleureux orné de peintures cubistes, la superbe carte d'influence espagnole comprend paella et agneau rôti. ◯ *déj., dîn.*	●		●	■
San Miguel de Allende : *Bugambilia* [$][$][$][$] Hidalgo 42. ☎ *(415) 152 01 27.* [FAX] *(415) 152 43 82.* Dans une magnifique cour typiquement mexicaine, Bugambilia propose des plats régionaux, comme les *pacholes* (viande hachée aux épices). ♿ ◯ *déj., dîn.*	●	■		■
Tlaquepaque : *El Abajeño* [$][$][$] Francisco I. Madero 80. ☎ *(33) 3635 90 15.* [FAX] *(33) 3657 09 08.* Steaks d'agneau au bacon, champignons et *tortillas* (crêpes de maïs farcies) sont au menu. Parking. ♿ ◯ *petit déj., déj., dîn.*	●	■		■
Uruapan : *La Mansión* [$][$][$][$] Angle de Rodilla del Diablo et Parque Nacional. ☎ *(452) 523 21 00.* [FAX] *(452) 524 67 72.* Merveilleux endroit envahi de fleurs, La Mansión donne sur la source du Río Cupatitzio. Spécialité de *trucha tarasca* (truite à la sauce aux noix). ♿ ◯ *petit déj., déj., dîn.*	●	■	●	■
Zacatecas : *El Pueblito* [$] Av. Hidalgo 403. ☎ *et* [FAX] *(492) 924 38 18.* Orné de reproductions en réduction de bâtiments de la ville voisine de Sombrerete, El Pueblito cuisine des plats régionaux. Goûtez au *reliquia zacatecana,* steak servi avec une soupe aux nouilles et aux haricots. ◯ *déj., dîn.* ⬤ *mar.*	●		●	■

ZACATECAS : *Cenaduría los Dorados de Villa* $$$$
Plazuela de García 1314. **[** *et* FAX *(492) 922 57 22.*
La décoration de ce restaurant tenu par une famille évoque l'époque de la
révolution. Goûtez, parmi les plats traditionnels, le *pozole (p. 311).* **[&]** ◯ *déj., dîn.*

ZITÁCUARO : *Rancho San Cayetano* $$$$$
Mex 51, 2,5 km au S. **[** *et* FAX *(715) 153 19 26.*
Le menu de cet accueillant restaurant varie suivant les produits frais du jardin.
Délicieuse cuisine franco-mexicaine. Excellente carte des vins. **[&]** ◯ *petit déj., déj.,
dîn.*

LE SUD DU MEXIQUE

ACAPULCO : *El Zorrito* $$$$
Angle de Costera Miguel Alemán et Antón de Alaminos. **[** *(744) 485 79 14.*
Ouvert 23 heures par jour, ce petit restaurant mexicain typique propose des
tacos et de nombreuses sortes d'*antojitos (p. 310).* **[&]** ◯ *déj., dîn.*

ACAPULCO : *El Campanario* $$$$$$$$$
Calle Paraíso, Fraccionamiento Condesa. **[** *(744) 484 88 31.* FAX *(744) 484 03 58.*
Ce restaurant de style colonial offre une vue magnifique de sa terrasse. Le menu fixe
est très correct. Spécialité de filet de bœuf aux médaillons de crevettes. **[&]** ◯ *dîn.*

ACAPULCO : *Señor Frog's* $$$$$$$$$
Carretera Escénica 28, Fraccionamiento El Guitarrón. **[** *(744) 446 57 34.* FAX *(744)
446 57 65.* « Si la musique est trop forte, c'est que vous êtes trop vieux » : cette
maxime, entre autres, qui orne les murs de Señor Frog's est révélatrice de
l'ambiance du restaurant. La vue est magnifique. On peut danser ou déguster
bœuf et poulet au barbecue. ◯ *déj., dîn.*

ACAPULCO : *Madeiras* $$$$$$$$$
Carretera Escénica 33, Fraccionamiento El Guitarrón. **[** *(744) 446 57 23.*
Très joliment aménagé, avec une vue merveilleuse, le Madeiras propose un menu fixe
généreux avec des plats mexicains recherchés comme la longe de porc farcie de pâte
légère de maïs au *cuitlacoche (p. 311),* cuite dans une feuille de bananier. **[&]** ◯ *dîn.*

ACAPULCO : *El Olvido* $$$$$$$$$
Plaza Marbella, Costera Miguel Alemán. **[** *(744) 481 02 03.* FAX *(744) 481 02 56.*
Cuisine française raffinée avec une touche mexicaine, comme les crevettes sautées
au piment fumé et sauce hollandaise. **[&]** ◯ *dîn.*

HUATULCO : *El Sabor de Oaxaca* $$$$
Guamúchil 206. **[** *(958) 587 00 60.*
Le restaurant intime de l'hôtel Las Palmas. propose un large choix de spécialités
de l'Oaxaca. **[&]** ◯ *petit déj., déj., dîn.*

IXTAPA : *Los Mandiles* $$$$
Angle d'Andador Punta Carrizo et Isla de la pie. **[** *(755) 553 03 79.* FAX *(755) 553 17 20.*
Dans ce restaurant-discothèque règne une ambiance de fête. Plats intéressants,
comme le bœuf aux *nopales* (feuilles de figuier de Barbarie), et boisson forte mais
savoureuse appelée *mandil* (rhum, vodka, gin et fruit de la passion). **[&]** ◯ *déj., dîn.*

OAXACA : *El Asador Vasco* $$$$
Portal de Flores 10-A. **[** *(951) 514 47 55.* FAX *(951) 514 47 62.*
Les 11 balcons arrondis de ce restaurant rustique dominent le *zócalo.*
Savoureuses spécialités du pays basque et de l'Oaxaca. ◯ *déj., dîn.*

OAXACA : *La Casa de la Abuela* $$$$
Av. Hidalgo 616. **[** *et* FAX *(951) 516 35 44.*
Donnant sur l'Alameda et le *zócalo,* ce restaurant est décoré de figures de
saints. Il propose des plats mexicains typiques, *tasajo* (fines tranches de bœuf
séché) et piments farcis de *picadillo* (viande hachée). ◯ *déj., dîn.*

OAXACA : *El Naranjo* $$$$$$
Valerio Trujano 203. **[** *(951) 514 18 78.*
Dans un bâtiment du XVIIIᵉ siècle rénové, El Naranjo sert une cuisine
contemporaine de l'Oaxaca, comme les piments farcis. On y sert chaque jour
un *mole* différent *(p. 311).* **[&]** ◯ *déj., dîn.*

OAXACA : *Los Pacos Santo Domingo* $$$$
Constitución 104. **[** *et* FAX *(951) 516 17 04.*
Souvent considéré comme l'un des meilleurs restaurants de la région, il est aménagé
autour de deux cours anciennes et on y sert des plats régionaux authentiques, dont 6
sortes de *moles (p. 311)* et le mezcal de la maison *(p. 313).* **[&]** ◯ *petit déj., déj., dîn.*

Légendes des symboles, voir rabat de couverture

Les prix correspondent à un menu à trois plats pour une personne avec un verre de vin local, taxes et service compris.

- $ moins de 10 $US
- $$ de 10 à 15 $US
- $$$ de 15 à 20 $US
- $$$$ de 20 à 25 $US
- $$$$$ plus de 25 $US

CARTES DE CRÉDIT ACCEPTÉES
Une ou plusieurs de ces cartes sont acceptées : Visa, Mastercard, American Express, Diners Club.

TABLES À L'EXTÉRIEUR
On peut déjeuner dehors, sur une terrasse, dans une cour ou un jardin, souvent avec une belle vue.

CUISINE VÉGÉTARIENNE
On trouve en général des plats sans viande ni poisson, mais pas nécessairement de plats végétaliens (sans œufs ni lait).

SPECTACLES
Musiciens ou autres artistes animent le dîner ou le déjeuner, ou les deux.

	Prix	CARTES DE CRÉDIT ACCEPTÉES	TABLES À L'EXTÉRIEUR	CUISINE VÉGÉTARIENNE	SPECTACLES
OAXACA : *Terranova* Portal Benito Juarez 116. ☎ et FAX *(951) 514 05 33.* Bonne cuisine régionale et steaks sont à la carte de ce restaurant très animé où un orchestre joue tous les soirs de 20 h à 23 h. ♿ ◯ *petit déj., déj., dîn.*	$$$	●	■	●	■
PALENQUE : *Maya* Angle d'Independencia et Hidalgo. ☎ *(916) 345 00 42.* FAX *(916) 345 10 96.* Ce restaurant sans prétention, sur la place principale de Palenque, a ouvert ses portes en 1958. Il propose, entre autres, de la *carne a la Tampiqueña (p. 311)* et un délicieux bar à l'ail. ♿ ◯ *déj., dîn.*	$	●		●	■
PALENQUE : *La Selva* Carretera Palenque–Ruinas km 0,5. ☎ *(916) 345 03 63.* FAX *(916) 345 00 46.* Entouré d'un jardin tropical, le restaurant occupe un beau bâtiment à toit de chaume. La carte appétissante propose du *filete jacaranda* (filet de bœuf au jambon et fromage flambé au brandy) et de la seiche aux câpres et aux olives. ◯ *déj., dîn.*	$$$	●	■		
PUERTO ÁNGEL : *Villa Florencia* Av. Virgilio Uribe. ☎ & FAX *(958) 584 30 44.* Près du quai, au centre du village, ce restaurant italien offre des repas savoureux ; sa terrasse a une belle vue sur la mer. ♿ ◯ *petit déj., déj., dîn.*	$	●	■		
PUERTO ESCONDIDO : *Junto al Mar* Av. Pérez Gazga 600. ☎ et FAX *(954) 582 12 72.* Sur la plage, le plus ancien restaurant du port propose poissons et fruits de mer frais, par exemple les brochettes *(kabob)* de crevettes. ♿ ◯ *petit déj., déj., dîn.*	$$$	●	■		
SAN CRISTÓBAL DE LAS CASAS : *Madre Tierra* Av. Insurgentes 19. ☎ & FAX *(967) 678 42 97.* Restaurant végétarien en face de l'Iglesia de San Francisco. Nombreux plats succulents, dont les lasagnes aux champignons. ◯ *petit déj., déj., dîn.*	$		■	●	
SAN CRISTÓBAL DE LAS CASAS : *Tuluc* Av. Insurgentes 5. ☎ & FAX *(967) 678 20 90.* Cuisine internationale bon marché. Goûtez le *filete Tuluc*, bœuf enveloppant bacon, fromage et épinards, servi avec des pommes de terre rissolées. ♿ ◯ *petit déj., déj., dîn.*	$				
SAN CRISTÓBAL DE LAS CASAS : *El Fogón de Jovel* Av. 16 de Septiembre n° 11. ☎ *(967) 678 11 53.* FAX *(967) 678 31 45.* Dans cette maison coloniale, les serveurs arborent le costume régional en servant la cuisine du Chiapas. Découvrez l'*asado buwul*, bœuf farci de fromage fondu, accompagné de purée de pommes de terre. ◯ *déj., dîn.*	$$			●	■
SAN CRISTÓBAL DE LAS CASAS : *La Margarita* Real de Guadalupe 34-A. ☎ *(967) 678 09 57.* FAX *(967) 678 78 32.* Ce restaurant colonial accueillant propose, entre autres, une bonne *parrillada* (assiette de bœuf grillé, porc fumé, poulet, saucisse et fromage). ◯ *déj., dîn.*	$$				■
TEOTITLÁN DEL VALLE : *Tlamanalli* Av. Juárez 39. ☎ *(951) 524 41 57.* FAX *(951) 524 40 06.* Portant le nom d'un ancien dieu de la nourriture, le restaurant est tenu par cinq sœurs qui préparent une cuisine zapotèque authentique. Le menu varie souvent, et le personnel explique volontiers chaque plat. ◯ *déj.* ● *lun.*	$$$$			●	
TUXTLA GUTIÉRREZ : *Las Pichanchas* Av. Central Oriente 837. ☎ *(961) 612 53 51.* FAX *(961) 611 12 67.* Les convives peuvent apprécier ici la cuisine du Chiapas, comme la soupe *chipilín* à base de maïs, fromage, crème aigre et herbe *chipilín* locale. ♿ ◯ *déj., dîn.*	$	●	■	●	■
TUXTLA GUTIÉRREZ : *Cafetería Bonampak* Bd Belisario Domínguez 180. ☎ *(961) 602 59 25.* FAX *(961) 602 59 14.* Le restaurant moderne de l'hôtel Bonampak sert des spécialités régionales, comme le *cochito chiapaneco*, porc mariné et rôti. ▤ ♿ ◯ *petit déj., déj., dîn.*	$$	●		●	

ZIHUATANEJO : *La Sirena Gorda* [$][$]
Paseo del Pescador 20-A. ☎ *et* [FAX] *(755) 554 74 64.*
Ce petit restaurant à l'ambiance décontractée et accueillante est connu pour ses plats originaux, comme la daurade rouge noircie. ♿ ○ *petit déj., déj., dîn.* ● *mer.*
| | ■ | | |

ZIHUATANEJO : *La Gaviota* [$][$][$][$]
Playa la Ropa. ☎ *et* [FAX] *(755) 554 38 16.*
Sur la plage, La Gaviota sert des produits de la mer frais. On recommandera le poisson farci aux crevettes napé de sauce aux amandes. ♿ ○ *déj., dîn.*
| ● | ■ | | |

LA CÔTE DU GOLFE

COATEPEC : *Casa Bonilla* [$]
Cuauhtémoc 20. ☎ *(228) 816 03 74.* [FAX] *(228) 816 00 09.*
Ce restaurant animé, de style colonial, propose plus de 60 plats de poissons et fruits de mer, notamment un savoureux bar à l'*acuyo* (feuille aromatique). ♿ ○ *petit déj., déj.*
| ● | ■ | | ■ |

CÓRDOBA : *El Cordobés* [$]
Av. 1 n° 111. ☎ *et* [FAX] *(271) 712 30 15.*
El Cordobés, spécialité de ce restaurant pittoresque du Portal de Zevallos, est un filet de bœuf frit à la soupe d'anguilles. ♿ ○ *petit déj., déj., dîn.*
| ● | ■ | | |

LAGUNA DE CATEMACO : *Canimao* [$][$]
Carretera Asontecamapan km 2. ☎ *(942) 943 00 42.*
Le restaurant décontracté de l'hôtel Playa Azul offre une jolie vue sur le lac. Plats mexicains et régionaux. La « viande de singe » (en réalité du porc fûmé) est délicieuse. ♿ ○ *petit déj., déj., dîn.*
| ● | ■ | | |

ORIZABA : *Romanchú* [$]
7 Poniente n° 208. ☎ *et* [FAX] *(272) 725 25 85.*
Cet établissement très apprécié offre un choix de produits de la mer et de viandes. Goûtez les *langostinos Romanchú* (langoustines à l'ail). ♿ ○ *petit déj., déj., dîn.*
| ● | | ● | |

PAPANTLA : *Sorrento* [$]
Enriquez 105b. ☎ *(784) 842 00 67.*
Ce restaurant mexicain n'est qu'à un pâté de maison de la grande place, en face d'un grand *mural* décrivant la culture Totonacás. Menu à prix fixe. ○ *petit déj., déj., dîn.*

SANTIAGO TUXTLA : *Los Faisanes* [$][$]
Angle de Comonfort et 5 de Mayo. ☎ *(294) 947 04 00.* [FAX] *(294) 947 03 32*
Cet agréable restaurant de l'hôtel Castellanos propose un beau choix de poissons et viandes, dont le filet de bœuf aux oignons et champignons. ♿ ○ *petit déj., déj., dîn.*

TLACOTALPAN : *Doña Lala* [$][$][$]
Carranza 11. ☎ *et* [FAX] *(288) 884 25 80.*
Dans l'hôtel Posada Doña Lala du XIXe siècle, ce restaurant sert des plats régionaux comme l'*arroz a la tumbada,* riz aux fruits de mer. 💳 ○ *petit déj., déj., dîn.*
| ● | ■ | ● | |

VERACRUZ : *Gran Café de la Parroquia* [$][$]
Gómez Farías 34. ☎ *(229) 932 18 55.* [FAX] *(229) 932 89 23.*
Cet établissement est l'un des plus anciens et des plus réputés du Mexique. Par tradition, les clients font tinter leur verre avec leur cuillère pour obtenir son fameux café. Goûtez au *pescado a la Veracruzana (p. 309).* 💳 ♿ ○ *petit déj., déj., dîn.*
| ● | ■ | | ■ |

VERACRUZ : *Villa Rica Mocambo* [$][$][$]
Calzada Mocambo 527, Boca del Río. ☎ *et* [FAX] *(229) 922 21 13.*
Ce restaurant au toit de chaume jouit d'un superbe cadre tropical. Le *caracol al ajillo,* escargot de mer à l'ail, est une merveille. 💳 ♿ ○ *déj., dîn.*
| ● | ■ | | ■ |

VILLAHERMOSA : *Los Tulipanes* [$][$][$]
Conjunto Cicom. ☎ *et* [FAX] *(993) 312 92 17.*
Tout près de l'université et du musée Carlos Pellicer, Los Tulipanos bénéficient de grandes baies vitrées et d'une belle terrasse. Différents plats régionaux : produits de la mer, crevettes et soupes. 💳 ♿ ○ *petit déj., déj.*
| ● | ■ | | ■ |

XALAPA : *Churrería del Recuerdo* [$]
Victoria 158. ☎ *et* [FAX] *(228) 818 16 78.*
Dans cette jolie *churrería,* on sert des *churros (p. 311),* de la *horchata* (boisson aux graines de melon) et de l'*atole* aux fruits *(p. 312),* ainsi que des repas mexicains typiques. ○ *dîn.*
| | | ● | |

XALAPA : *La Casona del Beaterio* [$][$]
Zaragoza 20. ☎ *et* [FAX] *(228) 818 21 19.*
Savourez dans le patio la cuisine mexicaine et espagnole de la maison, notamment l'émincé de bœuf au jambon, à l'ananas et au fromage. ♿ ○ *petit déj., déj., dîn.*
| ● | ■ | ● | ■ |

Légendes des symboles, voir rabat de couverture

Les prix correspondent à un menu à trois plats pour une personne avec un verre de vin local, taxes et service compris.

[$] moins de 10 $US
[$][$] de 10 à 15 $US
[$][$][$] de 15 à 20 $US
[$][$][$][$] de 20 à 25 $US
[$][$][$][$][$] plus de 25 $US

Cartes de crédit acceptées
Une ou plusieurs de ces cartes sont acceptées : Visa, Mastercard, American Express, Diners Club.

Tables à l'extérieur
On peut déjeuner dehors, sur une terrasse, dans une cour ou un jardin, souvent avec une belle vue.

Cuisine végétarienne
On trouve en général des plats sans viande ni poisson, mais pas nécessairement de plats végétaliens (sans œufs ni lait).

Spectacles
Musiciens ou autres artistes animent le dîner ou le déjeuner, ou les deux.

La péninsule du Yucatán

	Cartes de crédit acceptées	Tables à l'extérieur	Cuisine végétarienne	Spectacles
Akumal : *La Buena Vida* [$][$][$] Carretera Cancún-Chetumal km 104. ☎ *(984) 875 90 61.* [FAX] *(984) 875 90 58.* Ce restaurant fréquenté et décontracté, en bord de plage, propose ses fameux tacos de crevettes et des steaks. ♿ ▢ *déj., dîn.*	●	■		
Campeche: *Marganzo* [$][$] Calle 8 n° 262. ☎ *(981) 811 38 98.* [FAX] *(981) 816 25 30.* Ce restaurant colonial est connu pour son *pan de cazón,* taco fourré de haricots et de roussette. ☰ ♿ ▢ *petit déj., déj., dîn.*	●	■		■
Cancún : *María Bonita* [$][$][$][$] Punta Cancún. ☎ *(998) 848 70 00, poste 7960.* [FAX] *(998) 848 70 06.* Le restaurant se divise en plusieurs sections à l'ambiance différente. On y sert du poulet farci aux crevettes et au fromage. ☰ ♿ ▢ *dîn., dim. : déj. et dîn.*	●		●	■
Cancún : *La Dolce Vita* [$][$][$][$][$] Bd Kukulcán km 14,5, Zona Hotelera. ☎ *(998) 885 01 50.* [FAX] *(998) 884 04 61.* On déguste de délicieux plats italiens, comme les médaillons de homard et de crevettes, sur une terrasse donnant sur le lagon. Excellente carte des vins. ☰ ♿ ▢ *déj., dîn.*	●	■	●	■
Cancún : *La Habichuela* [$][$][$][$][$] Margaritas 25. ☎ *(998) 884 31 58.* [FAX] *(998) 884 09 40.* On peut dîner sous les étoiles dans le jardin de ce restaurant et goûter des plats exotiques comme la *cocobichuela* (curry de crevettes et homard avec riz, noix de coco fraîche, ananas et banane frits). ☰ ♿ ▢ *déj., dîn.*	●	■	●	
Cancún : *La Hacienda del Mortero* [$][$][$][$][$] Bd Kukulcán, Zona Hotelera. ☎ *(998) 883 11 33, poste 746.* [FAX] *(998) 883 17 90.* Ce restaurant est la réplique d'une hacienda du Durango. Steaks et crevettes à l'*achiote (p. 311)* sont les spécialités de la maison. ☰ ▢ *dîn.*	●	■	●	■
Cancún : *La Joya* [$][$][$][$][$] Bd Kukulcán km 9,5, Zona Hotelera. ☎ *(998) 881 32 00, poste 4200.* [FAX] *(998) 881 32 83.* Le restaurant de l'hôtel Coral Beach est l'un des plus élégants et des plus chers de la ville. Grande cuisine mexicaine et internationale. ☰ ▢ *dîn.*	●		●	■
Chetumal : *Nah Balam* [$][$] Av. Héroes 171-A. ☎ *(983) 835 04 00, poste 153.* [FAX] *(983) 832 16 07.* On appréciera la cuisine internationale et régionale et le service du restaurant moderne et accueillant de l'Holiday Inn. ☰ ♿ ▢ *petit déj., déj., dîn.*	●	■	●	
Chetumal : *Sergio's Pizzas* [$][$][$] Av. Álvaro Obregón 182. ☎ *et* [FAX] *(983) 832 08 82.* Bon choix de pizzas et de pâtes, de viandes comme l'*arrachera Tampiqueña,* filet de bœuf aux haricots et guacamole. ☰ ♿ ▢ *petit déj., déj., dîn.*	●		●	
Chichén Itzá : *Villas Arqueológicas* [$][$] Mex 180, au S.-E. du site. ☎ *(985) 865 60 00* [FAX] *(985) 856 60 08.* Voisin du site archéologique, l'hôtel-restaurant sert des plats français et des plats régionaux comme le *pollo al pibil (p. 309).* ☰ ♿ ▢ *petit déj., déj., dîn.*	●	■	●	
Cozumel : *La Choza* [$][$] Adolfo Rosado Salas 200. ☎ *(987) 872 09 58.* [FAX] *(987) 872 34 17.* Cet établissement apprécié propose des plats maison, typiquement mexicains, comme le *relleno negro,* poulet à la sauce de piments noircis. ♿ ▢ *petit déj., déj., dîn.*	●	■	●	
Cozumel : *Pepe's Grill* [$][$][$][$][$] Angle d'Av. Rafael Melgar et Rosado Salas. ☎ *(987) 872 58 66* [FAX] *(987) 872 13 86.* Goûtez les délicieux steaks et poissons grillés et l'excellente carte des vins de ce restaurant du front de mer en profitant de la belle vue du second étage. ☰ ▢ *dîn.*	●			■

ISLA MUJERES : *Pizza Rolandi's* $$
Av. Hidalgo 110. (998) 877 04 30. FAX (998) 877 04 29.
Rolandi's sert de superbes pizzas cuites au feu de bois, et propose un grand choix de poissons et de viandes. ◯ *déj., dîn.*

MÉRIDA : *Los Almendros* $$$
Calle 50-A n° 493. (999) 928 54 59. FAX (999) 923 81 35.
Réputé pour sa cuisine traditionnelle du Yucatán, ce restaurant, populaire et bon marché, sert des plats savoureux comme le *poc-chuc*, porc grillé aux tomates marinées et noircies, et la soupe au citron vert. ▤ ♿ ◯ *déj., dîn.*

MÉRIDA : *Hacienda Teya* $$
Mex 180, 12,5 km à l'E. de la ville. (999) 988 08 00. FAX (999) 988 08 02.
Cette exceptionnelle hacienda du XVIIe siècle, entourée de jardins et impeccablement restaurée, abrite un élégant hôtel-restaurant. Le chef vous enchantera avec ses plats traditionnels du Yucatán. ▤ ♿ ◯ *déj.*

MÉRIDA : *Pórtico del Peregrino* $$$
Calle 57 n° 501. et FAX (999) 928 61 63.
Ce restaurant du centre sert une bonne cuisine internationale. Délicieuse spécialité de la maison : la *zarzuela*, assiette de produits de la mer. ▤ ♿ ◯ *déj., dîn.*

MÉRIDA : *El Tucho* $$$
Calle 60 n° 482. (999) 924 23 23.
Près de l'Iglesia Santa Lucia, ce restaurant offre une bonne cuisine régionale. Au menu, les *papadzules*, tortillas de maïs farcies aux œufs durs. ♿ ◯ *déj.*

MÉRIDA : *Pancho's* $$$
Calle 59 n° 509. (999) 923 09 42. FAX (999) 927 04 34.
Les serveurs de ce restaurant animé portent cartouchières et sombreros. Goûtez le *camarón al tequila*, crevettes flambées à la tequila et au vin blanc. ♿ ◯ *dîn.*

PLAYA DEL CARMEN : *Señor Frog's* $$
Centro Comercial Plaza Marina. et FAX (984) 873 09 30.
Près du quai des ferries, le restaurant sert de savoureuses spécialités flambées comme le *bull shot*, bœuf au laurier à la vodka. Les amateurs peuvent danser au son de l'orchestre. ♿ ◯ *petit déj., déj., dîn.*

PLAYA DEL CARMEN : *La Parrilla* $$$
Angle de 8 Norte et Quinta Av. et FAX (984) 873 06 87.
Sur la belle Plaza Rincón del Sol, ce restaurant fréquenté, orné de grands sombreros, propose viandes grillées et homard. ♿ ◯ *déj., dîn.*

PROGRESO : *Le Saint Bonnet* $$$$
Calle 19 n° 150-D. et FAX (969) 935 22 99.
Dans ce restaurant au toit de chaume, près de la jetée de Progreso, on sert des plats français, par exemple des crevettes au champagne. ♿ ◯ *petit déj., déj., dîn.*

PUERTO MORELOS : *Los Pelícanos* $$$$
Av. Rafael E. Melgar 2. et FAX (998) 871 00 14.
Le poisson est roi dans ce restaurant rustique proche du quai. Sur la terrasse, vous dégusterez le *platón pelicanos*, assiette de la mer. ♿ ◯ *petit déj., déj., dîn.*

TULUM : *Ambrosio's 24 Horas* $
Jupiter 2. (984) 871 21 78. FAX (984) 871 24 08
La spécialité de ce restaurant familial, ouvert 24 h/24, est le *filete Ambrosio's*, filet de bœuf fourré de fromage, jambon et olives. ♿ ◯ *petit déj., déj., dîn.*

TULUM : *Garibaldi* $$$
Centro Comercial. (984) 871 21 76. FAX (984) 871 20 52.
Très près du site archéologique, ce restaurant apprécié a une carte très riche de viandes, produits de la mer et plats régionaux. ♿ ◯ *petit déj., déj.*

UXMAL : *Villas Arqueológicas* $$$
Mex 261, à l'E. du site. (997) 974 60 20. FAX (997) 976 20 40.
Juste à l'extérieur du site d'Uxmal, cet hôtel-restaurant du Club Méditerranée sert une cuisine mexicaine et française. Poulet sauce citron et mérou *a la Veracruzana (p. 309)*. ▤ ♿ ◯ *petit déj., déj., dîn.*

VALLADOLID : *El Mesón del Marqués* $
Calle 39 n° 203. (985) 856 20 73. FAX (985) 856 22 80.
Ce restaurant colonial sert des plats traditionnels du Yucatán comme le *lomito Valladolid*, longe de porc sauce tomate, et le poulet mariné. ▤ ◯ *petit déj., déj., dîn.*

Légendes des symboles, voir rabat de couverture

FAIRE DES ACHATS AU MEXIQUE

Les achats sont un des grands plaisirs d'un séjour au Mexique. Certains apprécieront les boutiques haut de gamme ou les bijouteries des galeries commerçantes des grandes villes ou des stations balnéaires *(Achats à Mexico, p. 114-115)*. D'autres préféreront découvrir les marchés de rue bariolés, ou bien un stand isolé en bord de route, offrant de superbes terres cuites. Le marchandage n'est pas

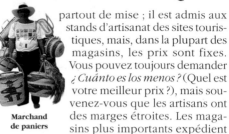

Marchand de paniers

partout de mise ; il est admis aux stands d'artisanat des sites touristiques, mais, dans la plupart des magasins, les prix sont fixes. Vous pouvez toujours demander *¿ Cuánto es los menos ?* (Quel est votre meilleur prix ?), mais souvenez-vous que les artisans ont des marges étroites. Les magasins plus importants expédient les marchandises par bateau. L'exportation de pièces archéologiques est interdite.

Stand coloré au bord de la route, offrant souvenirs, tapis et sacs

HEURES D'OUVERTURE

Les magasins ouvrent, en général, de 9 h à 19 h ou 20 h du lundi au samedi. Boulangeries et magasins de quartier peuvent ouvrir plus tôt, et rester ouverts jusqu'à 22 h. Boutiques et magasins d'artisanat ouvrent à 10 h. On peut faire des courses le dimanche dans les supermarchés et les lieux touristiques.

De grands centres commerciaux à l'américaine ont surgi un peu partout. Ils ouvrent le dimanche, mais certains ferment le lundi.

En dehors de Mexico, la plupart des magasins ferment entre 14 h et 16 h. Grands magasins et supermarchés restent ouverts partout à l'heure du déjeuner.

PAIEMENT

La plupart des magasins mexicains acceptent les grandes cartes de crédit (VISA et Mastercard ; moins souvent American Express et Diners Club). La TVA *(IVA)* de 15 % est généralement comprise

dans le prix. Le paiement par carte entraîne, en général, une petite surtaxe. Sur les marchés, sauf les plus touristiques, on n'accepte que l'argent liquide.

MAGASINS HABITUELS

Certains quartiers de la capitale, quelques villes et stations, possèdent de grands magasins élégants, des galeries commerçantes modernes et de luxueuses boutiques de mode. La plupart des grandes villes ont au moins un Sanborn's *(p. 114)*, avec un grand choix

Joyeux mélange des hommes et des marchandises, marché de Tepoztlán

de livres, magazines, cartes, cadeaux, chocolats et articles de toilette. Les supermarchés comme Aurrera ou Comercial Mexicana sont immenses et bien fournis en marques connues.

Loin des centres commerciaux modernes, la vie quotidienne tourne autour du marché et des magasins traditionnels des rues voisines : *panadería* (boulangerie), *tienda de abarrotes* (épicerie) et *ferretería* (quincaillerie).

BOUTIQUES SPÉCIALISÉES

León, Guadalajara et Monterrey sont réputées pour leurs articles en cuir de qualité. Les chaussures, d'un bon rapport qualité-prix, se trouvent sur tous les marchés et dans les magasins. Sacs et ceintures sont aussi d'excellents achats. Il vaut mieux acheter les *huaraches,* solides sandales à semelle de caoutchouc, au marché San Juan de Dios de Guadalajara *(p. 188-189)*. Les artisans du Jalisco fabriquent des *equipales,* fauteuils rustiques en bois et cuir.

Le Mexique est le premier producteur d'argent du monde, et les prix y sont bien inférieurs aux prix européens ou américains. Les artisans de Taxco *(p. 146-147),* Guanajuato *(p. 202-204)* et Zacatecas *(p. 192-193)* créent des bijoux modernes ou inspirés de motifs précolombiens. Le poinçon 925 garantit la bonne qualité de l'argent. On trouve partout de l'alpaca, alliage de nickel sans aucun argent. Opale, jadéite, lapis-lazuli, obsidienne, onyx sont relativement bon marché.

VÊTEMENTS

On trouve des vêtements de sport dans la plupart des stations touristiques et des grandes villes. Certaines boutiques chic et les grands magasins vendent des marques importées comme Gucci et Hermès. Les petits magasins et les marchés proposent partout des articles moins chers. Presque toutes les marchandises de marque vendues à bas prix sur les marchés sont des contrefaçons.

Achetez de préférence les vêtements indiens traditionnels brodés à la main dans les villages au sud et au sud-est de Mexico. Les boutiques d'artisanat proposent des modèles beaucoup plus commerciaux.

Chapeaux et écharpes ornant un stand de souvenirs

ARTISANAT RÉGIONAL

La diversité de l'artisanat mexicain (p. 330-331) est étonnante. Chaque région a ses spécialités. Choisissez d'acheter les *artesanías* sur leur lieu de fabrication, c'est plus intéressant et moins cher. La plupart des capitales régionales ont une Casa de las Artesanías qui expose et vend la production locale.

Boutiques touristiques typiques, Playa del Carmen

On trouve les créations les plus remarquables dans les régions où la population indienne est importante : États de l'Oaxaca, de Puebla, du Chiapas, du Guerrero, du Michoacán et du Nayarít.

ALIMENTATION, BOISSONS

Il vaut mieux acheter au marché piments frais et séchés, épices et pâte pour préparer les *moles* et autres plats mexicains. Le *mole* s'achète aussi en paquet ou bocal dans les supermarchés, mais il est moins bon. On trouve également différentes variétés de piments en bocal ou en boîte.

Les meilleures tequilas *añejo* (p. 313) sont fabriquées au Jalisco, mais supermarchés et *vinaterías* vendent partout de bonnes marques, comme Herradura ou Centenario. Évitez la tequila sans étiquette qui risque d'être contaminée avec du methanol. Le mezcal est moins commercialisé ; il vaut mieux l'acheter dans l'Oaxaca, son pays d'origine.

Les villes coloniales du cœur du Mexique ont pour spécialité bonbons et sucreries. On goûtera la *cajeta* de Celaya, les *chongos* de Zamora, la *camote* de Puebla, la *cocada envinada* de Guadalajara. À Mexico, La Dulcería de Celaya (p. 114) vend toutes ces douceurs.

MARCHÉS

Chaque ville mexicaine a au moins un marché : souvent un marché couvert permanent et un marché en plein air hebdomadaire ou *tianguis*, sur la place principale ou alentour. Dans les grandes villes, chaque quartier a son *mercado sobre ruedas*, marché de rue. Dans cet étalage bigarré de fruits, légumes, viande, poisson frais, des montagnes d'épices, d'herbes, de piments voisinent avec des vêtements, des articles domestiques et des babioles.

Au moment des fêtes, les marchés se transforment. À Mexico, on voit surgir pour Pâques une multitude de *diablos* rouges en papier mâché. Juste avant le Jour des Morts (p. 34-35), les stands débordent de crânes en sucre et de pantins-squelettes. À Noël, les décorations classiques cohabitent avec la version mexicaine des personnages de la Nativité.

Éventail bariolé de piments, épices et légumes secs sur un marché mexicain

L'art populaire mexicain

**Gourde
cérémonielle**

Au Mexique, l'artisanat est un élément essentiel de la vie quotidienne et des cérémonies : ses techniques se transmettent de génération en génération. L'art populaire moderne a pour origine la fusion d'apports du Nouveau Monde et de l'Ancien. Les écoles de mission enseignèrent les savoir-faire européens et les techniques espagnoles du travail du cuir, le métier à tisser à pédale, ou la glaçure en poterie furent introduites. Aujourd'hui, méthodes et motifs traditionnels voisinent avec des innovations récentes, offrant aux visiteurs des objets de belle qualité *(p. 332-333)*.

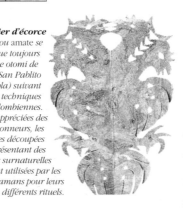

Les galions espagnols arborant l'insigne de la Croix apportent le christianisme au Mexique.

Les fêtes religieuses ponctuaient l'année précolombienne. En dépit des efforts des missionnaires pour la faire disparaître, la danse des *voladores* s'est perpétuée *(p. 29)*.

L'art de la poterie remonte à des millénaires au Mexique et dans d'autres régions du Nouveau Monde. De nombreuses techniques anciennes sont encore en usage.

Les potiers emploient toujours les méthodes traditionnelles. Ainsi, les femmes tzeltales d'Amatenango del Valle (Chiapas) continuent de travailler sans tour. Elles malaxent des colombins de terre qu'elles montent à la main. Elles polissent et décorent les surfaces avant cuisson.

Cette tisserande utilise un métier de ceinture. Les arts textiles des Indiens comme les Tzotziles servent surtout à l'habillement. Comme avant la Conquête, les tisserands emploient des techniques tel le brochage pour réaliser les motifs.

Le maïs, originaire d'Amérique, était un aliment de base des cultures précolombiennes *(p. 45)*. Il était écrasé à l'aide d'une *metate*, meule de pierre, comme aujourd'hui.

Le travail de l'argent existe depuis plusieurs siècles au Mexique. Après la Conquête, certains procédés disparurent, comme la fonte à la cire perdue, mais les joailliers modernes ont conservé un remarquable savoir-faire.

Le papier d'écorce ou amate *se fabrique toujours au village otomi de San Pablito (Puebla) suivant des techniques précolombiennes. Appréciées des collectionneurs, les figures découpées représentant des forces surnaturelles sont utilisées par les chamans pour leurs différents rituels.*

LA RENCONTRE DE DEUX MONDES

Près de Toluca, Metepec est célèbre pour sa céramique exubérante et ses « arbres de vie » bigarrés, s'inspirant de l'histoire, de la nature et de la Bible. Celui-ci, œuvre de Tiburcio Soteno, montre les conquistadors espagnols découvrant la civilisation aztèque en 1519.

Le calendrier aztèque, auquel la pierre du Soleil fait allusion *(p. 95)*, associe dans des cycles de 52 années un calendrier solaire de 365 jours et un calendrier sacré de 260 jours *(p. 47)*.

Les marchés *sont l'endroit idéal pour acheter des objets d'artisanat. Les vendeurs (souvent les artisans) font parfois de longs trajets pour proposer leurs créations.*

Les sacrifices humains avaient lieu dans les temples. Sur la pierre sacrificielle, on arrachait le cœur des victimes, messagers vers les dieux.

Tenochtitlán *(p. 94)* fut fondée lorsque les Aztèques, arrivant dans la vallée de Mexico, reconnurent le signe de l'aigle perché sur un cactus *(p. 43)*.

Ce dragon en papier mâché (alebrije) est de Felipe Linares. Introduit après la Conquête, le papier sert, à Mexico et à Celaya (ouest de Querétaro), à fabriquer des figures fantastiques de toutes sortes, peintes de couleurs vives.

La céramique vernissée *est décorative autant que fonctionnelle. Deux cuissons sont nécessaires. Le four fermé a, en général, remplacé les méthodes de cuisson pré-colombiennes. Souvent transparente, la glaçure peut aussi être jaune, noire ou verte.*

La broderie *existait avant la Conquête, mais a connu un grand essor sous la domination espagnole. Le corsage, ici brodé de fleurs, est un apport espagnol.*

Les ferblantiers *sont nombreux dans l'Oaxaca. Ils découpent, à l'aide de cisailles, de fines feuilles de métal souple pour réaliser lanternes et figures décoratives, simples ou peintes de couleurs acryliques éclatantes.*

Les objets d'artisanat

L'art populaire mexicain fait preuve d'une extraordinaire vitalité. Marchés, magasins, galeries proposent un artisanat de qualité. On peut aussi acheter directement au producteur et il est facile, dans de nombreux villages et petites villes, de rencontrer les artisans. Il est bon de négocier un prix correct, mais l'acheteur doit tenir compte du coût croissant des matériaux, du savoir-faire de l'artisan et du temps investi. Beaucoup d'artistes populaires signent leurs œuvres aujourd'hui, conscients de leur valeur auprès d'un nombre croissant de musées et de collectionneurs.

Plat en terre émaillé au fer-blanc du Guanajuato

CÉRAMIQUE

Les céramistes emploient toute une gamme de techniques anciennes et modernes. Dans l'Oaxaca, les méthodes de cuisson traditionnelles produisent une poterie noire à l'aspect lustré et métallique. La glaçure verte est typique du Michoacán. Puebla est célèbre pour sa céramique vernissée. On trouve presque partout des jouets de couleur vive.

Sirène en poterie peinte

Kiosque en terre cuite

Céramique d'Adam et Ève

Coq en fil de fer et papier mâché

PAPIER MÂCHÉ

Le papier mâché est utilisé pour créer jouets et figures décoratives pour les fêtes. On fabrique des masques toute l'année, des squelettes et des crânes pour le Jour des Morts (p. 34-35).

Poupée articulée en papier mâché

Masques d'homme et d'animal pour les enfants

JOUETS ET FIGURES EN BOIS

On confectionne des jouets en bois bon marché dans le Michoacán, le Guerrero, le Guanajuato. Dans l'Oaxaca, les figures et masques de danseurs sculptés et peints peuvent atteindre des prix élevés.

Tigre de bois aux yeux en sequins

Objets fragiles

Pour le transport, bourrez de papier tous les creux des objets, et enveloppez bien les parties saillantes.

Camionnette avec ses passagers

Lézard en bois laqué du Guerrero

TEXTILES

Dans certains États, les vêtements traditionnels, vastes ceintures, châles, jupes noués, *huipiles* (tuniques), sont tissés à la main, sur un métier de ceinture. Dans l'Oaxaca, on tisse couvertures et tapis sur des métiers à pédales. On trouve des chemises brodées dans de nombreuses régions. Les Huicholes sont réputés pour les tissages de perles.

Pièce tissée, motifs réalisés sur le métier

Tissu brodé otomí

Entretien des textiles
Il faut toujours laver les textiles à la main à l'eau froide, ils peuvent malgré tout déteindre. On recommandera de faire un essai préalable sur une partie du tissu.

Sac huichole en filet de perles

Chemise brodée nahua

TRAVAIL DU MÉTAL ET DES BIJOUX

Le travail du cuivre n'existe qu'au Michoacán : le métal brûlant est martelé pour façonner pichets, plats et chandeliers. Taxco est mondialement connu pour le travail de l'argent. Au Yucatán, les orfèvres créent de délicats colliers et pendants d'oreilles.

Coq

Taureau

Décorations
À Oaxaca, les ferblantiers découpent des figures dans des feuilles de métal. Peintes de couleurs translucides, elles forment des lampes, boîtes et figures chatoyantes. Le centre du Mexique produit d'élégants chandeliers et cadres de miroir baroques en métal non peint.

Oiseau mexicain

Tatou

Femme de l'Oaxaca

Pendants d'oreilles en argent, Puebla

AUTRES OBJETS

Il n'y a guère de matériau au Mexique qui ne serve à un usage fonctionnel, décoratif ou cérémoniel. Des œuvres raffinées et étranges sont créées à base de sucre, d'os, de corne, de vanille et de gomme. On trouve des images peintes sur papier d'écorce.

Gourde laquée

Vannerie
Beaux et solides, les paniers sont fabriqués dans plusieurs régions du Mexique, dont l'Oaxaca et le Guerrero, à partir de palmes, saule, canne, paille ou fibres d'agave.

Boîte laquée

Laques
Gourdes et objets en bois, boîtes, plateaux sont couverts d'un revêtement dur et brillant. Le travail de la laque remonte aux temps précolombiens.

RENSEIGNEMENTS PRATIQUES

LE MEXIQUE MODE D'EMPLOI

Au fil des ans, le Mexique acquiert une infrastructure touristique moderne. Voyager y est plus facile, mais, dans les régions reculées, les équipements touristiques peuvent encore être limités. Toutes les grandes villes ont un office de tourisme. Dans les petites communes, les informations sur les hôtels, restaurants, curiosités et activités sont disponibles au Palacio Municipal (hôtel de ville). Tout prend un peu plus de temps qu'ailleurs : il faut être prêt à ralentir son rythme, ce qui est facile quand on est sur la plage, mais plus frustrant quand on se heurte à la bureaucratie. Patience et philosophie !

Logo du ministère du Tourisme mexicain

QUAND PARTIR

La meilleure période pour visiter les sites de l'intérieur s'étend de février à juin. Puis commence la saison des pluies (p. 36-37) : elles sont diluviennes dans le Chiapas, le Tabasco et le Veracruz, mais la plupart des régions reçoivent juste une rafraîchissante averse quotidienne.

Novembre est idéal pour profiter de la plage : le temps est agréable et les prix sont plus bas qu'en haute saison (mi-décembre). Les Mexicains vont aussi sur la côte pour les *puentes (p. 30-33)* et en juillet-août. En septembre et octobre, il peut y avoir des cyclones sur la mer des Caraïbes. De décembre à février, le brouillard de Mexico est très dense.

VISAS ET PASSEPORTS

Les ressortissants de l'UE, de la Suisse et du Canada n'ont pas besoin de visa pour entrer au Mexique, mais s'ils vont à plus de 30 km de la frontière ou s'ils restent plus d'un jour, ils doivent obtenir la *Forma Migratoria de Turista* (FMT). Gratuite, elle est disponible aux frontières, dans les aéroports, les ports, les avions, ainsi qu'aux ambassades et offices de tourisme mexicains. Pour obtenir cette FMT, valable 180 jours, les visiteurs doivent être munis d'un passeport valide six mois après l'arrivée (pour les ressortissants du Canada une preuve de nationalité et un certificat de naissance suffisent), d'un billet de retour ou de correspondance, et doivent disposer de finances. Vous devez toujours avoir la FMT sur vous. Les moins de 18 ans non accompagnés doivent se munir d'une autorisation signée par leurs deux parents. Les visiteurs non touristes doivent obtenir un visa et chacun doit vérifier les conditions d'entrée requises.

DOUANE

Les plus de 18 ans peuvent importer 3 l de vin, bière ou spiritueux, 400 cigarettes ou 50 cigares. Ils ont droit à une caméra vidéo, un appareil photo, et jusqu'à 12 pellicules. Les utilisateurs d'appareils APS doivent emporter leurs pellicules, le système n'est pas connu partout au Mexique. Les conducteurs qui souhaitent sortir de Baja California ou de la zone frontière de 20 km ont besoin d'un *permiso de importación temporal de vehículos* fourni par la douane ou le Registro Federal de Vehículos *(p. 335)*.

Il est interdit d'exporter des pièces archéologiques, et les peines encourues sont lourdes. Choisissez une bonne reproduction certifiée.

Nombre de bouteilles autorisé par les douanes mexicaines

LANGUE

La langue officielle est l'espagnol, parlé presque par tous. Les Mexicains parlent facilement anglais dans les grands centres touristiques, mais, ailleurs, des notions d'espagnol sont souvent très utiles.

Les 57 groupes indiens du Mexique ont chacun leur langue. Dans les villages reculés, certains parlent peu l'espagnol ; mais on trouve, en général, quelques habitants bilingues.

Mexico, par une rare journée sans brouillard

◁ **Parade de carnaval à Huejotzingo, près de Puebla**

SAVOIR-VIVRE

La courtoisie est appréciée au Mexique. Il est d'usage de se serrer la main ou de s'embrasser (une fois) quand on se rencontre. Si on s'adresse à quelqu'un, on utilise *señor, señora* ou *señorita* ou un titre professionnel ou universitaire comme *Licenciado (Lic.)* pour les licenciés en droit ou en lettres.

Panneau routier indiquant un musée

Sauf pour la visite des églises, on peut porter des vêtements décontractés. Attention aux panneaux interdisant les photos. Certains Indiens n'aiment pas être photographiés, aussi vaut-il mieux demander leur autorisation pour éviter tout conflit.

Billets de différentes attractions touristiques

Le *machismo* mexicain, mondialement connu, est souvent inoffensif. Les femmes seules doivent cependant éviter les endroits isolés *(p. 340)*.

INFORMATIONS TOURISTIQUES

Les bureaux du SECTUR (Secretaría de Turismo) de

Les bureaux SECTUR fournissent de nombreux renseignements

Mexico, des capitales d'États et des grands centres touristiques fournissent des cartes (de qualité variable). Vous y trouverez également de nombreux renseignements sur l'hébergement et les curiosités de leur région. Dans les petites villes, on peut s'informer auprès de l'hôtel de ville.

HORAIRES D'OUVERTURE

La plupart des musées et sites archéologiques sont gérés par l'organisme d'État INAH, Instituto Nacional de Antropología e Historia. Les galeries d'art sont administrées par l'INBA, Instituto Nacional de Bellas Artes. L'entrée est souvent payante, excepté le dimanche. Les enfants paient demi-tarif. Les musées et sites sont ouverts de 9 h à 17 h, du mardi au dimanche.

HANDICAPÉS

La plupart des aéroports, des bons hôtels et restaurants disposent de rampes pour fauteuils roulants et de toilettes aménagées. Ailleurs, on ne trouve pas d'équipements pour handicapés, mais la situation s'améliore dans les villes. Avant de se rendre dans un hôtel ou un restaurant, il est préférable de s'informer sur les équipements disponibles.

HEURE LOCALE

Il y a quatre heures locales différentes au Mexique. La majorité du pays suit l'heure GMT moins 6 heures ; le Quintana Roo : GMT moins 5 ; la Baja California Sur, Nayarit, Sinaloa et Chihuahua : GMT moins 7 ; et la Baja California Norte GMT moins 8 en hiver.

ÉLECTRICITÉ

Comme dans le reste de l'Amérique du Nord, le courant est de 110 volts, 60 Hz. Les prises européennes à deux fiches nécessitent un adaptateur.

CARNET D'ADRESSES

AMBASSADES

France
Campos Elíseos 339, Polanco, DF 11560. 91 71 97 00. FAX 91 71 97 03. W www.francia.org.mx

Belgique
Av. Alfredo Musset, 41 Polanco, DF 11550. 52 80 07 58 ou 52 80 11 58.

Suisse
Torre Optima, 11e ét., Paseo de las Palmas 405, Lomas de Chapultepec, DF 11000. 55 20 30 03. FAX 55 20 86 85. W www.eda.admin.ch/mexico

Canada
Calle Schiller 529, Polanco DF 11560. 55 724 79 00. FAX 55 724 79 43. W www.dfait-maeci.gc.ca/mexico-city/

OFFICES MEXICAINS DU TOURISME (SECTUR) OU CORRESPONDANTS

Mexico
France
4, rue Notre-Dame-des-Victoires 75002 Paris. 01 42 86 96 13. W www.mexique.infotourisme.com

Belgique
Ambassade du Mexique
94 av. Franklin-Roosevelt, 1050 Bruxelles. 2 629 07 77.

Suisse
Sections consulaires de l'ambassade
16 rue de Candolle, 1205 Genève. 022 328 39 20.

Bernstrasse 57, 3005 Bern. 031 357 47 47.

Canada
1, place Ville-Marie, suite 1931, Montréal, P.Q. H3B-2C3. (514) 871 1052.
Consulat du Mexique
2055, rue Peel, Suite 1000, H3A-1V4 Montréal, Québec. (514) 288 25 02 ou (514) 288 49 16.

Santé

Chapeau de paille

Avant de partir au Mexique, il est prudent de préparer une trousse de soins d'urgence, avec pansements, bandes, gaze, pince à épiler et un antiseptique pour éviter l'infection des plaies superficielles. Le répulsif contre les insectes est indispensable. Emportez les médicaments que vous prenez habituellement, et assez de solution si vous portez des lentilles de contact. Le soleil est ardent au Mexique : prévoyez une crème à indice supérieur à 15 et un chapeau. Si vous voyagez hors des sentiers battus, munissez-vous de comprimés pour purifier l'eau.

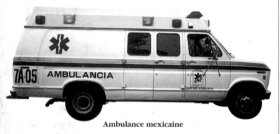

Ambulance mexicaine

VACCINATIONS ET ASSURANCE MÉDICALE

Aucun vaccin n'est exigé pour entrer au Mexique, sauf pour les voyageurs venant d'un pays où la fièvre jaune est endémique (certificat de vaccination à présenter). Mais il vaut mieux respecter certaines précautions en fonction de la région de destination.

La malaria subsiste dans certaines régions rurales, notamment dans le Sud : le traitement antipaludéen est à envisager. Les visiteurs de la côte du golfe et de la côte pacifique ont intérêt à se protéger des moustiques. Si vous explorez des régions reculées, vaccinez-vous contre la diphtérie, les hépatites A et B et la typhoïde, et soyez à jour des rappels de polio et tétanos.

L'assurance médicale s'impose, car le système de santé est parfois défaillant et la médecine privée chère.

SOINS MÉDICAUX

Il y a trois sortes d'hôpitaux au Mexique. Ceux de l'assistance publique (MSS) sont réservés aux Mexicains. Les cliniques et hôpitaux ISSSTE accueillent uniquement les fonctionnaires et employés de l'université. Tous les autres patients, y compris les touristes, doivent, soit s'adresser à la médecine privée, soit se rabattre sur le *Centro de Salud* local, géré par l'État ou la Croix-Rouge, et en général surpeuplé.

La qualité des soins varie quel que soit le type d'hôpital. Les centres hospitaliers publics des grandes villes, Mexico, Monterrey, Guadalajara, sont assez bien équipés, contrairement à ceux des villes plus éloignées. Les

Panonceau d'hôpital de la Cruz Roja

grands hôpitaux privés comme l'**ABC Hospital** de Mexico sont souvent très bons, mais les petites cliniques privées peuvent être mal équipées.

Votre ambassade ou l'office de tourisme local disposent d'une liste de médecins recommandés.

URGENCES

Pour les urgences, la Croix-Rouge gère des ambulances dans la plupart des grandes villes et centres touristiques. Dans les régions éloignées, mieux vaut prendre un taxi pour l'hôpital le plus proche. Si vous n'avez pas pris d'assurance, rendez-vous aux urgences *(Emergencias)* d'un hôpital d'État.

SECTUR, le ministère du Tourisme mexicain, a une ligne d'urgence 24 h/24 h. Prévue d'abord pour les premiers secours, elle dispense aussi des conseils de santé généraux.

PHARMACIES

Le Mexique est tolérant en matière de médicaments. Beaucoup de produits indisponibles ou proscrits aux États-Unis, au Canada et en Europe sont toujours en vente, souvent sans ordonnance. Le prix des médicaments est élevé, sauf pour les assurés sociaux qui reçoivent gratuitement les produits de base.

Les dispensaires fournissent gratuitement les sachets de sel traitant la diarrhée.

Pharmacie en pleine activité au centre de Mexico

Touristes sous le soleil mexicain

RISQUES MINEURS

L a visite des sites suppose souvent de marcher longtemps sous le soleil. Crème solaire, chapeau et bouteille d'eau sont vivement recommandés pour ces excursions, pour la plage et autres lieux exposés. Dans les régions tropicales, il est bon d'avoir avec soi eau minérale et sachets de sel réhydratants.

Les coupures dues aux coraux et les piqûres de méduses doivent être nettoyées au vinaigre, puis couvertes d'un onguent antiseptique. Si la plaie s'infecte, consultez un médecin.

À l'arrivée à Mexico, l'altitude et la pollution atmosphérique peuvent causer vertiges, saignements de nez, essoufflement et fatigue. Évitez la dépense physique et l'alcool le temps de vous y habituer. Les personnes âgées ou souffrant d'anémie, d'hypertension, de problèmes cardiaques ou respiratoires devraient consulter leur médecin avant de se rendre dans la ville de Mexico.

PROBLÈMES DIGESTIFS

E n prenant quelques précautions, on peut éviter la « vengeance de Moctezuma », appellation locale de la diarrhée. Ne buvez jamais d'eau du robinet et commandez vos boissons fraîches sans glaçon *(sin hielo)*. La plupart des hôtels servent de l'eau purifiée *(agua de garrafón)* et on trouve de l'eau minérale partout. Sinon, il faut faire bouillir l'eau 20 minutes ou la désinfecter avec des comprimés *(gotas)*, vendus dans toutes les pharmacies et les supermarchés.

Méfiez-vous particulièrement de la laitue, des fraises, de tous les fruits et légumes frais non pelés, à laver et désinfecter avant consommation. Le poisson cru, principal ingrédient du *ceviche (p. 311)*, peut parfois transporter des germes présents dans l'eau, comme le choléra.

Restez donc prudent, notamment avec les cuisines de rue (les *tacos al pastor* ont mauvaise réputation).

INSECTES

L es insectes mexicains sont rarement dangereux et leurs piqûres dégénèrent exceptionnellement.

Les scorpions sont communs. Les noirs ou brun foncé sont sans danger, mais les piqûres des petites espèces jaunes des régions chaudes et sèches imposent l'injection d'un antidote (gratuit dans tous les *Centros de Salud*). Les tarentules sont plus effrayantes que méchantes, mais l'araignée *capulina* ou veuve noire, présente dans l'ouest du Mexique, est dangereuse. Inspectez vos chaussures et secouez vos vêtements avant de les enfiler, surtout dans les régions rurales.

Lotion répulsive contre les insectes, spirale protectrice antimoustiques

MALADIES GRAVES

L a vaccination protège contre la typhoïde, la malaria, la fièvre jaune et l'hépatite. Des précautions élémentaires en matière de boisson et d'alimentation sont la meilleure forme de protection contre le choléra.

La giardiase ou le ver solitaire, parasitoses dues à l'ingestion d'eau contaminée, peuvent entraîner diarrhée chronique, crampes abdominales, fatigue, nausées,

CARNET D'ADRESSES

NUMÉROS D'URGENCE

Ambulance
℡ *065.*
Police
℡ *060.*
Assistance SECTUR
℡ 52 50 01 23 (24 h/24) ;
52 50 04 93 (Interlocuteur anglophone).

HÔPITAL

ABC (American British Cowdray) Hospital
℡ 52 30 80 00.

perte d'appétit, perte de poids. La prise de metronidazole sur ordonnance pendant dix jours enraye en général l'infection.

Il n'existe pas de vaccin contre la dengue, fièvre virale transmise par les moustiques. Il faut donc s'inonder de lotion répulsive, bien se couvrir à l'extérieur, le jour, et, surtout, dormir la nuit sous une moustiquaire. Fièvre soudaine, maux de tête, douleurs articulaires, nausées, vomissements et urticaire sont les manifestations de la dengue. Généralement sans gravité, elle peut durer 10 jours et la convalescence peut traîner en longueur pendant 4 semaines. Pour les maladies graves, consultez immédiatement un médecin.

TOILETTES PUBLIQUES

L es rares toilettes publiques (stations-service, marchés couverts, cafés, gares et gares routières) sont souvent sales. Dans les grandes villes, on recommandera les toilettes de Sanborn's *(p. 114)* ou de tout autre grand magasin, grand restaurant ou supermarché, plus conformes aux normes européennes.

Dans les aéroports et grands centres touristiques, l'état des W-C peut être parfait ou juste convenable. Partout ailleurs, munissez-vous de papier et de savon.

Toilettes

Sécurité

L a criminalité est en augmentation au Mexique. Même si la plupart des visiteurs ne rencontrent aucun problème, il faut être informé des risques. Les pickpockets sont nombreux dans les villes et foisonnent à Mexico. Laissez vos objets de valeur au coffre de l'hôtel et gardez votre argent dans une ceinture spéciale sous les vêtements. Évitez de conduire la nuit, utilisez les parkings des hôtels, et ne laissez jamais d'objets en évidence dans votre voiture. Évitez les plages et les routes isolées.

Policiers auxiliaires gardant un magasin

LA POLICE

D 'une manière générale, il vaut mieux éviter la police au Mexique. Elle rend rarement service et peut même envenimer la situation. Police fédérale des routes et police touristique sont deux exceptions : la première vous assistera si vous tombez en panne sur l'autoroute, la seconde parle en principe anglais et peut vous aider ou vous guider. Mieux vaut savoir les reconnaître.

La plupart des touristes verront trois ou quatre sortes d'agents. Parfois les uniformes changent, et les couleurs varient d'une région à l'autre. La *Policía de Tránsito* règle la circulation et distribue les amendes pour infractions au code de la route. À Mexico, on surnomme ses agents les *tamarindos* (tamarins) à cause de leur uniforme brun. Très présente à Mexico, la *Policía Auxiliar,* en bleu foncé, assiste les agents de la circulation et assure la sécurité des magasins, restaurants et stations de métro. La *Policía Bancaría e Industrial,* en bleu aussi, travaille sous contrat pour les banques et les entreprises.

En dehors des villes, la police fédérale des routes (*Policía Federal de Caminos*) patrouille sur l'autoroute dans des voitures noir et blanc.

Agent de la circulation à Mexico   **Agent de la circulation en Baja California**

Quelques États entretiennent une *Policía Turistica* pour assister les visiteurs.

Il y a aussi la police montée et les forces anti-émeute. Sous l'autorité du procureur fédéral, la célèbre *Policía Judicial Federal* (PFJ) traite les affaires criminelles, homicides ou drogue. Ces *judiciales,* en civil, ont sinistre réputation, mieux vaut les éviter.

CONTACTS AVEC LA POLICE

S i vous vous trouvez en difficulté, contactez votre ambassade plutôt que la police. Mais si vous avez affaire à elle, restez aussi calme et poli que possible. Quand la *Policía de Tránsito* vous arrête, chose assez fréquente, surtout dans la capitale, essayez d'abord d'expliquer que vous êtes un touriste. Ses agents pourront vous demander de payer une amende non officielle, ce que font beaucoup de gens. Les salaires de la police mexicaine sont très bas, et ces *mordidas* (littéralement morsures) constituent pour eux un complément. En général inférieures à l'amende officielle (*infracción*), les *mordidas* sont négociables. Pour déposer plainte contre un agent, notez son nom, son numéro d'insigne et le numéro d'immatriculation de sa voiture.

FEMMES SEULES

A u Mexique, une femme qui voyage seule doit s'attendre à recevoir de nombreux compliments non désirés. Cela reste en général un simple jeu verbal, et un ferme « *déjeme en paz* » (laissez-moi tranquille) devrait décourager les plus insistants. Ce *machismo* est parfois utile quand on cherche de l'aide. Mais les femmes doivent éviter les plages et les campagnes isolées, et les rues désertes la nuit. D'une manière générale, le naturisme ou les seins nus ne sont pas tolérés.

Voiture de la Policía Federal de Caminos

Camion de pompiers prêt à intervenir

DANGERS DE LA RUE

L es piétons n'ont pas la priorité au Mexique. Au volant ou à pied, soyez toujours vigilant à cause du mauvais revêtement des routes et des trottoirs, ou d'un éventuel trou béant peu visible dans une rue animée.

Regardez des deux côtés en traversant les rues à sens unique de Mexico, car les bus ont parfois le droit d'emprunter l'autre sens. Attention aussi aux carrefours, les conducteurs ne respectent pas toujours les feux et les panneaux.

Il vaut mieux éviter les taxis VW vert et blanc de Mexico

TAXIS DE MEXICO

D evant l'augmentation des agressions et des vols commis dans les taxis de Mexico, il est officiellement déconseillé aux touristes de héler un taxi dans la rue. Il vaut mieux appeler un radio-taxi *(sitio)* et, précaution supplémentaire, demander à l'interlocuteur le nom du chauffeur et le numéro d'immatriculation du taxi. À l'arrivée à l'aéroport international de Mexico, n'empruntez que les taxis de l'aéroport, jaunes avec le logo de l'aéroport sur la porte, après avoir acquitté le prix de la course dans l'aérogare à un des guichets spéciaux.

PERTE ET VOL D'OBJETS

D éclarer une perte ou un vol à la police mexicaine présente peu d'intérêt, à moins d'avoir besoin d'un récépissé *(levantar un acta)* pour l'assurance. Il faut se rendre au poste le plus proche *(delegación)*, en général dans les 24 heures qui suivent le vol.

La perte d'un passeport doit être signalée à votre ambassade, la perte de traveller's chèques à la banque d'émission.

CATASTROPHES NATURELLES

C omme dans tous les pays de climat tropical et au sous-sol instable, des catastrophes naturelles peuvent survenir, mais c'est loin d'être une menace constante. En cas de tremblement de terre, gardez votre calme et éloignez-vous immédiatement des poteaux électriques, câbles ou édifices qui pourraient s'effondrer. Ne prenez pas l'ascenseur. À l'intérieur d'un immeuble, l'encadrement des portes offre une bonne protection, mais il ne faut pas rester sous les escaliers. La plupart des blessures causées par les séismes sont dues au verre cassé.

Si, par malchance, vous vous trouvez sur la côte des Caraïbes au moment d'un cyclone, restez à l'hôtel, fermez les fenêtres et éloignez-vous d'elles.

Depuis décembre 1994, le Popocatépetl *(p. 149)* a donné divers signes d'activité sismique et les autorités mexicaines ont limité l'accès au pied du volcan et fermé les parcs et sentiers de randonnée sur ses pentes. Les mêmes restrictions sont appliquées au Volcán de Fuego, à Colima *(p. 187)*. Si vous désirez circuler dans ces zones, lisez bien les panneaux, et contactez votre ambassade ou SECTUR *(Secretaría de Turismo)* avant de partir pour avoir les dernières informations.

Instructions en cas d'incendie ou de séisme

Banque et monnaie

L'unité monétaire mexicaine est le peso, mais les dollars US sont souvent acceptés dans les régions touristiques. La plupart des grands hôtels, boutiques et restaurants prennent les principales cartes de crédit. Les pesos ne sont indispensables que dans les petites villes. Veillez à apporter du liquide ou des traveller's chèques en dollars. Il n'y a pas de restriction pour l'importation ou l'exportation de pesos, en pièces ou billets.

Distributeur de billets

BANQUES ET BUREAUX DE CHANGE

Les deux grandes banques mexicaines sont **BBVA Bancomer** et **Banamex,** mais les banques étrangères sont en augmentation. Elles ouvrent en général de 9 h à 17 h seulement en semaine, mais à Mexico et dans d'autres grandes villes, elles peuvent rester ouvertes jusqu'à 19 h, et 14 h le samedi. Demandez à l'hôtel les heures d'ouverture des agences locales.

Logo de banque mexicaine

Souvenez-vous que de nombreuses agences ne changent pas les devises ou les traveller's chèques après 14 h en semaine ; allez-y le matin.

Les bureaux de change *(casas de cambio)* ont des heures d'ouverture plus souples, le service y est souvent plus rapide et le change est à un meilleur taux. Les grands aéroports internationaux ont au moins une *casa de cambio*.

TRAVELLER'S CHÈQUES ET CARTES DE CRÉDIT

Le moyen le plus sûr de transporter l'argent est le traveller's chèque. On peut changer les chèques dans les *casas de cambio* et la plupart des banques. On vous demandera un passeport ou une autre pièce d'identité. Il n'y a pas de frais, mais le taux de change est souvent plus bas pour les chèques que pour les espèces. Conservez à part les reçus et la liste des numéros des chèques, utiles en cas de perte ou de vol. Les cartes de crédit les plus courantes sont, dans l'ordre, Mastercard, VISA et American Express. On trouve facilement des distributeurs de billets *(cajero automático)* dans les grandes villes. Pour éviter les vols, retirez l'argent aux heures de bureau, dans des endroits fréquentés, grandes artères, banques ou centres commerciaux.

Change à une *casa de cambio*

CARNET D'ADRESSES

BANQUES

BBVA Bancomer
Bolivar 38,
Mexico.
📞 56 21 34 34.

Banamex
Isabela Católica 44,
Mexico.
📞 52 25 30 00.

PERTE DE CARTE OU TRAVELLER'S CHÈQUES

American Express
📞 53 26 26 66.

Mastercard
📞 001 800 307 7309
(appel gratuit).

VISA
📞 001 800 847 29 11
(appel gratuit).

POURBOIRES ET TAXES

Le pourboire est en général facultatif au Mexique, mais il est apprécié. Dans les restaurants, prévoir 10 à 15 % de la note. Si vous réglez par carte, indiquez, dans la case pourboire *(propina)* du formulaire, la somme voulue, sinon un personnel peu scrupuleux y notera peut-être un montant abusif.

Les chauffeurs de taxi n'attendent pas de pourboire, sauf s'ils ont porté les bagages ou rendu un autre service. En revanche, les porteurs, surtout dans les grands hôtels et les aéroports, y sont habitués.

Il est d'usage de laisser quelques pièces aux personnes qui vous assistent, femmes de chambre ou pompistes. La plupart d'entre eux ayant des salaires très bas, les pourboires forment une part importante de leurs revenus. Les surveillants de parking et les enfants qui aident dans les supermarchés ne vivent que de pourboires.

En général, les prix comprennent la TVA de 15 % (*Impuesto al Valor Agregado*, IVA), mais ils sont parfois donnés *más* IVA, donc à majorer de 15 %.

MONNAIE

Le peso mexicain est divisé en 100 centavos.
Le 1er janvier 1993, on a enlevé trois zéros au peso, qui est devenu le Nuevo Peso (N$1). Aujourd'hui, on n'utilise plus le mot *nuevo*, la monnaie s'appelle simplement peso (1) et le Nuevo Peso n'a plus cours officiel.

Le symbole $ du peso se confond facilement avec celui du dollar US. Pour éviter toute méprise, les prix sont souvent indiqués suivis des lettres MN *(moneda nacional)*.

Veillez à avoir de la petite monnaie en pièces et billets pour les pourboires et les petits achats. Boutiques, taxis et bus ont souvent du mal à rendre la monnaie sur des gros billets.

Pièces

Il existe cinq pièces, de 1, 2, 5, 10 et 20 pesos. Elles sont blanches et jaunes mais leur taille augmente avec leur valeur. On trouve des pièces de 5, 10, 20, 50 centavos. La valeur est clairement indiquée côté pile.

10 pesos

5 pesos

1 peso

50 centavos

20 centavos

10 centavos

Billets

Il existe des billets de banque de 10, 20, 50, 100, 200, 500 pesos.

20 pesos

50 pesos

100 pesos

200 pesos

Communications

Logo de la poste mexicaine

Le téléphone est le moyen de communication le plus apprécié au Mexique, où le service du courrier est très lent et peu fiable : les lettres peuvent mettre des semaines, voire des mois, pour parvenir à destination. On trouve facilement des téléphones publics, et ceux-ci prennent en général les cartes téléphoniques. Les boîtes aux lettres sont jaunes, mais à Mexico et dans certains centres touristiques les nouvelles boîtes, rouge vif, sont marquées *Buzón Expresso*. Il y a neuf chaînes de télévision et deux radios nationales. Ceux qui lisent l'anglais peuvent lire le *Mexico City Times* et *The News*.

NUMÉROS DE TÉLÉPHONE

Pour appeler le Mexique, faire le 00 52, suivi de l'indicatif régional. Ces indicatifs peuvent avoir 1 ou 2 chiffres. Ils sont suivis du numéro à 7, 6 ou 5 chiffres. Mais ils sont en train de changer : on ramène l'indicatif à un chiffre, et on incorpore les chiffres suivants au numéro du correspondant. À Monterrey et Guadalajara, l'indicatif (1 chiffre) est accolé au numéro : il n'y a plus d'indicatif, juste un numéro à 8 chiffres, comme c'est déjà le cas à Mexico.

Logo de la compagnie de téléphone Telmex

SE SERVIR D'UN TÉLÉPHONE PUBLIC

1 Soulever le combiné, attendre la tonalité. L'écran indique que vous devez insérer votre carte *(inserte su tarjeta)* dans la fente à droite du combiné.

2 Une fois la carte en place, sa valeur restante s'affiche sur l'écran.

3 Entrer le numéro du correspondant. Les chiffres apparaissent au fur et à mesure sur l'écran, qui affiche toujours le montant restant sur la carte.

4 Lorsque l'appel est terminé, replacer le combiné. La carte ressort automatiquement. Si elle se vide en cours d'appel, la communication est coupée et il faut recommencer.

Cartes téléphoniques de différentes valeurs

TÉLÉPHONES PUBLICS

Les appels locaux, bon marché, peuvent se faire à partir des téléphones publics de la rue, ou des postes à pièces des restaurants et magasins affichant un panneau de téléphone.

Les téléphones LADATEL bleus gérés par Teléfonos de México (TELMEX) prennent des cartes LADATEL, d'une valeur de 30 ou 50 pesos, vendues dans les kiosques à journaux et magasins. Quelques téléphones publics prennent la carte de crédit ou les cartes américaines après composition d'un numéro de code. Avec TELMEX, les appels internationaux sont moins chers le week-end et après 20 h en semaine. Utilisez la carte LADATEL de 50 pesos pour un appel transatlantique. Dans la plupart des villes et villages, quand on ne trouve pas de téléphone LADATEL disponible, on peut s'adresser à la *caseta de larga distancia*, service de téléphone privé plus cher que le téléphone public, mais meilleur marché que les hôtels. Demander le prix de la communication à l'avance.

Les Mexicains disent *« ¿ Bueno ? »* en décrochant le téléphone, et attendent que l'on se présente.

INDICATIFS

• Pour obtenir une opératrice ou l'annuaire, composer le 040.
• Pour un appel en PCV, composer le 020 (Mexique) ou le 090 (international), demander *llamada por cobrar* et donner le numéro.
• Pour les appels longue distance au Mexique, composer le 01 suivi de l'indicatif régional et du numéro.
• Pour l'international, composer le 00 suivi de l'indicatif du pays, puis de l'indicatif régional et du numéro. Indicatifs de pays : France 33, Canada 1, Belgique 32, Suisse 41, Luxembourg 352.

Timbres illustrant des thèmes mexicains

SERVICES POSTAUX

Envoyer et recevoir des paquets par la poste n'est pas conseillé. Le fait de les recommander augmente les risques de détournement. La façon la plus sûre d'expédier un colis à l'étranger est d'utiliser un courrier international.

Les bureaux de poste principaux ouvrent de 8 h à 20 h en semaine et de 8 h à 13 h le samedi. Les plus petits ont en général des horaires moins étendus. La plupart des grands hôtels vendent des timbres pour cartes postales.

On peut faire garder son courrier dans la plupart des bureaux de poste et se faire adresser les lettres poste restante à *Lista de Correos,* suivi du nom de la ville et de l'État. Une pièce d'identité sera demandée pour le récupérer.

American Express offre à ses membres un service poste restante gratuit. On peut faire envoyer son courrier à l'une des agences locales.

Boîte aux lettres

ADRESSES AU MEXIQUE

Dans une adresse mexicaine, le numéro suit le nom de la rue. Il est parfois suivi d'un tiret et d'un numéro (ou lettre) pour l'appartement. La ligne suivante donne parfois le nom du *Fraccionamiento (Fracc.)* si la maison se trouve dans un lotissement. La *colonia (col.)* correspond au quartier. Ajouter si possible le code postal *(Código postal).*

RADIO ET TÉLÉVISION

On ne capte pas partout les 9 chaînes du pays. Certaines régions diffusent des programmes locaux à certaines heures. Sept des chaînes sont privées. La 11 et la 22, qui diffusent films et programmes culturels et scientifiques, sont des chaînes d'État.

La plus grande société est Televisa ; Cablevisión et MVS sont les deux principales chaînes de télévision cablées. Les émissions étrangères sont en général doublées en espagnol, mais les films sont parfois en VO sous-titrés. La plupart des hôtels ont le câble. Les chaînes du câble diffusent en espagnol et en anglais. Les hôtels de catégorie supérieure

proposent souvent la télévision satellite.

Presque toutes les villes mexicaines ont leur station de radio locale. Certaines, surtout dans les régions touristiques, diffusent des chansons et programmes en anglais à certaines heures. Dans le nord du pays, on reçoit la radio américaine.

PRESSE

Le *Mexico City Times* et *The News,* publiés à Mexico, donnent l'essentiel des nouvelles mexicaines et américaines et consacrent plusieurs pages à la vie culturelle de la capitale. Ceux qui lisent l'espagnol choisiront plutôt *Tiempo Libre,* publié le jeudi par *La Jornada et ¿ donde ?,* plus complets. On trouve la presse française dans les magasins *Casa de la Prensa* (plusieurs à Mexico) et à la *Libreria francesa* La Bouquinerie, à San Ángel.

Les journaux en langue anglaise sont distribués dans les régions comportant une communauté anglophone, comme Guadalajara et San Miguel de Allende.

Les grands journaux nationaux sont *Reforma, El Universal, La Jornada* et *Excelsior.* Mais la presse à sensation, comme *La Prensa,* a beaucoup plus de lecteurs.

INTERNET ET FAX

Le courrier électronique permet de pallier les défaillances de la poste mexicaine. Les cybercafés, où on peut recevoir du courrier et naviguer sur Internet, se développent dans les villes et les régions touristiques. Les tarifs horaires sont en général très raisonnables.

Les services de fax public sont aussi très répandus dans les villes. Ils sont indiqués par un panneau *Fax Público.*

Dépôt du courrier au comptoir d'un bureau de poste

Sport et spectacle

L es Mexicains sont fous de sport. Le Mexique est le
seul pays qui ait accueilli deux fois la Coupe du
monde de Football, et c'est le foyer du Conseil mondial
de la Boxe. Mexico compte trois quotidiens de sport, et
la télévision enchaîne les retransmissions sportives. Tous
les matchs de la ligue de football mexicaine sont
retransmis en direct et les matchs de base-ball sont suivis
en direct à la radio. Les grandes rencontres sportives ont
lieu principalement à Mexico *(p. 117)*.

Lutteurs masqués de *lucha libre*

LA LUTTE

C e sport national populaire,
la *lucha libre*, attire toutes
les couches de la société. Le
vendredi soir, on peut y assister
à l'Arena México, et le
dimanche, au Toreo de Cuatro
Caminos. Vêtus de manière
théâtrale, les lutteurs
représentent souvent une
organisation ou une cause :
Superbarrio (super quartier)
se fait le champion
des marginaux de Mexico.
Attention ! Un lutteur peut
tomber sur un spectateur du
premier rang et le blesser.

LA BOXE

D es combats de boxe sont
organisés tous les week-
ends à Mexico. Rendez-vous
le samedi soir à l'Arena
Coliseo, une salle sans attraits
qui a vu les débuts de
nombreux champions
mexicains. Il y a en général
quatre combats, dont l'un
pour un titre mexicain.

LA *CHARRERÍA*

L a *charrería (p. 74)* est
le seul sport considéré
comme authentiquement
mexicain. En costumes
sophistiqués, les *charros*
ou cavaliers exécutent des
figures proches de celles
du rodéo et passent dix
épreuves différentes dans une
arène semblable aux arènes
de taureaux. On peut en voir
au Rancho del Charro à
Mexico, mais la *charrería* est
plutôt une manifestation
rurale du centre et du nord
du pays. La musique, élément
essentiel de la *charrería*,
est confiée aux musiciens
mariachis.

LE FOOTBALL

L e football est une passion
mexicaine. Il y a deux
tournois par an, celui d'hiver,
de juillet à décembre, et celui
d'été, de janvier à mai.
Les deux meilleures équipes
sont America et Cruz Azul,
de Mexico et Guadalajara, qui
n'engage que des Mexicains.
Le meilleur endroit pour
assister à un match est
l'Estadio Azteca, le seul stade
qui ait accueilli deux finales
de Coupe du monde. Pour
participer à la fête après les
matchs internationaux,
rendez-vous à l'Ange de
l'Indépendance *(p. 84)*,
où des hordes de supporters
agitent des drapeaux au
son des sifflets.

LA CORRIDA

L a saison des corridas
(temporada grande) dure
cinq mois, de novembre à
avril. Le Mexique attire les
meilleurs toreros.
Les arènes de
Mexico, les plus
grandes du monde
(p. 110), sont un
lieu à la mode où
hommes politiques,
stars de cinéma,
businessmen
millionnaires,
vedettes de sitcoms
et nombreuses
autres célébrités
mexicaines
occupent les rangs
des personnalités.
Les combats
commencent à 16 h
tous les dimanches.

Billet de
corrida,
Mexico

LE BASE-BALL

L e base-ball est aussi un
sport populaire au
Mexique, surtout dans le sud
et le nord du pays. Il y a deux
ligues, la Ligue mexicaine de
base-ball et la Ligue du
Pacifique. Les grands matchs
de Mexico se jouent souvent à
guichets fermés, surtout les
finales, en août. Les deux
grands clubs de la capitale, les
Tigres et les Diablos Rojos,
jouent tous deux au Foro Sol,
sur Magdalena Michuca. Il
n'est pas nécessaire de
réserver.

Cavaliers *charros* en pleine action

Activités de plein air

Les paysages variés du Mexique créent un cadre idéal pour toutes sortes de sports de plein air. Beaucoup d'hôtels possèdent leurs propres équipements sportifs ou sauront vous renseigner sur les possibilités locales. L'édition du mardi du journal *Reforma* propose une liste de sports d'aventure. Les offices de tourisme du Mexique, sur place ou à l'étranger, vous informeront.

SPORTS NAUTIQUES

Dans la plupart des stations balnéaires du Mexique, les hôtels peuvent organiser des sorties de plongée avec tuba ou bouteilles. On trouve sur tout le front de mer des sociétés proposant ces services. Comparez avant de choisir, en posant un maximum de questions. Le meilleur endroit pour la plongée est Cozumel *(p. 282-283)*, sur la côte du Yucatán.

On peut aussi louer jet-skis et petits bateaux dans les grandes stations de la côte, et essayer le ski nautique, le parachute ascensionnel ou le tour en « banane » gonflable tirée par un hors-bord. De nombreux adeptes du surf choisissent la côte pacifique. Puerto Escondido est « la Mecque » du surf. Mais les plages de Baja California ont aussi beaucoup de succès *(p. 162-169)*.

Ces dernières années, les sports en eau douce ont connu un véritable boom au Mexique. Une myriade de sociétés propose des circuits en raft, kayak et canoë, notamment dans les États de San Luis Potosí et du Veracruz. Sur ces circuits, l'hébergement va de l'hôtel confortable au camp plus rustique en bord de rivière.

Randonnée à cheval

CHEVAL

Dans la région de Mexico, plusieurs centres équestres louent des chevaux à l'heure. La plupart d'entre eux donnent des leçons, et certains fournissent des guides pour la randonnée organisée. Dans les stations touristiques tranquilles, des enfants louent des chevaux à l'heure pour une promenade sur la plage.

RANDONNÉE ET ESCALADE

Le Mexique offre un grand choix de paysages montagneux spectaculaires. Les deux chaînes Sierra Madre qui traversent le Nord et le Centre possèdent de beaux itinéraires de randonnée. On trouve aussi de bons parcours

Le raft procure des sensations fortes

d'escalade dans l'État de Mexico. Mais toutes les zones de montagne ne font pas bon accueil aux visiteurs, et il est bon de vérifier avant de partir si la région est sûre. Dans certains endroits isolés, on cultive illégalement la marijuana et le pavot pour l'héroïne. D'autres servent de refuge à la guérilla, ou de zone d'entraînement pour les soldats. Les civils y sont en danger. Beaucoup de secteurs restent le domaine des Indiens *(p. 20-21)*, et il vaut mieux obtenir une autorisation écrite des anciens de la tribu avant de pénétrer sur leur territoire.

GOLF

Le Mexique dispose de 70 golfs. La plupart des stations côtières possèdent au moins un terrain de golf, Acapulco, Cancún et Puerto Vallarta en ont plusieurs. Certains appartiennent à des chaînes hôtelières et offrent des réductions aux résidents. Mais les non-résidents peuvent en général réserver en téléphonant à l'avance.

Golfeurs à Cancún

PÊCHE

Des agences organisent des parties de pêche ainsi que, parfois, les grands hôtels. Les poissons de mer les plus répandus sont le thon, l'espadon, le bar et le brochet de mer. Mazatlán abrite la plus grande flotte de pêche sportive du Mexique.

La saison de la pêche débute en octobre et s'achève en mai. Sur la côte, on pêche des poissons de mer, mais aussi des poissons d'eau douce dans les lagons d'Acapulco, Campeche, Mazatlán et Tampico. Dans de nombreux États de l'intérieur, on peut pêcher en eau douce.

ALLER AU MEXIQUE ET Y CIRCULER

L e Mexique est immense, et même si les transports intérieurs ne sont pas toujours aussi rapides que l'espèrent les visiteurs, ils sont de plus en plus faciles à utiliser. Il y a des aéroports à proximité de toutes les grandes villes, dont une bonne douzaine d'aéroports internationaux reliés au monde entier. On peut choisir de voyager par avion à l'intérieur du pays. La privatisation du chemin de fer a éliminé

Avion Mexicana attendant le décollage

le trafic ferroviaire, car la plupart des trains de voyageurs ont été supprimés. Mais le réseau des autocars, très ramifié, touche même les petits villages. La voiture offre la plus grande souplesse en matière de rapidité et de facilité d'accès, mais la conduite peut s'avérer éprouvante sur les routes en mauvais état. La Baja California et les îles de Cozumel et Isla Mujeres, dans les Caraïbes, sont desservies par des ferries.

ARRIVER EN AVION

L 'Aeropuerto Benito Juárez de Mexico est le premier point d'arrivée des vols internationaux à destination du Mexique. Alors que d'autres compagnies font escale aux États-Unis (Swissair, Sabena), **AeroMéxico, Air France, British Airways, Iberia, Northwest/KLM** et **Lufthansa** proposent des vols direct au départ de l'Europe : Air France et AeroMéxico au départ de Paris (le vol direct Paris-Mexico dure moins de 12 heures) ; British Airways au départ de Londres ; Northwest/KLM, d'Amsterdam ; Lufthansa, de Francfort ; et Iberia et AeroMéxico, de Madrid. Des vols charters directs relient l'Europe aux grandes stations de la côte mexicaine.

Arrivées, Aeropuerto Benito Juárez de Mexico

Air Canada propose des vols quotidiens de Toronto à Mexico en moins de 5 heures.

Les voyageurs qui passent par les États-Unis peuvent emprunter des vols réguliers pour le Mexique au départ de 20 grandes villes. Washington (DC) et de nombreuses villes desservent directement Acapulco, Cancún, Cozumel, Guadalajara, Guaymas, Huatulco, Loreto, La Paz, Manzanillo, Mazatlán, Puerto Vallarta, San José del Cabo,

Veracruz et Zihuatanejo. Le vol New York-Mexico dure 5 h 30, le vol Los Angeles-Mexico 3 h 30.

Pour ceux qui arrivent d'Amérique du Sud, **Aviateca** et **Varig** proposent des vols pour Mexico. **Mexicana** et **AeroMéxico** relient aussi les grandes villes d'Amérique centrale et d'Amérique du Sud à Mexico.

Les voyageurs qui transitent par Mexico doivent récupérer leurs bagages avant de prendre leur correspondance pour les vols intérieurs.

AÉROPORTS

I l y a 60 aéroports au Mexique. Quinze d'entre eux accueillent les vols internationaux touristiques. Une trentaine d'autres sont classés « internationaux », mais soit ils sont situés dans des villes de la frontière

AÉROPORT	ℂ RENSEIGNEMENTS	DISTANCE DE LA VILLE OU DE LA STATION	TEMPS MOYEN DE TRANSFERT PAR LA ROUTE
Mexico	55 71 36 00	*Zócalo* 15 km	45 minutes
Acapulco	(744) 466 94 29	Centre-ville 30 km	30 minutes
Cancún	(998) 848 72 00	Cancún ville 20 km	30 minutes
Cozumel	(987) 872 04 85	Cozumel ville 6 km	5 minutes
Guadalajara	(33) 3688 51 20	Centre-ville 16 km	20 minutes
La Paz	(612) 124 63 36	Centre-ville 14 km	10 minutes
Puerto Vallarta	(322) 221 12 98	Calle Madero 7 km	10 minutes
Tijuana	(664) 607 82 00	Centre-ville 7 km	15 minutes
Veracruz	(229) 934 90 08	Centre-ville 18 km	15 minutes

Intérieur moderne de l'aéroport international de Mexico

américaine, soit ils n'accueillent qu'une ou deux lignes en liaison avec l'étranger. Les 15 derniers desservent uniquement le trafic intérieur *(p. 350-351)*.

Séjours forfaitaires et voyages organisés

L es tarifs aériens varient beaucoup d'une agence à l'autre et d'une saison à l'autre. Noël, l'été et dans une moindre mesure Pâques, sont les périodes les plus courues et donc les plus chères. Le billet de retour à date fixe est plus avantageux que le retour *open*, mais plus contraignant.

Avec un succès croissant, les agences de voyages du monde entier proposent des séjours forfaitaires, vol compris, dans les grandes stations touristiques. Ces formules sont souvent moins chères qu'un voyage individuel. Les grandes destinations proposées sont

Cancún, Acapulco, Baja California Sur, Huatulco, Puerto Vallarta et Ixtapa-Zihuatanejo.

Certaines compagnies, mexicaines ou étrangères, organisent des circuits tout compris (*viaje todo pagado* ou VTP) pour découvrir des sites ou des régions d'intérêt particulier : canyon du Cuivre, ruines mayas du Yucatán, cœur colonial. Les séjours à thème, montagne, cheval, plongée, raft, observation des oiseaux ont de plus en plus de succès.

Panneau indicateur d'aéroport

Arriver par la route *via* les États-Unis

L es visiteurs peuvent pénétrer librement dans la zone frontière du Mexique sans passer par le contrôle d'immigration. Si vous souhaitez voyager au-delà de cette zone, vous devez obtenir une carte de touriste ou FMT *(p. 336)*. Certaines villes de la frontière américaine ont des lignes de cars pour le Mexique, mais la plupart des voyageurs préfèrent passer la frontière à pied pour emprunter les cars mexicains meilleur marché.

L'entrée des véhicules au Mexique est strictement réglementée. Les conducteurs doivent obtenir un *permiso de importación*

Le passage de la frontière entre Mexique et États-Unis est sous étroite surveillance

temporal (autorisation temporaire d'importation) et souscrire une assurance auto supplémentaire *(p. 355)*.

Arriver par la route *via* l'Amérique centrale

I l y a trois passages de frontière entre le Guatemala et le Chiapas, un entre le Belize et le Quintana Roo. La procédure d'immigration est la même que pour les États-Unis. Les voyageurs qui visitent le sud de la frontière doivent rendre leur carte touristique. Ils reprendront une autre FMT à leur retour au Mexique.

Vols intérieurs

D ans un pays de la taille du Mexique, presque 2 000 000 de km², le vol intérieur peut être une option intéressante par rapport au trajet en autocar toujours très long, surtout pour ceux qui disposent de peu de temps. Mais il nécessite un budget beaucoup plus important. Le réseau aérien interne couvre bien l'ensemble du pays. Les compagnies aériennes AeroMéxico et Mexicana assurent l'essentiel des vols, pas nécessairement directs, entre les 60 aéroports du pays. Beaucoup de vols intérieurs comprennent une brève escale à Mexico.

Affiche publicitaire
des compagnies nationales
Aerocaribe et Aerocozumel

Restaurant, hall des départs
de l'aéroport de Monterrey

COMPAGNIES
INTÉRIEURES

L es passagers débarquant à l'aéroport de Mexico en provenance de l'étranger peuvent emprunter les lignes régulières intérieures, qui desservent directement toutes les grandes villes et stations de vacances. Les horaires imprimés ne sont pas toujours fiables. Les deux grandes compagnies **AeroMéxico** et **Mexicana** assurent la plupart des vols intérieurs. Elles desservent à elles deux presque toutes les destinations nationales, et de nombreuses destinations internationales *(p. 348)*. De multiples vols quotidiens réguliers partent de Mexico pour les capitales régionales et les grands centres touristiques, dont Cancún, Acapulco et Zihuatanejo.

Il existe quelques compagnies intérieures.
Aero California relie les villes du Centre et du Nord et dessert aussi certaines villes des États-Unis.
Aero California Vacations, basé à La Paz, propose des voyages organisés dans le nord et le centre du Mexique.
Aviacsa dessert le Sud-Est, Mexico, Guadalajara, Monterrey, Tijuana, et

Las Vegas et Houston aux États-Unis.
Aeromar, qui a son propre terminal à l'aéroport Benito Juárez de Mexico, dessert le centre du pays.
Aerocozumel et **Aerocaribe,** filiales de Mexicana, relient respectivement le Sud et les Caraïbes.
Aerolitoral, qui dépend d'AeroMéxico, dessert plusieurs destinations dans le nord du pays, ainsi que Tucson, en Arizona.

RÉSERVATIONS
ET ENREGISTREMENT

L es tarifs de base du transport aérien sont au moins deux fois plus élevés que ceux d'un trajet en autocar, mais il y a souvent des offres spéciales. Réservez le plus tôt possible, surtout à Noël, Pâques ou en été. On peut réserver par téléphone, au guichet de la compagnie, ou dans une agence de voyages. Tous les vols

La piste de l'aéroport de Cozumel accueille vols intérieurs et internationaux

intérieurs sont assujettis à une taxe modique, payable au départ en dollars ou en pesos. Vérifiez le descriptif du billet, la taxe est peut-être déjà incluse dans le prix.

Les voyageurs ont droit à 25 kg de bagages pour les vols intérieurs. Présentez-vous à l'enregistrement au moins une heure avant le départ pour les vols intérieurs, une heure et demie pour tous les vols internationaux.

La plupart des compagnies interdisent de fumer pendant les vols de moins de 90 minutes.

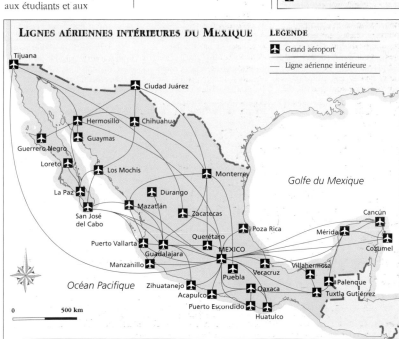

Petit avion de ligne intérieure, aéroport de Palenque

TARIFS SPÉCIAUX

Les enfants de moins de 2 ans voyagent gratuitement sur les vols intérieurs, mais n'ont pas droit à un siège. Les enfants de 2 à 12 ans paient 67 % du tarif plein, ils ont droit à un siège et 25 kg de bagages.

Certaines compagnies comme Aerolitoral offrent aussi des remises de 50 % aux étudiants et aux personnes de plus de 65 ans sur présentation d'une attestation.

LE MEXIPASS

AeroMéxico et Mexicana proposent aux visiteurs étrangers désirant effectuer plusieurs vols intérieurs une formule à tarif réduit, le Mexipass. Ce pass est valable sur tous les vols intérieurs des deux compagnies, incluant la plupart des vols d'Aerocaribe. On doit l'acheter avant de partir au Mexique, en même temps que le billet d'avion international. Le prix du pass est basé sur cinq zones géographiques différentes (A, B, C, D, E). Le voyageur doit acheter un minimum de deux coupons, à utiliser sous 90 jours. Les conditions de voyage varient d'une année sur l'autre. Adressez-vous à un agent de voyages pour obtenir une information à jour.

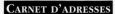

CARNET D'ADRESSES

AeroMéxico

📞 51 33 40 00.
📞 01 800 02 14 050 (appel gratuit).

Mexicana

📞 54 48 09 90.

AUTRES COMPAGNIES INTÉRIEURES

Aero California
📞 52 07 83 08.

Aerocaribe
📞 55 36 90 46.

Aerolitoral
📞 51 33 40 00.

Aeromar
📞 51 33 11 11.

Aviacsa
📞 57 16 90 04.

Líneas Aereas Azteca
📞 57 16 89 89.

VOYAGES ORGANISÉS

Aero California Vacations
📞 52 07 83 08.

LIGNES AÉRIENNES INTÉRIEURES DU MEXIQUE

LÉGENDE

🛫 Grand aéroport

— Ligne aérienne intérieure

Tijuana
Ciudad Juárez
Hermosillo
Chihuahua
Guaymas
Guerrero Negro
Loreto
Los Mochis
Monterrey
Golfe du Mexique
La Paz
Durango
San José del Cabo
Mazatlán
Zacatecas
Poza Rica
Cancún
Querétaro
Mérida
Puerto Vallarta
Guadalajara
MEXICO
Cozumel
Manzanillo
Villahermosa
Puebla
Veracruz
Océan Pacifique
Zihuatanejo
Oaxaca
Palenque
Acapulco
Tuxtla Gutiérrez
Puerto Escondido
Huatulco

0   500 km

Voyager en autocar et en train

Depuis la privatisation du grand réseau ferré du pays et la fermeture quasi intégrale du service passagers, l'autocar est le transport public le meilleur et le plus économique pour circuler à travers le Mexique. Les voyages en cars de deuxième classe sont éprouvants, mais les cars de luxe sont très confortables et concurrencent avantageusement les lignes aériennes intérieures.

Autocar de luxe reliant les grandes villes

AUTOCARS ET GARES ROUTIÈRES

Les compagnies privées d'autocars mexicaines sont très nombreuses et les gares routières sont particulièrement animées et parfois déconcertantes.

Les autocars (camiónes) qui relient les villes entre elles sont de trois types : deuxième et première classes et classe luxe. Dans certaines villes, les gares routières des première et deuxième classes sont séparées. Autrefois, le Central Camionera ou Terminal de Autobuses se trouvait au centre-ville, mais l'augmentation du trafic automobile l'a souvent repoussé en périphérie. Il y a quatre gares routières à Mexico, desservant, par lignes régulières, toutes les villes importantes du pays (voir carnet d'adresses page ci-contre) : en direction du Nord **Terminal del Norte,** du Sud **Terminal del Sur,** de l'Ouest **Terminal Poniente,** pour la côte du golfe et le Yucatán **Terminal Oriente TAPO.** Il

vaut mieux réserver pour les grandes lignes, surtout à Noël et à Pâques. Horaires, tarifs et itinéraires sont affichés dans les gares. On peut aussi se renseigner et réserver auprès des agences de voyages. Beaucoup de grandes compagnies ont des bureaux de réservation au centre des villes.

Les billets sont remboursables si on annule le voyage trois heures au moins avant le départ. Certaines compagnies offrent des réductions aux voyageurs munis d'une carte internationale d'étudiant.

AUTOCARS DE LUXE ET DE PREMIÈRE CLASSE

Pour les longs trajets, on recommandera les autocars de luxe ou de première classe. Ils sont plus confortables, plus sûrs et plus fiables, car moins sujets aux pannes. La vitesse des cars est limitée à 95 km/h. Ils utilisent surtout les routes à péage, relativement préservées des bandits d'autoroute. Pour des trajets plus courts entre villes moins importantes et villages, on devra parfois se contenter des cars de deuxième classe, moins fiables.

Les cars haut de gamme (de lujo) proposent des liaisons directes entre grandes villes. Ils sont climatisés, disposent de sièges inclinables, d'écrans vidéo et de toilettes. Les cars de première classe (primera) ont l'air conditionné et des fauteuils semi-inclinables.

Toutes les compagnies identifient leur service de lujo au moyen d'appellations comme Plus, Diamante, Uno, Ejecutivo, Elite, ETN. Les billets coûtent de 30 % à 50 % plus cher qu'en première classe. Les trajets directo ou sin escalas sont les plus rapides.

Dans les régions touristiques, on peut réserver, dans les hôtels, des excursions en autocar climatisé, avec des guides qualifiés.

LES TRAINS

Presque toutes les premières lignes de chemin de fer mexicaines existent encore, mais le service passagers s'est appauvri à la suite de la privatisation et de l'amélioration du réseau routier. La plupart des trains transportent du fret.

Logo du chemin de fer du Cañon del Cobre

L'unique train de passagers de première classe qui fonctionne régulièrement est le pittoresque **Chihuahua-al-Pacífico,** qui traverse la région du Cañon del Cobre (canyon du Cuivre, p. 176-177). Départ quotidien de Los Mochis, sur la côte Pacifique, à 6 h, et de Chihuahua, au cœur

Le Chihuahua-al-Pacífico, train de première classe haut en couleurs

Une des grandes gares routières de Mexico

Embarquement sur une navette des îles, destination Playa del Carmen

du pays, à 19 h. Considéré comme l'un des plus beaux voyages en train, il couvre 670 km et dure 13 h. On traverse des paysages spectaculaires. Ce circuit étant très apprécié, il faut absolument réserver à l'avance. Il existe des wagons de seconde et de première classe. Tarif réduit pour les enfants de moins de 12 ans, gratuité pour les moins de 5 ans.

Guichet des ferries reliant la côte caraïbe à l'île de Cozumel

LES BATEAUX

Navettes de passagers et car-ferries relient Santa Rosalía et La Paz (Baja California) à Guaymas, Topolobampo et Mazatlán, sur la côte pacifique. Il y a deux classes de cabines : *turista*, avec couchettes et lavabo, et *especial*, une suite plus chère.

Sur la côte caraïbe, les bateaux relient Puerto Morelos (car-ferry) et Playa del Carmen (passagers seulement) à l'île de Cozumel *(p. 282)*. Au nord de Cancún, Puerto Juárez (navette de passagers) et Punta Sam (car-ferries) desservent Isla Mujeres *(p. 281)*. Quatre fois par jour, un bateau, aux tarifs plus élevés, relie Playa Linda à Cancún, à Isla Mujeres.

TRANSPORTS LOCAUX

L'autocar local, appelé aussi *camión*, est le moyen le plus abordable et le plus facile de circuler entre les villes de province. On achète son billet dans le car. Il existe aussi les *collectivos*, camionnettes ou minibus qui suivent un itinéraire précis, à tarif fixe quelle que soit la distance.

Dans la plupart des villes, on peut commander un taxi par téléphone, ou en héler un dans la rue. Mais à Mexico il est plus sûr de faire appel à un radio-taxi *(p. 341)*.

Une formule pratique, très courante, consiste à louer une voiture avec chauffeur, ou un taxi, à l'heure ou à la journée. Cela peut être organisé par une agence de location, un hôtel ou un agent de voyages. Les prix varient suivant les régions.

File de taxis bleus attendant l'appel de clients

GARES ROUTIÈRES DE MEXICO

Norte
Eje Central Lázaro Cárdenas 4907.
Ⓜ *Autobuses del Norte.*
Ⓒ 55 87 15 52.
Destinations : *Acapulco, Huatulco, Colima, Cuernavaca, Chihuahua, Durango, Guadalajara, Guanajuato, Hermosillo, Ixtapa et Zihuatanejo, León, Mazatlán, Mexicali, Monterrey, Morelia, Pátzcuaro, Poza Rica, Puerto Escondido, Puerto Vallarta, Querétaro, Saltillo, San Luis Potosí, San Miguel de Allende, Taxco, Tepic, Tijuana, Uruapan, Zacatecas.*

Oriente TAPO
Calz Ignacio Zaragoza 200.
Ⓜ *San Lázaro.*
Ⓒ 57 62 54 14.
Destinations : *Campeche, Cancún, Chiapas, Mérida, Oaxaca, Puebla, Tlaxcala, Veracruz, Xalapa.*

Poniente
Sur 122, angle de Río Tacubaya.
Ⓜ *Observatorio.*
Ⓒ 52 71 45 19.
Destinations : *Aguascalientes, Colima, Guanajuato, León, Manzanillo, Morelia, Puerto Vallarta, Querétaro, San Juan de los Lagos, San Luis Potosí, San Miguel de Allende, Toluca, Uruapan.*

Sur
Av. Taxqueña 1320.
Ⓜ *Taxqueña.*
Ⓒ 56 89 97 45.
Destinations : *Acapulco, Cuernavaca, Ixtapa et Zihuatanejo, Oaxaca, Puebla, Taxco, Tepoztlán.*

CHEMIN DE FER

Train Ferrocarril Mexicano
Angle de Mendez et 24, Chihuahua.
Ⓒ *(614) 439 72 11.*

Prolongación Bienestar, Los Mochis.
Ⓒ *(668) 824 11 67.*

Circuler en voiture au Mexique

Panneaux

Voyager en voiture à son propre rythme est le moyen le plus pratique et le plus souple pour découvrir le Mexique, à l'exception de la ville de Mexico. La conduite est en général sûre, mais mieux vaut prendre certaines précautions. Les risques de se faire dévaliser sont réels : évitez donc la nuit de conduire ou de rester garé dans la rue et, à Mexico, circulez fenêtres fermées et portes verrouillées. Pensez à préparer votre circuit, à emporter une bonne carte routière et à prévoir les étapes. L'auto-stop est déconseillé.

Autoroute déserte dans la Sierra Madre Occidental, nord du Mexique

CODE DE LA ROUTE

Les Mexicains conduisent à droite. Les distances sont indiquées en kilomètres. La plupart des indications de circulation sont symbolisées par des panneaux internationaux, mais certains sont particuliers au Mexique.

Le stationnement peut être une difficulté dans les grandes villes. Il est autorisé partout où l'on voit le

Heure de pointe sur les avenues de Mexico

panneau marqué d'un E noir dans un cercle rouge.

Le port de la ceinture est obligatoire. La vitesse est normalement limitée à 40 km/h dans les agglomérations, 70 km/h sur route et 110 km/h sur autoroute. On doit marquer l'arrêt obligatoire aux panneaux *Alto* (halte).

Ralentissez à l'approche des villages, souvent précédés de ralentisseurs *(topes)*. Ceux-ci, parfois très proéminents, ne sont pas toujours signalés.

Soyez très prudent aux passages à niveau, en ville comme à la campagne : ils sont souvent démunis de système d'alarme en cas d'approche d'un train.

Évitez de rouler la nuit : risques d'agression, animaux circulant librement et nids de poule, rarement signalés.

LE CLASSEMENT DES ROUTES

Il y a trois types de grandes routes au Mexique, les *super carreteras* à quatre voies, les routes à péage *(cuotas)* ordinaires et enfin les routes à

accès libre *(libres)*.

La plupart des *super carreteras* ont moins de 10 ans. Elles sont chères mais rapides. Le péage est plus élevé que sur les routes ordinaires *(cuota)* : il y a donc beaucoup moins de circulation, pas de camions et peu de cars. Mais les stations-service sont rares et espacées : pensez à faire le plein avant d'emprunter une *cuota*.

Les routes *cuota* vont de la 4 voies rapide à la route assez proche de la *libre* ordinaire. Le prix est fonction de la distance parcourue et du nombre d'essieux du véhicule. S'il y a plusieurs postes de péage, choisissez la file *autos*. Les voyageurs sont assurés en cas de panne ou d'accident sur les *cuotas*.

Les routes *libre* à 2 voies sont souvent très encombrées par le trafic local, les camions et les autocars de seconde classe. Elles ne sont pas idéales pour les longs trajets entre deux villes, mais pour les distances plus courtes elles offrent une alternative paisible et pittoresque aux grandes routes.

Dans les régions reculées, le revêtement des routes *libre* peut laisser à désirer. Elles peuvent être fréquentées par des voleurs, surtout la nuit.

PANNEAUX ROUTIERS MEXICAINS

Ralentisseurs

Fin de la route goudronnée

Numéro d'autoroute

Toilettes

Assistance médicale

Emplacements de stationnement

CARTES

La compagnie nationale PEMEX (Petróleos Mexicanos), qui a le monopole de la distribution d'essence, et l'éditeur Guía Roji publient de bons plans de ville et des cartes régionales et nationales. On les trouve dans les librairies, supermarchés, magasins Sanborn's *(p. 114),* kiosques à journaux et certaines stations-service. Certains bureaux SECTUR distribuent des cartes gratuites.

Cartes routières recommandées, en vente partout au Mexique

PERMIS ET ASSURANCES

L'importation de voitures au Mexique est strictement réglementée. Le conducteur doit obtenir un *permiso de importación temporal* en présentant sa carte de touriste (FMT) ou son visa. À la frontière, il doit présenter au *Módulo de Control Vehicular* les papiers d'enregistrement ou un certificat de propriété.

Il faut être muni d'un permis de conduire en cours de validité (les permis nationaux sont généralement acceptés), d'une carte de crédit (VISA, Mastercard ou American Express) portant le nom qui figure sur les papiers du véhicule. Les conducteurs sans carte doivent déposer une caution importante en liquide. Le permis d'entrée et de sortie multiple, valable six mois, s'obtient contre une somme modeste.

Les assurances américaines ne couvrent plus les véhicules au-delà de la frontière. Prévoir une assurance complémentaire.

Une des nombreuses stations PEMEX, présentes dans tout le pays

STATIONS-SERVICE

La PEMEX gérant toutes les stations-service du Mexique, le prix des carburants est le même dans tout le pays, sauf à la frontière américaine, où il est meilleur marché. L'essence ou *Gasolina,* vendue au litre, se présente sous deux formes : *Magna Sin* (ordinaire) ou *Extra* (super). L'essence traditionnelle avec plomb *(Nova)* est plus rare.

Les stations-service sont fréquentes en ville, mais plus rares dans les campagnes. Faites le plein avant de partir, et quand le réservoir est à moitié vide, refaites le plein dès que possible. Dans certaines régions, on peut rouler 100 km sans voir de pompe.

Les carburants coûtent plus cher qu'aux États-Unis, mais moins cher qu'en Europe. Les stations ouvrent en général de 7 h à 22 h et ne sont pas self-service.

ACCIDENTS ET SÉCURITÉ

En cas d'accident, n'abandonnez pas votre véhicule. Avertissez immédiatement les compagnies d'assurances, et remplissez les papiers avant de quitter le Mexique. S'il y a des blessés, la police peut vous détenir jusqu'à ce que les torts soient établis. S'il n'y a pas de blessés, mieux vaut ne pas faire appel à la police *(p. 340).*

Les Angeles Verdes (« Anges verts »), service gratuit du ministère du Tourisme (SECTUR), patrouillent les grandes routes touristiques avec une flottille de pick-up. Les mécaniciens parlent anglais et peuvent administrer les premiers secours. Ils ne facturent que l'essence et les pièces détachées, mais un pourboire sera apprécié.

LOCATION DE VOITURES, MOTOS ET BICYCLETTES

La location de voitures coûte cher au Mexique. Les sociétés internationales comme Hertz, Budget et National ont des agences dans les grands aéroports et au centre des villes importantes, mais les firmes locales seront sans doute meilleur marché.

À la réservation, assurez-vous que le prix inclut bien la taxe de 15 % et l'assurance complète. Veillez à ce que l'assurance couvre le vol et l'accident. Certaines polices n'offrent qu'une couverture personnelle, prévoyez alors une assurance complémentaire.

Les véhicules les plus économiques, comme la coccinelle Volkswagen, ne sont pas toujours proposés quand on réserve de l'étranger. Pour louer une voiture au Mexique, il faut avoir 21 ans (25 dans certaines agences) et avoir un permis reconnu depuis plus d'un an. La facture doit être réglée avec une des grandes cartes de crédit. Les sociétés demandent généralement au client de remplir un coupon de carte vierge, qu'elles déchirent lorsqu'il rend la voiture.

On peut louer des bicyclettes, des cyclomoteurs et des motos dans les stations touristiques. Vérifiez l'état du véhicule avant de partir. Contrôlez si l'assurance est adaptée et si votre assurance de voyage couvre les accidents de moto.

Déplacement en cyclomoteur

Circuler à Mexico

Un ancien trolleybus

Les encombrements à Mexico sont véritablement cauchemardesques. La marche est le meilleur moyen de découvrir certaines parties du centre ou du sud de la ville. Mais partout ailleurs les distances sont trop grandes. Le réseau dense des lignes de bus et de métro assure un service régulier. Au sud, un train relie le métro (station Taxqueña) à Embarcadero, à Xochimilco. Les taxis sont bon marché et les *peseros* (taxis collectifs) encore moins chers. Les heures de pointe sont comprises entre 6 h 30 et 9 h, et 16 h et 22 h.

Taxi Volkswagen vert et blanc

La foule se presse devant la basilique de Guadalupe *(p. 108)*

MARCHE À PIED

La marche est une merveilleuse façon de découvrir le cœur historique de Mexico, et des quartiers comme San Ángel, Coyoacán et la Zona Rosa. Mais il faut d'abord s'habituer à l'altitude et à la pollution *(p. 338-339)* avant de partir à la découverte de la ville. Certaines rues du centre sont piétonnières, mais, de manière générale les piétons doivent céder la place aux véhicules. Attention : les voitures ne s'arrêtent pas systématiquement aux passages piétons. La nuit, ne vous éloignez pas des rues animées bien éclairées et évitez systématiquement les souterrains, repaires de voleurs *(p. 340-341)*. Rangez papiers et argent dans une ceinture spéciale.

BUSES ET PESEROS

Les bus, bon marché mais bondés, surtout aux heures de pointe, fonctionnent de 5 h à minuit. On paie le ticket au conducteur en montant. Les lignes, non numérotées, se repèrent par destination. Une ligne est-ouest relie le parc de Chapultepec au *Zócalo* en suivant la Reforma, et en passant l'Alameda. Plusieurs relient le nord au sud par Avenida Insurgentes. Souvent bondés, les *peseros* (berlines, fourgonnettes ou minibus) suivent les mêmes parcours, pour un tarif unique.

TAXIS

Les taxis mexicains sont bon marché par rapport aux taxis européens et américains. On peut les louer à l'heure pour une visite de la ville. Mieux vaut ne plus recourir aux taxis VW vert et blanc, typiques de Mexico mais peu sûrs. Il y a tout un choix de *sitios* (radiotaxis), un peu plus chers mais beaucoup plus fiables. Les tarifs augmentent de 10 % après 22 h. À l'aéroport, adressez-vous aux taxis officiels et réglez la course à l'avance *(p. 341)*. Près des grands hôtels, des berlines *turismo* à compteur masqué sont conduites par des chauffeurs parlant anglais.

Ces taxis, plus chers sur les courtes distances, peuvent se louer à l'heure. Assurez-vous auprès de l'hôtel que le chauffeur est honnête.

Reçu de taxi d'aéroport

CONDUIRE

Conduire à Mexico est une expérience à éviter. Mais si vous devez traverser la ville, gardez votre calme et restez en alerte permanente. Le feu vert ne signifie pas forcément que la voie soit libre. Regardez dans le rétroviseur avant de freiner à l'orange. Les vols dans les voitures sont fréquents. Vérifiez que l'hôtel dispose d'un parking gardé la nuit.

Les panneaux indicateurs des grandes artères de Mexico sont erratiques, au mieux. Si on a du mal à pénétrer dans Mexico, il est encore plus difficile d'en sortir. Mexico a deux grands périphériques : *El Circuito Interior,* et, plus distant du centre, l'*Anillo Periférico.* La grande artère *Viaducto Miguel Alemán* traverse la ville d'est en ouest *(voir carte p. 119).*

Investissez dans une bonne carte, comme le guide *Guía Roji.* Une fois par semaine, pour réduire la pollution, les voitures sont interdites entre 5 h et 10 h. Ce jour dépend du dernier numéro d'immatriculation : lundi pour 5 et 6, mardi 7 et 8, mercredi 3 et 4, jeudi 1 et 2, vendredi 0 et 9. Les nouveaux modèles immatriculés à Mexico, porteurs des vignettes et papiers nécessaires, peuvent rouler tous les jours.

LE MÉTRO

Le métro de Mexico est l'un des moins chers, des plus propres et des plus fréquentés du monde. Ses trains modernes transportent des millions de gens sur un réseau de 160 km. On repère les lignes à leur numéro et à leur couleur, les stations à leur nom et à un symbole pictographique. La tête de train affiche le nom du terminus. Les plans de métro ne sont pas disponibles

Ticket de métro, valable pour un trajet

partout ; ils sont affichés dans les stations et dans les trains, mais pas sur les quais. Les tickets *(boletos)* s'achètent aux guichets des stations, à l'unité ou en carnets de 5 (le prix n'est pas dégressif). Les tickets doivent être compostés dans les machines à l'entrée des quais. Le ticket, à prix fixe, est valable pour un trajet, avec correspondances.

Aux heures de pointe, le métro peut être engorgé. L'entrée peut alors être refusée aux personnes chargées de bagages encombrants. En revanche, à ces heures, certaines voitures

Panneau de la station Copilco

Logo du métro de Mexico

sont réservées aux femmes et aux enfants. Même si vous n'avez pas prévu d'utiliser le métro, certaines stations du centre valent en elles-mêmes une visite. La station Zócalo montre d'intéressantes maquettes du centre de la ville avant et après la Conquête. La station Pino Suárez abrite une petite pyramide aztèque, découverte pendant la construction du métro. Bellas Artes renferme des reproductions de pièces archéologiques. Et la station Copilco organise souvent des expositions d'art contemporain.

LIGNES DE MÉTRO LES PLUS UTILES

Il y a 10 lignes de couleurs différentes, avec des correspondances entre elles. Mais la plupart des visiteurs n'emprunteront que certaines sections des lignes 1, 2 et 3. La ligne de train au départ de Taxqueña figure en pointillé.

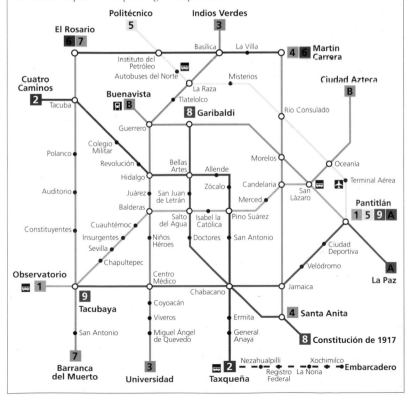

Index

Remerciements

L'éditeur remercie les personnes et les institutions suivantes pour leur contribution à la préparation de cet ouvrage.

CONSULTANTS

ANTONIO BENAVIDES est archéologue, depuis 1974, dans la péninsule du Yucatán. Il est l'auteur de plusieurs ouvrages sur les Mayas et l'histoire coloniale du Yucatán.

NICK CAISTOR, spécialiste de littérature latino-américaine, est écrivain, traducteur et journaliste radio. Il travaille pour le BBC World Service.

MARIA DOULTON est un écrivain indépendant qui connaît le Mexique depuis des années.

PETRA FISCHER, écrivain et productrice à la télévision, travaille à Mexico. Née en Allemagne, elle vit au Mexique.

EDUARDO GLEASON, ancien guide touristique, est aujourd'hui écrivain et chercheur à Mexico.

PHIL GUNSON, journaliste et naturaliste, est l'ancien correspondant du journal *The Guardian* pour l'Amérique latine.

ALAN KNIGHT est professeur d'histoire d'Amérique latine au St. Anthony's College, à Oxford.

FELICITY LAUGHTON, écrivain indépendant, vit et travaille au Mexique depuis des années.

SIMON MARTIN, épigraphiste à l'Institute of Archaeology, University College, Londres, est spécialiste des inscriptions mayas anciennes.

RICHARD NICHOLS, homme d'affaires devenu écrivain, est à moitié mexicain. Il a gardé toute sa vie des liens avec le Mexique.

LOURDES NICHOLS, experte en cuisine mexicaine, est l'auteur d'un grand ouvrage sur la gastronomie, *The Complete Mexican Cookbook*. Née au Mexique, elle partage son temps entre le Mexique et l'Angleterre.

CHLOÉ SAYER a écrit de nombreux ouvrages sur le Mexique. Elle a participé à la conception de documentaires télévisés sur ce pays et a été chargée de rassembler une collection ethnographique pour le British Museum.

AUTRES COLLABORATEURS

Andrew Downie, David Maitland, Rosa Rodríguez.

LECTEUR-CORRECTEUR

Stewart J Wild.

RESPONSABLE DE L'INDEX

Hilary Bird.

COLLABORATION ARTISTIQUE ET ÉDITORIALE

Tessa Bindloss, Sam Borland, Stephanie Driver, Joy Fitzsimmons, Emily Hatchwell, Carolyn Hewitson, Elly King, Francesca Machiavelli, Sue Metcalfe-Megginson, Rebecca Milner, Naomi Peck, Zoë Ross.

ILLUSTRATIONS D'APPOINT

José Luis de Andrés de Colsa, Javier Gómez Morata (Acanto Arquitectura y Urbanismo S.L.).

PHOTOGRAPHIES D'APPOINT

Eva Gleason, Clive Streeter.

POUR DORLING KINDERSLEY

Fay Franklin, Louise Bostock Lang, Annette Jacobs, Vivien Crump, Gillian Allan, Douglas Amrine, Marie Ingledew, David Proffit.

AVEC LE CONCOURS SPÉCIAL DE :

Humberto Aguirre ; Emilia Almazán ; Margarita Arriaga ; Juan Francisco Becerra Ferreiro ; Patricia Becerra Ramírez (Posada Coatepec) ; Sergio Berrera ; Marco Beteta ; Giorgio Brignone ; Rosa Bugdud ; Fernando Bustamante (anthropologue) ; Libby Cabeldu ; Canning House (Londres) ; Laura Castro ; Santiago Chávez ; Josefina Cipriano ; Ana Compean ; María Eugenia Cruz Terrazas (INEGI) ; Greg Custer ; Jane Custer ; Mary Lou Dabdoub ; Avery Danziger ; Lenore Danziger ; Areli Díaz (Instituto Nacional de Antropología, Mexico) ; Lucía Díaz Cholico ; Fernando Díaz de León ; Roberto Durón Carrillo ; Peter McGregor Eadie ; Ana María Espinoza ; Ludwig Estrada ; José Falguera ; Lincoln Fontanills (Secretaría de Turismo, Mexico) ; Elena Nichols Gantous ; Robert Graham ; Ma. del Carmen Guerrero Esquivel ; José Luis Hernández (Secretaría de Turismo del Estado de Puebla) ; Guillermo Hidalgo Trujillo ; Ariane Homayunfar ; Jorge Huft ; Instituto Nacional Indigenista (Nayarit) ; Carlos Jiménez ; Lourdes Jiménez Coronel ; Ursula Jones ; Eric Jordan ; La Mexicana Quality Foods Ltd ; Marcela Leos (ambassade du Mexique au Royaume-Uni) ; Kevin Leuzinger (Cozumel Fan Club) ; Sol Levin Rojo (Instituto Nacional de Antropología, Mexico) ; Oscar López ; Carlos Lozano de la Torre ; Alan Luce ; Alfredo Lugo ; Berta Maldonado ; Gabriel Martínez ; Manuel Mata ; Cathy Matos (Mexican Tours) ; Fabián Medina ; Enrique Mendoza ; Bureau météorologique, ministère du Tourisme mexicain, Londres ; Ivalu Mireles Esparza ; Silvia Niembro (antropologue, Museo de Antropología de Xalapa) ; María Novaro ; Diego de la Peralta ; Magdalena Ordóz Estrada ; Dolores Ortuño Araiza ; Margarita Pedraza , Ma. Irma del Peral ; Ma. del Pilar Córdoba ; Margaret Popper ; Petra Puente ; Bertha Alicia Ramírez ; José Rangel Navarro ; Jesus Rodríguez Morales ; Anita Romero de Andrade ; Celia Romero Piñón ; Elena de la Rosa ; Idalia Rubio ; Paulina Rubio ; Carlos Salgado ; Alejandro Sánchez Galván ; Alejandro Santes García (anthropologue) ; Marta Santos ; David Saucedo ; Gloria Soledad González ; Lisette Span ; Pablo Span ; Turismo del Estado de Aguascalientes (Dirección) ; Turismo del Estado de Colima (Secretaría) ; Turismo del Estado de Guanajuato (Secretaría) ; Turismo del Estado de Hidalgo (Dirección General) ; Turismo del Estado de Jalisco (Secretaría) ; Turismo del Estado de Michoacán (Secretaría) ; Turismo del Estado de Nayarit (Secretaría) ; Turismo del Estado de Querétaro (Secretaría) ; Turismo del Estado de San Luis Postosí (Dirección General) ; Turismo del Estado de Veracruz-Llave (Dirección) ; Turismo del Estado de Zacatecas (Dirección) ; Juan Carlos Valencia ; Gilberto Miguel Vázquez ; Josefina Vázquez ; Luis Antonio Villa ; Jesús Villafaña ; Helen Westwood ; John Wiseman.

PHOTOGRAPHIE DE COMMANDE
© INAH, Cambridge Museum of Archaeology and Anthropology, Philip Dowell, Neil Mersh, Stephen Whitehorne, Jerry Young, Michel Zabé.

LE PATRIMOINE CULTUREL DU MEXIQUE
Tous les sites archéologiques et historiques font partie du Patrimoine culturel du Mexique, protégé par l'Instituto Nacional de Antropología e Historia (INAH) à Mexico. La reproduction, par tout moyen que ce soit, des images du guide qui relèvent du Patrimoine culturel du Mexique, est soumise aux lois fédérales mexicaines qui régissent monuments et sites artistiques, historiques, et archéologiques, ainsi qu'à la loi fédérale mexicaine sur le copyright. Toute reproduction de ces images doit être approuvée au préalable par l'INAH.

AUTORISATIONS DE PHOTOGRAPHIER
L'éditeur exprime sa gratitude, pour leur coopération et leur contribution à cet ouvrage, envers tous les responsables des cathédrales, églises, musées, restaurants, hôtels, magasins, galeries et autres sites, trop nombreux pour être remerciés individuellement.

CRÉDITS PHOTOGRAPHIQUES
h = en haut ; hg = en haut à gauche ; hgc = en haut à gauche au centre ; hc = en haut au centre ; hdc = en haut à droite au centre ; hd = en haut à droite ; cgh = au centre à gauche en haut ; ch = au centre en haut ; cdh = au centre à droite en haut ; cg = au centre à gauche ; c = au centre ; cd = au centre à droite ; cgb = au centre à gauche en bas ; cb = au centre en bas ; cdb = au centre à droite en bas ; bg = en bas à gauche ; b = en bas ; bd = en bas à droite ; bcg = en bas au centre à gauche ; bc = en bas au centre ; bcd = en bas au centre à droite ; (d) = détail.

Tout a été mis en œuvre pour retrouver les propriétaires des copyrights. L'éditeur présente ses excuses pour toute omission involontaire et serait heureux, le cas échéant, de joindre un nouveau crédit aux prochaines éditions.

Certaines des photographies qui suivent font partie du Patrimoine culturel du Mexique, et sont protégées par l'Instituto Nacional de Antropología e Historia, Mexico.

Les œuvres d'art ont été reproduites avec l'aimable autorisation des organismes suivants : Museo Mural Diego Rivera : *Rêve, un dimanche après-midi sur Alameda Central,* Diego Rivera (1947-1948) © DACS, 1999 26-27, 81b ; Teatro de los Insurgentes : *Histoire populaire du Mexique,* Diego Rivera (1953) 27hg © DACS, 1999 ; Palacio Nacional : *La Civilization zapotèque,* Diego Rivera (1942) © DACS, 1999 27hd ; Casa de los Azulejos : *Omniscience,* José Clemente Orozco (1925) © DACS, 1999 27cb , Palacio de Cortés : *Histoire de Cuernavaca et Morelos - L'asservissement de l'Indien,* Diego Rivera (1929-1930) © DACS, 1999 48c, 148ch(d) ; Palacio Nacional : *Histoire du Mexique,* Diego Rivera (1929-1935) © DACS, 1999 66-20, 67, 66b(d), 67t(d), 67bd(d) ; Palacio Nacional : *Arrivée de Cortés,* Diego Rivera © DACS, 1999 67ch ; Palacio Nacional : *Les Tarasques,* Diego Rivera © DACS, 1999 67c ; Bolivar Amphitheatre : Antiguo Colegio de San Idelfonso : *Création,* Diego Rivera © DACS, 1999 71h ; Palacio de Bellas Artes : *L'Homme au croisement des chemins,* Diego Rivera (1934) © DACS, 1999 80b ; Palacio del Gobierno : *Miguel Hidalgo,* José Clemente Orozco © DACS, 1999 188b ; Ex-Aduana de Santo Domingo (mur ouest) : *Patriotes et Parricides,* David Alfaro Siqueiros (1945) © Instituto Nacional de Bellas Artes (INBA) - Sala de Arte Público Siqueiros 26ch, 72b ; Université nationale autonome de Mexico : *Le Peuple pour l'Université, l'Université pour le Peuple,* bas-relief en mosaïque, David Alfaro Siqueiros (1952-1956) © Instituto Nacional de Bellas Artes (INBA) - Sala de Arte Público Siqueiros 26b.

Première page de garde : photos de commande.

L'éditeur remercie également les particuliers, sociétés et bibliothèques qui ont aimablement autorisé la reproduction de leurs photographies dans cet ouvrage :
PABLO DE AGUINACO, Mexico : 15b, 21c, 31c, 31b, 32c, 34b, 34-35, 35h, 139c, 165ch, 225b ; A.P. Giberstein 165ch, 247c ; Carlos Puga 170cb, 179cb, 227b, 347b ; AKG PHOTO, Londres : 48h ; Erich Lessing 53h ; AMBASSADE DU MEXIQUE, Londres : 29bd ; ARDEA LONDON LTD : Piers Cavendish 19bd ; Wardene Weisser 19bd. BANCO NACIONAL DE MEXICO SA : Fomento Cultural 43h ; John Brunton : 28h, 29cgh, 218b, 219b, 255bg.

MICHAEL CALDERWOOD : 12, 216tl ; Demetrio Carrasco : 340bg, 341h, 341ch, 342h, 342c, 354b ; Bruce Colleman Collection : John Cancalosi 19bc ; Michael Fogden 18hg ; Jeff Foott Productions 18bg ; S. Nielsen 18cdb ; Pacific Stock 217cg ; John Shaw 18c.

MICHAEL DIGGIN : 33c, 92HD, 92c, 276BD. TOR EIGELAND : 20bc ; Ambassade du Mexique, Londres : 29 bd.

LUIS FELIX © 1979 : 195b ; ROBERT FRIED PHOTOGRAPHY : 18bd.

EVA MARIA GLEASON, Mexique : 64hg, 64hd, 64bg, 64bd, 65b, 141h, 141b, 142h, 142ch, 142b, 143ch, 143b, 337b, 338ch, 338c, 339b, 340(d), 341cb, 341b, 344(d), 344ch, 344cb, 345c, 345b, 348(d), 348c, 349c, 352h, 352bg, 355h, 357h ; Andreas Gross, Allemagne : 34hd, 171h, 261cdh.

ROBERT HARDING PICTURE LIBRARY : Robert Freck/Odyssey 51ch, 51c ; DAVE G. HAUSER : 164cd, 171c, 219c, 221b ; John Elkins 128h ; Susan Kaye : mosaïque de la maison de Dolores Olmeda, Diego Rivera © DACS, 1999 26hd, 218cdb, 247b ; HUTCHISON LIBRARY : 218h, 232b.

FOTOTECA DEL INAH FONDO CASASOLA : 50h, 50b ; INDEX, Barcelona : 39b, 49b ; Mithra *El Feudalismo Porfirista* Juan O'Gorman 53c.

JUSTIN KERR : 277cdb.

DAVID LAVENDER : 29ch, 29cdh, 34hg, 35cdh, 35cdb, 330 - 331, 330h, 330bg, 331bd, 331bg, 331ch, tout 332 sauf bg, tout 333.

ENRICO MARTINO : 16h, 17c, 22c, 30c, 30b, 32h, 163c, 175h, 177b, 262ch ; MEXICANA AIRLINES : 350h ; JOSE LUIS MORENO : 283BG, 283BC.

JUAN NEGRIN : 20-21 ; NHPA : John Shaw 211b.

G. DAGLI ORTI : 46h, 233cdh, 233cd ; Oxford SCIENTIFIC FILMS : N. Mitchel 246h.

PLANET EARTH PICTURES : Mary Clay 19cdb ; Beth Davidow 19cb ; Brian Kenney 19cgb ; Ken Lucas 18cgb ; John Lythgoe 171cd, 216c ; Claus Meyer 286ch ; Nancy Sefton 19hd, 283cg ; Doug White 19hg.

REX FEATURES : 55c, 349b ; Sipa Press/L. Rieder 55b.

CHLOE SAYER : 14c, 20cgh, 20b, 22cd, 22cdh, 25b, 28bg, 28bd, 29h, 29cdb, 35bg, 330ch, 330bd ; SEXTO SOL, Mexico : 18cdh, 20h, 176h ; EDN 34ch ; Adalberto Rios Szalay 13h, 33b, 52c, 117h, 170h, 170b, 171bg, 179h, 184h, 225hd, 244 – 245, 349h, 350c, 350b ; Adalberto Rios Lanz 32b ; A.M.G. 16c, 346h ; Ernesto Rios Lanz 18cgh, 171cdh ; Bob Schalkwijk 21bd, 27b, *La Famille* José Clemente Orozco (1926) © DACS, 1999 27b, 49h, *Padre Hidalgo* O'Gorman, 49c, *La Mort du capitaliste* Diego Rivera © DACS, 1999 54h, 95c ; SIQUEIROS ARCHIVE : *Amérique tropicale* et *Étude pour Amérique tropicale*, David Alfaro Siqueiros (1932) © Instituto Nacional de Bellas Artes (INBA) - Sala de Arte Público Siqueiros 26cg, 26cgb ; SOUTH AMERICAN PICTURES : Tony Morrison 221h ; Chris Sharp 41h, 243h ; HERI STIERLING : 47b, 233bc.

TERRAQUA : 283cd, 283bd ; Tony Stone Images : 236h, Richard During 219h.

MIREILLE VAUTIER : 9 (incrustation), 14h, 20c, 21bg, 24hd, 29hg, 29b, 30h, 31h, 33h, 34cg, 35cgh, 35c, 38, 40c, 42bg, 42bd, 43c *La Conquête* O'Gorman 44h, 44h, 45hd, 51h, 52b, 54c, 54b, 55h, 57 (incrustation), *Vie quotidienne à Tenochtitlán - le Marché de Tlatelolco* Diego Rivera © DACS, 1999 63c ; *Bataille entre les Aztèques et les Tlaxcaltèques Xochitiotzin* 66c ; *Vie quotidienne à Tenochtitlán - le Marché de Tlatelolco* Diego Rivera © DACS, 1999 67bg ; 92hg, 93cb, 94b, 118h, 127 (incrustation), 162h, 162b, 185c, 235ch, 264b, 265cgb, 277ch, 289 (incrustation), 329cgh, 335 (incrustation), 346b.

WERNER FORMEN ARCHIVE : Museo Nacional de Antropología, Mexico 44ch ; ELIZABETH WHITING ASSOCIATES : 23bd, 50c ; PETER WILSON : 16b, 126-127. ALEJANDRO ZENTENO : 187b, 248c, 249h, 277b, 277b

1re de couverture : JAMES DAVIS TRAVEL PHOTOGRAPHY : image principale ; archives DK : Linda Whitman c, bg ; Peter Wilson bc. 4e de couverture : archives DK : Linda Whitman h, bd. Dos : JAMES DAVIS TRAVEL PHOTOGRAPHY.

Autres images : ©Dorling Kindersley. Pour plus d'informations voir : www.dkimages.com

Lexique

Au Mexique, on parle un espagnol pour l'essentiel semblable au castillan, mais avec des différences de vocabulaire et de prononciation.

Les différences majeures sont l'emploi de *ustedes* (vous), à la fois comme marque de politesse et dans les situations informelles, et la prononciation du « c » doux et de la lettre « z » toujours comme « s » plutôt que « z ».

Les Mexicains disent *carro* (au lieu de *coche*) pour voiture, et appellent souvent *camiones* les autocars, comme les camions. On rencontre souvent des mots d'origine indienne ; par exemple, il n'y a qu'au Mexique que l'on emploie le mot *tianguis* pour marché, le mot espagnol *mercado* est aussi usité.

Les Mexicains ont tendance à être forma-listes ; il est de bon ton de dire *usted* (plutôt que *tú*) pour tu, à moins de bien connaître la personne. Toujours dire *buenos dias* ou *buenas tardes* en montant dans un taxi, et *señor* pour s'adresser aux chauffeurs de taxi et aux serveurs.

Pour décliner les offres des vendeurs de rue, un geste poli de la tête accompagné d'un *muchas gracias* devrait suffire. Ajouter *muy amable*, « très aimable », arrondira encore plus les angles. Attention à l'emploi de *madre* (mère) : beaucoup d'insultes mexicaines comportent des variations sur ce mot. Pour éviter tout malentendu, si vous parlez de la mère de quelqu'un, employez *tu mama* (ta maman), ou la version plus formelle *su señora madre*.

En cas d'urgence

Au secours !	¡Socorro!	so-**co**-ro
Stop !	¡Pare!	pa-**ré**
Appelez un médecin !	¡Llame a un médico!	ya-**mé** a **oun** mé-di-co
Appelez une ambulance !	¡Llame una ambulancia!	ya-**mé** a **ouna** am-bou-**lan**-ci-a
Appelez les pompiers !	¡Llame a los bomberos!	ya-**mé** a los **bom**-bé-ros
Où est le téléphone le plus proche ?	¿Dónde está el teléfono más cercano?	don-**dé** es-**ta** el té-**lé**-fo-no mass cer-**ca**-no
Où est l'hôpital le plus proche ?	¿Dónde está el hospital más cercano?	don-**dé** es-**ta** el os-pi-**tal** mass cer-**ca**-no
Policier	el policía	el po-li-**ci**-a
Pouvez-vous m'aider ?	¿Me podría ayudar?	Mé po-**dry**-a a-you-**dar**
On m'a (nous a) attaqué(s)	Me/nos asaltaron	mé/noss as-sal-**tar**-onn
Ils ont volé mon/ma…	Me robaron el/la…	mé ro-**ba**-ron el/la

L'essentiel

Oui	Sí	si
Non	No	no
S'il vous plaît	Por favor	por fa-**vor**
Merci	Gracias	**gra**-ci-ass
Excusez-moi	Perdone	pér-do-né
Salut !	Hola	o-la
Bonjour (matin)	Buenos días	**boué**-nass **di**-ass
Bon après-midi	Buenas tardes	**boué**-nass **tar**-dess
Bonsoir	Buenas noches	**boué**-nass **not**-chéss
Au revoir (décontracté)	Chau	tchao
Au revoir	Adiós	a-di-**oss**
À plus tard	Hasta luego	as-ta lou-é-go
Le matin	La mañana	la ma-**nya**-na
L'après-midi	La tarde	la tar-dé
Le soir	La noche	la **not**-ché
Hier	Ayer	a-**yér**
Aujourd'hui	Hoy	oÿ
Demain	Mañana	ma-**nya**-na
Ici	Aquí	a-**ki**
Là	Allí	a-**yi**
Quoi ?	¿Qué?	ké
Quand ?	¿Cuándo?	**kouan**-do
Pourquoi ?	¿Por qué?	por-**ké**
Où ?	¿Dónde?	don-**ndé**
Comment allez-vous ?	¿Cómo está usted?	Co-mo es-**ta** ous-**téd**
Très bien, merci	Muy bien, gracias	moui bi-**enn** **gra**-ci-ass
Enchanté	Mucho gusto	mout-cho **gou**-sto
À bientôt	Hasta pronto	as-ta **pron**-to
Je suis désolé	Lo siento	lo si-**énn**-to

Quelques phrases utiles

C'est bien	Está bien	es-ta bi-**enn**
Très bien !	¡Qué bien!	ké bi-**enn**
Où est/sont …?	¿Dónde está/están …?	don-**ndé** es-ta/es-tann
À combien de mètres/km ?	¿Cuántos metros/ kilómetros hay de aquí a …?	**kouan**-toss mé-tross /ki-**lo**-mé-tross aÿ dé a-**ki** a
Comment va-t-on à… ?	¿Por dónde se va a …?	por **donn**-dé sé va a
Parlez-vous français ?	¿Habla frances?	a-bla frant-**séss**
Je ne comprends pas	No comprendo	no komm-**prenn**-do
Pouvez-vous parler plus lentement, s'il vous plaît ?	¿Puede hablar más despacio, por favor?	**poué**-dé a-**blar** mass des-pa-cio, por fa-**vor** ?
Je voudrais	Quiero	ki-si-**yé**-ra/
J'aimerais	Quisiera/ Me gustaría	kee-see-**yehr**-ah mé gou sta **ri** a
Nous voulons	Queremos	ké-ré-moss
Avez-vous du change (pour 50 pesos) ?	¿Tiene cambio (de cincuenta pesos)?	ti-é-né **kam**-bi-yo dé sinn-**kouén**-ta **pe**-soss
C'est très aimable à vous	Muy amable	moui a-**ma**-blé
Il y a	Hay	aÿ
Avez-vous/ est-ce qu'il y a ?	¿Hay?	aÿ
Est-ce qu'il y a de l'eau ?	¿Hay agua?	aÿ a-goua
Il/elle est cassé(e)	Está roto/a	es-ta ro-to/ta
Est-ce que c'est loin /près ?	¿Está lejos /cerca?	es-ta lé-hoss /cer-ka
Attention !	¡Ten cuidado!	tenn kou-i-**da**-do
Nous sommes en retard	Estamos atrasados	es-ta-moss a-tra-**sa**-doss
Nous sommes en avance	Estamos adelantados	és-ta-moss a-dé-lan-ta-doss
Bon, d'accord	De acuerdo	dé a-**kouér**-do
Oui, bien sûr	Claro que sí	**kla**-ro ké si
Bien sûr !	¡Cómo no!/con mucho gusto	ko-mo no/konn mout-cho **gou**-sto
Avec plaisir		
Allons-y	Vámonos	va-mo-nos

Quelques mots utiles

grand	grande	gran-dé
petit(e)	pequeño/a	pé-**ké**-nyo/nya
chaud	caliente	ca-li-**enn**-té
froid(e)	frío/a	**fri**-o/a
bon(ne)	bueno/a	**boué**-no/na
mauvais(e)	malo/a	**ma**-lo/la
assez	suficiente	sou-fi-ci-**enn**-té
bien	bien	bi-**enn**
ouvert(e)	abierto/a	a-bi-**er**-to/ta
fermé(e)	cerrado/a	sé-**rra**-do/da
complet(ète)	lleno/a	**yé**-no/na

libre	vacío/a	va-ci-o/a
gauche	izquierda	is-qui-er-da
droite	derecha	dé-rét-cha
(tout) droit	(siga) derecho	(si-ga) dé-ré-cho
près	cerca	ser-ka
loin	lejos	lé-hoss
haut	arriba	a-rri-ba
bas	abajo	a-ba-ho
tôt	temprano	temm-pra-no
tard	tarde	tar-dé
maintenant/ tout de suite	ahora/ahorita	a-o-ra/ a-or-i-ta
plus	más	mass
moins	menos	mé-noss
très	muy	moui
un peu	(un) poco	oun po-co
très peu	muy poco	moui po-co
(beaucoup) plus	(mucho) más	(mou-tcho) mass
trop	demasiado	dé-ma-si-a-do
trop tard	demasiado tarde	dé-ma-si-a-do tar-dé
plus loin	más adelante	mass a-dé-lan-té
plus loin en arrière	más atras	mass a-trass
en face	frente a	frenn-té a
au-dessous/ au-dessus	abajo/ arriba	a-ba-ho/ a-rri-ba
premier(ère),	primero/a	pri-mé-ro/a
second(e),	segundo/a	sé-goun-do/a
troisième	tercero/a	ter-cér-o/a
l'étage	el piso	el pi-so
le rez-de-chaussée	la planta baja	la plann-ta ba-ha
entrée	entrada	enn-tra-da
sortie	salida	sa-li-da
l'ascenseur	el ascensor	el a-ssenn-ssor
toilettes	baños/servicios sanitarios	ba-nyoss/ ser-vi-ci-oss sa-ni-ta-ri-oss
dames	de damas	dé da-mass
hommes	de caballeros	dé ca-ba-yé-ros
serviettes hygiéniques	toallas sanitarias/ higiénicas	to-a-yass sa-ni-ta-ri-yas /hi-hyé-ni-cas
tampons	tampones	tam-po-ness
préservatifs	condones	con-do-ness
papier hygiénique	papel higiénico	pa-pell hi-hyen-i-ko
zone (non-) fumeurs	área de (no) fumar	a-ré-a dé (no) fou-mar
l'appareil photo	la cámara	la ka-ma-ra
(un rouleau de) pellicule	(un rollo de) película	(oun royo-dé) pé-li-cou-la
les piles	las pilas	lass pi-lass
le passeport	el pasaporte	el pa-ssa-por-té
le visa	el visado	el vi-sa-do

Santé

Je ne me sens pas bien	Me siento mal	mé si-enn-to mal
J'ai mal à la tête	Me duele la cabeza	mé dou-é-lé la ca-bé-ssa
J'ai mal au ventre	Me duele el estómago	mé dou-é-lé el és-to-ma-go
Je dois me reposer	Necesito descansar	né-sé-ssi-to dés-kan-sar
L'enfant est/ les enfants sont malades	El niño está/los niños están enfermo(s)	el ni-nyo es-ta/ los ni-nyo es-tan enn-fer-mo(s)
Il nous faut un médecin	Necesitamos un médico	né-sé-ssi-ta-mos oun mé-di-co
le thermomètre	el termómetro	el ter-mo-mé-tro
la pharmacie	la farmacia	la far-ma-ci-a
le médicament	la medicina/ el remédio	la mé-di-ci-na/ el ré-mé-dio
les pilules	las pastillas/ pildoras	las pas-ti-yas/ pil-do-ras

Poste et banque

Où peut-on changer de l'argent ?	¿Dónde puedo cambiar dinero?	donn-dé poué-do cam-by-ar di-né-ro
Quel est le taux du dollar ?	¿A cómo está el dolar?	a co-mo es-ta el do-lar
Combien coûte un timbre pour...?	¿Cuánto cuesta enviar una carta a...?	kouan-to koues-ta enn-vi-yar ou-na car-ta a

et pour une carte postale ?	¿y una postal?	i ou-na pos-tal
J'ai besoin de timbres	Necesito estampillas	né-sé-ssi-to es-tam-pi-yas
caissier/ère	cajero	ka-hé-ro
DAB	cajero automático	ka-hé-ro a-au-to-ma-ti-co
retirer de l'argent	sacar dinero	sa-car di-né-ro

Magasins

C'est combien ?	¿Cuánto cuesta esto?	kouan-to koues-ta es-to
J'aimerais	Me gustaría . . .	mé gous-ta-ri-a
Avez-vous ?	¿Tienen?	ti-yé-nenn
Je regarde seulement, merci !	Sólo estoy mirando, gracias	so-lo es-toye mi-ran-do gra-ci-ass
À quelle heure est-ce que vous ouvrez ?	¿A qué hora abren?	a ké o-ra a-brenn
À quelle heure est-ce que vous fermez ?	¿A qué hora cierran?	a ké o-ra si-er-rann
Est-ce que vous acceptez les cartes de crédit/ traveller's chèques ?	¿Aceptan tarjetas de crédito/ cheques de viajero?	ak-sep-tann tar-hé-tas dé kré-di-to/ tché-késs dé vi-a-hé-ro
Je cherche...	Estoy buscando. . .	es-toye bous-kan-do
C'est votre dernier prix ?	¿Es su mejor precio?	ess sou mé-hor-pré-ci-o
rabais	un descuento	oun dés-kou-enn-to
vêtements	la ropa	la ro-pa
celui-ci	éste	ess-té
celui-là	ése	e-ssé
cher	caro	car-o
pas cher	barato	ba-ra-to
taille (vêtements)	talla	ta-ya
pointure (chaussures)	número	nou-mé-ro
blanc	blanco	blan-co
noir	negro	né-gro
rouge	rojo	ro-ho
jaune	amarillo	a-ma-ri-yo
vert	verde	ver-dé
bleu	azul	a-soul
magasins d'antiquités	la tienda de antigüedades	la ti-enn-da dé an-ti-goui-da-dess
la boulangerie	la panadería	la pa-na-dé ri-a
la banque	el banco	el ban-co
la librairie	la librería	la li-bré-ri-a
la boucherie	la carnicería	la car-ni-cé-ri-a
la pâtisserie	la pastelería	la pas-té-lé-ri-a
le grand magasin	la tienda de departamentos	la ti-enn-da dé dé-par-ta-menn-tos
la poissonnerie	la pescadería	la pes-ca-dé-ri-a
le marchand de fruits et légumes	la frutería	la frou-té-ri-a
l'épicerie	la tienda de abarrotes	la ti-enn-da dé a-ba-ro-tés
le salon de coiffure	la peluquería	la pé-lou-ké-ri-ya
la joaillerie	la joyería	la ho-yé-ri-ya
le marché	el tianguis/ mercado	el ti-an-gou-iss/ mer-ca-do
le kiosque à journaux	el kiosko de prensa	el ki-os-co dé prén-sa
la poste	la oficina de correos	la o-ffi-ci-na dé co-rré-os
le magasin de chaussures	la zapatería	la sa-pa-té-ri-a
le supermarché	el supermercado	el sou-pér-mer-ca-do
l'agence de voyages	la agencia de viajes	la a-henn-si-a dé vi-a-hess

Tourisme

la galerie d'art	el museo de arte	el mou-sé-o dé ar-té
la plage	la playa	la pla-ya
la cathédrale	la catedral	la ca-té-dral
l'église	la iglesia/ la basílica	la i-glé-si-a/ la ba-si-li-ca
le jardin	el jardín	el har-dinn
la bibliothèque	la biblioteca	la bi-bli-o-té-ca
le musée	el museo	él mou-sé-o
la pyramide	la pirámide	la pi-ra-mi-dé

les ruines	las ruinas	lass rou-i-nass
l'office de tourisme	la oficina de turismo	la o-ffi-ci-na dé tou-ris-mo
l'hôtel de ville	el palacio municipal	el pa-la-ci-o mou-ni-ci-pal
fermé pour jours fériés	cerrado por vacaciones	ser-ra-do por va-ca-ci-o-ness
le billet	la entrada	la enn-tra-da
Quel est le prix d'entrée ?	¿Cuánto vale la entrada?	kouan-do va-lé la enn-tra-da
guide (personne)	el/la guía	el/la gui-ya
guide (livre)	la guía	la gui-ya
une visite guidée	una visita guiada	ou-na vi-si-ta gui-ya-da
la carte	el mapa	el ma-pa
le plan de ville	el plano de la ciudad	el pla-no dé la ci-ou-dade

Transports

À quelle heure est-ce que le... part ?	¿A qué hora sale el...?	a ké o-ra sa-lé el
Où est l'arrêt de bus ?	¿Dónde está la parada de buses?	donn-dé es-ta la pa-ra-da dé bou-sess
Y a-t-il un car/train pour ?	¿Hay un camion/tren a...?	aÿ oun ca-mi-onn/trenn a
le prochain car/train	el próximo camion/tren	el prox-i-mo ca-mi-onn/trenn
la gare routière	el central camionera/de autobuses	el cen-tral ca-mi-on-ér-a/de a-au-to-bou-sess
la gare	la estación de trenes	la ess-ta-ci-onn dé tré-ness
le métro	el metro	él mé-tro
le quai	el andén	el ann-denn
le guichet	la taquilla	la ta-ki-ya
un billet aller-retour	un boleto de ida y vuelta	oun bo-lé-tto dé i-da i vou-ell-ta
un aller simple	un boleto de ida solamente	oun bo-lé-tto dé i-da so-la-menn-té
l'aéroport	el aeropuerto	el a-ér-o-pou-er-to
la douane	la aduana	la a-dou-a-na
le salon d'embarquement	sala de embarque	sa-la dé emm-bar-ké
la fiche d'embarquement	pase de abordar	pa-sé de a-bor-dar
station de taxis	sitio de taxis	si-tio dé tak-siss
location de voitures	renta de automóviles	renn-ta dé a-au-to-mo-vi-less
la motocyclette	la moto(cicleta)	la mo-to(si-klé-ta)
le kilométrage	el kilometraje	el ki-lo-mé-tra-hé
la bicyclette	la bicicleta	la bi-si-klé-ta
tarif journalier/à la semaine	la tarifa diaria/semanal	la ta-ri-fa di-ya-ri-a/sé-ma-nal
l'assurance	los seguros	loss sé-gou-ross
la station-service	la gasolinera	la ga-so-lin-ér-a
le garage	el taller de mecánica	el ta-yer dé mé-can-i-ca
J'ai un pneu crevé	Se me ponchó la llanta	sé mé pon-tcho la yan-ta

À l'hôtel

Avez-vous une chambre ?	¿Tienen una habitación libre?	Ti-é-nenn ou-na a-bi-ta-ci-onn li-bré
chambre double	habitación doble	a-bi-ta-ci-onn do-blé
avec un grand lit	con cama matrimonial	konn ca-ma ma-tri-mo-ni-al
chambre à deux lits	habitación con dos camas	a-bi-ta-ci-onn konn doss ca-mass
chambre simple	habitación sencilla	a-bi-ta-ci-onn senn-si-ya
chambre avec bains	habitación con baño	a-bi-ta-ci-onn konn ba-nyo
la douche	la ducha	la dou-cha
Avez-vous une chambre avec vue (sur la mer) ?	¿Hay alguna habitación con vista (al mar)?	aÿ al-gou-na a-bi-ta-ci-onn konn vis-ta (al mar)
J'ai une réservation	Tengo una habitación reservada	tenn-go ou-na a-bi-ta-ci-onn ré-ser-va-da
Le... ne marche pas	No funciona el/la...	no foun-ci-o-na el/la

J'ai besoin qu'on me réveille à...	Necesito que me despierten a las...	né-cé-ssi-to ké mé des-pi-er-tenn a lass
Où est la salle de restaurant/le bar ?	¿Dónde está el restaurante/el bar?	Donn-dé es-ta el res-tau-ran-té/el bar
eau chaude/froide	agua caliente/fría	a-gou-a ca-li-enn-té fri-ya
le savon	el jabón	el ha-bonn
la serviette de toilette	la toalla	la to-a-ya
la clé	la llave	la ya-vé

Au restaurant

Avez-vous une table pour... ?	¿Tienen mesa para...?	ti-é-nenn mé-sa pa-ra
Je voudrais réserver une table	Quiero reservar una mesa	ki-yé-ro ré-ser-var ou-na mé-sa
L'addition, s'il vous plaît !	La cuenta, por favor	la kouenn-ta, por fa-vor
Je suis végétarien	Soy vegetariano/a	Soy vé-hé-ta-ri-a-no/na
Serveur/serveuse	mesero/a	mé-sé-ro/ra
la carte	la carta	la car-ta
menu fixe	menú del día/comida corrida	mé-nou del di-ya/co-mi-da co-ri-da
la carte des vins	la carta de vinos	la car-ta dé vi-noss
un verre	un vaso	oun va-so
une bouteille	una botella	ou-na bo-té-ya
un couteau	un cuchillo	oun kou-tchi-yo
une fourchette	un tenedor	oun té-né-dor
une cuillère	una cuchara	ou-na kou-tcha-ra
le petit déjeuner	el desayuno	el dé-sa-you-no
le déjeuner	la comida	la co-mi-da
le dîner	la cena	la cé-na
le plat principal	el plato fuerte	el pla-to fou-er-té
les hors-d'œuvre	las entradas	lass enn-tra-dass
le plat du jour	el plato del día	el pla-to del di-ya
saignant	termino rojo	ter-mi-no ro-ho
à point	termino medio	ter-mi-no mé-di-o
bien cuit	bien cocido	bi-enn co-si-do
Pouvez-vous réchauffer ceci pour moi ?	¿Me lo podría calentar?	mé lo pod-ri-ya ca-lenn-tar
la chaise	la silla	la si-ya
la serviette	la servilleta	la ser-vi-ye-tta
le pourboire	la propina	la pro-pi-na
Le service est-il compris ?	¿El servicio está incluido?	el ser-vi-ci-o es-ta in-clou-i-do
Est-ce que vous avez du feu ?	¿Tiene fuego?	Ti-é-né fou-é-go
cendrier	cenicero	sé-ni-sé-ro
cigarettes	los cigarros	loss si-ga-ross

Lire le menu *(voir aussi p 308-313)*

el aceite	a-si-é-té	l'huile
las aceitunas	a-sé-toun-as	les olives
el agua mineral sin gas/con gas	a-goua mi-né-ral sinn gass/konn gass	l'eau minérale eau plate/gazeuse
el ajo	a-ho	l'ail
el arroz	ar-ross	le riz
el azúcar	a-sou-kar	le sucre
la banana	ba-na-na	la banane
una bebida	bé-bi-da	une boisson
el café	ca-fé	le café
la carne	kar-né	la viande
la cebolla	sé-bo-ya	l'oignon
la cerveza	ser-vés-sa	la bière
el cerdo	sér-do	le porc
el chocolate	cho-ko-la-té	le chocolat
la ensalada	enn-sa-la-da	la salade
la fruta	frou-ta	le fruit
el helado	é-la-do	la glace
el huevo	ou-é-vo	l'œuf
el jugo	él hou-go	le jus
la langosta	lan-gos-ta	le homard
la leche	lét-ché	le lait
la mantequilla	mant-é-ki-ya	le beurre
la manzana	man-sa-na	la pomme
los mariscos	ma-ris-koss	produits de la mer
la naranja	na-ran-ha	l'orange

el pan	pann	le pain
las papas	pa-pass	les pommes de terre
las papas a la francesa	lass pa-pass a la fran-cé-sa	les frites
las papas fritas	pa-pass fri-tass	les chips
el pastel	pas-**tell**	le gâteau
el pescado	el pesscado	le poisson
picante	pi-**kan**-té	épicé
la pimienta	la pi-mi-**enn**-ta	le poivre
el pollo	**po**-yo	le poulet
el postre	**pos**-tré	le dessert
el queso	**ké**-so	le fromage
el refresco	ré-**fres**-co	la boisson fraîche
la sal	**sal**	le sel
la salsa	**sal**-sa	la sauce
la sopa	**so**-pa	la soupe
el té	té	tisane (en général, camomille)
el té negro	té **né**-gro	thé
la torta	**tor**-ta	le sandwich
las tostadas	tos-**ta**-dass	les toasts
el vinagre	vi-**na**-gré	le vinaigre
el vino blanco	**vi**-no **blan**-co	le vin blanc
el vino tinto	**vi**-no **tin**-to	le vin rouge

Nombres

0	cero	**sé**-ro
1	uno	**ou**-no
2	dos	doss
3	tres	tress
4	cuatro	koua-**tro**
5	cinco	**cin**-co
6	seis	**séyss**
7	siete	**si**-yé-té
8	ocho	**ot**-cho
9	nueve	noué-**vé**
10	diez	di-**ess**
11	once	**on**-cé
12	doce	**do**-cé
13	trece	**tres**-sé
14	catorce	ca-**tor**-cé
15	quince	**kin**-cé
16	dieciséis	di-é-ci-**cé-iss**
17	diecisiete	di-é-ci-ci-**é**-té
18	dieciocho	di-é-ci-**ot**-cho
19	diecinueve	di-é-ci-**noué**-vé
20	veinte	**vé**-in-té
21	veintiuno	vé-in-ti-**ou**-no
22	veintidós	vé-in-ti-**doss**
30	treinta	**tré**-in-ta
31	treinta y uno	**tré**-in-ta i **ou**-no
40	cuarenta	koua-**rén**-ta
50	cincuenta	cin-**kouén**-ta
60	sesenta	sé-**senn**-ta
70	setenta	sé-**tenn**-ta
80	ochenta	ot-**chenn**-ta
90	noventa	no-**venn**-ta
100	cien	ci-**enne**
101	ciento uno	ci-**enn**-to **ou**-no
102	ciento dos	ci-**enn**-to **doss**
200	doscientos	dos-si-**enn**-tos
500	quinientos	koui-ni-**enn**-toss
700	setecientos	cé-té-ci-**enn**-toss
900	novecientos	no-vé-ci-**enn**-toss
1 000	mil	mille
1 001	mil uno	mille **ou**-no

Le jour et l'heure

une minute	un minuto	oun mi-**nou**-to
une heure	una hora	**ou**-na **o**-ra
une demi-heure	media hora	**mé**-di-a **o**-ra
une heure et demie	la una y media	la **ou**-na i **mé**-di-a
une heure et quart	la una y cuarto	la **ou**-na i **kouar**-to
une heure dix	la una y diez	la **ou**-na i di-**és**
deux heures moins le quart	un cuarto para las dos	oun **kouar**-to para lass **doss**
deux heures moins dix	diez para las dos	di-**és** para lass **doss**
lundi	lunes	**lou**-ness
mardi	martes	**mar**-tess
mercredi	**miércoles**	mi-**er**-ko-less
jeudi	jueves	hou-**é**-vess
vendredi	viernes	vi-**er**-ness
samedi	sábado	**sa**-ba-do
dimanche	domingo	do-**min**-go
janvier	enero	**é**-**né**-ro
février	febrero	fé-**bré**-ro
mars	marzo	**mar**-so
avril	abril	a-bril
mai	mayo	**ma**-yo
juin	junio	**hou**-ni-o
juillet	julio	**hou**-li-o
août	agosto	a-**gos**-to
septembre	septiembre	sep-ti-**emm**-bré
octobre	octubre	ok-**tou**-bré
novembre	noviembre	no-vi-**emm**-bré
décembre	diciembre	dee-see-**ehm**-breh
Il y a deux jours	Hace dos días	**ha**-cé **doss** di-ass
Dans deux jours	En dos días	enn **doss** di-ass
le 1er mai	el primero de mayo	el pri-**mé**-ro dé **ma**-yo

GUIDES  VOIR

PAYS

AFRIQUE DU SUD • ALLEMAGNE • AUSTRALIE • CANADA
CUBA • ÉGYPTE • ESPAGNE • FRANCE • GRANDE-BRETAGNE
IRLANDE • ITALIE • JAPON • MAROC • MEXIQUE
NORVÈGE • NOUVELLE-ZÉLANDE • PORTUGAL, MADÈRE ET AÇORES
SINGAPOUR • THAÏLANDE • TURQUIE

RÉGIONS

BALÉARES • BALI ET LOMBOCK
BARCELONE ET LA CATALOGNE BRETAGNE • CALIFORNIE
CHÂTEAUX DE LA LOIRE ET VALLÉE DE LA LOIRE
ÉCOSSE • FLORENCE ET LA TOSCANE • FLORIDE
GRÈCE CONTINENTALE • GUADELOUPE • HAWAII
ÎLES GRECQUES • JÉRUSALEM ET LA TERRE SAINTE
MARTINIQUE • NAPLES, POMPÉI ET LA CÔTE AMALFITAINE
NOUVELLE-ANGLETERRE • PROVENCE ET CÔTE D'AZUR
SARDAIGNE • SÉVILLE ET L'ANDALOUSIE • SICILE
VENISE ET LA VÉNÉTIE

VILLES

AMSTERDAM • BERLIN • BRUXELLES, BRUGES, GAND ET ANVERS
BUDAPEST • DELHI, AGRA ET JAIPUR • ISTANBUL
LONDRES • MADRID • MOSCOU • NEW YORK
NOUVELLE-ORLÉANS • PARIS • PRAGUE • ROME
SAINT-PÉTERSBOURG • STOCKHOLM • VIENNE • WASHINGTON

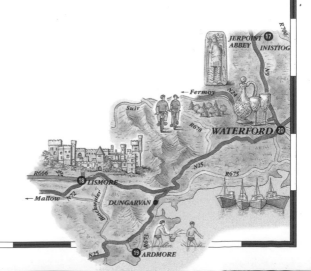

Carte routière du Mexique

CHIHUAHUA Ojinaga Ciudad Acuña San Antonio

Eagle Pass
Piedras Negras

COAHUILA Nuevo Laredo Laredo Corpus Ch

Bufalo Jiménez Alice

Hidalgo Del Parral 49 Monclova McAllen Browns

53 85 Reynosa

24 Gómez Palacio Matamo

Guanacevi 30 57 Matamo

Torreón Toll Monterrey 40

Santiago Papasquiaro Saltillo **NUEVO LEÓN** 101

Caopas

DURANGO 54

15 San Felipe Nuevo Mercurio 57

Durango 40 **ZACATECAS** Ciudad Victoria Barra El Tordo

Real de Catorce Matehuala *Trop du Ca*

45 85 180

Mazatlán Mezquital Fresnillo **SAN LUIS POTOSÍ** **TAMAULIPAS**

Rosario Santa Teresa Zacatecas Tamp

Caimanero 23 Ciudad Valles 180

Acaponeta **NAYARIT** **AGUASCALIENTES** San Luis Potosí Tempoal de Sánchez

San Blas Aguascalientes 57 Río Pánuco

Tepic **GUANAJUATO** León Jalpan Tamazunchale Tuxpan

68 San Juan de los Lagos Guanajuato San Miguel de Allende 105 Poza Rica

Tequila Irapuato 45 **QUERÉTARO** El Tajín

Guadalajara Querétaro **HIDALGO** Pachuca Teziutla

Puerto Vallarta Chapala Valle de Santiago Acámbaro Tula Teotihuacán

JALISCO *Laguna de Chapala* Lago de Pátzcuaro Tepotzotlán **TLAXCALA** Tlaxcala Can

200 Uruapan Patzcuaro Morelia **MEXICO** Cholula Toll Oriz

Manzanillo Colima Valle de Bravo Tenorpán Puebla

COLIMA Apatzingan **MICHOACÁN** Toluca Cuernavaca **PUEBLA**

200 37 Taxco **MORELOS**

134

Zihuatanejo **GUERRERO** Río Balsas 95 190

Chilpancingo 93 Tlapa de Comonfort 125 M

MEXICO ET SES ENVIRONS Teotihuacán Apan 136 Acapulco 200 Pue Escond

57 Coacalco *Lago de Texcoco* 85 *OCÉA*

Naucalpan Texcoco

130 Ciudad del Mexico 190 Tlaxcala

15 150 Texmelucan Cacaxtla

Toluca Chalco Cholula

55 95 *IZTACCIHUATL* Puebla

Malinalco Amecameca

Tenancingo Tres Marias POPOCATÉPETL Pue Escond

Xochicalco Cuernavaca 138 Atlixco

95 Cuautla 160 0 30 km